此书整理为国家社科基金青年项目“黄道周易学思想研究”（11CZX039）阶段性成果之一

易学典籍选刊

三易洞玑

〔明〕黄道周 撰
翟奎凤 整理

中华书局

图书在版编目(CIP)数据

三易洞玑/(明)黄道周撰;翟奎凤整理. —北京:中华书局,2014.1(2025.9 重印)
(易学典籍选刊)
ISBN 978-7-101-09420-6

Ⅰ.三… Ⅱ.①黄…②翟… Ⅲ.占卜-中国-明代 Ⅳ.B992.2

中国版本图书馆 CIP 数据核字(2013)第 121579 号

书　　名　三易洞玑
撰　　者　〔明〕黄道周
整 理 者　翟奎凤
丛 书 名　易学典籍选刊
封面题签　文　备
责任编辑　石　玉
封面设计　王铭基
责任印制　陈丽娜
出版发行　中华书局
(北京市丰台区太平桥西里 38 号　100073)
http://www.zhbc.com.cn
E-mail:zhbc@zhbc.com.cn
印　　刷　北京建宏印刷有限公司
版　　次　2014 年 1 月第 1 版
2025 年 9 月第 6 次印刷
规　　格　开本/850×1168 毫米　1/32
印张 16　插页 2　字数 420 千字
印　　数　5901-7900 册
国际书号　ISBN 978-7-101-09420-6
定　　价　98.00 元

目　　录

《三易洞玑》的成书、版本及思想特色

一　黄道周的生平与学术

黄道周(1585—1646),福建漳浦人,字幼玄,号石斋,生于万历十三年(1585),隆武二年即清顺治三年(1646)因抗清不屈,就义于南京。黄道周38岁中天启二年进士,历任崇祯朝翰林院编修、少詹事、南明弘光朝礼部尚书、隆武朝内阁首辅等职。乾隆四十一年(1776)谕文称黄道周为"一代完人",道光五年(1825)礼部又奏文以黄道周从祀孔庙。

黄道周是明末著名学问家、易学家和书法家,在明末政治舞台上也有着重要影响。徐霞客品评当时的文化名流时,曾说:"至人惟一石斋,其字画为馆阁第一,文章为国朝第一,人品为海宇第一,其学问直接周孔,为古今第一。"①由此可见黄道周在明末社会的广泛影响。他和刘宗周后来都因抗清而死,二人学问气节都很接近,清初常称他们为"二周",并有"盖宗周以诚意为主而归功于慎独,能阐王守仁之绪言而救其流弊;道周以致知为宗而止宿于至善,确守朱熹之道脉而独溯宗传";"至其生平讲学浙闽,以格致为宗而归宿于至善,与刘宗周之以诚意为宗而归本于慎独,学术洵为相等"的说法②。民国容肇祖的《明代思想史》和近人侯外庐的《宋明理学史》均以相当大的篇幅介绍黄道周的

① 《滇游日记七》,《徐霞客游记》卷七下,褚绍唐、吴应寿整理,上海古籍出版社2007年,第879页。

② 《道光五年二月十六日礼部谨奏为遵旨议奏事》,《黄漳浦集》卷首。本文所用《黄漳浦集》均为清道光十年福州陈寿祺刻本。

思想。近代以来,学人多推尊顾炎武、黄宗羲、王夫之,以为明末三大家,陈来先生认为:“顾、黄、王皆于清初成学名,若论晚明之际,则不得不让于二周。”“东林之后,明末大儒公推刘宗周与黄道周。明末公论的所谓大儒,受东林余风的影响,也是兼涵忠义与学术两种意义而言。”①

近些年来,儒学界多推尊刘宗周为宋明理学的殿军,而于黄道周的学术思想则相对少有研究。其中的一个重要原因是,与刘宗周以理学见长、有系统的理学思想之构造相比,黄道周的贡献主要在易学领域。由于他的易学象数气息浓厚,更杂以天文、历算、乐律等知识,显得非常艰深难读和玄奥莫测,给人以如同天书之感。同时,他的易学受到汉学今文经学天人感应思想的影响,也颇有神秘主义气息,与近代以来的现代学术理性精神不大一致,这是对他的易学长期以来研究不多的重要原因。黄道周一生著述甚丰,仅《四库全书》就收其个人著述达十部之多,这十部著作中有两部是易学方面的,即《易象正》(经部易类)和《三易洞玑》(子部术数类)。从其年谱来看,他的易学著述还不止这些,目前流传下来的还有其早年所著的《易本象》。其中,《易本象》约成书于25岁时,《三易洞玑》约成书于35岁至45岁期间,而《易象正》约成书于56岁至57岁期间。可以看出,这三部著作大致分别对应于其早年、中年和晚年时期,分别约有十年的间隔差。

二 《三易洞玑》的成书与最早刻印年代考

黄道周少年时就对律吕阴阳、天文历算、铅汞丹道等术数有着浓厚的兴趣和广泛的涉猎,这为他后来创作《三易洞玑》打下了坚实的基础。1619年(万历四十七年己未),35岁的黄道周会试落第后回到漳浦,闭门读书不辍。洪思和庄起俦所作《黄道周年谱》都记载

① 陈来《黄道周的生平与思想》,《国学研究》第十一卷,北京大学出版社2003年,第87页。

这一年他开始作《三易洞玑》。36 岁这年，洪思所作年谱记载说："复杜门作《三易洞玑》，未成。昼测治忽，夜测星汉，樋户无外交。有书与绍和云：'某寡特之士，与六亲澹泛，自以一身飘泊尘海，独守庐舍，似无人声，动二三月也。'"[①]可见其创作之辛苦，同时也可看出《三易洞玑》很多资料和说法是有实测根据的，不是空想出来的架构。

38 岁时（天启二年）黄道周中进士，选庶吉士；40 岁时被授予翰林院编修，但不久因愤于魏忠贤当道，辞官回乡，此后的五年里一直在漳浦老家继续创作《三易洞玑》。45 岁这年（崇祯二年己巳，1629）冬，黄道周闻金兵入关，慨然出山赴京。出山前，完成《三易洞玑》一书，并邀僧樗华讨论之，时有五律《料理〈三易〉稍已从绪，约僧樗华寻其涯际，夜拈八章》。黄道周从 35 岁开始作《三易洞玑》，至此前后历时十余年乃成。看来完成《三易洞玑》后，黄道周感慨良多，所以写下此诗来表达当时的心情。该诗收入清道光十年陈寿祺所编《黄漳浦集》卷三十九，全文如下：

一

天地久玄莫，殷勤付古贤。千春容道尽，白日不教言。
龟蓍江河下，精灵俎豆前。分明木舌敝，犹是结绳年。

二

有韵闻天乐，无言显道威。日中悬玉尺，星界动金徽。
已织自然采，因裁帝者衣。不知思虑表，谁与证同归。

三

仰坐愁弟子，高坚苦后生。一朝新梦寐，垂老屈精诚。
衣带银河水，萝图赤玉衡。莫言蒲席里，团结得分明。

---

① （明）洪思编，侯真平、娄曾泉校点《黄子年谱》，福建人民出版社 1999 年，第 9 页。

四

得后乃还定，定前百虑憧。眼光牛背上，石髓硬泥中。
交膝归名母，掉头谢法空。请看鸡唱外，别是一番风。

五

药树覆天下，上池洞一方。未尝更毒手，安敢定医皇。
春至鱼龙扰，霜高草木凉。个中分毫发，不得语汪洋。

六

朝闻何遽早，归说不蜉蝣。探岱还金策，量沙去海筹。
电光明晕日，精气射涛头。勿以蘧庐舍，翻为主客游。

七

爱恶平风雨，无端溷列星。疾留灯炙火，迟速岸移舲。
鬼哭昼前闹，鱼唏晚后青。未应疑负坠，万里坐岭㟥。

八

羲农行不远，复坐已更端。季札迟归鲁，仲尼初制冠。
朱明阳德盛，赤帝幅员宽。何处无为法，能分击壤欢。

这首诗用典甚多，有些似比较隐晦。总体看来，这首诗的玄学味、仙学味与道学气息浓厚，显示了黄道周思想体系的复杂性和神秘性。

那么《三易洞玑》到底是什么时候开始刊印的呢？目前已无确切资料可资考证，只能从一些间接材料来推测。侯真平在《黄道周纪年著述书画考》中认为崇祯十三年(1640)以前就已经刊印，他说：

道周大涤弟子朱朝瑛崇祯十六年(1643)题《易象正》说："瑛先岁见《三易洞玑》，玩之未有所得，既在旌德，邑小事稀，山清水穆，乃稍探讨，别为《三易》与《洞玑》参契。壬午(崇祯十五年)夏月，先生来大涤山中，瑛以《三易》请正，先生以为不谬……"考道周《三易洞玑》成于崇祯二年(1629)冬闻警出山前夕，次年八月主试浙江乡闱，录取朱朝瑛等人。崇祯十一

> 年冬，朱朝瑛首次在大涤书院从道周问业，十三年春成进士，授安徽旌德知县，这时重读道周《三易洞玑》，已有所见解，所以道周《三易洞玑》很可能在崇祯十三年（1640）以前已经刊印。①

笔者认为，侯真平先生依据上述材料所作出的推断是有些保守的。以黄道周在当时的声望及晚明印刷业的发达，按理说 1629 年《三易洞玑》书成后不久就可能付印了，不大可能书成十年后直到 1640 年才刻印。

事实上，该书在 1633 年以前就已经刊印流行了。笔者所依据的材料是黄道周另一弟子陈荩谟写给黄道周的信。陈荩谟，字献可，号磏庵，浙江嘉兴人，生平年月不详，明末数学家，著有《皇极图韵》、《象林》、《洞玑式象》、《度测》、《开平说》、《开立方说》、《度算解》、《磏庵檠》等。陈荩谟在结识黄道周之前，就非常喜欢黄道周的制艺文章，通读过黄道周的《骈枝别集》、《冰天小草》等文集，对黄道周的为人为学很敬仰。后又听说黄道周有《三易洞玑》一书行世，于是四处搜求。崇祯六年癸酉（1633），陈荩谟弄到一部《三易洞玑》，如获至宝②。大概如痴如醉地研读了一年，陈荩谟自觉甚有心得，对黄道周及其《三易洞玑》推崇得五体投地。激动之余，陈荩谟很狂热地给黄道周写下《上石斋黄先生论〈洞玑〉书》，谈自己读《三易洞玑》的心得体会。《磏庵檠》一卷，其主要内容就是陈荩谟的这封信及黄道周的回信。

---

① 侯真平《黄道周纪年著述书画考》，厦门大学出版社 1995 年，第 494 页。

② 参见陈荩谟《上石斋黄先生论〈洞玑〉书》："时闻夫子有《三易洞玑》而求之，如骊龙颔珠，骤不易得。殆癸酉春（1633）始获，如驷马拱璧，而后知夫子直继宓文孔三圣而起。"载《磏庵檠》，《四库全书存目丛书》子部第 59 册第 18 页，据中科院图书馆藏明崇祯本影印。

三　《三易洞玑》的版本情况及卷数

侯真平在《黄道周纪年著述书画考》中列出了七个《三易洞玑》的版本，分别是：稿本、原刊本、明洪思《石斋十二书》本、清郑开极辑刊《石斋先生经传九种》本（康熙三十二年）、《四库全书》底本（福建巡抚采进本）、《四库全书》本、清楝亭曹氏刊本①，他认为目前能见到的只有清郑开极辑刊《石斋先生经传九种》本、《四库全书》本两种。笔者很长时间内也以为只有这两个版本，后来才注意到上海图书馆古籍部、清华大学图书馆古籍部、南京图书馆古籍部皆藏有明刻本《三易洞玑》。

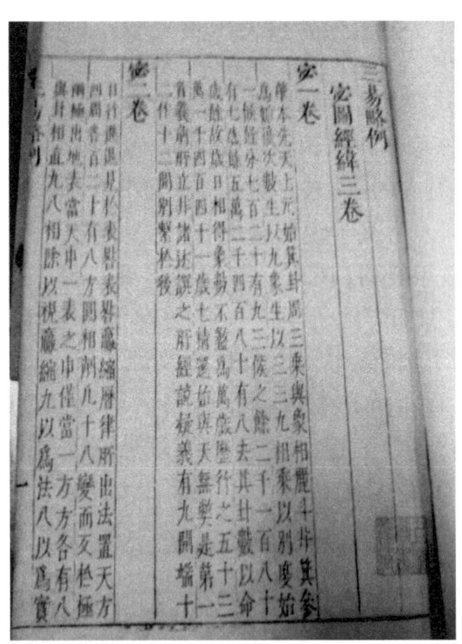
三易略例
宓圖經緯三卷
宓一卷
宓二卷

上海图书馆藏明刻本《三易洞玑》书影

① 侯真平《黄道周纪年著述书画考》，厦门大学出版社 1995 年，第 494—495 页。

上图藏明刻本《三易洞玑》的流传及历史收藏情况已无从考证，相对来讲清华藏明刻本有较为详细的收藏信息。

上海图书馆所藏《三易洞玑》共十六卷，除卷首有“上海图书馆藏”印记外，无其他历史收藏印章，各卷顺序是《宓图经纬》三卷、《文图经纬》三卷、《孔图经纬》三卷、《杂图经纬》三卷、《余图经纬》一卷、《贞图经纬》三卷。虽具体收藏信息不详，但这是目前所能看到的最为珍贵的明刻本，因为清华与南图所藏明刻本只有十三卷，都没有《贞图经纬》三卷。《四库》本与郑开极刻本《贞图经纬》三卷中的一些缺字正是靠上图藏明刻本才得以补全。

清华藏明刻本《三易洞玑》共有六册二函十三卷，版式是十行二十一字，白口，四周单边。扉页浮签是关于黄道周的赞语：“道周学贯古今，所至学者云集。铜山在孤岛中，有石室，道周自幼常卧其中，故学者称为石斋先生。精天文历数、《皇极》诸书，所著《易象正》、《三易洞玑》及《太函经》等，学者穷年不能通其说。殁后，家人得其小册，自称终于丙戌，年六十二，始信其能知来也。”其实这段话基本来自《明史 · 黄道周传》。扉页浮签所用纸为杨复特别制作的稿纸，纸的底纹有个很大的“杨”字及“摹梁焦山瘗鹤铭字，复盦自制椾，复盦（印）”字样，对页是大大的“丰华堂书库宝藏印”。下图是扉页浮签影印。

“丰华堂”为民国藏书家杨复的藏书楼。杨复，字剑星，一作见心，浙江杭州人，杨文莹之子，官中书舍人。光绪二十九年（1903），汪康年创办“浙江藏书楼”，曾聘其任主事。杨氏藏书始自杨文莹。杨文莹在任职贵州学政时，购书颇多。杨复继承父志，雅好聚书，与藏书大家缪荃孙、丁丙等相往来，咨询版本目录之事，并大肆网罗图籍。清末民初，战乱纷起，江南故家藏书多有散出，他搜购更加勤奋，名其藏书楼为“丰华堂”、“幸草亭”、“太玄洞天之读书亭”，藏书颇具规模。会稽鲁氏“贵读楼”、黟山李氏“娱园”藏书被全部购入，甚至丁氏“八千卷楼”藏书也有少量流入“丰华堂”。1921 年以后收书量最多，尤重全国府县志书，共收善本 5700 多种。吴昌绶曾撰有

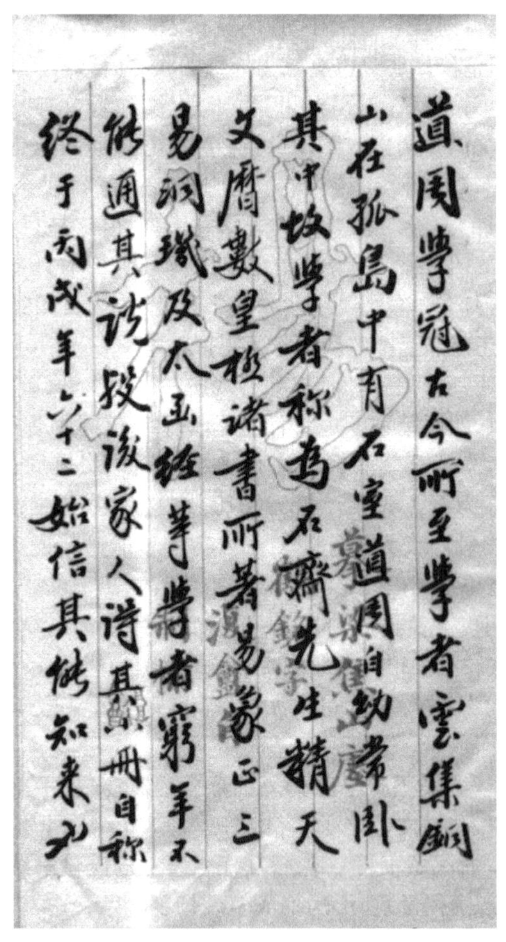

道周學冠古今所至學者雲集銅山在孤島中有石室道周自幼常臥其中故學者稱為石齋先生精天文曆數皇極諸書所著易象正三易洞璣及太玄經等學者窮年不能通其說殁後家人得其冊自稱終於丙戌年六十二始信其能知來也

清华藏明刻本《三易洞玑》扉页浮签杨复题词

《丰华堂藏书记》，记其藏书用心之专、搜集之广，以浙江地方志为专门和系统。杨复曾自述家风儒素，节衣缩食，藏书逾二十余年，撰有《丰华堂旧藏浙江地方志目录》，著录5000余种。但不久就因债务缠身，只得售书还债。清华大学校长罗家伦南游时，得知杨氏藏书消息,即派图书馆主任洪有丰前往办理,终以34000元成交,计有宋版2种7册,元版6种24册,明版400余种4859册,抄稿本200余种2161册,清版及民国以后刊本4000余种,总共47546册。1930年假期整理完竣运回北平。现藏于清华大学图书馆①。

清华大学图书馆刘啬先生认为:

> 有关金石文字的收藏亦是丰华堂藏书的一大特色。杨复笃好金石,家藏262种金石方面的书籍均未钤"丰华堂书库宝藏印",而是钤以"复庵鉴藏金石文字"朱文方印或"复庵读碑记"朱文长印以示区别。并且大多浓圈密点,满布校勘题跋,所用的浮签也是专用的印有"复庵言事"字样的签纸,这些都显示出主人的兴趣所在和格外喜爱之情。②

这样看来,杨复对所藏《三易洞玑》也非常珍视,浮签用的是他自制的精致稿纸,黄道周赞语也当是他亲笔写上去的。

清华藏《三易洞玑·略例》第一页有三个印章,分别是"休宁汪季青家藏书籍"、"陆庆咸印"及"虚庵印"。

汪季青即汪文柏,字季青,号柯庭,一作柯亭,休宁人。清代诗人、画家、藏书家。康熙间官兵马司指挥。性好习静,工诗、画、墨兰,雅秀绝俗,点缀坡石,落落大方。山水萧疏简澹。精鉴赏。晚年手定诗稿《柯亭余习》,朱彝尊序之,又有《古香楼吟稿》。家有藏书楼"古香楼"、"摛藻堂"、"拥书楼"。

陆庆咸、虚庵为何人不详,目前很难找到相关线索。卷十三的最后一页有三个印章,分别是"摛藻堂"、"陆容仲收藏印"、"国立清华大学图书馆藏"。

---

① 参见李玉安、黄正雨编著《中国藏书家通典》,中国国际文化出版社2005年,第763页。

② 刘啬《杭州丰华堂藏书考》,《清华大学学报(哲学社会科学版)》1998年第1期,第80页。

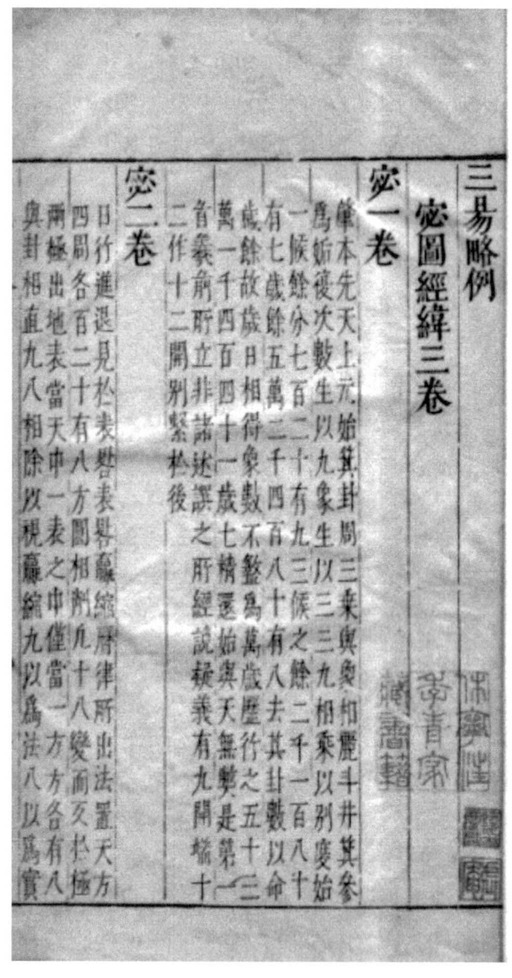

三易略例

宓圖經緯三卷

宓一卷

肇本先天上元始其卦周三乘與象相麗斗井箕參爲姤復次數生以九象生以三三九相乘以别變始一候餘分七百二十有九三條之餘二千一百八十有七歲餘五萬二千四百八十有八去其卦數以命歲餘故歲日相得象數不盭爲萬歲歷衍之五十三萬一千四百四十一歲七精還始與天無變是第一首衰前所立非諸述譔之所經說疑義有九開端十二作十二開别繫於後

宓二卷

日行進退見於表晷表晷贏縮曆律所出法置天方四周各百二十有八方圓相剛凡十八變而亥於極兩極出地表當天中一表之中億當一方方各有八與卦相直九八相除以視贏縮九以爲法八以爲實

清华藏《三易洞玑·略例》第一页

“摛藻堂”即汪文柏藏书楼。从刻章章法来看，陆容仲和陆庆咸当为一人，但其具体情况不详。

南京图书馆也藏有一套明刻本《三易洞玑》，封面有手写“摩西

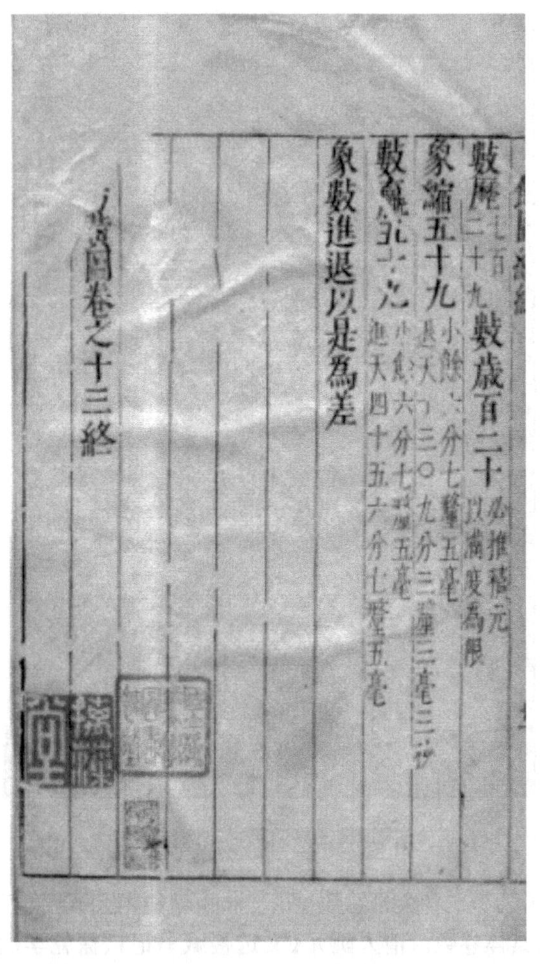

象數進退以是爲差

洞璣卷之十三終

清华藏《三易洞玑》最后一页

珍藏”四字,《略例》第一页有两个印章:“读未见书楼”、“松陵范文安礼堂收藏图章”。从版式来看,与清华图书馆所藏应为一个刻本,皆为十三卷。

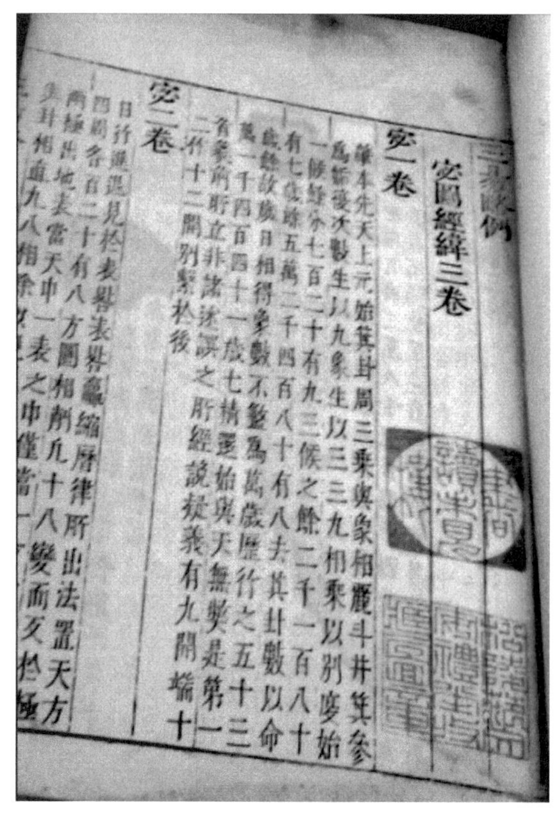

南图藏《三易洞玑·略例》首页

关于《三易洞玑》的卷数，明人朱睦㮮《授经图》载有《三易洞玑》，但无具体卷数。清人阮元《文选楼藏书记》、徐乾学《传是楼书目》皆记为十三卷，而丁立中《八千卷楼书目》、嵇璜《续文献通考》、《续通志》、永瑢《四库全书总目》、张廷玉《明史》皆作十六卷，黄虞稷《千顷堂书目》、万斯同《明史》皆记为十五卷。十五卷本至今未见，疑为十六卷的误记。我们现在能看到的上图藏明刻本、郑开极刻本和《四库》本都是十六卷，但奇怪的是，这三个本子只有前十三卷的略例,《贞图经纬》三卷无相应略例。就是说,《略例》部分十三卷本与十六卷本同,只不过在内容部分十六卷本多出《贞图经纬》三卷。从《三易洞玑》体例来看,似乎到第十三卷《余图经纬》就已经结束了。但从《贞图经纬》三卷的语言风格和思想内容来看,也像是黄道周亲笔所写,不像为后人所加。道光十年陈寿祺所刻《黄漳浦集》卷二十《三易洞玑序》与上图藏明刻本及郑开极刻本、《四库》本《三易洞玑·略例》相同,也没有《贞图经纬》三卷的略例,但是《黄漳浦集·三易洞玑序》在《杂图序》前面注有"贞图序阙"四字,最后是《余图序》,而上图藏明刻本、郑本、库本是《贞图经纬》三卷放在最后。

阮元《文选楼藏书记》卷一中说:"《三易洞玑》十三卷,明左谕德黄道周著,漳海人刊本。是书《宓图经纬》三卷,《孔图经纬》三卷,《杂图经纬》三卷,《余图经纬》三卷。"①那么清华和南图所藏十三卷本很有可能就是阮元这里所说的"漳海人刊本"。

关于《三易洞玑》的版本问题,最后要补充一点,清人邵晋之的手抄本《三易洞玑》,以康熙年间郑开极刻本为底本,但邵氏感觉明显有误的个别文字作了直接改动。本书点校,个别地方参考了这个手抄本。

三 主要内容、思想特色与历代评价

"三易"一词源于《周礼·春官》:"太卜掌三易之法,一曰《连山》,二曰《归藏》,三曰《周易》。"但是,包括《周礼》在内的所有先秦文献都没有关于"三易"具体内容及其思想特征的说明。两汉以来不断有人对"三易"作出种种解释,也不断有所谓"三易"文献的出现和记载。就《四库全书》来看,易学史上专论"三易"并以"三易"为

① 阮元《文选楼藏书记》卷一,王爱亭、赵嫄点校,上海古籍出版社2009年,第3页。这里的《三易洞玑》分卷介绍明显有误,应该是"《宓图经纬》三卷,《文图经纬》三卷,《孔图经纬》三卷,《余图经纬》一卷"。

书名的易学著作至少有两部，一是南宋朱元升的《三易备遗》，二是明末黄道周的《三易洞玑》。朱元升的“三易”说在形式上还是延续了《周礼》所载《连山》、《归藏》、《周易》的说法，而黄道周的“三易”说与《周礼》差别很大。黄道周的“三易”指伏羲易、文王易、孔子易，不谈《连山》、《归藏》。班固在《汉书》中曾用“人更三圣，世历三古”来概说易学的源流，韦昭注“三圣”为伏羲、文王、孔子，孟康注“三古”为伏羲上古、文王中古、孔子下古①。这样，黄道周的“三易”在形式上和班固、韦昭、孟康的说法接近。

《四库全书总目提要》在介绍《三易洞玑》的主要内容时说：

> 是编盖约天文历数归之于易。其曰三易者，谓伏羲之易、文王之易、孔子之易也；曰洞玑者，玑衡乃测天之器，谓以易测天，毫忽不爽也。一卷、二卷、三卷为《宓图经纬》上中下，即陈、邵所传之先天图。四卷、五卷、六卷为《文图经纬》上中下，即《周易》上下经次序。七卷、八卷、九卷为《孔图经纬》上中下，即《说卦传》出震齐巽之方位。十卷、十一卷、十二卷为《杂图经纬》上中下，则《杂卦传》之义。十三卷为《余图经纬》，则因《周官》太卜而及于占梦之六梦、眡祲之十煇以及后世奇门太乙之术。十四卷、十五卷、十六卷为《贞图经纬》上中下，与《杂图》相准，有衡有倚有环，衡者平也，倚者立也，环者图也。

以上基本概括了《三易洞玑》的主要内容，其中释“玑”为“测天之器”，用“以易测天”来解释“洞玑”，体现了《三易洞玑》一书的思想特色。

《四库全书总目提要》评价《三易洞玑》时说：

> 故是书之作，意欲网罗古今，囊括三才，尽入其中。虽其失

① 《汉书·艺文志》，颜师古注，中华书局1962年，第1704页。

者,时时流于机祥,入于驳杂。然易道广大,不泥于数,不滞于一端,而亦不遗于一端,纵横推之,各有其理。唐李鼎祚《周易集解》序云:“郑多参天象,王全释人事。”天道难明,人事易习。易之为道,岂偏滞于天人哉?故道周此书,乍观似属创获,然郑康成解随之初九云:“震为大涂,又为日门,当春分阴阳之所交。”此道周言岁气之所本也,故云“晷益则日损,晷损则日益”。康成解比之初六云:“有孚盈缶,爻辰在未上,值东井,井之水,人所汲,故用缶。”此道周言星名之所本也,故云坤为箕,复为尾①,斗之翕舌则为噬嗑,牛之任重致远则为随。卦气值日,始于京房,充之则为元会之运。推策定历,详于一行,衍之则为章蔀之纪。推其源流,各有端绪。

以历解《易》是易学的一个流派,在汉代曾一度盛行,京房、郑玄等都曾借助天文历法来解《易》。邵雍《皇极经世》元会运世以十二、三十反复相乘的象数思想也源自于一年十二月、一月三十天的日月运行规律。在中国天文历算史上,有好几部著名历法,如刘歆的《三统历》、刘洪的《乾象历》、僧一行的《大衍历》等,也都不同程度地用到《易》象数来推演历法。诚如《四库全书总目提要》所论,黄道周《三易洞玑》确实受到这些思想的影响,但是我们应该看到,黄道周的《三易洞玑》与京房、郑玄、僧一行、邵雍的思想有着很大的差别。《三易洞玑》最大的特点可以概括为以历解《易》、《易》历相融,所以《四库提要》用“以易测天”来把握其思想主旨还是很准确的。但就此评述来看,也可知《提要》作者也只是粗略翻阅了《三易洞玑》,并无深入研究,所以有些地方也就难免说得似是而非。

庄子说“《易》以道阴阳”②,魏伯阳说“日月为易”③,《系辞上》

① 从《三易洞玑·宓图经上》来看,当是“坤为尾,复为箕”。

② 见《庄子·天下篇》。

③ 见《周易参同契·乾坤设位章第二》。

也说"阴阳之义配日月"、"悬象著明莫大乎日月",因此,说《易》就离不开阴阳,说阴阳就离不开日月,日月是现象界最大的阴阳,而日月运行及其规律正是天文历法中最主要的内容,所以《易》和天文历法有着天然的内在联系。与《易》密切相关的还有乐律。在中国文化体系里,《易》、历、律是相互关联的,都根于阴阳,因此在中国史书里,律历志通常是放在一起来讨论的,这也是中国文化的一个特色。同样是由于源于阴阳这个古老的命题,中国的医学和易学在历史上也产生了密切的关联,出现了以《易》解医的流派。天文历法、律吕、中医等是《三易洞玑》涉及最多的知识领域,其他如地理堪舆、占梦望气等也有不同程度的涉及,诚如《四库提要》所说:"是书之作,意欲网罗古今,囊括三才,尽入其中。"盖易道广大,无所不包,所谓"范围天地之化而不过,曲成万物而不遗"(《系辞上》)是也。在传统文化中,易学几乎和任何一门知识领域都发生了不同程度的关联,在这个意义上可以说易学是中国根本之哲学。易学和中国自然科学的关系,一定程度上可以转化成现代意义上的哲学与自然科学的关系。众所周知,哲学既探讨人文之道,也研究自然之理,那么,我们完全可以说易学既是人文的,也是自然的。易学中的义理派偏重人文之道,而象数派则偏重自然之道,所以,象数易学要研究天文历法、律吕、中医、堪舆等领域的知识既是正常的,也是必需的。但是,在易学和自然科学具体结合过程中,若生搬硬套,往往会给人牵强附会之感,黄道周的《三易洞玑》可能存在着这种不恰当的比附和比拟。可是我们不应该因噎废食,对《三易洞玑》不加研究地全部否定。"神无方而易无体",《易》是对宇宙和人生整体根本之道的模拟,易学是宇宙观,是人生观,也是一种积极的思维方式。易学研究不应局限于人文领域,也应延伸到自然科学领域,就是说既要有人文易,也要有科学易①。人文和自然是整体之道,不可割裂,而整体

① 关于"人文易"与"科学易"的讨论,可参阅萧蓮父:《人文易与民族魂》,《周易研究》1991年第4期;赵定理:《科学易》,《周易研究》1988年第2期。

性思维无疑是易学和易道最根本的特征之一。融会人文与自然，贯通义理与象数，是现代易学发展的必由之路。易学和中国文化如何在现代科学的发展中发挥出其积极的作用，至今仍是一个很沉重的课题，这也是一个要复兴中国传统文化绕不开的问题。《三易洞玑》通过《易》象数的方式积极探索宇宙和生命的内在规律，无论如何，这种精神是可取的。

《三易洞玑·略例》有七点“观三易要引”，从中可见黄道周独特的思想旨趣。黄道周说：

> 凡观是书，须先明三五，略览七精九衡之动，然后开《易》，依其纬序，作十三图，求其经说。
>
> 凡观是书，须备集坟典，自经传史籍杂纬而下，别其纰误，然后引经，原要始终，以圣为法。
>
> 凡观是书，须笃信周孔，知自端符而后，微言俱绝，不食不寝，仰思待旦，然后寻味知所入首。
>
> 凡观是书，须弘纳前哲，知甘、石、平、闳、焦、京、寻、奉、雄、衡、马、郑、宣、洪、管、郭，皆合经之一体，然后渐次以领道趣。
>
> 凡观是书，须迸弃俗学，知东汉称道不及前汉，宋不如唐，唐不如晋。遁甲奇门、六壬太乙，诸俱傭妄，为城旦书，然后专翕，渐解妙言。
>
> 凡观是书，须先除我见，尽千百衷，不存一字，唯仰九环，虚空交会，作百世史，然后开卷，夜见文字。
>
> 凡观是书，须洗心研虑，以敬静为本，履仁蹈义，迸绝嗜欲，不求世人名誉，然后可固聪明，损益百世。

从这七条“要引”可见《三易洞玑》气魄之大，大有集象数易学之大成的气象。第一条强调只有熟悉天文历算才能走进《三易洞玑》，第二条强调要熟悉历史经籍，第三条强调周孔之道的重要性，第四条强调要会通从两汉到魏晋十六位易学家、历算学家和大儒（分别是甘德、石申、邓平、落下闳、焦延寿、京房、李寻、翼奉、扬雄、张衡、马融、郑玄、刘洪、管辂、郭璞，其中“宣”指谁待考）的思想，第五条是对唐以后所流传的应用术数及命理学的排斥，第六条强调要打破成见和俗见，第七条强调要有很好的心性道德修养。从第七条所云“敬静为本，履仁蹈义”，也可见黄道周作为理学家的思想风格。这些都说明了黄道周欲会通汉宋、返本周孔的思想格局。

黄道周在世时没有刻意培养自己在易学上的传人，虽然朱朝英、陈荩谟、李世熊等弟子对其易学有较为深入的研究，但未能将黄道周的易学发扬光大，影响有限。师承黄道周并有重大影响的学者，可能要推黄宗羲，他对黄道周的学问非常尊崇，称“漳浦之学如武库，无所不备，而尤邃于《易》历”①，认为“百年以来穷经之士，黄石斋（黄道周）、郝楚望（郝敬）及公（何楷）而三耳”②。黄宗羲还向自己的学生许三礼传授当世许多学者穷年都不能通其说的《三易洞玑》③，这说明黄宗羲对《三易洞玑》应该是精通的。全祖望称黄宗羲“轶出念台之藩，而窥漳浦之室”④，曹国庆认为此“道出了他（黄宗羲）私淑黄道周的事实”⑤。

黄道周作为明末大儒，思想极其复杂，他的学术有综合汉宋、返本孔孟的大气象，但他对汉学的继承与后来清人的考据学不同，汉代今文经学中的天人感应思想甚至谶纬、灾异学说对黄道周影响很大。比如西汉《诗经》学有一派是齐学，就是通过《诗经》来讲灾异和历史气数，后来翼奉传承齐《诗》，有“四始五际”说，此后怪异的齐《诗》学就衰绝了，很少有人再能理解其内在旨趣。黄道周在《易象

---

① 《朱康流先生墓志铭》，见《黄宗羲全集》第十册，浙江古籍出版社2005年，第346页。

② 《思旧录·何楷》，见《黄宗羲全集》第一册，第360页。

③ 参见黄宗羲《兵部督捕右侍郎西山许先生墓志铭》：“余自丙辰（康熙十五年）至庚申（康熙十九年）五年，皆在海宁奉先生（许三礼）之教，而先生又从余受黄石斋先生《三易洞玑》及《授时》、西、回三历。”

④ 《鲒埼亭集外编》卷四十四，《梨洲先生神道碑文》，《四部丛刊》本。

⑤ 曹国庆《旷世大儒·黄宗羲》，河北人民出版社，第57页。

正》和《三易洞玑》中，多处深入讨论了“四始五际”说，陈乔枞在《齐诗翼氏学疏证》中指出：“漳浦学贯天人，根极理数，至深且奥，《三易洞玑·杂图经下》以杂卦为序，中分乾坤上下三十二卦，上为《诗》之五际，下为《春秋》三轨，以《易》、《诗》、《春秋》合推际会之终始，意即本于翼氏一际七十六岁，此古法所谓十九岁为一章、四章七十六岁为一纪者也。”又说：“漳浦言《诗》，大旨以四始五际为宗，皆本齐说，亦诗家之绝学也。”①章太炎先生认为《三易洞玑》为阴阳家，他说：“如扬雄之《太玄》、司马光之《潜虚》、邵雍之《皇极经世》、黄道周之《三易洞玑》，皆应在阴阳家，而不应在儒家六艺家，此与蓍龟形法之属，高下固殊绝矣。”②所谓“蓍龟形法之属”，为占卜术数之流，太炎先生认为阴阳家有其理论，而占卜术数往往没有系统的学说。太炎先生在与支伟成的信中论及魏源，认为魏源是以黄道周《三易洞玑》来解说《洪范》③。这些都说明《三易洞玑》虽古奥艰深，少有人问津，但仍受到近现代学者的不断关注。

总体上看，与收入《四库》经部易类的《易象正》相比，收入《四库》子部术数类的《三易洞玑》在历史上的争议比较大。虽然门生如朱朝瑛、陈荩谟、李世熊，甚至包括黄宗羲等，对《三易洞玑》推崇备至，但以李光地为首的清初学者也对《三易洞玑》予以了比较尖锐的批评。近现代以来的相关著述也有对黄道周易学的一些评论，但总体来看，多是皮相之论，并未深入研究过《三易洞玑》一书④。今人比较了解《三易洞玑》的要数李树菁先生，他认为黄道周的易学“把几千年来的象数和经典术数理论模式融汇于一炉，并以表的形式加

① 转引自胡玉缙撰、王欣夫辑《四库全书总目提要补正》，中华书局 1964 年，第 345 页。

② 章太炎《论诸子学》，选自《革故鼎新的哲理·章太炎文选》，姜玢编选，上海远东出版社 1996 年，第 167—168 页。

③ 马勇编《章太炎书信集》，河北人民出版社 2003 年，第 829 页。

④ 参见翟奎凤《以易测天：黄道周易学思想研究》，中国社会科学出版社 2012 年，第 309—350 页。

以系统化,编成博大精深的'易历'体系,堪称元象数学(像汇总一切数学成一个统一体系元数学那样),是在形式上高于《皇极经世》的象数著作。可惜,由于学习和应用者后继无人,《三易洞玑》仍是空架子而无人问津,实应深入研究与发扬"①,又说"黄道周的《三易洞玑》就可能成为当前科学中西结合开发研究方面的稀世珍宝。可惜,四库馆臣在《四库全书总目录》中,带着极大偏见,将《三易洞玑》编入术数类中,故后来研究其书的人很少。术数家以算命等实用为目的,对深奥的《三易洞玑》看不懂,也敬而远之。明清以来的易学家以理派为主,即使惠栋、焦循、张惠言这些象数派易学家,则陷入训诂、挖掘历代汉易材料的工作,而不研讨当时认为是'旁门邪道'的《三易洞玑》,从而将如此重要的著作打入冷宫"②。李树菁先生虽然对《三易洞玑》评价很高,但对其具体内容也无深入研究和详细阐发。近年也有古天文学界和中医学界的学者关注到《三易洞玑》,并对其先进而奇特的天文思想和中医学说给予了很高的评价③,这些自然科学研究的成果可以说改变了我们传统上对《三易洞玑》的偏见和成见,提醒我们不能简单地斥之以"野狐禅说《易》"而将其抛于九霄云外,提醒我们要抱着同情理解的态度重新去审视冰冻尘封了几百年的《三易洞玑》。虽然拙著《以易测天:黄道周易学思想研究》对《三易洞玑》的主要内容作了具体介绍和初步阐发,但对其精义也无深刻认识,缺乏高屋建瓴式的概括和评述。要读懂《三易洞玑》,不仅要有一定的易学基础,还需要对古天文历算、中医、乐律、地理、道家、术数等多方面的知识有深入的了解,做到这些是很不容

① 李树菁遗著《周易象数通论》,商宏宽整理,光明日报出版社2004年,第34页。

② 同上,第61页。

③ 参见石云里《从黄道周到洪大容——17、18世纪中期地动学说的比较研究》,《自然辩证法通讯》1997年第4期;吴新明《黄道周〈三易洞玑〉有关中医藏象理论浅析》,《中国中医基础学杂志》2009年第6期。

易的,这是几百年来《三易洞玑》少有人问津的重要原因[①]。随着《三易洞玑》、《易象正》等点校本的出版,关于黄道周的易学研究会方便很多,相信在不久的将来,关于黄道周易学的研究会有更深入的推进。

本书整理前后花了不少时间,期间曾就版本鉴定问题向北大中文系潘建国教授求教,好友吴新明博士是中医专家,对书中涉及中医部分作了认真审阅,国家图书馆参考咨询部罗欢老师也给予了一些文献上的帮助,我的硕士生邱振华同学也帮我做了一些后续核对工作,这里一并致谢。当然,该书能够得以整理出版,最应该感谢的是恩师陈来先生,若不是先生八年前支持我以黄道周易学作为博士论文选题,恐怕我这一辈子都不会接触到《三易洞玑》。

由于笔者水平有限,点校不当之处在所难免,还望读者多多指教,有问题可发信至邮箱 zhaikuifeng@ 126. com 与笔者沟通,欢迎切磋。

① 笔者近来注意到网上流传的风水学名著《玉函通秘》(玄空理气最早的版本。原书来源自元朝耶律楚材的《玉钥匙》与《插泥剑》。此书从明至清都为秘传,到清末方才刻版刊行),其最后一卷《经天纬地书》与《三易洞玑》卷一《宓图经上》的图表非常相近,笔者怀疑其参考借鉴或者说因袭了《三易洞玑》。

整理说明

一、本书点校以上海图书馆藏明刻本《三易洞玑》为底本，以郑开极康熙三十二年所刻《石斋先生经传九种》之《三易洞玑》及文渊阁《四库全书》子部术数类所收《三易洞玑》为校本。以上三个版本，在点校中分别简称明本、郑本和库本。文中个别字句也参考了清代邵晋之手抄本《三易洞玑》。

二、明本不误，郑本或库本明显错误者，不出注；郑本或库本为异文者出注。个别情况，库本正确，明本、郑本为明显错误者，从库本。三本俱同，但为明显错误者，出注说明。

三、书中涉及很多象数和历法推算，部分较为复杂的推算以脚注的形式直接给出阿拉伯数字释算。

四、《三易洞玑》原文卷首有《略例》一卷，无现代意义上的目录，现根据原书编制简明新编目录。

五、书中八卦和六十四卦不加书名号；易、易学、易道、易理、河图、洛书等一般不加书名号；间接引文不加引号。

六、《三易洞玑》原文的十六幅横图，为方便阅读，根据现代排版转化为相应竖图。

三易洞玑略例

宓图经纬三卷

宓一卷

肇本先天，上元始箕。卦周三乘，与象相丽。斗井箕参，为姤复次。数生以九，象生以三，三九相乘，以别度始。一候余分七百二十有九，三候之余二千一百八十有七，岁余五万二千四百八十有八①，去其卦数，以命岁余，故岁日相得，象数不盩，为万岁历，行之五十三万一千四百四十一岁②，七精还始，与天无弊。

是第一首，羲前所立，非诸述撰之所经说，疑义有九，开端十二，作十二开，别系于后。

宓二卷

日行进退，见于表晷。表晷赢缩，历律所出。法置天方，四周各百二十有八，方圆相削，凡十八变而反于极。两极出地，表当天中。一表之中，仅当一方。方各有八，与卦相直。九八相除，以视赢缩。九以为法，八以为实。晷影之端，别日月食。阳历交尽一尺四寸八分，阴历交尽一丈六尺一寸二分。以倍命日，八九除之，或终或中，皆得其食，为百二十，以听其律。阳以九九，阴以六六，盈缩于三，为百十七岁十二辰。以三命之，三乘全律，两命其率，而象数不失。

是第二首，羲前所立，非诸述撰之所经说，亦十二开，别

① 729×72。

② 81×81×81。

系于后。

宓三卷

天日竞旋，地牵其中。九道迟差，若雌与雄。镇、岁、荧、日、金、水、月、地，在于天下，轻重相次。月迟以日，地迟以月，大小度分，各逾十三。地之从天，一月所牵，强赢十三。凡岁地行一百五十六分二十五秒，周卦之岁而进一度。以岁乘卦而得度周，以余乘岁而得周度，大地之分当天十一，故十一乘而精物可毕，以四因之，而无余历，故百有二万八千五百四十四岁为四十五会而差合不阕。

是第三首，羲前所立，非诸述撰之所经说，亦十二开，别系于后。

文图经纬三卷

文一卷

姬文上圣，始变卦次，序六十四为七十二，爰立八表，九次相起，揆象定表，吹律命位。每卦十八，或赢或乏，三分损益，逾九而越，或从其阳，或从其阴。大地所治，当日月心，一万三千一百四十九里而圣人不事。赤道准极各三十六，赤极相距各五十五，日月上下，卯酉子午，视其星系，以为卦土。泛而视之，为六十四，屯、蒙、需、讼，不知其数，揆象吹律，乃知其故。

是第四首，至文始立，非诸述撰之所经说，亦十二开，别系于后。

文二卷

人得地息，准于日度。阴阳既合，每倍其数。一六四六，息与动俱。脏腑十二，与图书相副。天泉两间，五岁间迁，戊己当乾，以司地泉。岁星之行，亦左右临，象数相交，直于其阴。倍七十三岁，而屯、需、师、畜，左右间寻，日星相交，如顾两手，循股至跗，以复于肘。

是第五首，至文始立，非诸述撰之所经说，亦十二开，别系于后。

文三卷

七十二卦,以五乘之,为乾坤策。日月昼夜,以别冬夏,损益岁余,复反其初。日临月观,天地复还,开物当名,不违其端。八际月交,二百四十有八,又逾其一,以会日月。日月之行,则有赢缩,地亦因之,以迟以速,非地亦有迟速,日月高下,以离其服。图书相交,五十之中,以乘四方,总除其央,再乘十九,上下象数,以为大章。大章之月,与辰相直,去八十一,为日月式。

是第六首,至文始立,非诸述撰之所经说,亦十二开,别系于后。

孔图经纬三卷

孔一卷

仲尼妙言,始命卦位。万物终始,视日所在。五精从之,各依其方。以其本数,察五精度。艮藏其己,坤藏其戊。震有木火,兑有金水,二五十五,以复其数。性有所著,命有所属,情有所好,亦有所恶,好恶以贞,性命乃固。视日所在,以正其度,以正父子、君臣、宾主、兄弟、夫妇。

是第七首,至孔始立。姬文首乾,仲尼首震。乾以立性,震以立命。知性,命乃立;知命,性乃尽。见在系传,非诸述撰之所经说,亦十二开,别系于后。

孔二卷

天上地下,顶踵乃立,阴阳腹背,左右互易。乾坤之等,七十有二,以八乘之,五百七十有六。每卦之分一十有八,积三十二而究于本末。三部九候,以视生脱。八表之交,在于中达。谨守孚、过,勿使气夺。阴阳太少,平于涣、节。其上二百九十有七,其下二百七十有九,日月两交,互于济中,乾坤以通。踵动于咸恒,气发于屯蒙,自亢还潜,不战焉穷。

是第八首,至孔始立,非诸述撰之所经说,亦十二开,别系于后。

孔三卷

《归藏》首坤,《连山》首艮。何以首艮？两乙之命。仲尼函三,兼兑与震。震委兑源,山泽以蟠。方于两臂,一尺千里。八表经围,为八尺水。中衔两交,达于四末。左阳右阴,任督上下,七百二十九穴。万物有命,皆系房中。大火见阳,列国乃从。水落水归,安知东西。故己不破亥,未不破癸,河汉纵横,为百国界。不识八界,何言八会？不测八表,何言天老？人从地之为天,地从天之为道。

是第九首,至孔始立,非诸述撰之所经说,亦为十二开,别系于后。

杂图经纬三卷

杂一卷

古圣知作,杂图始出。杂图若吕,贞图若律。《春秋》之元,在贞、杂端。距古甲子太阴之历,四千三百七十四岁。太阳之行五千三百四十六,九六始战,为灾岁会。乘阳就阴,退行九百七十二岁。太阳之极八十有一,乘之以六,四百八十有六,又倍退之,而反于历始。少阳之极二百四十有三,乘之以两,四百八十有六,又半进之,而及于灾岁。故为灾限四千六百一十有七,知无谬言,圣无妄作,反复其道,以辨忧乐。往九则来七,往六则来八,往一则来三,往四则来二,往二则来四,往三则来一,往五则来十,象八数九,往来相直,推之百世,不失其一。

是第十首,亦为孔设,非诸述撰之所经说,亦十二开,别系于后。

杂二卷

为象纪岁,纪岁以明运;为数纪日,纪日以著月。月行十三,月交二十有七,大余并五,小并十九。故为十九以当章,二十七章以当际,八际以周卦,周卦而去八月会,平行四十有七。以会经食，六千三百四十五会，上下一百三十五食，余分之积，以交数为实，八乘食法，而四分岁之一。以岁四分一千八十，余十有二，而加其一，象数终会，《春秋》用之，以纪日食。

是第十一首，至孔始立，非诸述撰之所经说，亦十二开，别系于后。

杂三卷

三易之道，本于天地，浃以人事，有《易》、有《诗》、有《春秋》。《春秋》纪日，《诗》以纪月。日纪以轨，月纪以蔀。轨有三交，其岁八十有一。蔀有四章，其岁七十有六。四章之始，以别日至。五分月候，以立五际。故易二百九十六岁而终易之轨，三百一十四岁而与天始会。三垣九野，经辰之四，以为《诗》纬。故《诗》、《易》、《春秋》，同次天地，以治两纬。

是第十二首，至孔始立，非诸述撰之所经说，亦十二开，别系于后。

余图总纬一卷

余一卷

总图象岁，余图象闰。即孔图位，别为十六，精魂交变，乾坤乃配。一爻之分，各九千五百有八，余分五五，定于地道，不为岁积，六十四岁而度移一，直日月相追。近一远三，五震八风，申令其间，常事一行，与卦往还。有道而行之为德，无道而行之为贼，知道者不言，知言者不惑。

是第十三首，疑义有九，开端十二，亦为孔设，非诸述撰之所经说，亦十二开，凡百五十六开，别系于后。

观三易要引

凡观是书，须先明三五，略览七精九衡之动，然后开《易》，依其纬序，作十三图，求其经说。

凡观是书，须备集坟典，自经传史籍杂纬而下，别其纰误，然后引经，原要始终，以圣为法。

凡观是书，须笃信周孔，知自端符而后，微言俱绝，不食不寝，仰思待旦，然后寻味知所入首。

凡观是书，须弘纳前哲，知甘、石、平、闳、焦、京、寻、奉、雄、衡、马、郑、宣、洪、管、郭，皆合经之一体，然后渐次以领道趣。

凡观是书，须迸弃俗学，知东汉称道不及前汉，宋不如唐，唐不如晋。遁甲奇门、六壬太乙，诸俱傭妄，为城旦书，然后专翕，渐解妙言。

凡观是书，须先除我见，尽千百衺，不存一字，唯仰九环，虚空交会，作百世史，然后开卷，夜见文字。

凡观是书，须洗心研虑，以敬静为本，履仁蹈义，迸绝嗜欲，不求世人名誉，然后可固聪明，损益百世。

三易洞玑卷一

宓图经上

易有太极，极不可道，道则入于象。故象者，道易而之赜；极者，道易而之默。举赜反默，乃通于极，极而后复，穷天下之赜。故易三乘十有八变，营成之卦二十六万二千一百四十有四①，象数之差二百九十有六。天动于外，卦周于内，象曜之行，经于其中，日夕相摧，易以之生。故易者易也，易变而不可执，圣人屡出，分变各适。夫欲观其不变，则贞乎象矣。

象系两极，著乎河汉。汉没于箕尾，殷于觜首。日月发乎龙尾，则河汉平于虎首。乾精始孽，媾阳于雌，斗魁纪星，化流乃来。故复，箕也；坤，尾也。箕一在复，天道之所从始也。尾气垂地，与汉俱没，至于箕而复矣，故谓之复。复，德之本也。复继之以颐，颐犹箕也，箕适于斗。斗者屯也，承箕而行之，小施而未光，故谓之屯。屯在汉津，量于斗杓，杓前为建。建者建也，故屯则可以建矣。君子慎口以安其身，盘桓以保其光，维食维农，以敦有人，先啬而后荣，先昧而后明，若是则可以经纶矣。屯继之以益，益犹斗也，益动而巽，施生无方。圣人损己以益天下，审时以为物纽，则始于此。益而后震，震犹未可以动也，奋作焉耳，于时则雉已呴矣。震而继之噬嗑，噬嗑者，斗之所翕舌也。君子食人则思其毒，动物则虑其害，故颁禄而

① $262144 = 2^{18} = 64^{3}$。

敕之法。法，合也，法具而治随焉。随，牛也，德之善随者则具于牛矣。先王观益而作耒耜，盖取之建；观噬嗑而作市，盖取之津弁；观随而服牛任重致远，盖取之列国、天田。故随者牛也，女则犹之随也。丈夫，子也；小子，女也。向晦入息，无妄所以自举也。行牛系灾，邑不忧；妄行有眚，命不佑。故君子斋戒，神明其德，天佑而物与，则其维女政乎？

明夷者，女之试药也。日入矣而慝不息，离瑜与居，危非与趋，幽哭乃俱，故君子用晦以正其志，致饰以辨其治。贲者饰也，饰者阳选之极也。君子饰阳德以饬阴患，谨暗而谢耗，至于禄命，则俛俛以为天治之耳。故虚阙者行之所以偻也，既济者涉之所反顾也，虚危之界，哲人所勤虑也。适墓者知哀，骑极者知凛，度梁者知戒，以祷祝则过，以忧恤则不败。故危者，家人之道也；“丰屋蔀家”，非家人之道也。持危莫若明，忧盛则不倾。离之滂沱，出涕兴嗟，故以保家。故雷电者所以为雨，忧戚者所以为处也。革之为义，胜以武则治以文；同人之义，辨于外则类于内。虎豹羽林致以文，钛镄壁垒治以内，故内治之离，至于同人而止矣。

同人而临，直于西方八月之中。钛钺悰悰，覆于离宫，是五帝之驾、螣蛇之所驭也。璧，损也，璧不可损而损之。天子敬其下臣，损圣而益贤，报圭以璋，则莫之违也。故璧者损也，奎者节也，圭璧之崇，不及土功，故文著于外庭而信格于昆虫。中孚，信也。归妹，归也。辇毂之间，姊尚其君，以上则疑于信，以下则疑于顺。娄有两更，而姊娣疑生，故为异以得同，为睽以得情，沟渎以平，鬼豖不兴，将卒以和，市狱以宁。故君子之于狱市则慎矣。慎而说，“说以使民”，从上而轻难。履者，君子所以使民从上而轻难也。传舍之下，贳尸如丘；虎落所蕃，百草不萼。君子敬其宾次，审其葆旅，厚积而施下。故天下受爪牙之福，无武人之祸，非神武而能如此乎？故治者运也，乱者积也。乱生于多积，福生于知戒。积义则多惠，积利则多稗。

泰者稗也，复隍之尸，冐所载也。大畜廪也，牙角之戢，畜不败也。昴者需也，饮食所聚，则谗邪生焉。小畜苑也，牧产之间，可小畜不可大聚也。盖自小畜而望云雨，则在西郊矣。晋进而畜止，豫动而需处，日月之道，阴阳之序也。大壮节也，大有囿也。古之大臣，位极则身逊，权重则缨落。壮直于天高，短耳而长噣，趾角过动则五德不属。故壮以刚而处节，有以柔而处囿。五车之府，贤贵所休，以让贵则民多义，以让贤则民多寿。古之悬象者，不知治所在，则视之车囿，其富不匀，其高不倨，故苑囿廪廥积于内，八谷五兵顺于外。鱼斿告征，旗斿不戒，故谓之大有。大有则可以夬矣，夬者毕之终也。觜者，夬之凶也。夬之为道则已刚，觜之为言则已麗。夫扬庭之道，至于言而麗矣。大哉！天道之著明则其维参乎？参者，阿柄之所出也。虎视而龙德，故谓之参。

姤者，参之始衰也，于是阴生矣。章汉西发，水德且壮，故谓之大过。大过祸也，伤钺祸井，两者君子之所慎也。君子观于阴阳盛满之交，则大过其慎始矣。大过，慎之至也。鼎者，万物之所食也。恒，浚井者也。巽，繘也。井，两河之间也。井历六位，至于五而复焉，故谓之井。君子以贵而食德，则问其器；无位而食德，则问其地。鼎以溉而享于王侯，井以渫而汲于天子，夫其自举之也。君子养人不穷于人，下人而慎其身，虽在卑奥，亦有王道焉。井道既衰，远外而近内，鬼食其覆，蛊慝乃作。故巽与蛊者，先王所正女德也。无妄闲之，明夷伤之，男女之交也。巽之防其互也，庚者所以砭巽也；蛊之防其傍也，甲者所以去蛊也。巽道之升，载柔以明，南风之熏，集于文昌，故至于升而内德之被盛矣。

圣人之治，始于酒食，以享以祀，以假有庙。嚚者以之讼，洄者以之困，故鸟注之义，君子远之。远内以慎身，远旨以慎口，故以服则敬，以言则信。夫困之有二义也：酒食一也，赤绂二也，二者古人所以命爵也。君子受爵进益恭，小人受爵饫益多，是皆有江河之惧焉。后世圣人作，则必有疑于受命之事者矣。未济者，河汉之涯也。河汉始降，下于天稷，循于南极。君子有功不以幸其成，有赏不以吝于国。赏不疑重，罪不疑轻，雷雨作解而百甲以生，故以告于明堂而信，享于宗庙而敬，故涣者天子之正治也。涣而后坎受之。坎者，天下之明准也。古者天子教其胄子，则与士齿，从官虎贲皆立之师。故常陈之前，谓之蒙；执法之前，谓之师。

遁者，赀御幸谒之事也；咸者，鸟帑之肆也。咸之为道不利远者，以近则和，以远则讹。夫出其言善，则千里应之，寂思致虚，天下可呼，夫何远之有？君子在名位，其犹之旅次乎？公卿之前，脂牵所都，成之则为德，留之则为祸，已过则过矣。小过，逐轸者也，承旅而为之帑；中孚，逐奎者也，承节而为之隶。夫以好爵宠遇为可以弋取者，鱼鸟之致也。鱼鸟之致，虽狎而不亲。君子一揖而退，三让而进，故厚于共报而薄于独竞。平道之衢，进贤以居，衎衎盘盘，乐且有仪，是渐之羽仪也。羽仪者，公辅之器；蹇蹇，王臣之事也。艮入亢而知止，遗物而外身，鞠躬而行，不为杓人，故两乙之前，得道者其维谦乎？谦，德之柄也，其上为氐；氐者，七曜之柄也。

氐服而亢心，外下人而内以上人者，阴凝于下，气结于上，是之谓否德，否德必反。故车轼者，谦德之中著也；车骑者，驰骤之务也。君子观德于其所萃，观乱亦于所萃，要于众志，筮吉而出。昼殷于三接，夜休于两咸，故鼍鼓息而大乐作也。故昼者所为晋也，夜者非所为豫也。观者心也，万物之所著也，是东西行则天下目荧。故圣人不动而敬，不言而信，静正吾身，以镜天下，端居无为，命之曰神。观之与比，神宫之间也。圣人澡身，神明其德，外不以损貌，内不以贬志，则可以率内祀，成亲比之务矣。故剥者妇寺之居，鱼贯宫宠，圣人所不去也。坤者冰霜之府，圣人之所惧也。君子式其床箦，洒其狱市，故善德而不迷，合化而不死。贯索市楼，女床之间，君子则慎以处之矣。

君子观象而知化，观化而知序，观著以知微，观微以知著。名星二百九十有六，其数一千四百六十有一，微星之概万一千五百二十。箕以命始，尾以命尾，精炁所属，而爻象以治。仁者以之仁，智者以之智，性以之尽，命以之至。夫欲观于动静之原，反精致微，穷理却思，原于无为，则舍极何之矣？微乎希矣，非复爻象文说之所能系矣。

右图称宓图者，即先天图也。宓前有易，大约本于天度，以为卦数，名字之立则自羲皇而始，历烈山、轩辕，其义乃备。今独称宓图者，尊始也。《说卦》自"神妙"而下六章皆阐宓图之义，然其序次不传，义难意起。今推其本，皆出于玄象八宫之卦，与星辰相次，历代因之，互有差池。至于周孔，乃统兼诸圣，立为运例。宓为先天，则周为中天，孔为后天，本天则一，而三统难分，故还以宓、文、孔为主，以杂、余畅其义。

凡宓图三乘，初乘八八六十有四，次乘六十四得四千九十六，次乘四千九十六得二十六万二千一百四十四。如今揲蓍，每一爻必得一卦，偶八而奇四，过揲得九者皆乾，过揲得六者皆坤，过揲得七者有震、坎、艮，过揲得八者有巽、离、兑。六爻通十八变，三六十八，故自六十四，三乘之得二十六万二千一百四十四，此探赜之自然，不可一毫损益也。以十八变分为十八爻，泛度得十，为百八十，两极分距，中爻三四，为黄赤进退之交。极体不动，不在象度之限，圣人所以致虚役使群动也。以十八爻分阴阳，阳者得一三五七九，阴者得二四六八，实数得九，分于十八爻，阴阳相乘，三阳之数一十五①，三阴之数十二②，一阳之数十三③，一阴之数十四④。以三爻相乘，乾得一百二十五⑤，坤得六十四⑥，震、坎、艮得八十⑦，巽、离、兑得一百⑧。以六爻相乘，乾得一万五千六百二十五⑨，坤得四千九十六⑩，阳子得六千四百⑪，阴子得一万⑫，阴阳相交者皆得八千⑬。咸统其数为五十三万一千四百四十一，中分二十六万五千七百二十有半，与三乘易会，而余三千五百七十六半⑭，为爻与数会之差。以六十年分之，每岁之历四千三百八十三⑮，积辰二十六万二千九百八十⑯，与易统数会而余二千七百四十半⑰，为数与度会之差。两差之余，以十乘之，各当日周、月周之数。以六十年分之，每岁之余，易不及天十三辰九十三分三十秒⑱。每辰以刻均之，八百三十三分三十三秒。以十二乘之，约就万分，十二辰为一

---

① $5+5+5$。
② $4+4+4$。
③ $5+4+4$。
④ $5+5+4$。
⑤ $5\times5\times5$。
⑥ $4\times4\times4$。
⑦ $5\times4\times4$。
⑧ $4\times5\times5$。
⑨ $5\times5\times5\times5\times5\times5$。
⑩ $4\times4\times4\times4\times4\times4$。
⑪ $5\times5\times4\times4\times4\times4$。
⑫ $4\times4\times5\times5\times5\times5$。
⑬ $5\times5\times5\times4\times4\times4$。
⑭ $265720.5-262144=3576.5$。
⑮ $12\times365.25=4383$。
⑯ $60\times4383=262980$。
⑰ $265720.5-262980=2740.5$。
⑱ $4383-(262144\div60)=13.9330$。

日，余一辰九分三厘三毫，得一千五百八十六分八十三秒三十三系①，为半交差之数，合之得二万三千一百七十三分六十六秒六十六系，为一月交差之数。会于三乘，余三千五百七十六半，以十约之，为三百五十七度六千四百分，为一岁之正交。以一岁正交之数，合一月交差之数，纳于天周，过易之分八百三十有六，内绌五分七厘六毫，为阴阳二历交食之初分。故阳食入交，五十七刻九十五分九十二秒已下，日月皆食；阴食入交，一日十五刻九十一分八十四秒已下，月食日不食，是为日月食数之始。故以二十六万五千七百二十半为日月交食之全限，当二十六日五刻三十分四十秒而余三百八十四者，为易之初体。以十三辰九分三厘三毫三系为日月交差之半限，当一日十五刻九十一分八十四秒而余五秒七尘六忽者，为易之初几。以三千五百七十六半为日之正交，当三百五十七度六四者，为易之日历。以二千七百四十半为月之正交，当二十七日二千一百二十二分二十四秒而余一十九辰二十七分者，为易之月闰。闰食相差，本于日行，六十年中不及五分七厘六毫者，为易之差法。五者相覆，以求于数，日月屈伸而易道生焉。故易生而有象，象生而有数，象数难明，理道易说。

自有易以来，与律、历俱始，轩辕、颛顼、尧、舜之所共治，纤悉奥窈，皆备于仲尼，而言者既难，习之不察，相率逃虚，归于训诂而已。自尧典以前，冬至日轨皆在虚危。羲炎之时，日宜在危中度。今断以《易·复》始箕者，天道著明，视于云汉，尾在云汉之阴，箕在云汉之阳，尾去极一百二十七度，下距南极五十四度，天道转毂，于是已极，故谓之尾。箕去极一百二十一度，下距南极六十度，天道东行，于是复始，故谓之箕。古人命象以为物始，取精于天，鸟、火、星、虚，义先于《易》，非复羲炎之所创说。故取象则箕自为箕，尾自为尾；取义则尾自为终，箕自为始也。坤集于尾，谓之龙尾；乾集于觜，谓之虎首。由是以推，八卦三乘，终始本象，渊源远矣。日

① “系”，诸本同，疑作“丝”。

月积差，生于乾元，合数与象，象简而数滋，象一而数二。易之追天，三百一十四岁而合。天之追数，九十五岁而合。象数相追，七十三岁而合。其间赢缩，各不能整，为星移斗差之数。总其大归，不过二十六万五千七百二十半，以倍究之，为五十三万一千四百四十一，进退相追，以岁命日，而纪蔀可废也。古法立元，远不可诘。七精散属，既无盘始之理；差分密移，又无胶刻之法。今虽知随测立元，而不知日月实于何始，范围何以不过，徒使宫分袭其虚名，转差沿其空数，虽称明作，犹之不知，故略举其大数，与象相贯，次于纬中。

宓图纬上

卦象通变			爻象通占	
复	初九	震八十	**箕**一度	箕四星,西北距极百廿一半,是主八风,亦为敖客,明阜黍稷。
	六二		二度	宗人四星,中距极八十六。 杵三星,中距极百三十八,客星撼杵,天下闭口。
	六三		三度	棓五星,南距极四十四,天棓细明,内庭偃兵。
	六四	坤六十四	四度	帛度二星,距极六十八。
	六五		五度	宗室二星,距极八十半。
	上六	通五千一百二十	六度	农丈人一星,距极百三十四半。
颐	初九	震八十	七度	东垣徐,距极九十三。
	六二		八度	吴越,距极八十三。
	六三		九度	齐,距极七十四。
	六四	艮八十	十度	中山,距极六十五。
	六五		十一	
	上九	通六千四百	**斗**一度	斗六星,柄间距极百十九,是为命府,爰察主相,七曜逆入,天下乃荡。
屯	初九	震八十	二度	天弁九星,西大星距极九十九半。 天弁胃客,关梁踊贼。
	六二		三度	女史一星,距极十七半。 建六星,西距极百十三,星犯天鼓,臣谋其主。

续表

卦象通变			爻象通占	
	六三		四度	织女三星，距极五十二。
	六四	坎八十	五度	扶筐七星，南距极三十半，火然扶筐，六宫无桑。
	九五		○度	壬纳虚，积分二千一百八十七。 鳖十四星，东距极百三十，天鼋水火，司旱与潦。
	上六	通六千四百	六度	扶筐左。
益	初九	震八十	七度	鳖左。 建左。
	六二		八度	辇道五星，西北距极四十七半。
	六三		九度	辇道中金戈火鼓，不宜御路。
	六四	巽一百	十度	渐台四星，东南距极五十八，孛在渐台，水来为灾。
	九五		十一	
	上九	通八千	十二	狗二星，东距极一百八十。
震	初九		十三	柱下史一星，距极十八。
	六二		十四	
	六三		十五	
	九四	震八十	十六	天鸡二星，西距极百一十。金火鸣鸡，大征兵师。
	六五		十七	天渊七星，中距极百廿九。荧辰留渊，赤地沸泉。
	上六	通六千四百	十八	狗国四星，距极百二十。太白逆守，夷胡连丑。

续表

卦象通变			爻象通占	
噬嗑	初九	震八十	十九	河鼓三星,西距极八十一。三武客入,将军失律,月晕其间,将出不还。
	六二		二十	奚仲四星,距极三十八。奚仲丧车,戎马长驱。
	六三		○度	亥纳虚,积分四千三百七十四。
	九四	离一百	廿一	天厨六星,距极二十四。 右旗九星,距极七十三。
	六五		廿二	天厨九星,西弰距极四十七。九星失备,天下颠沛。
	上九	通八千	廿三	左旗九星,旆距极七十五。两旗彗历,比于格泽。
随	初九	震八十	廿四	九坎九星,距极百四十一。 天田九星,距极百十六。
	六二		**牛**一度	牛六星,中距极一百八。是为将军,火犯兵氛,月晕损犊,谐于土木。
	六三		二度	天桴四星,距极九十四。 列国十六星,越距极百廿九。
	九四	兑一百	三度	郑,距极百廿八。
	九五		四度	罗堰三星,北距极百十九。 赵,距极百十五。
	上六	通八千	五度	齐,距极百廿。
无妄	初九	震八十	六度	离珠五星,东北距极九十五,客凌藏府,后宫治蛊。
	六二		七度	败瓜五星,南距极八十二。 瓠瓜五星,西距极七十九。
	六三		**女**一度	女四星,西南距极一百四,是为少府,火凌内丧,水土不登,月食后丧。

续表

卦象通变			爻象通占	
	九四	乾百廿五	二度	周,距极百廿三。 楚,距极百廿八。
	九五		三度	燕,距极百廿九。
	上九	通一万	四度	秦,距极百廿三。
明夷	初九	离一百	○度	乾纳虚,积分六千五百六十一。
	六二		五度	晋,距极百廿八。
	九三		六度	代,距极百廿三。 韩,距极百廿八。
	六四	坤六十四	七度	
	六五		八度	魏,距极百廿八。 司危二星,西距极八十五。
	上六	通六千四百	九度	司非二星,西距极七十九,危非哭泣,流星莫入。
贲	初九	离一百	十度	哭二星,西距极百十七。 离瑜三星,西距极百廿八。
	六二		十一	天垒城十三星,西距极百廿六,流星斗轟,北夷怒起。
	九三		**虚**一度	虚二星,南距极百度半,是为冢宰,冢宰之堂,动摇忧丧。
	六四	艮八十	二度	司命二星,西距极九十二,禄命危非,两更其位。
	六五		三度	司禄二星,西距极九十,危非禄命,两更其正。
	上九	通八千	四度	车府七星,西距极五十六,火金守府,是为兵薮。

续表

卦象通变			爻象通占	
既济	初九	离一百	五度	
	六二		六度	人五星，西南距极七十，人星若沉，黑府导淫。
	九三		七度	
	六四	坎八十	八度	败臼四星，北距极百三十九。
	九五		○度	戊纳虚，积分八千七百四十八。
	上六	通八千	九度	盖屋二星，西距极九十七。天柱五星，距极十三。
家人	初九	离一百	**危**一度	危三星，南距极九十六，危虚同占，亦为天节，火饥流疫。
	六二		二度	钩九星，大星距极廿四，钩星若绳，属地不宁。
	九三		三度	杵三星，西距极六十一。臼四星，西南距极六十九。客入臼中，天下聚粮。客入杵中，天下罢舂。
	六四	巽一百	四度	天钱十星，东北距极百一十六。
	九五		五度	坟墓四星，中距极九十六。 天纲一星，距极百廿九，金火荡荡，若犯武帐，虏丑直上。
	上九	通一万	六度	
丰	初九	离一百	七度	虚梁四星，南距极百度半。金守虚梁，寝庙兵伤。火守虚梁，蛮夷跳梁。
	六二		八度	
	九三		九度	腾蛇廿二星，中距极四十四。腾蛇斗客，蛟龙为孽。
	九四	震八十	十度	

续表

卦象通变			爻象通占	
	六五		十一	造父五星,北距极三十八。伯乐不处,野马亦寡。
	上六	通八千	十二	北落门一星,距极二十六。客犯北落,胡矢腾跃。
离	初九	离一百	十三	雷电六星,西南距极八十七。 壁阵垒十二星,距极一百十五。
	六二		十四	犯于军,国师其奔。
	九三		○度	辛纳虚,积分一万九百三十五。
	九四	离一百	十五	羽林四十五星,大星距极百十七。客守羽林,宫门昼禁。
	六五		十六	霹雳五星,西距极九十三。 天厩十星,西距极四十九。
	上九	通一万	**室**一度	室二星,南距极八十半。离宫星亡,辅国巨殃。金火所止,兵疫乃起。
革	初九	离一百	二度	斧铁三星,北距极百三十。
	六二		三度	壁阵中。
	九三		四度	
	九四	兑一百	五度	云雨四星,西北距极九十五。
	九五		六度	五帝内座五星,中距极十二半,客犯黼座,阴谋在下。
	上六	通一万	七度	
同人	初九	离一百	八度	天钩。 离宫左。
	六二		九度	壁阵左。 螣蛇左。

续表

卦象通变			爻象通占	
	九三		十度	羽林左。
	九四	乾百廿五	十一	
	九五		十二	天皇大帝，去极八度半，帝耀魄宝，不见为道。
	上九	通万二千五百	十三	
临	初九	兑一百	〇度	酉纳虚，积分万三千一百二十二。
	九二		十四	句陈中。
	六三		十五	
	六四	坤六十四	十六	天钩左。
	六五		十七	王良五星，西距极三十七。 土功吏，去极八十五。
	上六	通六千四百	**壁**一度	壁二星，南距极八十度半，室壁同占，亦为天梁，利于明光。
损	初九	兑一百	二度	
	九二		三度	
	六三		四度	策，距极三十三，王良策马，车驷满野。 八魁，距极百三十九，客入八魁，罗网为灾。
	六四	艮八千	五度	句陈，左距极六度。
	六五		六度	
	上九	通八千	七度	
节	初九	兑一百	八度	
	九二		九度	土司空，距极一百十五，司空不辑，人劳物疫。

续表

卦象通变			爻象通占	
	六三		奎一度	奎十六星，西南距极七十二，为天武库，是主沟渎，不宜芒角。
	六四	坎八千	二度	女御四星，距十三半。
	九五		〇度	庚纳虚，积分五千三百九。
	上六	通八千	三度	天溷七星，南距极九十七。 太甲六星，距极十五。
中孚	初九	兑一百	四度	阁道南距极四十八，辇阁不备，御路兵起。
	九二		五度	附路距极三十五。
	六三		六度	
	六四	巽一百	七度	赞府，距极二十五。
	九五		八度	外屏七星，西距极八十九。
	上九	通一万	九度	
归妹	初九	兑一百	十度	外屏左。
	九二		十一	天仓六星，西北距极百四半。
	六三		十二	
	九四	震八十	十三	
	六五		十四	右更五星，西距极七十五，金火守更，山泽有兵。
	上六	通八千	十五	军南门，距极六十六。
睽	初九	兑一百	十六	
	九二		娄一度	娄三星，中距极七十五半，是为苑牧，亦主欢乐，日月相薄，内乱乃作。
	六三		〇度	申纳虚，积分万七千四百九十六。
	九四	离一百	二度	

续表

卦象通变			爻象通占	
	六五		三度	
	上九	通一万	四度	左更五星，西南距极七十六。 天将军十二星，距大星去极六十半，将摇兵起，火掩士死。
兑	初九	兑一百	五度	华盖七星，杠九星，中距极二十六。
	九二		六度	
	六三		七度	
	九四	兑一百	八度	
	九五		九度	传舍九星，西距极二十八，客走传舍，市躏胡马。
	上六	通一万	十度	
履	初九	兑一百	十一	刍藁距极一百八。 天囷。
	九二		**胃**一度	胃三星，西南距极六十半，上陵下囷，卷举两虎，是为脏腑，亦主斩捕。
	六三		二度	天囷十三星，距大星去极九十一。
	九四	乾百廿五	三度	
	九五		四度	积尸距极五十五。
	上九	通万二千五百	五度	
泰	初九	乾百廿五	○度	坤纳虚，积分一万九千六百八十三。
	九二		六度	天囷中。
	九三		七度	大陵八星，陇距极五十四，大陵芒芒，天下兵丧，不知其乡。

续表

卦象通变			爻象通占	
	六四	坤六十四	八度	大陵圂圂，不见火虎，反得其土。 天阴五星，西距极七十五，天阴不明，主言失情。
	六五		九度	
	上六	通八千	十度	天船九星，距极五十四半。 天之河，距极六十六，天河黝黑，女人失福。
大畜	初九	乾百廿五	十一	天船左彗扫天船，江河无烟。
	九二		十二	天廪四星，距极八十五半。
	九三		十三	
	六四	艮八十	十四	
	六五		十五	积水，距极五十三
	上九	通一万	**昴**一度	昴七星，西南距极七十，是为旄头，亦曰天狱，白衣胡服。
需	初九	乾百廿五	二度	卷舌六星，距极五十五。 谗一星，距极六十一，卷舌出汉，谗言莫断，荧惑在谗，积尸同患。
	九二		三度	
	九三		四度	
	六四	坎八十	五度	月一星，距极七十一，火□□□，□晕乃兵。
	九五		○度	未纳虚，积分二万一千八百七十。
	上六	通一万	六度	砺石四星，南距极六十五，客守砺石，家无莞席。
小畜	初九	乾百廿五	七度	天苑十六星，东北距极一百七。
	九二		八度	

续表

卦象通变			爻象通占	
	九三		九度	
	六四	巽一百	十度	天街二星，南距极七十一，天街有客，远夷就列。
	九五		十一	
	上九	通万二千五百	**毕**一度	毕八星，右股距极七十五，是主边兵，亦曰天独，明制四方，离为乱狱。
大壮	初九	乾百廿五	二度	附耳一星，距极七十七，附耳入口，天下不守。
	九二		三度	天节八星，北距极八十。 诸王六星，距极七十。
	九三		四度	八谷八星，西南距极三十一半，八谷荧荧，百蜡用成。
	九四	震八十	五度	天囷十一星，距极百廿四。
	六五		六度	天高四星，东距极七十四半，天高不均，谗贼动兵。
	上六	通一万	七度	五车西南，火司卿位，其占在魏。
大有	初九	乾百廿五	八度	五车西北，库主太白，其占秦域。
	九二		九度	五车三柱，出入量贮，金火兵旱，民无处所。
	九三		〇度	丁纳虚，积分二万四千五十七。
	九四	离一百	十度	五车中央，楚占镇星，是为司空。 五车东北，水占燕赵，是为天狱。
	六五		十一	五车东南，岁为天仓，鲁卫是当。 天潢五星，西北距极五十八，七曜凌潢，列国载荒。
	上九	通万二千五百	十二	咸池三星，南距极五十一，咸池怒光，龙死虎张。

续表

卦象通变			爻象通占	
夬	初九	乾百廿五	十三	玉井四星，西北距极九十八。
	九二		十四	天屏二星，南距极百十五，客星入屏，疫徒无兵。 军井四星，距极百五。
	九三		十五	九斿九星，南距极百十三，金火集斿，戎成为忧。
	九四	兑一百	十六	参旗九星，南距极八十七，彗孛杀将，参旗之下。
	九五		十七	天关一星，距极七十一半，天关客舍，道无行者。
	上六	通万二千五百	**觜**一度	觜三星，西南距极八十二，是为觜镌，白虎之守，五星彗孛，乱在军侯。
乾	初九	乾百廿五	**参**一度	参伐十星，中距极九十二，七星皆赫，天子擐甲，金火易政，土上下胁。
	九二		二度	厕四星，距极百十八。
	九三		三度	
	九四	乾百廿五	四度	丈人，距极百廿八，丈人二列，耇臣平格。
	九五		五度	伐三星，距极一①百，客拔虎尾，帐下敌起。
	上九	通万五千六百廿五	六度	司怪四星，距极七十一。
姤	初六	巽一百	〇度	午纳虚，积分二万六千二百四十四。
	九二		七度	坐旗九星，距极六十半，水犯坐旗，君位将卑。
	九三		八度	钺一星，距极六十九，井口猎猎，大臣坐法。

① “一”，库本作“二”。

续表

卦象通变			爻象通占	
	九四	乾百廿五	九度	子二星,距极百廿八。
	九五		十度	
	上九	通万二千五百	十一	军市十三星,西北距极一百七,客入军市,军中煮尸。
大过	初六	巽一百	**井**一度	井八星,西北距极六十九,天井正明,天下自平,晦食逆犯,大臣谋乱。
	九二		二度	四渎四星,距极八十六
	九三		三度	老人一星,距极百四十三,老人弧南,煌煌寿宁,晨夕二分,出入丙丁。
	九四	兑一百	四度	野鸡市中,距极百九半,野鸡出市,外国兵起。
	九五		五度	
	上六	通一万	六度	孙二星,距极百廿五。
鼎	初六	巽一百	七度	水府四星,西距极七十六半。 五诸侯五星,西距极五十六半,五侯煌煌,赤稔暗荒,扬芒为殃。
	九二		八度	
	九三		九度	
	九四	离一百	十度	狼一星,距极百七,狼星挟客,人马相食。
	九五		〇度	丙纳虚,积分二万八千四百三十一。
	上九	通一万	十一	
恒	初九	巽一百	十二	
	九二		十三	
	九三		十四	阙丘二星,距极九十一,金火守丘,阙悬兜牟。

续表

卦象通变			爻象通占	
	九四	震八十	十五	弧矢九星,距极百十四,天弓大张,主臣争兵。
	六五		十六	天樽三星,距极六十八,天樽守土,不给饘粥。
	上六	通八千	十七	水位四星,西距极七十三半,水溢河北,国成四渎。
巽	初六	巽一百	十八	积水一星,距极五十四半。上无积水,何为酒沛。
	九二		十九	
	九三		二十	北河三星,东距极六十一半,南火北水,是司不轨。
	六四	巽一百	廿一	南河三星,距极八十三,两戍动摇,南北兵骄,火犯两戒,内臣为害。
	九五		廿二	天狗七星,西距极百二,天狗火出,百姓啮骨。
	上九	通一万	廿三	天社六星,东距极百三十四。
井	初六	巽一百	廿四	
	九二		廿五	
	九三		〇度	己纳虚,积分三万六百十八。
	六四	坎八十	廿六	内阶六星,西南距极二十三。
	九五		廿七	积薪一星,距极五十四。
	上六	通八千	廿八	内阶左。
蛊	初六	巽一百	廿九	爟一星,距极六十,金火守爟,边圉急难。
	九二		三十	
	九三		卅一	

续表

卦象通变			爻象通占	
	六四	艮八十	卅二	
	六五		**鬼**一度	鬼四星,距极六十九,东谷西帛,南兵北宝,内有粉絮,上崇鬼道。
	上九	通八千	二度	外厨六星,距极九十二。
升	初六		**柳**一度	柳八星,西距极八十二,天相垂柳,时丰物阜,不宜聚就。
	九二		二度	文昌六星,西距极三十四。
	九三		三度	天纪一星,距极百一。
	六四	坤六十四	四度	
	六五		五度	
	上六	通六千四百	六度	
讼	初六	坎八十	〇度	巽纳虚,积分三万二千八百五。
	九二		七度	上台,距极三十八。
	六三		八度	
	九四	乾百廿五	九度	
	九五		十度	轩辕。
	上九	通一万	十一	
困	初六	坎八十	十二	
	九二		十三	天稷五星,距极百三十七。 天庙十四星,西北距极百三十半。
	六三		十四	酒旗三星,距极七十三,五星摩旗,天下含饴。
	九四	兑一万	**星**一度	星七星,距极九十六,是为员官,动主急兵,金水所处,不利女主。

续表

卦象通变			爻象通占	
	九五		二度	轩辕中。
	上六	通八千	三度	
未济	初六	坎八十	四度	
	九二		五度	大理二星，距极二十三。
	六三		六度	天相二星，距极九十五。
	九四	离一百	七度	
	六五		○度	辰纳虚，积分三万四千九百九十三。
	上九	通八千	**张**一度	张六星，西距极百二半，是为天府，礼乐备具，日食其方，水涝乃伤。
解	初六	坎八十	二度	三师三星，西距极二十一。 轩辕十七星，口距极七十五。
	九二		三度	天庙中，客星在庙，祠官不守。 中台，距极四十二。
	六三		四度	
	九四	震八十	五度	天尊一星，距极九十一。
	六五		六度	天牢六星，距极廿八半。 内平四星，距极五十二，内平如衡，狱无冤人。
	上六	通六千四百	七度	东瓯五星，南距极百廿九。
涣	初六	坎八十	八度	
	九二		九度	天枢，距极二十三。
	六三		十度	太阳守一星，距极四十六，阳守失常，大臣兵伤。
	六四	巽一百	十一	灵台三星，距极七十八。

续表

卦象通变			爻象通占	
	九五		十二	天璇，距极三十。 明堂三星，距极八十三。
	上九	通八千	十三	
坎	初六	坎八十	十四	长垣十四星，距极七十六。火入长垣，胡丑乱；金入长垣，强臣反。
	九二		十五	少微四星，东南距极六十五半，少微无恙，不易素相。
	六三		○度	乙纳虚，积分三万七千百七十九。
	六四	坎八十	十六	东瓯左。
	九五		十七	长垣左。下台，距极五十一。
	上六	通六千四百	**翼**一度	翼二十二星，中距极百四，翼为羽仪，宾物典册，动占蛮夷，犯为兵贼。
蒙	初六	坎八十	二度	势一星，距极三十一，势星甚明，权归北庭。
	九二		三度	虎贲一星，距极六十二。
	六三		四度	
	六四	艮八十	五度	
	六五		六度	
	上九	通六千四百	七度	
师	初六	坎八十	八度	器府三十二星，距极百三十七半。 从官一星，距极六十四。
	九二		九度	天理二星，距极二十八。
	六三		十度	屏四星，西南距极八十。
	六四	坤六十四	十一	天玑，距极三十。 太子，距极六十六。

续表

卦象通变			爻象通占	
	六五		十二	右执法，距极八十四。客犯执法，法臣坐法。
	上六	通五千一百二十	十三	五帝座中，距极七十一，五帝同明，天下偃兵，金火出守，天子致讨。
遁	初六	艮八十	○度	卯纳虚，积分三万九千三百六十六。
	六二		十四	天权，距极廿三。 土司空，距极百二十，金火不辑，人罢耕织。
	九三		十五	幸臣一星，距极六十六半。
	九四	乾百廿五	十六	右辖，距极百十一半。 郎位十五星，西南距极六十，即位客犯，大臣为乱。
	九五		十七	
	上九	通一万	十八	
咸	初六	艮八十	十九	常陈七星，东距极五十一半，常陈如毕，七星动摇，天子自出。
	六二		**轸**一度	左执法，距极八十六，谒者八十三。
	九三		二度	轸四星，西北距极一百三，轸为风车，近辖则和，远辖相讹。
	六四		三度	内五侯，距极七十。
	六五		四度	天相，距极三十三。
	上九	通八千	五度	左辖，距极一百一半。 青丘七星，距极百廿四半。
旅	初六	艮八十	六度	三公三星，东距极八十四。
	六二		七度	三卿三星，距极七十六。

续表

卦象通变			爻象通占	
	九三		八度	
	九四	离一百	九度	天衡,距极二十八。
	六五		○度	甲纳虚,积分四万一千五百五十三。
	上九	通八千	十度	左蕃。 郎将,距极四十七。
小过	初六	艮八十	十一	南门二星,距极百三十七,客犯外门,外夷决蕃。
	六二		十二	内厨二星,西南距极十九。
	九三		十三	军门二星,西南距极百十五,军门移处,寇贼塞路。
	九四	震八十	十四	
	六五		十五	库楼二星,西北距极百二十三,库楼有客,介胄自失。
	上六	通六千四百	十六	天门二星,西距极百四半,天门宜明,邪佞不生。
渐	初六	艮八十	十七	平星二星,西距极百二半。
	六二		**角**一度	角二星,南距极九十七,星犯右将,水潦为患,月食左李,天下道断。
	九三		二度	平道二星,距极八十一。 天田二星,距极八十三,天田金火,亦忌水潦。
	六四		三度	辅星,距极二十六。
	九五		四度	阊阳,距极三十。
	上九	通八千	五度	进贤,距极百四。
蹇	初六	艮八十	六度	三公三星,东距极三十五。
	六二		七度	周鼎三星,东北距极六十四。

续表

卦象通变			爻象通占	
	九三		○度	寅纳虚，积分四万三千七百四十。
	六四	坎八十	八度	
	九五		九度	瑶光，距极三十五。
	上六	通六千四百	十度	太阳门二星，距极百十三。
艮	初六	艮八十	十一	
	六二		十二	
	九三		**亢**一度	亢四星，南距极九十六，是为疏庙，疫应火咎，疏庙齐光，天下以康。
	六四	艮八十	二度	天乙，距极二十一。 大乙，距极廿一半。
	六五		三度	右摄提，距极六十七，客入摄提，圣人受制。
	上九	通六千四百	四度	折威七星，中距极一百二。 顿颃二星，东南距极百十二半。
谦	初六	艮八十	五度	大角一星，距极六十六。 招摇，距极五十一。
	六二		六度	
	九三		七度	左摄提，距极七十二。
	六四		八度	右骖枢，距极二十一。
	六五		九度	天枪，距极三十二。 骑官廿七星，西北距极百二十。
	上六	通五千一百五十	**氐**一度	氐四星，西南距极百四半，天根动移，大臣内谋，水火客彗，忧俱在内。

续表

卦象通变			爻象通占	
否	初六	坤六十四	〇度	艮纳虚,积分四万五千九百廿七。 帝席三星,东距极六十七半。
	六二		二度	车骑三星,东南距极百四十。 梗河三星,距极五十九,梗河变色,兵丧在即。
	六三		三度	亢池六星,北距极七十半。
	九四	乾百廿五	四度	天厩六星,东距极二十一。
	九五		五度	
	上九	通八千	六度	
萃	初六	坤六十四	七度	
	六二		八度	
	六三		九度	
	九四	兑一百	十度	坐官二星,距极一百十。 天辐二星,距极百十四,客星守辐,忧在辇毂。
	九五		十一	
	上六	通六千四百	十二	
晋	初六	坤六十四	十三	
	六二		十四	天乳一星,距极九十二。 从官二星,西距极百廿二。日一星,距极百十三。西咸四星,西距极百四半,咸中有客,阴谋夺嫡。
	六三		十五	
	九四	离一百	**房**一度	房四星,南距极百十四半,轨道四贯,彗食乃乱,五星所犯,下水上旱。
	六五		〇度	丑纳虚,积分四万八千一百十四。

续表

卦象通变			爻象通占	
	上九	通六千四百	二度	阴阳德二星，距极十九。 钩钤二星，距极百九半，钩钤疏折，河清地裂。
豫	初六	坤六十四	三度	积卒十二星，左甲距极百廿二。
	六二		四度	键闭一星，距极百八。
	六三		五度	
	九四	震八十	六度	七公七星，距极四十五。 东咸四星，西南距极百十一。
	六五		**心**一度	心三星，距极百四十四，大辰若克，大王失职，月晕火客，天下蟊贼。
	上六	通五千一百二十	二度	罚三　　距极百八。
观	初六	坤六十四	三度	西垣　　距极六十五。
	六二		四度	
	六三		五度	韩，距极九十八。
	六四	巽一百	六度	
	九五		**尾**一度	尾九星，距极百廿七，九子均明，后宫道成，水犯月晕，后宫有患。
	上九	通六千四百	二度	
比	初六	坤六十四	三度	车肆二星，西距极一百。 斛二星，西南距极八十七。
	六二		四度	
	六三		〇度	癸纳虚，积分五万三百一。

续表

卦象通变			爻象通占	
	六四	坎八十	五度	神宫一星,距极百二十五。 斗五星,距极七十九。
	九五		六度	东垣宋,距极一百五。 七公中。
	上六	通五千百二十	七度	贯索九星,距极五十五。 天江四星,距极百一十,火动天江,关梁不通。
剥	初六	坤六十四	八度	
	六二		九度	宦者四星,南距极七十六。 天纪九星,距极四十八。
	六三		十度	帝座一星,距极七十五。龟五星,距极百十四,火灭龟位,千里赤地。
	六四	艮八十	十一	市楼一星,距极九十八。
	六五		十二	女床三星,距极四十九。
	上九	通五千一百二十	十三	尚书五星,西南距极十九。
坤	初六	坤六十四	十四	傅说一星,距极百八。
	六二		十五	鱼一星,距极百廿六。
	六三		十六	侯一星,距极七十八。 宗正二星,距极八十五。
	六四	坤六十四	十七	糠,距极一百七。
	六五		十八	天龠八星,距极百十四。
	上六	通四千九十六	〇度	子纳虚,积分万二千四百八十九。

右纬三百八十四爻，分直三百六十度，余五度四分一分，纳于二十四爻中，每气纳虚各二千一百八十七，即岁咸之数四千三百七十四中分之半也。以十二乘岁咸之全①，以二十四乘岁咸之半②，皆得五日四分一，为一岁之余。黄赤道度加减不齐，要其总数，纳于虚中，至三百八十四爻，而周三百六十五度四分之一，每爻不及一度万分之四百九十，进退十分，以为赢缩，约得九千五百一十一半③，以为每爻之常分，散其常分，纳于虚积，以尽岁余，取要简便，其归一也。纳虚积分，不尽四十八，即为赢缩进退之常分，以十乘之，积于常度，即为章岁，通于卦变，即为周历。卦变每卦四千九十六，积卦二十六万二千一百四十四，与半数相差三千五百七十六半，即为日度之差，皆与星曜相直，以为卦序。星曜名数，晋隋上下，多寡亦殊。今定为名星二百九十六，星数一千四百六十一，《诗》与《春秋》三乘之数也。星名取象，皆自战国，不能邃古，然要古有其书，时迁其说，如鸟、火、星、虚、龙尾、虎首、天鼋、天驷皆古今仍贯，不变其名；司空、郎将、羽林、虎贲、造父、王良、傅说、轩辕，或先后同名，因袭其号；骑阵、壁垒、罗堰、北落、长沙、东瓯、列国、库楼，或彼此易号；同存其占，不得谓周秦之时，异于羲轩之岁也。唯周时春秋定中十月为营室之候，离宫盖屋，坟墓土功，俱集其下。今差两月，时乖其义耳。然自周时，秋成农隙，适与定合，因星以命事，非因事以命星也。今放《易》序，最显灼者，斗舌天鼋间谓之颐，两旗间谓噬嗑，牛谓之随，女谓之无妄，危、非谓之明夷，杵、臼谓之家人，虚梁谓之丰，离宫谓之离。雷电霹雳，丰离之东谓之革。革之九五在于帝座，同人九五在于天皇。临在勾陈，损在于壁，天之河在于泰，天廪在于大畜，谗在于需，天苑在小畜，天高在于大壮，五车在于大有，参旗在于夬，参伐在于乾，军市在于姤，老人在

① 12×4374＝52488。

② 24×2187。

③ 9511.5×384＝3652416。

于大过，巽在于巽，井在于井，鬼在于蛊，柳在于升，内平之谓解，明堂之谓涣，虎贲之谓蒙，帝子之谓师，进贤之谓渐，杓首之谓蹇，右摄之谓艮，左摄之谓谦，月在于需，日在于晋，天王在于豫，女床在于剥，皆名义灿然，次第可寻，历代因之，互有变易，至于姬、孔而后大定，犹《大传》所称五帝相承作十二卦，各有由始，更革上下。杵臼、弓矢、坟墓、栋宇、耒耜、舟楫、关市、渔畋、文契、衣服皆有仰观，通变不倦，以定其义，别其位序，非感十二卦始作十二事，察十二辰只定十二卦也。羲轩所定，谓之体，历古不变。姬孔所定，谓之运，积世而迁。体经五万九千四十九岁，周而复始；运经四千三百七十四岁，周而复始，皆本星象，考验人事，积久而定，不敢自为穿凿。维星象四方，距极远近，别须实考。今只据宋《中兴志》为本，参之甘、石、隋、唐，以得其高下，而细分秒忽，犹在所略。盖爻通直度，星有兼分，膺距首尾，间不甚远也。黄赤道加减俱依《授时》，参之七历，日法还归四分，损益象数，要于自然，可以上质羲轩，下俟亿世，故复著其易简，略例于端，使后有作者，可以依象定数，不为历家诸术所乱。

岁法四千三百八十三①。加象十三余九分三厘三三②，减数四十五余六分七厘五毫③。

周法二十六万二千九百八十④。加象八百三十六⑤，减数二千七百四十半⑥。

大象四千三百六十九六厘六毫六丝六忽⑦。

---

① 12 × 365. 25 = 4383。

② 4383 - (262144 ÷ 60) = 13. 9330。

③ (531441 ÷ 2 ÷ 60) - 4383 = 45. 675。

④ 60 × 4383 = 262980。

⑤ 262980 - 262144 = 836。

⑥ (531441 ÷ 2) - 262144 = 2740. 5。

⑦ 262144 ÷ 60 = 4369. 06666。

大数四千四百二十八六分七厘五毫①。

易差五十九余六分八毫三丝四忽②。

象周二十六万二千一百四十四③。

数周五十三万一千四百四十一④。半周二十六万五千七百二十半。

天差三千五百七十六半⑤。

倍差七千一百五十三⑥。

天差二千七百四十半⑦。加交一十九余二十二分强。

倍差五千四百八十一⑧。

朔法二十九日五十三刻五分九十三秒。

交法二十七日二十一刻二十二分二十四秒。

交差二日三十一刻八十三分六十九秒。

半交一日一十五刻九十一分八十四秒半。加虚四分九十九。

象虚一日一十五刻八十六分八十三秒三十三微。

周食二十六日五刻三十分四十秒。

日法万。

辰法八百三十三分三十三秒三十微。

数会七百二十九,象会二百九十六。数会七十三,象会三百十四。

数限九,象限六。

中准五万九千四十九,终岁五十三万千四百四十一。

---

① $531441 \div 2 \div 60 = 4428.675$。

② $4428.675 - 4369.06666$。

③ $64 \times 64 \times 64 = 8^6 = 2^{18}$

④ $81 \times 81 \times 81 = 9^6 = 3^{12}$

⑤ $531441 \div 2 - 262144 = 3576.5$。

⑥ $3576.5 \times 2 = 7153$。

⑦ $531441 \div 2 - 262980 = 2740.5$。

⑧ $2740.5 \times 2 = 5481$。

三易洞玑卷二

宓图经中

八尺之表,晷于土中,倚尺五寸,而日永乃极。极浸以南,晷丈三尺,赢寸之二,去尺五寸,为万一千五百二十①,以命律吕,律为恒岁,易积以闰。故律之实一千四百四十②,以三乘之,为一岁之实③;晷之实万一千五百二十,以十二居之,为通闰之策,两者钩致之始也。律尺二寸,阴阳中分,为上下宫,两龢之间,酌其窕分,七百二十有九。晷丈一尺五寸,南北中交,为阴阳历,两陆之间,酌其泛影,五千七百六十。由是差之,衡斜环周,而远深可测矣。箕之阴跻去极上下百二十有一,杵臼之端至于宗垣三十有九,宗垣而上至于紫枢八十有一。故黄钟之阳八寸一分,其阴三寸有九,阴始于市楼之北,阳终于天弁之西,环径互交而晷端其中。故箕始也,杵臼而南,天道始益。益者损也,损上益下,谓之益。晷益则日损,晷损则日益。阳轨长男御于内,则长女从坤御于外;阴轨季女御于内,则季男从乾御于外,贞悔刚柔之等也。益以承坤,益为黄钟之下宫。杵臼而西八十有一,则其东三十有九。益长三寸二分而授之噬嗑。噬嗑,物之始动也。物蠢始动,动合而随,随尺有

---

① 13000 + 20 − 1500 = 11520。

② 120 × 12 = 1440。

③ 1440 × 3 = 4320 = 360 × 12。

愳而复。故随九五在斗、建之间，交于大吕之上宫。随复而颐，颐而屯。屯之六三，水泽腹坚。河鼓而上七十强五，其下四十强四，于是日月乃次于亥，其辰在丑，是为大吕之下宫。历颐、无妄，至于婺女、两蓏而上，交于太簇之上宫。

太簇，涣也，物将发而初涣。涣而且济，谓之未济。未济乃困，困犹屯也，于是阳轨则已中矣。困者，中男之治也。困之九五，鱼陟负冰。人星而下四十有八，其上七十有二，于是日月乃次于戌，其辰在寅，是为太簇之下宫。历师与蒙，至于坎中，营室之栋，交于夹钟之上宫。夹钟，坎也。水动而雨，雨水而解，解乃讼。雷电霹雳，以谓之羽；羽，雨也。

讼究而渐，渐者少男之治也，于是阳轨则浸上矣。渐之初六，雷电乃奋。壁好之端，其上六十强七，其下五十强二，于是日月乃次于酉，其辰在卯，是为夹钟之下宫。历旅与咸，至于奎邸，交于姑洗之上宫。姑洗，谦也。渐极而谦，谦极而艮，艮极而蹇。故渐者修景之始中也，过者中景之已过也。中之则已渐，渐之则且过。晷丈尺有五寸，渐而五千七百六十一，去其尺则已谦，再去其尺则已蹇，过之则已过。故艮者所以持谦也，蹇者所以受过也。炎炎之热，骨靡其肉，美阴不宿，而况其逐之乎？故艮者限也，重艮而蹇受之。蹇承以娄，在姑洗之下宫。军门小阴，其上六十有四，其下五十有六。于是日月乃次于申，其辰在辰。历过与遁，以至小畜，天河之阴，交于仲吕之上宫，于是阳上则竟上矣。

胃上大陵为天之北门，阴吕所居，发于其中。阳趋囿之，谓之大有；阳趋御之，其势必夬。夬之九五，昴卷所宅，其上赢于六十，其下缩于六十，是天地之满气也。满泻中昃，是为仲吕之下宫。仲吕，中也，而不谓之中者，物各中于未泰，不中于其且泰，于是日月皆次于未，其辰在巳。巳者止也，物且止而不可已也。小止而泰，泰而大畜，大畜乃需，五车之中，交于蕤宾之上宫。蕤宾，进也。道进而退，礼进而反，故谓之需。需，居也，夫是则不可居矣。需而大壮，大壮而乾，乾体之晷，乃并于坤体之策。故乾极而晷尽，晷尽之余尺有五寸，上中之准也。土秉十五，虚德而遗其体，以考天下而得其过与不过，是圣人所听五方而别柔竞之气也。

天关之中，其上六十强三，其下五十强六，于是日月皆在于午。午与子直，故参尾则箕为之首，箕尾则参为之首。参之阳跻当三之一，其上八十有一，其下三十有九，黄钟之体也。箕自天棓而上，女床而下，藏体而互应。故蕤宾之阴不可益，益之则已陵；蕤宾之阳不可损，损之则已抑。损益之极，揆六而复。故大不逾宫，细不过羽，重细轻大，修短以适。故子益而生昼，午益而生夜，阴阳之系，坤艮之纪也。

益之乃损，损下而益上，谓之损。故损蕤宾之阴，为大吕之阴，大吕之阴龢于无射之阳；益蕤宾之阳，为大吕之阳，大吕之阳龢于无射之阴。火德之且究也，日损而晷益。凡益三寸二分为蕤宾之下宫，损极乃节，节而归妹，季女之始归也。归妹六五在五诸侯、积水之北，交于林钟之上宫，历履、中孚以至于睽。睽者，季女之治也。睽之六三，在林钟之下宫。爟上龙尾，其下六十有六，其上五十有四，于是日月乃次于巳，其辰在未。历兑与临而交于夷则之上宫，其晷二尺八寸有八，始贲而饰，两晷之所衷也。

晷盈三尺二寸而为既济，既济乃丰。丰之六五，在夷则之下宫。内平小西，轩辕所都，其上五十而赢，下七十而绌，中女治之。于是日月皆会于辰，辰在于申，斗魁之前，亦所以正四时也。丰而同人，同人家人以至于离，常陈而上，交于南吕之上宫。离乃革，革乃夷，夷乃蛊。

蛊者,长女之治也。蛊之初六,在南吕之下宫。郎位而下,轸辖而上,其阴七十有二,其阳四十有八,是与太簇相为表里。寅酉之门,羲燧之所究始也,于是晷影则又中矣。晷自南而北,少男主之,垂阴浸退则悬阳浸进。晷自北而南,长女主之,垂阴浸进则悬阳浸退。蛊历井而恒,交于无射之上宫,恒为之主;恒,阴也。渐历旅而咸,交于姑洗之上宫,咸为之主;咸,阳也。自咸而谦,晷影日短,历艮与蹇,至于小过,短景三尺六寸,小于黄钟之阴;小者过也,过之小者也。自恒而下,晷影日长,历巽与鼎,至于大过,修景八尺三寸,大于黄钟之阳;大者过也,过之大者也。鼎之九三,为无射之下宫。鼎耳而上四十强四,其下七十强五,于是日月皆会于寅,其辰在戌。鼎而大过,大过而升,升极而剥。

剥之初六,交于应钟之上宫,于是阴下则竟下矣。阴阳之故,损损益益,高高下下,权以为蛊,杓以为巽,恒以为甲,咸以为庚。前有六甲之治,后有两乙之令,为治者则在其所取也。蛊由前则以甲,巽由后则以庚。剥夬之在两门,君子之所毖治也。剥极而比,比极而豫。豫在应钟之下宫,七公所界,其上四十强二,其下七十强七,于是日月皆宿于丑,其辰在亥。亥合于丑,而午子又直,故分至四极,绳直之不旁引也,卦德之贞至也。渐、蛊、咸、恒、损、益、随、归妹,八者德应之符也。豫极而否,否而观。否以开塞,观以进退。观审而晋。晋之六三,乃反于黄钟之上宫。黄钟之上宫,天地之至阴也。六为中色,以三益之,阴阳之动,龠于其中,衡童钧石,于是乎出。故尾、箕之交,天地之终始也。神宫去极,三分天际,为万物之玄端,少进而于天龠之下,晷盈乃极,疾步将复。君子坚以为质,顺以为体,晦以为度,明以为志,卑卑其行,与时偕扬。故表者,所以为志也;晷者,所以为度也;极者,所以为性也;日者,所以为命也。日极相离,性命以平,近荣而远枯,平旸而亢阴。故准地之径一百二十,中吕之中,昼夜以分,箕尾之北有昼绌日之三者矣。故熙晦,时也;高卑,位也;趋舍,义也。时不改志,位不改度,命不惑性。揆变定虑,乃不惧;熟虑知常,乃不佯。自萃而坤,晷长一丈三尺,去尺四寸有八,以交于黄钟之下宫,而二十四律还复相生。故终至者,天地之所慎事也。益黄钟之阴,为应钟之阳;损仲吕之阳,为黄钟之阴。二气所交,终至之通经也。

君子之为易也,辨方于天,度圜于地,至以归之,中以要之,矩两而规参,易以之行,律以之旋。故天规地微,绌而为虚;地矩天微,赢而为闰。方圜盈虚,差等其间,而神明之响可听矣。五德之运,舍金而土。金者,土之袭也。火生三吕,三吕从金。立子者贵其母,立母者树其子。阳损以下,阴益以上,大宫细羽,五差其间,奇质而偶间,往而复反,反而复连。故往而不反,反而不连,非律之制也。律有长短,晷有迟疾,进退盈缩,日不相及,而原始损益,相要不过。故《易》有二"中",中有两"过",大过而知患,小过而知慎,夷者以明,讼者以平,妇子以宁,邦国以清,事物不干,福禄以兴。无他,则坐叶之道也。

右图以阴阳升降为八索之序,十二律各有阴阳,为上下宫,以准二十四气。律之与晷,义不相袭,而其消长进退相似不违,一也。测表吹律皆在黄、姚以下,而制器尚象实自羲、轩而前。周室致日,八尺之表,立于土中,夏至晷影一尺五寸,冬至晷影一丈三尺。盖阳城土中,北极出地三十四度,天中去极五十七度六分,南距赤道亦三[①]十四度,赤道去地五十七度六分。赤道之北二十四度为夏至日道,去天中十度微强。赤道之南二十四度为冬至日道,去天中五十八度微弱。以十度当尺,日近则晷停,益之以半,故夏至晷斜一尺五寸;此一尺五寸,为参伍之本。以五度当尺,日远则晷倚,益之以倍,故冬至晷斜一丈一尺五寸二分;此一丈一尺五寸二分,为分至之法。易乾坤之策万一千五百二十,当表晷之厘数。以三十二分分之,各三百六十,为三十二岁之日。两分其中,五千七百六十。以九括之,为六十四,凡得六十四者九十。天数九而地数十,晷数以十而用九,律数以九而用十。故晷一丈一尺五寸二分,以九除之,得九百三十八分;以九乘之,得八千四百四十二分。以二分之,半分之得四千二百二十一厘,以当常岁之辰,约少一寸二分,为九十九厘[②],不及常岁之数,于表本之晷,约取一寸二分,则表端之晷,不殊天行之度矣。

易道未作之初,即有晷表量移之法,但其图义未明,爻象不著。今以函盖方圆,损益上下,凡十八变,而归于极。法置地平一百廿八,以为径准,方田四周五百一十二。以径围之,一三未合,尚余十八。当为一百廿八之径,三百八十四之围,余分十八,得径一百廿八,围四百有二。以三百八十四为径围之常数,加十八为圭黍之宽分,是为天方初乘一变天圆之数。以四百二度再矩为方,即得四方九十一度奇,方田四周三百六十六。以径圆之,一三未合,又余十二。当为九十一度之径,二百七十四之围,余分十二。以二百七十四为径围之常数,加十二为圭黍之宽分,是为天方再变天圆之数。以二百八十六再矩为方,即得四方六十四度,方田四周二百五十六。以径围之,一三未合,尚余九度,当为六十四度之径,一百九十二之围,余分有九,以一百九十二为径围之常数,加九为圭黍之宽

① 诸本作“二”,当作“三”。北极出地与南距赤道度数应一致,“三”前“亦”字也表明当作“三十四”。

② $360\times12=4320$,又 $4320-4221=99$。

分,是为天方三变易卦之数。故以百二十八为径,五百一十二为周,再矩而得天之常度,三矩而得易之常体。天道自然,与易相配,无纤毫牵合,是历律表晷之原也。故表以八为尺,即准易之尺当地一方,地平一百二十八,得八者十六,衡为十六方。表居土中,日在表南,以绳引之,外方天圆,与再矩天方,阔狭虽殊,皆正三百六十六度,中涵易方,整得四千九十六。平分三十二,以八乘之,二百五十六。天圆之晷,去表十度,则晷长一方五分;一方八寸,五分四寸,实一尺二寸,命为一尺五寸。去表三十三度,则晷长五方八分,实四尺六寸四分,命为五尺七寸六分。去表五十七度六分,则晷长十六方,实一百二十八分,当丈二尺八寸,不复命方,以实为数,于前一尺五寸取其二分,于后一丈二尺八寸益其二分,故云一丈三尺也。由前言方,以见表之为丈;由后言实,以见十之为数。后世迷源,遂立十尺之表,增减愈淆,多至一十余尺,《周髀》、《乾凿》不复能穷矣。天方自三变而后,遂减半方。四变四十五,径围一百三十五。五变三十二,径围九十六。六变二十一,径围六十三。六变而又减半方。七变为二十七,八变为十六方五分,九变为十二,十二而中涵复六十四。故六十四为九变之归,三百八十四为天圆之始,五百十二为天方之本,三百六十六为天方之归。以天方为矩,上下损益,一两一参,而万变以适。《周髀》去古非远,所立径围皆有赢分。然以天方为本,则宽分不复左度,皆在本数之内,必如径狭围宽,亦但以天方为法。径率一百二十八,则围率四百有二,为天圆加易十八之宽分,其实三百八十四。径率一百二十二,则围率三百八十四,为易加天方十八之宽分,其实三百六十六。径率一百十八,则围率三百六十六,为天加日行十二之宽分,其实三百五十四。故以四百有二为天圆,而易之去天表十八。三百八十四为易圆,而天之去易十八。三百六十六为天地方圆之实,而日之去天十二。因其十二,上下损益,刓圆削方,皆法于三,行八隔五,而律吕出焉。

自有律以来,皆言黄钟九寸八十一分,而《吕览》又言黄钟三寸九分，诸儒沿争，又为聚讼，不知一律各有阴阳，嶰谷两龠当尺二寸，管氏言小素之宫，州鸠别宣厉之制，皆有阴阳上下，以分诸宫。汉儒传黄钟之阳，秦儒传黄钟之阴，以三十九合八十一，互见相宜，犹二至之晷，传实者为丈三尺，传方者为尺五寸，互见相宜，何离异乎？然自有晷律以来，未有别其差数者，律犹倚虚，气难貌视，而晷既从日，景可毫分。今以天方实测，得洛中冬至八尺之表，以八为度，盈初缩末，八十八日九十一刻，分为六段。第一段晷十六尺一寸二分，第二段十三尺七寸，第三段十一尺四寸，第四段九尺六寸，第五段八尺四寸，第六段七尺。七八五六，即五尺七寸，又一寸六分为二分后二日微强之交限。夏至十尺之表，以十为度，缩初盈末，九十三日七十一刻，分为六段。第一段一尺四寸八分，第二段二尺，第三段二尺六寸，第四段三尺三寸，第五段四尺，第六段四尺九寸。以八分之，即五尺七寸六分，为二分前二日微强之交限。测其积差，冬至第二段差五寸二分，第三段六寸，第四段七寸，第五段七寸，第六段九寸，第七段八寸六分，第八段一尺四寸，第九段一尺二寸，第十段一尺八寸，第十一段二尺三寸，第十二段二尺四寸二分，约差一丈三尺二寸，而参差莫齐，必精较圆径，使纵横度均，纤忽不乱。然其大要以五寸四分、二寸七分间六段之差，并于南至之晷，而差分尽还，北差仅可一寸而南差至四五寸者，日平则景远，径袤之数异也。今以分至定为三晷，夏至一尺四寸八分，以八命之，得一尺一寸八分四厘；以九命之，得一尺三寸三分二厘。冬至十六尺一寸二分，以八命之，得一丈二尺八寸九六；以九命之，得一丈四尺五寸〇分八厘。春秋分五尺七寸六分，以八命之，得四尺六寸八厘；以九命之，得五尺一寸八分四厘。皆九为虚而八为实，十为体而八为用。自冬至至二分，皆举实而离体；自夏至至二分，皆举体而藏用。是皆宜以八分，尽改其旧。然自测晷以来，为说已久，又以一丈三尺为万三千分，去其表本一尺四寸八分，为万一千五百二十，易所命物之数，不可废也。今以一尺一寸八分四厘除一丈二尺八寸九分六厘，得一万一千七百一十二，为三十二岁天周之数，与古法同用，而古法易简，便于推候，故尽去其余分，使晷与律相准。晷之准易者，一日六分四厘，为六十四，积六十日而三百八十四分，一朞而万一千五百二十，余分之积三百八十四厘，故晷以象易之变。律之准历者，一宫而百二十，十二宫而千四百四十，倍之则二千八百三十，参之则四千三百二十。倍以合径，参以命围，余分之积六十有三，故律以效天之动。晷律两事，数虽分行，而法同一致。欲穷新法，别须测验，故合并晷律，使新旧相起，总其损益，系于天方。

宓图纬中

中天卦度				土中表晷		律上下宫	
益	初九	○	○	晷丈一尺五寸二分			黄钟下宫
	六二	箕	一		缩六分四厘○○		杵臼五分四厘
	六三		二		缩一寸二分八厘		杵臼一寸八厘
	六四		三		缩一寸九分二厘		杵臼一寸六分二
	九五		四		缩二寸五分六厘		农人二寸一分六
	上九		五		缩三寸二分○○		农人二寸七分
噬嗑	初九		六		缩三寸八分四厘		农人三寸二分四
	六二		七		缩四寸四分八厘		玄鼋三寸七分八
	六三		八		缩五寸一分二厘		玄鼋四寸三分二
	九四		九		缩五寸七分六厘		玄鼋四寸八分六
	六五		十		缩六寸四分○○		玄鼋五寸四分
	上九		十一		缩七寸○○四厘		玄鼋五寸九分四
随	初九	斗	一		缩七寸六分八厘		玄鼋六寸四分八
	六二		二		缩八寸三分二厘		玄鼋七寸二厘
	六三		三		缩八寸九分六厘		玄鼋七寸五分六
	九四		四		缩九寸六分○○		玄鼋八寸一分
	九五	○	○	晷丈五寸六分			大吕上宫
	上六		五		缩六分四厘○○		斗建二分九四三
复	初九		六		缩一寸二分八厘		斗建五分八四六
	六二		七		缩一寸九分二厘		斗建八分八二九
	六三		八		缩二寸五分六厘		斗建一寸一七七二
	六四		九		缩三寸二分○○		斗建一寸四七一五
	六五		十		缩三寸八分四厘		斗建一寸七六五八
	上六		十一		缩四寸四分八厘		斗建一寸九九一
颐	初九		十二		缩五寸一分二厘		天鸡二寸三五四四
	六二		十三		缩五寸七分六厘		天鸡二寸六四八七
	六三		十四		缩六寸四分○○		天鸡二寸九四三

续表

中天卦度				土中表晷	律上下宫
	六四		十五	缩七寸〇〇四厘	天鸡三寸二三七三
	六五		十六	缩七寸六分八厘	天鸡三寸五三七六
	上九		十七	缩八寸三分二厘	天渊三寸八二五九
屯	初九		十八	缩八寸九分六厘	天渊四寸〇一二
	六二		十九	缩九寸六分〇〇	天渊四寸四一四六
	六三	〇	〇	晷九尺六寸	大吕下宫
	六四		二十	缩六分四厘〇〇	天田五分〇五六九
	九五		廿一	缩一寸二分八厘	天田一寸〇一三八
	上六		廿二	缩一寸九分二厘	天田一寸五一七七
震	初九		廿三	缩二寸五分六厘	天田二寸二二七六
	六二		廿四	缩三寸二分〇〇	天田二寸五二四九
	六三	牛	一	缩三寸八分四厘	列国三寸三四一四
	九四		二	缩四寸四分八厘	列国三寸五九三三八
	六五		三	缩五寸二分二厘	列国四寸四五二二
	上六		四	缩五寸七分六厘	列国四寸五五四八一
无妄	初九		五	缩六寸四分〇〇	列国五寸〇五六九
	六二		六	缩七寸〇〇四厘	列国五寸五六二五九
	六三		七	缩七寸六分八厘	列国六寸〇八六八二
	九四	女	一	缩八寸三分二厘	列国六寸六三七七九
	九五		二	缩八寸九分六厘	列国七寸〇七九六六
	上九		三	缩九寸六分〇〇	列国七寸五五八四
涣	初六	〇	〇	晷八尺六寸四分	太簇上宫
	九二		四	缩六分四厘〇〇	匏瓜三分二厘
	六三		五	缩一寸二分八厘	匏瓜六分四厘
	六四		六	缩一寸九分二厘	非危九分六厘
	九五		七	缩二寸五分六厘	非危一寸二八
	上九		八	缩三寸二分〇〇	非危一寸六分

续表

中天卦度				土中表晷	律上下宫
未济	初六		九	缩三寸八分四厘	非危一寸九二
	九二		十	缩四寸四分八厘	非危二寸二四
	六三		十一	缩五寸一分二厘	非危二寸五六
	九四	虚	一	缩五寸七分六厘	非危二寸八八
	九五		二	缩六寸四分〇〇	命禄三寸二分
	上六		三	缩七寸〇〇四厘	命禄三寸五二
困	初九		四	缩七寸六分八厘	命禄三寸八四
	九二		五	缩八寸三分二厘	命禄四寸一六
	六三		六	缩八寸九分六厘	命禄四寸四八
	九四		七	缩九寸六分〇〇	命禄四寸八分
	九五	〇	〇	晷七尺六寸八分	太簇下宫
	上六		八	缩六分四厘〇〇	虚梁四分八厘
师	初六		九	缩一寸二分八厘	虚梁九分六厘
	九二	危	一	缩一寸九分二厘	虚梁一寸四四
	六三		二	缩二寸五分六厘	虚梁一寸九二
	六四		三	缩三寸二分〇〇	虚梁二寸三二
	六五		四	缩三寸八分四厘	虚梁二寸八八
	上六		五	缩四寸四分八厘	土功三寸三六
蒙	初六		六	缩五寸一分二厘	土功三寸八四
	九二		七	缩五寸七分六厘	雷电四寸三二
	六三		八	缩六寸四分〇〇	雷电四寸八分
	六四		九	缩七寸〇〇四厘	雷电五寸二八
	六五		十	缩七寸六分八厘	雷电五寸七六
	上九		十一	缩八寸三分二厘	雷电六寸二四
坎	初六		十二	缩八寸九分六厘	北落六寸七二
	九二		十三	缩九寸六分〇〇	北落七寸二分

续表

中天卦度				土中表晷	律上下宫
	六三	○	○	晷六尺七寸二分	夹钟上宫
	六四		十四	缩六分四厘○○	霹雳四分四九五
	九五		十五	缩一寸二分八厘	霹雳八分九九
	上六		十六	缩一寸九分二厘	霹雳一寸三四五八
解	初六	室	一	缩一寸五分六厘	霹雳一寸七九八
	九二		二	缩三寸二分○○	霹雳二寸二四五七
	六三		三	缩三寸八分四厘	霹雳二寸六九七
	九四		四	缩四寸四分八厘	霹雳三寸二四五六
	九五		五	缩五寸一分二厘	霹雳三寸五九六
	上六		六	缩五寸七分六厘	云雨三寸九六八五五
讼	初六		七	缩六寸四分○○	云雨四寸四九五
	九二		八	缩七寸○○四厘	云雨四寸九四五四
	六三		九	缩七寸六分八厘	云雨五寸三九四
	九四		十	缩八寸三分二厘	云雨五寸六四三五
	九五		十一	缩八寸九分六厘	云雨六寸四九三
	上九		十二	缩九寸六分○○	云雨六寸七四二五
渐	初六	○	○	晷五尺七寸六分中	夹钟下宫
	六二		十三	缩六分四厘○○	土功三分五○五
	九三		十四	缩一寸二分八厘	土功七分○一
	六四		十五	缩一寸九分二厘	土功一寸一五一五
	九五		十六	缩二寸五分六厘	土功一寸四○二
	上九	壁	一	缩三寸二分○○	土功一寸七五二五
旅	初六		二	缩三寸八分四厘	土功二寸一○三
	六二		三	缩四寸四分八厘	土功二寸四五五三
	九三		四	缩五寸一分二厘	土功二寸八○五
	九四		五	缩五寸七分六厘	土功三寸○五五五
	六五		六	缩六寸四分○○	土功三寸五○五
	上九		七	缩七寸四厘○○	天溷三寸八五五五
咸	初六		八	缩七寸六分八厘	天溷四寸二一五

续表

中天卦度				土中表晷	律上下宫
	六二		九	缩八寸三分二厘	天溷四寸六五二
	九三	奎	一	缩八寸九分六厘	天溷四寸九〇七
	九四		二	缩九寸六分〇〇	天溷五寸二五七五
	九五	〇	〇	晷四尺八寸	姑洗上宫
	上六		三	缩六分四厘〇〇	外屏三分七三四
谦	初六		四	缩一寸二分八厘	外屏七分四六八
	六二		五	缩一寸九分二厘	外屏一寸一一一二
	九三		六	缩二寸五分六厘	外屏一寸四九三六
	六四		七	缩三寸二分〇〇	外屏一寸八六六二
	六五		八	缩三寸八分四厘	外屏二寸一四四
	上六		九	缩四寸四分八厘	外屏二寸六一三八
艮	初六		十	缩五寸一分二厘	外屏二寸九八七二
	六二		十一	缩五寸七分六厘	外屏三寸三六六
	九三		十二	缩六寸四分〇〇	外屏三寸七三四
	六四		十三	缩七寸〇〇四厘	右更四寸一七四
	六五		十四	缩七寸六分八厘	右更四寸五四七四
	上九		十五	缩八寸三分二厘	右更四寸八四五二
蹇	初六		十六	缩八寸九分六厘	右更五寸一二七六
	六二	娄	一	缩九寸六分〇〇	右更五寸六分
	九三	〇	〇	晷缩三尺八寸四分	姑洗下宫
	六四		二	缩六分四厘〇〇	左更四分二六六
	九五		三	缩一寸二分八厘	左更八分五三三
	上六		四	缩一寸九分二厘	左更一寸二七九八
小过	初六		五	缩二寸五分六厘	左更一寸七六四
	六二		六	缩三寸二分〇〇	左更二寸一三三
	九三		七	缩三寸八分四厘	天将二寸五五九六
	九四		八	缩四寸四分八厘	天将二寸九八六二
	六五		九	缩五寸一分二厘	天将三寸四一八二
	上六		十	缩五寸七分六厘	天将三寸八三九四
遁	初六		十一	缩六寸四分〇〇	天将四寸二六六

续表

中天卦度				土中表晷	律上下宫
	六二		十二	缩七寸〇〇四厘	大陵四寸六八二六
	九三	胃	一	缩七寸六分八厘	大陵五寸一一九三
	九四		二	缩八寸三分二厘	大陵五寸五四八五
	九五		三	缩八寸九分六厘	大陵五寸九七二四
	上九		四	缩九寸六分〇〇	大陵六寸四分
小畜	初九	〇	〇	晷二尺八寸八分	仲吕上宫
	九二		五	缩六分四厘〇〇	积尸三分九九五六
	九三		六	缩一寸二分八厘	积尸七分九九一二
	六四		七	缩一寸九分二厘	积尸一寸一九八六八
	九五		八	缩二寸五分六厘	积尸一寸五九八二八
	上九		九	缩三寸二分〇〇	积尸一寸九九七八
大有	初九		十	缩三寸八分四厘	天船二寸三九七三六
	九二		十一	缩四寸四分八厘	天船二寸七十四九二
	九三		十二	缩五寸一分二厘	天船三寸一九六四八
	九四		十三	缩五寸七分六厘	天船三寸五九六四
	六五		十四	缩六寸四分〇〇	天船三寸九九五六
	上九		十五	缩七寸〇〇四厘	卷舌四寸三九五一六
夬	初九	昴	一	缩七寸六分八厘	卷舌四寸七九四七二
	九二		二	缩八寸三分二厘	卷舌五寸一九四二八
	九三		三	缩八寸九分六厘	卷舌五寸五九三八八
	九四		四	缩九寸六分〇〇	卷舌五寸九九三三
	九五	〇	〇	晷一尺九寸二分	仲吕下宫
	上六		五	缩六分四厘〇〇	砺石四分〇〇四六
泰	初九		六	缩一寸二分八厘	砺石八分〇〇九二
	九二		七	缩一寸九分二厘	砺石一寸二〇一二八
	九三		八	缩二寸五分六厘	砺石一寸六〇一八四
	六四		九	缩三寸二分〇〇	砺石二寸〇〇二三
	九五		十	缩三寸八分四厘	三旗二寸四〇二七六
	上六		十一	缩四寸四分八厘	三旗二寸八〇二二二

续表

中天卦度				土中表晷		律上下宫	
大畜	初九	毕	一		缩五寸一分二厘		三旗三寸二〇三六八
	九二		二		缩五寸七分六厘		三旗三寸六〇四一
	九三		三		缩六寸四分〇〇		三旗四寸〇〇四六
	六四		四		缩七寸〇〇四厘		三休四寸四〇五〇六
	六五		五		缩七寸六分八厘		三休四寸八〇五五二
	上九		六		缩八寸三分二厘		三休五寸二〇五八八
需	初九		七		缩八寸九分六厘		三休五寸六〇六四
	九二		八		缩九寸六分〇〇		三休六寸〇〇六九
	九三	〇	〇	晷九寸六分		蕤宾上宫	
	六四		九		缩六寸四厘〇〇		天潢四分二厘二八
	九五		十		缩一寸二分八厘		天潢八分四二六
	上六		十一		缩一寸九分二厘		天潢一寸二六二四
大壮	初九		十二		缩二寸五分六厘		天潢一寸六八三二
	九二		十三		缩三寸二分〇〇		天潢二寸一〇四
	九三		十四		缩三寸八分四厘		咸池二寸五二四八
	九四		十五		缩四寸四分八厘		咸池二寸九四五六
	六五		十六		缩五寸一分二厘		咸池三寸三六六四
	上六		十七		缩五寸七分六厘		咸池三寸七八七二
乾	初九	觜	一		缩六寸四分〇〇		咸池四寸二分〇八
	九二	参	一		缩七寸〇〇四厘		三泉四寸六二八八
	九三		二		缩七寸六分八厘		三泉五寸〇四九六
	九四		三		缩八寸三分二厘		三泉五寸四七〇四
	九五		四		缩八寸九分六厘		三泉五寸八九一二
	上九		五		缩九寸六分〇〇		三泉六寸三一二
损	初九	〇	〇	晷尽余尺五寸，以盈下限		蕤宾下宫	
	九二		六		盈六分四厘〇〇		司怪三分九七二
	六三		七		盈一寸二分八厘		司怪七分五八四
	六四		八		盈一寸九分二厘		司怪一寸一三七六
	六五		九		盈二寸五分六厘		司怪一寸五一六八

续表

中天卦度				土中表晷		律上下宫	
	上九		十		盈三寸二分〇〇		司怪一寸八九五一
节	初九	井	一		盈三寸八分四厘		水府二寸二七五
	九二		二		盈四寸四分八厘		水府二寸六五四二
	六三		三		盈五寸一分二厘		水府三寸〇四三六
	六四		四		盈五寸七分六厘		水府三寸四一二八
	九五		五		盈六寸四分〇〇		水府三寸七九二
	上六		六		盈七寸〇〇四厘		四渎四寸一七一二
归妹	初九		七		盈七寸六分八厘		四渎四寸五五四
	九二		八		盈八寸三分二厘		四渎四寸九二九六
	六三		九		盈八寸九分六厘		四渎五寸三〇八八
	九四		十		盈九寸六分〇〇		四渎五寸六八八
	六五	〇	〇	晷九寸六分		林钟上宫	
	上六		十一		盈六分四厘〇〇		阙丘四分四厘
履	初九		十二		盈一寸二分八厘		阙丘八分八厘
	九二		十三		盈一寸九分二厘		阙丘一寸三分二
	六三		十四		盈二寸五分六厘		阙丘一寸七分六
	九四		十五		盈三寸二分〇〇		阙丘二寸二分
	九五		十六		盈三寸八分四厘		水位二寸六分四
	上九		十七		盈四寸四分八厘		水位三寸〇八厘
中孚	初九		十八		盈五寸一分二厘		水位三寸五分二
	九二		十九		盈五寸七分六厘		水位三寸九分六
	六三		二十		盈六寸四分〇〇		水位四寸四分
	六四		廿一		盈七寸〇〇四厘		南河四寸八分四
	九五		廿二		盈七寸六分八厘		南河五寸二分八

续表

中天卦度				土中表晷	律上下宫
	上九		廿三	盈八寸三分二厘	南河五寸七分二
睽	初九		廿四	盈八寸九分六厘	南河六寸一分六
	九二		廿五	盈九尺六寸〇〇	南河六寸六分
	六三	〇	〇	晷一尺九寸二分	林钟下宫
	九四		廿六	盈六分四厘〇〇	积薪三分六厘
	六五		廿七	盈一寸二分八厘	积薪七分二厘
	上九		廿八	盈一寸九分二厘	积薪一寸〇八厘
兑	初九		廿九	盈二寸五分六厘	积薪一寸四分四
	九二		三十	盈三寸二分〇〇	积薪一寸八分
	六三		卅一	盈三寸八分四厘	爟二寸一分六
	九四		卅二	盈四寸四分八厘	爟二寸五分二
	九五		卅三	盈五寸一分二厘	爟二寸八分八
	上六	鬼	一	盈五寸七分六厘	爟三寸二分四
临	初九		二	盈六寸四分〇〇	爟三寸六分
	九二	柳	一	盈七寸〇〇四厘	外厨三寸九分六
	六三		二	盈七寸六分八厘	外厨四寸三分二
	六四		三	盈八寸三分二厘	外厨四寸六分八
	六五		四	盈八寸九分六厘	外厨五寸〇四厘
	上六		五	盈九寸六分〇〇	外厨五寸四分
贲	初九	〇	〇	晷二尺八寸八分	夷则上宫
	六二		六	盈六分四厘〇〇	轩辕三分七三一二
	九三		七	盈一寸二分八厘	轩辕六分七四二四
	六四		八	盈一寸九分二厘	轩辕一寸〇一三六
	六五		九	盈二寸五分六厘	轩辕一寸三四八四
	上九		十	盈三寸二分〇〇	轩辕一寸六八五六

续表

中天卦度				土中表晷	律上下宫
既济	初九		十一	盈三寸八分四厘	酒旗二寸〇二二七二
	六二		十二	盈四寸四分八厘	酒旗二寸三五九四八
	九三		十三	盈五寸一分二厘	酒旗二寸七三六九六
	六四		十四	盈五寸七分六厘	酒旗三寸〇三四〇八
	九五	星	一	盈六寸四分〇〇	酒旗三寸三七一二
	上六		二	盈七寸〇〇四厘	天相三寸七八二二
丰	初九		三	盈七寸六分八厘	天相四寸〇七五三四
	六二		四	盈八寸三分二厘	天相四寸三八二四六
	九三		五	盈八寸九分六厘	天相四寸七一九五八
	九四		六	盈九寸六分〇〇	天相五寸五六九
	六五	〇	〇	晷三尺八寸四分	夷则下宫
	上六		七	盈六分四厘〇〇	太尊四分六二八八
同人	初九	张	一	盈一寸二分八厘	太尊九分二三七六
	六二		二	盈一寸九分二厘	太尊一寸三八八六四
	九三		三	盈二寸五分六厘	太尊一寸八五一七四
	九四		四	盈三寸二分〇〇	太尊二寸三一四二九
	九五		五	盈三寸八分四厘	灵台二寸七七〇六四
	上九		六	盈四寸四分八厘	灵台三寸二四〇一六
家人	初九		七	盈五寸一分二厘	灵台三寸五〇三〇四
	六二		八	盈五寸七分六厘	灵台四寸一六五九二
	九三		九	盈六寸四分〇〇	灵台四寸六二八八
	六四		十	盈七寸〇〇四厘	明堂五寸九一七六
	九五		十一	盈七寸六分八厘	明堂五寸五二九六
	上九		十二	盈八寸三分二厘	明堂六寸〇二九四四
离	初九		十三	盈八寸九分六厘	明堂六寸四八五四
	六二		十四	盈九寸六分〇〇	明堂六寸九四三九
	九三	〇	〇	晷四尺八寸	南吕上宫

续表

中天卦度				土中表晷		律上下宫	
	九四		十五		盈六分四厘○○		明堂四分八厘
	六五		十六		盈一寸二分八厘		明堂九分六厘
	上九		十七		盈一寸九分二厘		明堂一寸四分四
革	初九	翼	一		盈二寸五分六厘		明堂一寸九分二
	六二		二		盈三寸二分○○		明堂二寸四分
	九三		三		盈三寸四分八厘		垣门二寸八分八
	九四		四		盈四寸八分四厘		垣门三寸三分六
	九五		五		盈五寸一分二厘		垣门三寸八分四
	上六		六		盈五寸七分六厘		垣门四寸三分二
明夷	初九		七		盈六寸四分○○		垣门四寸八分
	六二		八		盈七寸○○四厘		左翼五寸二分八
	九三		九		盈七寸六分八厘		左翼五寸七分六
	六四		十		盈八寸三分二厘		左翼六寸二分四
	六五		十一		盈八寸九分六厘		左翼六寸七分二
	上六		十二		盈九寸六分○○		左翼七寸二分
蛊	初六	○	○	晷五尺七寸六分中			南吕下宫
	九二		十三		盈六分四厘○○		司空三分二厘
	九三		十四		盈一寸二分八厘		司空六分四厘
	六四		十五		盈一寸九分二厘		司空九分六厘
	六五		十六		盈二寸五分六厘		司空一寸二分八
	上九		十七		盈三寸二分○○		司空一寸六分
井	初六		十八		盈三寸八分四厘		长沙一寸九分六
	九二	轸	一		盈四寸四分八厘		长沙二寸二分四
	九三		二		盈五寸一分二厘		长沙二寸五分六

续表

中天卦度				土中表晷	律上下宫
	六四		三	盈五寸七分六厘	长沙二寸八分八
	九五		四	盈六寸四分○○	长沙三寸二分
	上六		五	盈七寸○○四厘	青丘三寸五分二
恒	初六		六	盈七寸六分八厘	青丘三寸八分四
	九二		七	盈八寸三分二厘	青丘四寸一分六
	九三		八	盈八寸九分六厘	青丘四寸四分八
	九四		九	盈九寸六分	青丘四寸八分
	六五	○	○	晷六尺七寸二分	无射上宫
	上六		十	盈六分四厘○○	军门二分九九六
姤	初六		十一	盈一寸二分八厘	军门五分九九一
	九二		十二	盈一寸九分二厘	军门八分九八八
	九三		十三	盈二寸五分六厘	军门一寸一九八六
	九四		十四	盈三寸二分○○	军门一寸四九八
	九五		十五	盈三寸八分四厘	库楼一寸七九七六
	上九		十六	盈四寸四分八厘	库楼二寸○八七二
巽	初六		十七	盈五寸一分二厘	库楼二寸三九二
	九二	角	一	盈五寸七分六厘	库楼二寸七五六
	九三		二	盈六寸四分○○	库楼二寸九九六
	六四		三	盈七寸○○四厘	衡柱三寸二九五六
	九五		四	盈七寸六分八厘	衡柱三寸五九八二
	上九		五	盈八寸三分二厘	衡柱三寸八九四八
鼎	初六		六	盈八寸九分六厘	衡柱四寸一九四六
	九二		七	盈九寸六分○○	衡柱四寸四九五
	九三	○	○	晷七尺六寸八分	无射下宫
	九四		八	盈六分四厘○○	阳门五分○○三三
	六五		九	盈一寸二分八厘	阳门一寸○○○六六
	上六		十	盈一寸九分二厘	阳门一寸五○○九九

续表

中天卦度				土中表晷	律上下宫
大过	初六		十一	盈二寸五分六厘	阳门二寸〇一三二
	九二		十二	盈三寸二分〇〇	阳门二寸五〇一六五
	九三	亢	一	盈三寸八分四厘	阳门三寸〇〇一九八
	九四		二	盈四寸四分八厘	阳门三寸五〇二三一
	九五		三	盈五寸一分二厘	阳门四寸〇〇二六四
	上六		四	盈五寸七分六厘	顿顽四寸五〇二九七
升	初六		五	盈六寸四分〇〇	顿顽五寸〇〇三三
	九二		六	盈七寸〇〇四厘	顿顽五寸五〇三六三
	九三		七	盈七寸六分八厘	顿顽六寸〇〇三六三
	六四		八	盈八寸三分二厘	顿顽六寸五〇四二九
	六五		九	盈八寸九分六厘	顿顽七寸〇〇四六二
	上六	氐	一	盈九寸六分〇〇	顿顽七寸五〇〇五
剥	初六	〇	〇	晷八尺六寸四分	应钟上宫
	六二		二	盈六分四厘〇〇	骑官五分一五四
	六三		三	盈一寸二分八厘	骑官一寸三分八
	六四		四	盈一寸九分二厘	骑官一寸五四六二
	六五		五	盈二寸五分六厘	骑官二寸六一六
	上九		六	盈三寸二分〇〇	骑官二寸五七七
比	初六		七	盈三寸八分四厘	骑官三寸〇八二四
	六二		八	盈四寸四分八厘	骑官三寸六〇七八
	六三		九	盈五寸一分二厘	骑官四寸一二三二
	六四		十	盈五寸七分六厘	阵将四寸六三八六
	九五		十一	盈六寸四分〇〇	阵将五寸一五四
	上六		十二	盈七寸〇〇四厘	阵将五寸六六九四
豫	初六		十三	盈七寸六分八厘	阵将六寸一八四八
	六二		十四	盈八寸三分二厘	阵将六寸七〇二二
	六三		十五	盈八寸九分六厘	阵将七寸二一七
	九四		十六	盈九寸六分〇〇	阵将七寸七三二

续表

中天卦度				土中表晷		律上下宫	
	六五	〇	〇	晷九尺六寸			应钟下宫
	上六	房	一		盈六分四厘		从官二分八四四
否	初六		二		盈一寸二分八厘		从官五分六八八
	六二		三		盈一寸九分二厘		从官八分五三二
	六三		四		盈二寸五分六厘		从官一寸一三七六
	九四		五		盈三寸二分〇〇		从官一寸四二二
	九五		六		盈三寸八分四厘		从官一寸七〇六四
	上九	心	一		盈四寸四分八厘		从官一寸九九〇八
观	初六		二		盈五寸一分二厘		积卒二寸二七五
	六二		三		盈五寸七分六厘		积卒二寸五五九六
	六三		四		盈六寸四分〇〇		积卒二寸八四四
	六四		五		盈七寸〇〇四厘		积卒三寸一三二
	九五		六		盈七寸六分八厘		积卒三寸四一六四
	上九	尾	[illegible]		盈八寸三分二厘		积卒三寸六九七二
晋	初六		二		盈八寸九分六厘		积卒三寸九八二六
	六二		三		盈九寸六分〇〇		积卒四寸二分六七
	六三	〇	〇	晷丈五寸六分			黄钟上宫
	九四		四		盈六分四厘		神宫二分六厘
	六五		五		盈一寸二分八厘		神宫五分二厘
	上九		六		盈一寸九分二厘		神宫七分八厘
萃	初六		七		盈二寸五分六厘		神宫四分四厘
	六二		八		盈三寸二分〇〇		神宫一寸三分
	六三		九		盈三寸八分四厘		龟鱼一寸五分六
	九四		十		盈四寸四分八厘		龟鱼一寸八分二
	九五		十一		盈五寸一分二厘		龟鱼二寸八分
	上六		十二		盈五寸七分六厘		龟鱼二寸三分四
坤	初六		十三		盈六寸四分〇〇		龟鱼二寸六分
	六二		十四		盈六寸〇〇四厘		龟鱼二寸八分六
	六三		十五		盈七寸六分八厘		龟鱼三寸一分二
	六四		十六		盈八寸三分二厘		龟鱼三寸三分八
	六五		十七		盈八寸九分六厘		龟鱼三寸六分四
	上六		十八		盈九寸六分〇〇		龟鱼三寸九分

右纬以律十二宫分为上下,宣一岁之气。上宫为节,下宫为中,得二十四律。阳以上生下,自子顺行,以至于亥;阴以下生上,自亥逆行,以至于子。阴节气,阳中气也,二气各十二,又自为阴阳。自子至巳为阳,自亥至午为阴。阳以上生下者,始于黄钟之阳八十有一。缩五一四六为大吕之下宫,自是阳律递降,缩三为阳,缩四为阴,故寅缩三分余八五四,卯缩四分余五七五,辰缩三分余四二五,巳缩四余〇六六。以下缩三为阳,缩二为阴,故午缩三余〇四三,未缩二余八八八,申缩三余四三一,酉缩二余五六九,戌缩三余〇〇五,亥缩二余二九九,再缩三分六六六而归于黄钟之上宫。故历以三分六六六为阴阳始终之交际,应钟之阳损三分六六六以反于黄钟之阴,黄钟之阳损三分六六六以至于应钟之阴,故应钟之阴七十有七余分三三三,缩二二七三为无射之下宫。自是阴律递减,缩三为阴,缩二为阳,故酉缩三分余〇五〇,申缩二余五四九,未缩三余四三一,午缩二余九九九,巳缩三余一一八。以下缩四为阳,缩三为阴。故辰缩四余〇六七,卯缩三余四二五,寅缩四余五七五,丑缩三余八五四,再缩五一四六而归于黄钟之上宫。

凡子损五一四六为大吕之阳,丑损五一四六为黄钟之阴,则子益五一四六为大吕之阴,丑益五一四六为黄钟之阳。故律以五分一四六为损益上下之积差,三分六六六为阴阳终始之交际,皆以三四三二为差,缩极于二,赢极于五。五者天地之中,故分五于黄钟之宫、子丑之间,万物之德祖也。子丑上下,生聚之差,皆以圆径方分为法。《记》言"下生者倍其实,三其法;上生者四其实,三其法",皆与易圆天方相为表里,但彼言生娶之序,世数衍序之差耳。左旋间七,右旋间五,间五者为五德之运,间七者为七列之律,故传言鹑火至于天驷,析木至于婺女,皆为七列。黄钟七列而至林钟,林钟七列而至太簇,太簇七列而至南吕,南吕七列而至姑洗,四周七列而遍诸宿,三周列宿而别置闰。故正者历也,变者闰也,十二旋宫各得七历以为七音,两闰之余为五岁之归,故五岁之运以为正声。黄钟为宫,太簇为商,姑洗为角,林钟为徵,南吕为羽,是为五正。应钟变宫，蕤宾变徵，是为二变。推十二宫为八十四音，为三周天宿，八十四列。其右旋之数，子、未、寅、酉、辰、亥、午、丑、申、卯、戌、巳实六十宫为六十音，倍之为百二十，三之为一朞之日。故三其二十八，六其六十，六其十二，以三为次，以六为甲，以十二为岁。故曰纪之以三，平之以六，成之以十二，神而存之，虽妙必效，此之谓也。

律吕之行，实以五七，而沿言隔八，与易相乱。今以亥子为端，丑戌次之，寅酉次之，卯申、辰未、巳午次之，阳左而阴右，循环相均。子与亥均，相去三分余六六六。丑与戌均，相去八厘四丝。寅与酉均，无余。卯与申均，相去二分一厘五丝。辰与未均，相去二分。午与巳均，相去三分一毫九丝。以阴较阳，以阳较阴，差分而外，亦在毫发之际。然阳七五皆生、阴七五不生者，盖古人制律，使轻从重，大从细，修从短，清从浊，相和以间，参两而行，故谓之调。律既相近，则非本律，声既相近，亦非子声。故妻必异姓，媵不齐年，夫子制义，妇人从夫，其义一也。凡律阴皆不生，唯寅阳七十二生酉阳四十八，寅阴四十二生酉阴七十二者，寅酉，日月所出入，火德之终始也。淮南言："姑洗生应钟，比于正音，故为和；应钟生蕤宾，不比于正音，故为缪。"后世谓律有余分，损益破除，故谓谬，不知律皆有余分，唯上下相禅皆百二十，乃为完律。平以三六则皆完，分以五十则皆谬。淮南亦不见秦前之律，疑仲吕之实一十三万一千七十二，三分不尽，同于应钟之缪，不知仲吕上宫四万三千八百一丝，下宫四万三千七百七十，通为二十岁历，以十二乘之，为二百四十岁历，于是分齐，又倍仲吕之实，为易咸之半，犹三黄钟之实，为咸数之全。易、律、历三者，皆于是取准，非有缺陷龃龉、坐废觚策也。古今言律，惟左氏最精，学者思五位、七列、平六、纪三之说，因而求之于纬，观六子之周旋，得日道之高下，以日道之高下，参晷影之屈伸，羲前之易，可以坐悉也。

近世初学，研理不精，轻于变古，既疑史迁以黄钟之律袭管氏之宫，又疑淮南以管氏之宫创经辰之法，不知汉初去古未违，淮南、史氏推原管、左，得先圣之遗言。如所云函三为一，又云置一而十一三之。子黄钟十七万七千一百四十七①是参天之始，亥仲吕十三万一千〇〇七十二②是两地之终。两以为象，参以为数，大易所以终始，仲尼明开其端，不竟其说，后人不思，可为惋叹。又如伶鸠所云七律五音，别上下宫，虽以五音函七，自别上下，其实一律各有两宫，一日十二辰，辰逾八刻，各以四刻，自为上下，故云“王以二月癸亥夜陈，未毕而雨”。以夷则之上宫，毕之当辰，辰在戌上，故长夷则之上宫，名之曰羽，言是日甲子寅时雨毕，自辰至戌，凡得七数。以黄钟子宫逆数之，至夷则申宫得羽；以姑洗未宫顺数之，至夷则申宫亦得羽。故即以夷则上宫为长，取其藩屏，名之曰羽。夷则之上宫，合于姑洗之上宫，两律始和，互为宫羽，夹钟无射，别为变律，合于上声，故曰七同其数，律和其声，于是乎有七律也。

凡大师吹铜，各别日辰，以审方义。甲子之日，辰时剪伐，姑洗上宫，气主清明，辰在戌上，天地之气，究于霜降，故武王用之，以为民则。钟声尚羽，故长夷则之羽声，从姑洗之宫令也。子下四刻，为黄钟之下宫，以此时布戎于牧之野，故谓之厉；寅下四刻，为太簇之下宫，以此时布令于商，厎纣多罪，故谓之宣；戌上四刻，为无射之上宫，以此时布宪施舍百姓，反及嬴内，故谓之嬴乱；皆在一日之内，自朝迄夕，天下永清。所用七同，以为律准，则自辰至戌，七宫而已。宫有上下，位别阴阳，循环相生，隔八之间，其实为七，相距十五也。凡律六阳辰各当其位，以上下命宫，犹庙之有昭穆；六阴辰各易其冲，以对互命宫，犹室之有妇姑。故言吕，则林钟以未来居丑，南吕以酉来居卯，应钟以亥来居巳，谓之逆妇；大吕以丑往居未，夹钟以卯往居酉，仲吕以巳居亥，谓之承姑。言律，则黄钟在蕤宾之上，太簇在夷则之上，姑洗在无射之上，谓之北昭；蕤宾在黄钟之下，夷则在太簇之下，无射之姑洗之下，谓之南穆。

---

① 3^{11}。

② 2^{17}。

今言黄钟下宫则宜为蕤宾，夷则上宫则宜为太簇，太簇下宫则宜为夷则，无射上宫则宜为姑洗，又寘不用者，甲子之日，辰时毕陈，其律为姑洗，姑洗即无射之上宫，则此时未及嬴内也。以蕤宾之午，布戎牧野则已迟；以夷则之申，厎纣多罪亦差晚。故按伶鸠之律，推大师之铜，甲子之日，自寅至申，自辰至戌，皆为七律。寅为雨霁之朝，申为厎定之会，辰为总干之候，戌为反师之期，用六阳辰为七律始，是今昔之所疑难也。杜氏以辰在戌上为斗柄加戌之辰，故上下宫羽，多所讳误，不知是岁戊子，是月壬子，是日甲子，以辰时剪伐，申时厎定，戌为七律之终，申在戌时之上，长申之上宫，以为民则，非长寅之上宫，以为人首也。其实阴吕之互对，阳律之上下，隔八取七，其义皆通，彼此藏用，以夷则之上宫为太簇之下宫，未为乖缪矣。

黄钟之实十七万七千一百四十七，当一丈一尺五寸二分之晷，每分各得气策之数一百五十三七，以气策一十五日二十一刻八十四分三十七秒约之，各余本气之策，即为丈尺寸分之数。因以损益其晷，大吕损一万一千二百五十九为十六万五千八百八十八，太簇损八千四百二十四为十五万七千四百六十四，夹钟损一万有八为十四万七千四百五十六，姑洗损七千四百八十八为十三万九千九百六十八，仲吕损八千八百九十六为十三万一千七十二。凡大象之数，至仲吕而中，倍之则为易之全象，故曰中吕。三分中吕为四万三千六百九十〇〇小余六六，益为黄钟十七万四千七百六十二，以三乘之，为五十二万四千二百八十八，比黄钟正律差二千三百八十五，去其六十六，为日月交差二日三千一百八十三分六十九秒。故象与数相追，不及二千三百八十五，即月与日相追不及二万三千一百八十三强之数。象数日月，四者相追，百二十岁，相差七千一百五十三，三百八十四年而进退小合，与差分相等，约为律吕，上下间居，始于黄钟，终于中吕，非周孔不究其妙。诸律吕旧法，各有成书，不复详录，以其通于象数者，略著于篇。

三易洞玑卷三

宓图经下

五德无定系，五系无定运，五运无定化，五化无定质。天以健而著动，地以静而微息。微息之动，岁不及度六十四分之一，故地运六十有四岁，而日至改度；天运二万三千四百二十有四岁①，而日月更始。进退伸绌五百七十有六，六九交际，而物开圣出。故象以静著六十有四，度以动系九十有六。六九损益，而天地竟，十复反于一，故天地之数，常十有一，积差之究四百五十，伸绌相乘二十六万二千九百四十有四，而象度交毕。故一岁日余，始于四分，终于五分之一，五四之间，四十有五，在于轨中，以为中率。故天从右也，地从左也，火丽于天，水丽于地，火以右著，水以左次。五物之精皆系于天，其魄皆著于地。地六十四岁而逾天一度，六十一岁而更爻之直②。故地不转毂，则无以见易，转积相命，七八乘余，而日与岁并，故易九变，倍以十八，天地七精之所分治也。爻变以参，治之以两，度其周数，以为分次，初地上天，月日五星，别居其中。地与月处，下而多潜；镇与天处，上而多亢；月与水处，二而多誉；日与火处，四而多惧；金与日处，三而多凶；岁与镇处，五而多

① 23424 ÷ 64 = 366。

② 61 × 64 × 6 = 23424。

功。六者，玑衡之等也。天六十有一度，当地三千九百有四岁①，以六命之②，而星日相浃，天地之位也。天地之分，各万一千五百二十，余百九十二③，当乾坤之界。六府相次，以顺其事，圣人继作，则万世永赖。水、火、金、木、土、谷，各以其叙，从地与岁。故箕治以水，终之于亢；角治以木，终之于张；星治以火，终之于井；参治以土，终之于娄；娄治以谷，终之于危；虚治以金，终之于斗。斗终而箕始，斗坤而箕复，故易逆数也。

天数始一，地数始十。箕之有十，地数所命始也，故斗二十有五，而箕一以始。一十更端，黄地赤天。一与九从，天而左规；十与二从，地而右旋。左右更命，而天地交政。故坤与颐交，而尾更于斗；晋与随交，而氐更于牛；谦与贲交，而亢更于虚；艮与济交，而角更于危。六十四爻，左右更命，而六十一度治弗随之矣。故天下之治弗可以逆数也，箕、参者，两极之至中也。姤复遁临，天地之中际也，始生于中，中承于终，三际互分，以德自命，故观德察命，而圣贤庸妹，损益隆替，举可知也。箕斗之间，阳节以微，冰坚于上，肤剥于下，坤复相次，直于斗柄，距箕三尺而天下底定。故自箕逆数，距斗六尺，至于魁间，坤与剥际，天鼋载中，而仁者出世。其后二十余岁，日月五星会于降娄，文明之治也。故坤者，天下之至顺也，其得天下也不威，其失之也日匮，利西南、不利东北之云者，强敌之肆也。剥者，杂也，王霸之杂也，以统则甚盛，以术则甚漏。扶筐在上，女史为候，辇道前后，各三十六年，中间二百九十六载，正北方女慝之治也。比者，弊也，天下之忧弊也。运无宁岁，

① 61×64。

② $3096 \times 6 = 23424$。

③ $23424 - 11520 \times 2 = 384$，又 $384 \div 2 = 192$。

国无宁家，强梁荐争，犬豕摩牙，盖尽六爻之年，而据名号者十有八家。故阳者，群阴所共取；宝者，雄力所竞举也。孤阳据实，阴力争道，天下易暴。剥以阴当位，祸食于内；比以阳当位，祸食于外。宠利之尚，芒射之害也。观者，进退之间也。观得其辅，剥不穷于上，败不丧其主，虽有两姓，不失钟鼓。豫者，虞也，王熄则霸著，九鼎已蚀，帝子再出，侯王数建，师武是力。盖自坤而豫，五卦二十九度强半，损益上下一千九百二十岁①，赢缩之数三十有二②，乘以十二，举其赢数，而天道始究。自晋而艮五卦二十九度强半，损益上下，则亦犹是矣。

晋与随交，出于天津，王者中衰，苍帝之柄授于素圣，津道前后各三十六年，中间二百九十六载，正东土衰王之治也。萃与无妄交，宿于婺女，苍帝始出，本于女德，后五十六载，日月五星会于大辰，水德始衰，玄鸟降妖。由是而上，否交明夷，元帝司命，本于金德，君臣义替，蒙垢不让，而帝德始降。故否者，帝王之分际也。帝王之命，祖于天诞，以应地会，玄白异尚，或以母贵，或以子贵，各授其类。志与子者，金德而元珪；志与母者，黑龟而白马。谦者，金德之复兴也。《易》之初上，或废或兴，其德盛者，踬而复起，其德薄者，蹶而遂已。谦交于贲，文命所纪，虽有哭泣，不匮其祀。艮者，天地之季会也。艮与既济，交于戌会，柱直于上，纲直于下，其先四度二百五十六岁③，其后五十六度三千五百八十四岁④，而六分天地之会。故日之始于虚，不自虚始也；虚危玄枵，不为日纪也。杵臼之前，以禅以受，帝王之初候也。斗杓之前，以战以复，天地之更作

① 64×30。

② $30\times64-29.5\times64$。

③ 4×64。

④ 56×64。

也。爻六十四行度六十四气之交，散分其一为六十有一。履度以命，配命以德。故为度以命礼，为德以命乐，礼乐之兴，德度是宗。圣智不违之为义，不言而成之为信，危而不疑之为定，万世从之之为静，伸屈进退之为正。故六会之分，折为十二，天地伸屈，与月相逐。四分之会九百六十，三五而赢，三五而绌，其绌以四十，赢以四十，中于三百二十度，差以八，五差而得四十，举中而留，过中而疾，故疾于二百八十，而迟于三百六十，日月之准，天地之序也。故亥之下宫自疾而留而迟，则其上宫自迟而留而疾。子亥之分，直于斗杓，入箕八度，左右相命。艮、兑、未、既济四者，六会之交限也。故欲观于百世之治，成败之数，则艮、既济之端，其前准矣。艮交于既济，在复之阴，故为复之阴以治姤之阳。兑交于未济，在姤之阳，故为姤之阳以治复之阴。艮交于未济，在遁之阳，故为遁之阳以治临之阴。兑交于既济，在临之阴，故为临之阴以治遁之阳。故自箕八度而下，循复以乾，万一千七百十二年，治乱之景，反照可悉也。

故乾者，天下之至健也，机杼之穷，变为井钺，丝之所为乱，钺之所为断也。夬者，决也，阴阳之决也，井渎之决，狼弧为候，妇寺之祸，于是始艾。自乾以来七百三十余年，扬廷始厉，阉宦乃汰，故去小人之难也。内潴不漾，则决泽不道，六爻之内，兴废必再，或数易宗，皆造于宵人，比于昏寺。剥夬相距，万有一千五百二十岁，仅乃决之，忧世圣人或未见之矣，故决小人之难也。剥之反夬，正南方五侯之道也。大有元亨，亦弧矢之制也。有之反比，藏富于天下，故天下不以位为利。夫天下之乱则必在于高据，众蔺而上尊，众枯而上腴，众外比之而阴以为市者乎？大有之上，顺信而尚贤，正阙丘、五侯之治也。壮者进也，畜者止也。壮在两河，胡越之为事；畜在薪爟，享祀之为理。自乾而小畜五卦二十九度强半,伸缩之数,与坤豫等,一千九百五十二岁,阴阳之撰备矣。需之反晋,大畜之反萃,泰之反否,履之反谦,兑之反艮,五者皆淳治之世也。帝王之治,一尊一亲,一文一质,一贵寒冽,一贵世戚,一贵郡国,一贵邦族,一易一严,一竞一柔,严治上乔,易治下樛,各千九百余年,及其穷厌而后乃变,故变道之易,而变势之难也。道饰人以天,故能者动其应;势饰愚以圣,故贵者怙其命。动应者以爻,怙命者以象。爻以世数,象以代积,故五德六府,赢绌之殊积也,皆准于十一,以为之损益,虽圣人莫之能易也。箕、参之合赤道二十一度,凡十有一,以尽箕度,余四十四分之十,而天地终始。故五德六府,无有终始。其有终始,则爻象之务,圣人之事也。

大地之周一十三万二千九百五十六里,圣人所治不过十一分之一。水以之流,木以之平,火以之兴,金以之成,谷以之登,再倍周数,而天道以尽。观德所集,而地与之合,火发于东方,木生于西北,土、谷、金、水荣于冀洛,故自中国规际方圆勾髀万二千百余里之外,圣人不复称治之矣。圣人之所不治,与日月同制。日月之晷,南过丈有六尺,则昼短绌十之四;北不及尺有五寸,则昼永赢十之六。昼永赢十之六,则女伤魄无以成男;昼短绌十之四,则男伤魂无以成女。男女所成,日月之申。乾北行二百一十有六,坤南行一百四十有四,取地之径,四分其一,圣人治之,与日同制,昼夜以宜,寒暑以序,以制刑赏,以和男女,男女不慝,而天地无事。大地东行,与日中逢,人集艮端,坤连离交,表中之差七度强三,二千六百七十里,故晷表之移二千六百七十里,则卯酉交分,距于二日之外矣。圣人之治,使夏不过乾,冬不过坤,日月交差,不过二万三千一百八十余分。爻象之究,不过二十六万五千七百二十有半,因而倍之,四分地周,而造化之体命,二仪之心魄,出没显幽,举可测也。故天以动阅地者若骋,地以静阅天者无竟。静见百世,圣人之性;动见一度,中人之命。中人有圣人之性,圣人有中人之命。体地命天,微息渊然,不见其旋,久而复还,谓之长年。

右图以地动微息原日缠之差,以日差交象证天行之运。万物盛衰,皆本于地;地道回还,皆著于水。地道既静,则水应常停;水既不停,则地明自转。古纬虽有左旋右转之文,历图只指顺数逆数之事,不知空中无一梗物,浑体既成,无一碍法。如四七九曜,日常如驰,而九埏八垓,顽如积块,无论动静悖违,亦且旦夕賈坏。浑盖两法,义不相通,言浑则地转天中,言盖则水停地内。以浑转盖,似有水车之仪;以盖纳浑,实蹈枘凿之疵。近世诸家俱明浑体,而斗差诸法只立天分,当由《易·系》地著不动之文,不悟川上逝者如斯之难也。躯骸纤竖不及大地之微尘,踵指贴根亦犹水空之鱼鸟,而蔽于咫尺,疑其颠踣,犹行舟者眩于徒岸,下濑者安于冯几,不复知马头之不动、鹢首之临悬也。凡地通两极,规轴精贯,日环其中,东西无际。以表揆之,阳城天中,犹在日北,衡阳影直,乃当夏中。约人顶际,南当赤道一万三千二百九十余里,为三十六度。天中地平,距日正等,折分其中,六千六百四十余里,南炎北凉,在十分六四之内。凡日万分,昼夜通度,冬至日经一百四十四,得坤策,在十分之四;夏至日经二百一十六,得乾策,在十分之六,皆在南北六千六百四十余里之内。过此南北,有昼短逾十之三,夜永逾十之七,昼夜反照,短永逾十者矣。

圣人所治中华南北约万二千里,以天一度当地三百六十里,分之大地之周一十三万二千九百五十六里。中华南北近当十一分之一,远当十分之一也。日在天中之南,则地在天中之北,故云"人集艮端,坤连离里"。而人狃所闻,谓地在东南,不思而已。地既迎日,而行与卯酉直,人居赤道之北,与紫极税。故人以极为性,以日为命,日当卯酉,则昼夜常均。人虽倚北,而日道正直。冬至,出辰入申，则去远而寒生；夏至，出寅没戌，则去近而暑极，理甚浅明，不劳奥悟也。列宿七曜，既皆右旋，则大地规轮，渐牵而右，积岁成差，日移地面，故虞书以前，日在虚十，逾六十四岁则地移虚九。日以子限而别岁差，地以卯限而别日缠，子卯同移而分至各测。常见天度退就日缠，其实日缠因于地面。故日追天，一日不及一度，积而成退者，历之所以见端；地追天，六十四岁始及一度，积而成进者，易之所以分爻也。进则从左，退则从右；左则自一而十，为日之成岁；右则自九而一，为地之追天。故复而后颐，自箕一至箕十一；贲而后既济，自虚一至于虚九，为日之左行而顺。艮谦之交于济贲，自虚九至虚一；坤复之交于颐复，自箕十至箕一，为地之右行而逆。《系辞》所言逆数，天一地二、天九地十，六十四爻差一度，盖指是也。

旧法致差，本宋《大明历》，与《授时》相较，以强弱相减，于四分一中，内外各出七十五秒，为一分五十秒，即一刻五十分，积为差数。今以内分与日，赢自四分之一，绌自五分之一，于三百六十五日二十分至二十五分上，别无余秒。以外分与地，上不及天，下不及日，于六十四年中，为六十四分万分之度，每岁实行一百五十六分二十五秒，积二万三千四百二十四岁，而周三百六十六度①。减其四分度之三得四十八岁，为二万三千三百七十六岁。以箕赤道十一度乘之，凡十一周二十五万七千一百三十六，余数五千八百四十四②，而及于天之全分。以四乘五千八百四四，为二万三千三百七十六，所谓四分之一也。以乾坤之策倍之，为二万三千四十，则全度之余三百八十四③，得全爻者六十有一。故以六十一为爻，则爻周之岁二万三千四百二十四④，为去策则存爻；以六十四为度，

① 0.015625×23424=366。
② 262980-257136=5844。
③ 23424-23040。
④ 61×384。

则度周之数二万三千三百七十六①,为去策则存限。上下相距各四十八②,故四十八度之间,为日月之所上下。

凡象每周不及天八百三十六,三百十四周而与象始相合,得岁一万八千八百四十③,盈历二十六万二千五百有四④,以一朞除之,即为象始之历。凡数每周过天二千七百四十半,九十六周而与数始相合,得岁五千七百六十⑤,盈历二十六万五千八十八,以九日除之,即为数始之历。故象穷于四,数穷于九。以四千九百、四百九十究象数之余,此两者天道所取衷也。凡易与天终始,九六还于一四。易爻三百八十四,以四分之,为九十六;以六分之,为六十四。以九因六十四,以六因九十六,皆得五百七十六。以四因五百七十六,为二千三百四。以十因二千三百四,为二万三千四十。十即一也,以一周之历因三百八十四,为二万三千四十⑥。以天周之度除之,则为日月交限三百三十六。故日月进退四十八,交限三百三十六,晷中五百七十六,月交分二千七百四十半。内绌十九,日差分二万三千一百八十四,外赢百九十,以二十六万为中,以十一周为限,内外伸绌,食闰所以终始也。六十岁有二十六万二千九百八十⑦,绌其三十六,为五分之一,故岁赢四分之一至五日二十五分,岁绌五分之一至五日二十分。然不据为赢绌者,以地行之度,去其天分,岁各一百五十有六,赢行一百八十二,绌行一百三十六。上下九岁,以五十五、七十三损益,各得六十四也。六分度周得三千九百有四岁⑧,分为六府之直,加一拆除,当恒岁之数。六分赢缩,当一月之候。度岁参差,由是而生。

---

① 64×365.25。

② 23424－23376。

③ 314×60。

④ 836×314。

⑤ 5760÷96=60。

⑥ 384×60。

⑦ 60×12×365.25。

⑧ 23424÷6=3904。

自《乾象》而下，岁差置法，或八十二年，或六十六年，或五十五年，进退不等。以星求之，汉元和二年，日在斗二十五①。晋太元九年，在斗十五，误为斗十七。宋元嘉七年，在斗十四。梁大同十年，在斗十二。隋开皇十八年，犹在斗十二。唐开元十二年，在斗九度。元至元十七年，在箕十度。各有五十余年及七十余年之差。《授时》增减《大明历》，定为六十七年，亦未知度差②之有赢缩，犹月之有迟疾，上应星纬，下当易爻，阳饶阴乏，在九六之际也。羲轩上下，历谱悬荒，刘、班、徐、皇，所记各别，诸家佥载，原本《易传》。宓羲、神农、黄帝以为三皇，少昊、颛顼、帝喾、尧、舜以为五帝。自三皇以前七十余代，空存名氏。以《世本》数之，自宓羲至黄帝凡二十五世，三皇在位各百余年，较其世次，虽无各万八千岁之诞，亦当不啻数百岁之历矣。五帝相承三百八十八年，尧时日在虚九，则少昊时日在危六。后世习闻故说，但称虚危玄枵为颛顼之墟，其实辰次数移，与易终始。自尧舜而前，至于历始，日还箕十，交于斗杓，逆数五十四卦三百有四度，当得一万九千四百余岁也。史称三皇各万八十岁，讹始于此。少昊距宓羲，不知岁数，度其日当在大梁。大梁为子，则降娄为丑，实沈为亥。实沈为子，则大梁为丑，鹑首为亥。鹑首为子，则实沈为丑，鹑火为亥。天道数易，各二万三千三百七十六岁，复还其始。以其余岁而进一度，过十一周，以四乘之，凡四十五周一百五万一千九百二十岁，而天易齐轨，五德六府，以次相授。古称五德，不言六府者，土、谷一也。五德次其度，九际辨其爻，度横而爻纵。爻十八变环为三十六，以九分之，下二变为地，地岁行一百五十六分，二万三千三百七十六岁一周天。又二变为月，二十七日三十一刻一周天。又二变辰星，三百六十五日二十二刻一周天。中二变为太白，三百六十五日二十三刻一周天。又二变为日，三百六十五日二十三刻一周天。又二变荧

① 这段材料基本取自《授时历议》。汉元和二年当为日在斗二十一。

② “差”，库本作“数”。

惑,一年三百三十日九十三刻一周天。上二变为岁星,十一年三百一十三日七十刻一周天。又二变镇星,二十九年一百五十五日三十五刻一周天。又二变为列宿,与地同分。又四十五周一百五万一千九百二十岁而一大周,十八再还而九际六爻统分一也。

古星备云:岁星一日行十二分度之一,故十二岁而周天;荧惑日行三十三分度之一,故三十三岁而周天;镇星日行二①十八分度之一,故二十八岁而周天;太白日行八分度之一,故八岁而周天;辰星日行一度,故一岁而周天。是则岁宜在镇之下,荧宜在镇之前,比今殊疏矣。五星体质,自有轻重,不因高下以为疾徐。然在爻次,不得不以远近为分,故约六爻远近,以应迟速,而地、月、水当初、二,金、日、火当三、四,岁、镇、宿当五、上。其位易辨,咎誉功凶,可得而分也。五德统运,自风木、姜火、轩辕土、少昊金、颛顼水,俱见篟文。帝喾、尧、舜、禹、汤因之,亦符往意。周秦而下,始复逆行,以胜为令,历祚永短,大略观于卦德,损益卦度。今以《尧典》"星虚"及周历八首度之,则尧初虚九至女五度,相距十五度,得九百六十余年。《汲冢纪年》夏历壬子至壬戌四百三十一年,殷历纪年癸亥至戊寅四百九十六年,通九百二十七年。以尧舜禅受间四十年足之,则帝挚时在士、谷之交矣。春秋元年己未,距乾分之度当三百二十年,在于牛、女之交,而周道始衰。素王命统,至于秦末牛斗之交七度半,四百八十六年,又三十六年入斗二十五度,为汉历之始。自汉至宋,皆在斗二十五度之内。元当箕之十度,距汉一千五百七十八年,而斗汉再辟,以日缠狭度计黄赤之分,当损一度有余,故不及千六百年。而至元辛巳,已在箕之九度。故黄赤损益,义可相通,卦岁运差,理不复易也。凡计唐典以尽元历五十四度得三千四百五十六年,而日虚九度,终于箕之九度,此其左验也。日躔黄道,与赤道表里,古今改宪则差法殊分,度其相距,余一非远,而地行之卦,二至先后,出入赤道,淮星配蓍,不复差也。

① "二",库本作"三"。

宓图纬下

日差　天行自左而右,三百八十四卦						地行　岁周自右而左,七百六十八卦	
坤	上六	尾	十八		坤	颐	上帛度　中宗人　下箕筐
	六五		十七		剥		上　五　四　三　二　初
	六四		十六		比		师　谦　豫　比　剥　复
	六三		十五		豫		剥　比　谦　豫　师　复
	六二		十四		谦		
	初六		十三		师		
剥	上九		十二		复	屯	上东垣　中徐越　下斗杓
	六五		十一		坤		上　五　四　三　二　初
	六四		十度		剥		临　升　小过　萃　观　颐
	六三		九度		比		颐　观　萃　小过　升　临
	六二		八度		豫		
	初六		七度		谦		
比	上六		六度		师	益	上垣左　中弁首　下魁左
	九五		五度		颐		上　五　四　三　二　初
	六四		四度		观		蒙　明夷　解　蹇　晋　屯
	六三		〇〇		萃		蒙　屯　晋　蹇　解　明夷
	六二		三度		小过		
	初六		二度		升		
观	上九		一度		临	震	上台趾　中弁左　下狗建
	九五	心	六度		复		上　五　四　三　二　初
	六四		五度		坤		损　泰　恒　咸　否　益
	六三		四度		剥		损　益　咸　恒　泰　否
	六二		三度		比		
	初六		二度		豫		
豫	上六		一度		谦	噬嗑	上鼓北　中右旗　下天鸡
	六五	房	六度		蒙		上　五　四　三　二　初
	九四		五度		屯		坎　艮　震　坎　艮　震
	六三		四度		晋		艮　坎　震　艮　坎　震
	六二		三度		蹇		
	初六		二度		解		

续表

日差 天行自左而右,三百八十四卦						地行 岁周自右而左,七百六十八卦	
晋	上九		一度		明夷	随	上左旗 中桴首 下 狗
	六五		○○		师		上 五 四 三 二 初
	九四	氐	十六		颐		贲 蛊 丰 困 渐 嗑
	六三		十五		观		贲 涣 随 旅 井 归
	六二		十四		萃		
	初六		十三		小过		
萃	上六		十二		升	无妄	上旗津 中桴柄 下牛田
	九五		十一		损		上 五 四 三 二 初
	九四		十度		益		涣 贲 归妹 井 旅 随
	六三		九度		否		蛊 节 噬嗑 渐 困 丰
	六二		八度		咸		
	初六		七度		恒		
否	上九		六度		泰	明夷	上津南 中瓜下 下周秦
	九五		五度		临		上 五 四 三 二 初
	九四		四度		复		中孚 大畜 大壮 大过 遁 无妄
	六三		三度		坤		大畜 中孚 无妄 遁 大过 大壮
	六二		二度		剥		
	初六		○○		比		
谦	上六		一度		豫	贲	上津左 中命虚 下哭右
	六五	亢	九度		艮		上 五 四 三 二 初
	六四		八度		坎		解 蹇 晋 屯 蒙 明夷
	九三		七度		震		晋 渐 解 明夷 蒙 解
	六二		六度		艮		
	初六		五度		坎		
艮	上九		四度		震	既济	上禄左 中危右 下垒巅
	六五		三度		谦		上 五 四 三 二 初
	六四		二度		蒙		归妹 节 旅 随 涣 贲
	九三		一度		屯		噬嗑 渐 困 丰 蛊 贲
	六二	角	十二		噬嗑		
	初六		十一		蹇		

续表

日差 天行自左而右，三百八十四卦						地行 岁周自右而左，七百六十八卦	
蹇	上六		十度		解	家人	上人星 中屋北 下垒左
	九五		九度		贲		上 五 四 三 二 初
	六四		八度		涣		未 既 未 既 未 既
	九三		○○		困		济 济 济 济 济 济
	六二		七度		旅		
	初六		六度		井		
渐	上九		五度		归妹	丰	上臼 中危 下钱
	九五		四度		明夷		上 五 四 三 二 初
	六四		三度		师		睽 需 鼎 革 讼 家人
	九三		二度		颐		睽 家人 讼 革 鼎 需
	九二		一度		观		
	初六	轸	十七		萃		
小过	上六		十六		小过	离	上上宫 中雷神 下梁下
	六五		十五		蛊		上 五 四 三 二 初
	九四		十四		节		困 渐 噬嗑 节 蛊 丰
	九三		十三		噬嗑		旅 井 归妹 贲 涣 随
	六二		十二		渐		
	初六		十一		困		
旅	上九		十度		丰	革	上离宫 中霹雳 下壁阵
	六五		○○		升		上 五 四 三 二 初
	九四		九度		颐		兑 巽 离 兑 巽 离
	九三		八度		益		离 巽 兑 离 巽 兑
	六二		七度		否		
	初六	翼	六度		咸		
咸	上六		五度		恒	同人	上室中 中电神 下羽林
	九五		四度		大畜		上 五 四 三 二 初
	九四		三度		中孚		讼 家人 睽 需 鼎 革
	九三		二度		无妄		鼎 需 睽 家人 讼 革
	六二		一度		遁		
	初六		十八		大过		

续表

日差 天行自左而右,三百八十四卦						地行 岁周自右而左,七百六十八卦	
遁	上九		十七		大壮	临	上左官 中云雨 下壁阵
	九五		十六		泰		上 五 四 三 二 初
	九四		十五		临		履 小畜 大有 夬 姤①
	九三		十四		复		大有 小畜 履 同人 姤
	六二		十三		坤		
	初六		○○		剥		
师	上六		十二		比	损	上壁端 中土功下 下铁端
	六五		十一		晋		上 五 四 三 二 初
	六四		十度		蹇		升 小过 萃 观 颐 临
	六三		九度		解		观 萃 小过 升 临 颐
	九二		八度		明夷		
	初六		七度		蒙		
蒙	上九		六度		屯	节	上壁端 中上功下 下铁左
	六五		五度		豫		上 五 四 三 二 初
	六四		四度		艮		泰 恒 咸 否 益 损
	六三		三度		坎		益 否 咸 恒 泰 损
	九二		二度		震		
	初六		一度		艮		
坎	上六	张	十七		坎	中孚	上奎中 中溷口 下铁左
	九五		十六		噬嗑		上 五 四 三 二 初
	六四		十五		渐		蛊 丰 困 渐 噬嗑 节
	六三		○○		困		涣 随 旅 井 归妹 贲
	九二		十四		丰		
	初六		十三		蛊		

① 诸本此列及下列仅有五卦,疑各脱一卦。

续表

日差　天行自左而右,三百八十四卦						**地行**　岁周自右而左,七百六十八卦	
涣	上九		十二		节	归妹	上奎左　中溷屏　下仓南
	九五		十一		震		上　五　四　三　二　初
	六四		十度		谦		大　大　大　遁　无　中
	六三		九度		蒙		畜　壮　过　　　安　孚
	九二		八度		屯		中　无　遁　大　大　大
	初六		七度		晋		孚　安　　　过　壮　畜
解	上六		六度		蹇	睽	上军门　中屏下　下仓下
	六五		五度		解		上　五　四　三　二　初
	九四		四度		既济		井　旅　随　涣　贲　归妹
	六三		三度		未济		渐　困　丰　蛊　节　噬嗑
	九二		二度		既济		
	初六		一度		未济		
未济	上九	星	七度		既济	兑	上军前　中屏间　下仓前
	六五		○○		丰		上　五　四　三　二　初
	九四		六度		贲		需　鼎　革　讼　家人　睽
	六四		五度		涣		家人　讼　革　鼎　需　睽
	九二		四度		随		
	初六		三度		旅		
困	上六		二度		井	履	上更端　中仓北　下囷右
	九五		一度		睽		上　五　四　三　二　初
	九四	柳	十四		家人		巽　离　兑　巽　离　兑
	六三		十三		讼		巽　兑　离　巽　兑　离
	九二		十二		革		
	初六		十一		鼎		

续表

日差　天行自左而右,三百八十四卦						地行　岁周自右而左,七百六十八卦	
讼	上六		十度		需	泰	上胃里　中囷首　下囷尾
	九五		九度		归妹		上　五　四　三　二　初
	九四		八度		明夷		小畜　大有　夬　姤　同人　履
	六三		七度		师		小畜
	九二		六度		颐		
	初六		○○		观		
升	上六		五度		萃	大畜	上胃南　中囷首　下囷左
	六五		四度		旅		上　五　四　三　二　初
	六四		三度		井		恒　咸　否　益　损　泰
	九三		二度		归妹		否　咸　恒　泰　损　益
	九二		一度		贲		
	初六	鬼	二度		涣		
蛊	上九		一度		随	需	上天衢　中廪限　下苑西
	六五	井	卅三		小过		上　五　四　三　二　初
	六四		卅二		蛊		大　大　遁　无　中　大
	九三		卅一		节		壮　过　　　妄　孚　畜
	九二		三十		噬嗑		无妄　遁　大过　大壮　大畜　中孚
	初六		廿九		渐		
井	上六		廿八		困	小畜	上昴宿　中廪左　下天苑
	九五		廿七		离		上　五　四　三　二　初
	六四		廿六		巽		鼎　革　讼　家人　睽　需
	九三		○○		兑		讼　革　鼎　需　睽　家人
	九四		廿五		离		
	初六		廿四		巽		
巽	上九		廿三		兑	大壮	上天街　中节右　下藁本
	九五		廿二		丰		上　五　四　三　二　初
	六四		廿一		升		大有　夬　姤　同人　履　小畜
	九三		二十		损		履　同人　姤　夬　大有　小畜
	九二		十九		益		
	初六		十八		泰		

续表

日差　天行自左而右，三百八十四卦						地行　岁周自右而左，七百六十八卦	
恒	上六		十七		咸	大有	上毕口　中节柄　下园北
	六五		十六		鼎		上　五　四　三　二　初
	九四		十五		需		大　遁　无　中　大　大
	九三		十四		睽		过　　妄　孚　畜　壮
	九二		十三		家人		遁　大过　无妄　大畜　中孚　无妄
	初六		十二		讼		
鼎	上九		十一		革	夬	上诸王　中节左　下园口
	六五		○○		恒		上　五　四　三　二　初
	九四		十度		大畜		夬　姤　同人　履　小畜　大有
	九三		九度		中孚		同人姤　夬　大有　小畜　履
	九二		八度		无妄		
	初六		七度		遁		
大过	上六		六度		大过	乾	上天关　中旗镎　下天屏
	九五		五度		大有		上　五　四　三　二　初
	九四		四度		小畜		姤　同人　履　小畜　大有　夬
	九三		三度		履		姤　夬　大有　小畜　履　同人
	九二		二度		同人		
	初六		一度		姤		
姤	上九	参	十度		夬	姤	上天关　中参体　下厕北
	九五		九度		大有		上　五　四　三　二　初
	九四		八度		小畜		乾　乾　乾　乾　乾　乾
	九三		七度		履		乾　乾　乾　乾　乾　乾
	九二		六度		同人		
	初六		○○		姤		
乾	上九		五度		乾	大过	上司怪　中参体　下市右
	九五		四度		夬		上　五　四　三　二　初
	九四		三度		大有		同人　履　小畜　大有　夬　姤
	九三		二度		小畜		夬　大有　小畜　履　同人　姤
	九二		一度		履		
	初九	觜	一度		同人		

续表

日差　天行自左而右，三百八十四卦						地行　岁周自右而左，七百六十八卦	
夬	上六	毕	十七		姤	鼎	上钺端　中渎右　下市下
	九五		十六		乾		上　五　四　三　二　初
	九四		十五		夬		遁　无　中　大　大　大
	九三		十四		大有		妄　孚　畜　壮　过
	九二		十三		小畜		大过　大壮　大畜　中孚　无妄　遁
	初九		十二		履		
大有	上九		十一		同人	恒	上井北　中渎下　下狼南
	六五		十度		大过		上　五　四　三　二　初
	九四		九度		大壮		革　讼　家人　睽　需　鼎
	九三		○○		大畜		革　鼎　需　睽　家人　讼
	九二		八度		中孚		
	初九		七度		无妄		
大壮	上六		六度		遁	巽	上天鐏　中阙丘　下弧矢
	六五		五度		姤		上　五　四　三　二　初
	九四		四度		乾		咸　否　益　损　泰　恒
	九三		三度		夬		咸　恒　泰　损　益　否
	九二		二度		大有		上北河南　中南河南　下马尾
	初九		一度		小畜		上　五　四　三　二　初
小畜	上九	昴	十一		履	井	离　兑　巽　离　兑　巽
	九二		十度		革		兑　离　巽　兑　离　巽
	六四		九度		鼎		上积薪　中河左　下马下
	九三		八度		需		上　五　四　三　二　初
	九二		七度		睽		旅　随　涣　贲　归妹　井
	初九		六度		家人		困　丰　蛊　节　噬嗑　井
需	上六		五度		讼	蛊	上爟　中厨右　下厨南
	九五		○○		同人		上　五　四　三　二　初
	六四		四度		大过		丰　困　渐　噬嗑　节　蛊
	九三		三度		大壮		随　旅　井　归妹　贲　涣
	九二		二度		大畜		
	初九		一度		中孚		

续表

日差　天行自左而右,三百八十四卦					地行　岁周自右而左,七百六十八卦		
大畜	上九	胃	十五		无妄	升	上爟　中厨右　下厨南
	六五		十四		咸		上　五　四　三　二　初
	六四		十三		恒		丰　困　渐　噬嗑　节　蛊
	九三		十二		泰		随　旅　井　归妹　贲　涣
	九二		十一		损		
	初九		十度		益		
泰	上六		九度		否	讼	上鬼北　中厨限　下纪南
	六五		八度		遁		上　五　四　三　二　初
	六四		七度		姤		小过　萃　观　颐　临　升
	九三		六度		乾		萃　小过　升　临　颐　观
	九二		五度		夬		
	初九		〇〇		大有		
履	上九		四度		小畜	困	上轩辕中　中柳下　下纪左
	九五		三度		兑		上　五　四　三　二　初
	九四		二度		离		家人　睽　需　鼎　革　讼
	六四		一度		巽		需　睽　家人　讼　革　鼎
	九二	娄	十二		兑		
	初九		十一		离		
兑	上六		十度		巽	未济	上轩辕中　中旗下　下庙右
	九五		九度		履		上　五　四　三　二　初
	九四		八度		革		渐　噬嗑　节　蛊　丰　困
	六三		七度		鼎		井　归妹　贲　涣　随　旅
	九二		六度		井		
	初九		五度		睽		
睽	一九		四度		家人	解	上轩辕项　中相星　下庙中
	六五		三度		困		上　五　四　三　二　初
	九四		二度		丰		既　未　既　未　既　未
	六三		〇〇		蛊		济　济　济　济　济　济
	九二		一度		节		
	初九	奎	十六		噬嗑		

续表

日差 天行自左而右，三百八十四卦					地行 岁周自右而左，七百六十八卦	
归妹	上六		十五	渐	涣	上轩辕首 中太尊 下庙左
	六五		十四	讼		上 五 四 三 二 初
	九四		十三	同人		蹇 晋 屯 蒙 明夷 解
	六三		十二	大过		蹇 解 明夷 蒙 屯 晋
	九二		十一	大壮		
	初九		十度	大畜		
中孚	上九		九度	中孚	坎	上少微 中明堂 下翼右
	九五		八度	随		上 五 四 三 二 初
	六四		七度	旅		贲 归妹 井 旅 随 涣
	六三		六度	井		节 渐 困 丰 蛊
	九二	壁	五度	归妹		
	初九		四度	贲		
节	上六		三度	涣	蒙	上少微 中翼右 小瓯北
	九五		○○	无妄		上 五 四 三 二 初
	六四		二度	咸		艮 震 坎 艮 震 坎
	六三		一度	恒		坎 震 艮 坎 震 艮
	九二		九度	泰		
	初九		八度	损		
损	上九		七度	益	师	上虎贲 中翼将 下翼南
	六五	室	六度	萃		上 五 四 三 二 初
	六四		五度	小过		明夷 解 蹇 晋 屯 蒙
	六三		四度	升		屯 晋 蹇 解 明夷 蒙
	九二		三度	临		
	初九		二度	颐		
临	上六		一度	观	遁	上帝子 中右垣 下翼左
	六五		十六	否		上 五 四 三 二 初
	六四		十五	遁		谦 豫 比 剥 复 师
	六三		十四	姤		比 豫 谦 师 复 剥
	九二		十三	乾		
	初九		○○	夬		

续表

日差 天行自左而右，三百八十四卦						**地行** 岁周自右而左，七百六十八卦	
同人	上九		十二		大有	咸	上幸臣 中右执法 下右辖
	九五		十一		需		上 五 四 三 二 初
	九四		十度		睽		无 中 大 大 大 遁
	九三		九度		家人		妄 孚 畜 壮 过
	六二		八度		讼		大壮 大畜 中孚 无妄 遁 大过
	初九		七度		革		
革	上六	危	六度		鼎	旅	上内五侯 中左执法 下轸南
	九五		五度		小畜		上 五 四 三 二 初
	九四		四度		兑		否 蛊 损 泰 恒 咸
	九三		三度		离		恒 泰 损 益 否 咸
	六二		二度		巽		
	初九		一度		兑		
离	上九		十六		离	小过	上卿端 中左垣 下辖左
	六五		十五		井		上 五 四 三 二 初
	九四		十四		归妹		随 涣 贲 归妹 井 旅
	九三		○○		贲		丰 蛊 节 噬嗑 渐 困
	六二		十三		涣		
	初九		十二		随		
丰	上六		十一		旅	渐	上东垣端 中平道右 下军门
	六五		十度		巽		上 五 四 三 二 初
	九四		九度		履		萃 观 颐 临 升 小过
	九三		八度		革		小过 升 临 颐 观 萃
	六二		七度		鼎		
	初九	虚	六度		需		
家人	上九		五度		睽	蹇	上周鼎 中平道 下库楼
	九五		四度		既济		上 五 四 三 二 初
	六四		三度		未济		噬嗑 节 蛊 丰 困 渐
	九三		二度		既济		归妹 贲 涣 随 旅 井
	六二		一度		未济		
	初九		九度		既济		

续表

日差 天行自左而右,三百八十四卦						地行 岁周自右而左,七百六十八卦	
既济	上六		八度		未济	艮	上鼎右 中亢西 下库上
	九五		○○		家人		上 五 四 三 二 初
	六四		七度		困		晋 屯 蒙 明夷 解 蹇
	九三	女	六度		丰		解 明夷 蒙 屯 晋 蹇
	六二		五度		蛊		
	初九		四度		节		
贲	上九		三度		噬嗑	谦	上右摄提 中亢端 下阳门
	六五		二度		蹇		上 五 四 三 二 初
	六四		一度		解		震 坎 艮 震 坎 艮
	九三		十一		明夷		震 艮 坎 震 艮 坎
	六二		十度		蒙		
	初九		九度		屯		
明夷	上六		八度		晋	否	上大角 中左摄下 下顿颃
	六五		七度		解		上 五 四 三 二 初
	六四		六度		讼		豫 比 剥 复 师 谦
	九三	牛	五度		同人		豫 师 复 剥 比 豫
	六二		四度		大过		
	初九		○○		大壮		
无妄	上九		三度		大畜	萃	上亢池 中氐上 下骑官
	九五		二度		节		上 五 四 三 二 初
	九四		一度		噬嗑		益 损 泰 恒 咸 否
	六三		七度		渐		泰 损 益 否 咸 恒
	六二	斗	六度		困		
	初九		五度		离		
随	上六		四度		蛊	晋	上亢池左 中氐北 下骑官
	九五		三度		中孚		上 五 四 三 二 初
	九四		二度		随		观 颐 临 升 小过 萃
	六三		一度		旅		升 临 颐 观 萃 小过
	六二		廿四		井		
	初九		廿三		归妹		

续表

日差　天行自左而右，三百八十四卦						地行　岁周自右而左，七百六十八卦	
噬嗑	上九		廿二		贲	豫	上周垣　中天乳　下从官
	六五		廿一		坎		上　五　四　三　二　初
	九四		二十		震		屯　蒙　明夷解　渐　晋
	六三		○○		艮		明夷蒙　屯　晋　渐　解
	六二		十九		坎		
	初九		十八		震		
震	上六		十七		艮	观	上郑垣　中列肆　下罚心
	六五		十六		涣		上　五　四　三　二　初
	九四		十五		无妄		比　剥　复　师　谦　豫
	六三		十四		咸		谦　师　复　剥　比　豫
	六二		十三		小过		
	初九		十二		泰		
益	上九		十一		损	比	上晋垣　中列肆　下心宿
	九二		十度		屯		上　五　四　三　二　初
	六四		九度		晋		颐　临　升　小过萃　观
	六三		八度		蹇		颐　颐　观　萃　小过　升
	六二		七度		解		
	初九		六度		明夷		
屯	上六	箕	五度		蒙	剥	上宦北　中斛下　下尾北
	九五		○○		益		上　五　四　三　二　初
	六四		四度		萃		剥　复　师　谦　豫　比
	六三		三度		小过		师　复　剥　比　豫　谦
	六二		二度		升		
	初九		一度		临		
颐	上九		十一		颐	坤	上帝座端　中市楼上　下龟
	六五		十度		比		上　五　四　三　二初
	六四		九度		豫		复　师　谦　豫　比　剥
	六三		八度		谦		复　剥　比　豫　谦　师
	六二		七度		师		
	初九		六度		复		

续表

日差 天行自左而右,三百八十四卦						地行 岁周自右而左,七百六十八卦	
复		上六		五度	剥	复	上屠肆 中宗正南 下糠粃
		六五		四度	比		上 五 四 三 二 初
		六四		三度	豫		坤 坤 坤 坤 坤 坤
		六三		二度	谦		坤 坤 坤 坤 坤 坤
		六二		一度	师		
		初九		○○	复		

右纬日差地行,各自为经纬。日差生于地行,而日周于地,有三百八十四爻,爻自为经,各成六卦,积横成员,亦三百八十四卦。地揆于日,只四十八度,度自为纬,各得六爻,比纵成员,有七百六十八卦,天一而地二也。故日因于天,一南一北,为二十四气;地因于日,一降一升,为四十八度。天周之卦只三百八十,地行之卦得七百六十八,天皆得一,地皆得二也。图经起例,皆谓箕、斗交于坤中,箕七为复初度,箕一尾十八为复颐之交纬。坤上六仍尾十八,颐初九亦尾十八者,天左地右,皆宗于复,斗杓之前,为复终始。自箕一为一,则复初为初,御颐而左行;自箕十一为一,则复上为初,御颐而右转。故地行之纬,皆以坤直颐,交络于复,从复逆数,则颐与坤左右互起也。纬书七精反元,皆在斗前,说本于此。然彼本汉历,日在斗前,非通天地之朔也。箕十一度为天地十一度,皆在斗前。每复二万三千三百七十六岁,以十一乘之,余五千八百四十四,以四因之,为一复之数。故四十五复而天地七精皆在斗前,凡一百五万一千九百二十岁,洛书之本也。六爻生变,数有多少,各依其方。日行一度者,卦各五万七千七十分,从天而旋为三百六十五万二千五百分;轨进一度者,岁各一百五十六分二厘五毫,从地而旋为二千八百十一步。凡其生变,乾坤六爻,不过一卦。既、未济不过二卦,坎、离、震、艮、巽、兑不过三卦,节、涣、随、蛊、渐、归妹、井、困、丰、旅、噬嗑、贲各十二卦,余各六卦,德有盛衰,象

有违合，万物治弗之所由生也。《授时》测二至出入南北，各不及二十四度，为二十三度九十分强，其实南北率为四十八度；又测黄赤盈缩极差有二度三十分八十五秒。其实黄赤之差，生于地道，远近仰望正偏，以易揆天，则黄赤皆合离于宿度，远近一也。《易》六爻升降于四十八度之内，各视天体所现之星，不因赤道以为中际。故尾、心之下无余初，毕、昴之颠无余上，危、虚、张、柳位不当中，咎誉功凶，非徒日舍也。以四十八度分爻，各得八度，上下太狭。引为六十度至九十度，则上当极际；引为百八十，则五当极中。

今据地行迎日前后二至为二五之中，则爻当十二度，初上出入，尚二十四度，合为七十二度，应经纬之卦也。地、月、水、金、日、火、岁、镇、宿，分为九际。历家又有四余：紫气为木之余，平行一日得三分五十七秒，岁行十三度五分四秒六十毫强，比月之闰，加行二度一十七分五十秒七十六毫强，约二十八岁，凡万二百二十七日有奇而一周天。月孛为水之余，平行一日得十一分五十九秒，并于月行，加日二度十一分四十秒半，约八岁十月，凡三千二百三十二日弱而一周天；气孛皆从日月，顺行为天之隐象。罗睺为火之余，计都为土之余，日平行五分三十七秒，即历交之首尾，凡月一交终二十七日二十一分二十二秒二十四毫而周三百六十三度七十九分三十四秒，余一度四十六分三十秒，即为罗、计逆行之度。凡十八岁七月得六千七百六十三日有奇而一周天。罗、计皆从日月逆行，为地之阴表。故气、孛从天，罗、计从地，天从左而地从右，故明生于左，蚀生于右也。罗计之行九十三年而五周天，凡一千二百五十八周而与地发于箕始。气以佐闰，二十八岁十闰，紫气一周，凡八百三十五周而与月发于箕始。孛以佐月，六十二年而七周天，凡二千六百四十周而与月发于箕始。周数多者其直爻近，周数少者其直爻远。由是以推，岁星八十三岁而七周天，凡一千九百七十一周而与日发于箕始；荧惑七十九岁而四十二周天，凡一万二千四百二十二周而与日发于箕始；镇星五十九岁而二周天，凡七百九十二周而与日发于箕始；太白八年一大周天，凡二千九百二十二周而与日发于箕始；辰星四十六年一大周天，凡四百有八周而与日发于箕始。不因周数以为远近所由，金、水皆一岁周，积久乃尽，火、木、镇迟速远近，自分高下，以为爻次也。因爻所直，以三十六分其周数，则得其所直之数；因日所缠，以三十六分其周数，则得其所直之度。以十一周四分之一乘之，而象数合步，会于易元。故察罗计以知蚀分，定地行以知差度，则不用虚增岁差，虚损岁余，古今循环，其致一也。

三易洞玑卷四

文图经上

易之体三十有六,其卦七十有二,以候四气,以正八际,寒暑以宣,晨夕以稽,故乾坤者,易之元体也。乾动而直,径于两极,阴阳之所穷际;坤动而辟,周于四游,日月之所出入也。两极见于乾而隐于乾,日月出于坤而入于坤。坤以辟纬,乾以直经,故乾坤毁则无以见易。乾坤互藏,宅于四正;坎离相取,贯于四维。颐体离而纳坤,大过体坎而纳乾。离以巽兑,纳于中孚;坎以震艮,纳于小过。四维定而八表立,八表立而后诸卦可得而陈矣。故屯从乾北,发于箕首,历斗而右行;咸自乾南,发于觜端,历毕而西上。屯历八际,十有八首,以终于恒;咸历八际,十有八首,而蒙乃见。故乾坤上下,屯咸所命,各十八卦,九次相起,以八代嬗,而星日之舍灿乎序矣。故北坤也而乾宅之,屯代乾始,一际而生需。屯二阳也,需二阴也。需际于师,次而小畜。师一阳也,小畜一阴也,至于泰则匀矣。小畜际泰,次而同人,同人一阴也,同人次谦,谦一阳也,至于随则匀矣。随复于临,临复于噬嗑,噬嗑复于剥,剥复于无妄,无妄复于颐。咸之代乾,则亦犹是也。咸一际而遁,再际而晋,交于营室之中;屯一际而需,再际而师,交于室壁之际,两者日月之会也。日月错行,分极以周,咸为毕终,屯为箕始,屯以寒风,咸以暑雨,故日有冬夏,星有风雨,二者易之著位也。咸始以风,屯终以雨,二者极之成爻也。两极中道,各四十有五,两而合之,为日月之际。北赢而南绌,南出日道三十有五,十者绌也;北出极道五十有五,十者赢也。五者天也,十者地也,天数二十有五,地数三十,五位相得。故以日南之道,合极北之道,各复九十;以二位之南,准五位之北,则两极之数皆著矣,故五者天地之所升降也。九二阳交,赢五而介于南陆之道;九五飞龙,虚五而乘于上元之宫,故五者两位之所得合也。北极之南与赤道之北损益数中,各二十有四,以其南而裁之为昼,北而裁之为夜,昼夜相得,配以寒暑,则俯仰观察而天地相似。

君子之道,当时则居之,过时则去之,极居而不迁,时顺而不过,故以远于祸。屯之代乾,二贞而得常,五贞而未光,二在宗室之内,五在辅陈之外也。夫天下之精微,不在象际者,则其唯极乎?否之于屯,五德未变也,而时类异动,吉凶将远焉。其亡苞桑,盖犹有屯之心乎?否受之以临;临,斗也,二当于弁,戴筐以魁,以乘辇道,以御天下,至于八月则在井渎之外矣。临上为颐,颐在天鼋、北维之始际也。颐受之未济;未济,天汉之交终也。乾坎之间,天汉所衷。屯自左来,十有六首乃至于临,临以立君;咸自右来,二十有八首乃至于渐,渐以立相;未济受终而尊其间矣。未济而渐,出于渐台,入于天津,内阶之北,以为羽仪。升犹之渐也,家人则犹之升也。乾之始际,终于家人。九坎之北,以入于坎。坎者,乾之分体也,于是乃受之需;需者,二际之端也。大有上五,次于上台。人顺于下则天佑于上,故需以敬而得之人,有以顺而得之天。噬嗑,法也,师、理敕于上,危、非明于下,准法而动,则于大过也远矣。大过亦犹之颐也。节之坟墓在于门庭,其五在于天枢。震之二在于雷电,其五近于势。姤以理势含其章,晋以帝主介其庆,于是两际而坤终之,至于师则又一际矣。晋日也,师月也,比辑也,明夷食也,以是出入皆在于坤,蒙汜虞渊之间也。

师凶而有功,豫乐而不终。剥在女御而极于天相,不宜下而宜上。中孚则犹之大过也。兑之与震皆在西维,震朓而兑朒。兑倚于阁道之傍,革集于公辅而上,两者天地之北阙也。益在斗杓而或以击,遁在两乙而或以嘉,是在传舍之下矣。三际而离终之,离之九四,积尸之陵也,至于小畜则又一际矣。天地之际,在小畜而物患生焉,五宿于天门而上疑于招摇。蛊以积廪慎其端,无妄以谗忧其终。小过则犹之中孚也。旅、困之上,皆在贯索,荣誉发于上,而谗言动于下。夫易之所忧患,其唯荣人乎?日霆之前无湛泽,帝王之前无腴体,在于明廷而渫伏者有之矣。其进言益远则其辨言益藐,旅、困之言在于背阁,天耳不属,谁为听者?解则宥矣,咸则感矣。咸者咸池之前,北为女床,天子之所休解也。

自屯而咸,复为经首,其西则兑、震之所交,其东则艮、巽之所治也。咸反于乾而蒙受之,蒙上于天棓,在屯之六三,其下子也。蒙适于泰,泰上于女,其下老人也。观在阙丘之右,上乘辇道,以为进退。观矣而受之颐,颐受之既济,犹屯自颐而次于未济也。既济之三在于两河,未济之四在于天津,两者天地之大界也。夫天地之大,当朞之步以为里,当朞之里以为度,去当朞之里而损出极之度,故地去六万六千六百余里而衡平两极,因而两之,十有三万三千三百余里而周环极端。易道倍之,故易二十六万二千一百四十有四。地径四万四千四百余里,当易六爻之一洁,其两端二五之合,皆去四千三百二十,则以万里之地湛垂象之照有余矣。故两河、天津相距四万三千二百里,天参而地一之。两维之距一万四千四百余里,夷胡所界于溟渤也。天下之患在夷胡,祸不存于夷胡。殷克鬼方,害不存于鬼方,以为王者之治柔远焉耳。未济则犹在津右也,归妹方在河中,萃之上乃在津首矣。夫天下之正志者,则其唯独乎？升涉津而不疑，萃涉津而嗟。故群者所为独也，同者所为异也。睽之张弧，天津之疑也。夫作易者，其犹疑象乎？汉津之弧，归妹之筐，鬼尸在中，狗马在傍，君子犹疑之。君子正志不惑于家，远女而尚贤，遗形而帅气，则亦何疑之有？

睽而坎受之，坎而讼受之，讼则泰之际尽矣。于是而为同人，同人者泰之次际也。同人而贲，贲者文也、师也、相也、天柱之阙也。或得之而叹者，何也？殷人之色也。君子之德，不文天下则不文其身，违时之典不旌其人。大过则犹之颐也。涣在天柱之首，天子之所大号也。艮在阳守之限，通人所不事也。理势之间，或夬或疑。明夷之巅，帝或贳师，恶在螣蛇之夬也。故晋之出地，明夷之入地，君子所自致其昭晦也。日月之行皆无有食者，或比而食之，晋而明夷，师而及比，或食以朔，或食以望，君子之所自讨也。自讨而谦，谦卑而光，至于谦则又一际矣。复存于谦，能谦而不终。孚则犹之大过也。巽之丁癸犹有六甲之义焉。夫六甲之义，盖在易始，不自轩辕氏有也。蛊之尚甲，巽之尚庚，一以立其义，一以致其武，二者天地之大用也。世无金木之用，则水火之利皆废矣。君子为仁足以全好，为义足以领恶。巽之上在于附路，奚取乎？鼎者，天地之中也；其下三门，天地之铨衡也。两济平于上，三门停于下，河汉所环，杓酌其间，益者以之损，损者以之益，壮者以之遁，遁者以之壮。壮在两乙，天地之情也。以天地之情履壮而行，犹或危之，而况于人乎？况于君子庶民乎？

壮而离受之，离而后履之。履之五二皆在帝前，其上则华盖之所覆也，下则帝席之所跗也。捧璧御马以为不足，而益之履虎。善履者莫若随，至于随则又一际矣。随而大畜，畜于两德，德有阴阳，是为德房。小过则犹之中孚也，出于犍闭而上于卷舌。八表之治，于是乎止矣。丰，中也。羲阳方中，不言前星,天子总治,不右帝子。君子之道,当五则居之,过二则去之。井以知险,心恻而不忧;蹇以知阻,匪躬而不惧。险阻不惊,乃复于恒,至于恒而屯、咸之治当复更始矣。故咸之复于恒,北方之终卦也。屯、蒙、咸、恒、晋、师、夷、比,八者乾坤之四辅也。乾坤坎离界于上际,上三而从阳。八表之治,界于下际,下四而从阴。上三以左,下四以右。故屯者天也,蒙者地也;咸者天也,恒者地也。天地之统,各三十有六,五五相得,为三百六十。五十相命,而经首环始。上者天也,下者地也;阳者天也,阴者地也。两济之义,在于乾始,始而终之,阴阳交分。故自表际而外,天卦二十有五,地卦三十,上下相维,五十之中,求于图书。两极昼夜,屈伸之故,则亦大乎备矣。从而逆行,乃授于临;临者交会之元也。

右文图经七十二卦,直极取度,反周一卦为十二爻,爻直三百六十五度,一卦反复而周极径之度。其横五度,每卦各五,亦七十二卦而周天围之度。凡卦反复为十二爻,两极悬视则为两卦,唯乾、坤、坎、离、大小过、颐、中孚八卦反复不变,故举六爻则仅六十有四,举全爻则反复不变,八为十六,遂加一八,为七十有二。盖宓图对待,以乾匹坤,以坎匹离,东西阴阳,各三十有二。文图反复,反屯为蒙,反咸为恒,屯咸诸卦,皆以一卦为两卦,反复相起。八体之卦,亦复如是。故体卦有八,倍为十六;交卦二十八,倍为五十六。两体相命,各三十六,以为一岁之候也。其例各隔八相起,如乾卦直下,以乾代坤,次起屯位,下直于蒙,便隔八位而生需。需直有讼,又隔八位而生师。师直有比,又隔八位而生小畜。小畜直履,又隔八位而生泰。泰下有否,又生同人。同人下为大有,又生谦。谦下为豫,又生随。随下有蛊,又生临。临下有观,又生噬嗑。噬嗑下有贲,又生剥。剥下有复,又生无妄。无妄下为大畜,又生颐。颐为体卦不动,上距无妄已隔九卦不生,故前去四位而生坎,坎还两际而生离，而左旋卦尽，为上经之终。上经一周有乾、坤、颐、大过、坎、离六卦，合为十二卦，间生屯、需、师、小畜、泰、同人、谦、随、临、噬嗑、剥、无妄十二卦，合为廿四卦，并十二体卦为三十六卦，而为上经。咸卦起于南方，乾卦之右与屯对发，上直于恒，亦隔八位而生遁。遁直大壮，又隔八位而生晋。晋直明夷，又隔八位而生家人。家人直睽，又隔八位而生蹇。蹇直于解，又上生损。损直于益，又上生夬。夬直于姤，又生萃。萃直于升，又上生困。困直于井，井又上生革。革直于鼎，又上生震。震直于艮，又上生渐。渐直归妹，又生丰。丰下直旅，又生巽。巽下直兑，又生涣。涣下直节，前九卦值颐不生，退八位而生中孚，中孚九位生小过，还复两济，而终于颐，右旋卦尽为下经之终。下经一周有中孚、小过不动，合为四卦，间生咸、遁、晋、家人、蹇、损、夬、萃、困、革、震、渐、丰、巽、涣、既济十六卦，合为三十二卦，并四体卦为三十六卦。故上下二经各三十六卦者，反复之序也；上下二经共三十六卦者，反对之合也。如依宓图对待以论文图，则乾南坤北，离东坎西，颐东北中孚东南，大过西南小过西北，去十六方之限而立八正之体，则依然一六十四卦图矣。所以必加八限为七十二候者，文图原不对待，直以极南极北为昼夜之道，一进一反成十二辰，乾坤、坎离、颐大过、中孚小过进反昼夜皆为一卦，虽历冬夏，不复异名。屯、需、师、畜，虽有异名，其实一体。如乾之阴历可遂为坤，坤之阴历可遂为乾，则屯之下卦可遂为鼎，蒙之上卦可遂为革矣。

易先乾坤以立四正，终坎离以立四维，衔颐大过、中孚小过以成八表，此十六卦自为名体。屯蒙、咸恒自辅一卦之首，既济未济自随一卦之终。直径两极则上下异名，横周四维则南北再值，非八体之卦则对待而成五十六卦，则进反为序也。故易举乾以对坤，犹举屯蒙以对咸恒，非举咸以对乾、恒以对坤也。故屯为上首，隔八相起，左行而抵于颐；咸为下首，隔八相起，右行而抵于中孚。易之竖体，合左右以立径；其圜体，唯左行以为周。径有三百六十之度，历两极而昼夜以知；周有三百六十之围，逾一卦而闰余以定。故宓图明岁差日行之顺逆，文图明出极积闰之围经也。北极余度入地三十六，以九十一割之，出地北上五十五度。南极出地三十六，以九十一益之，在天一百廿十七度。以一百二十七半合五十五，得一百八十二半，是天面之度，地上所直之爻也。爻各三十度，六爻得百八十度，去其余分，则自北极以北五十五度，上爻得三十为地之数，五爻得二十五为天之数。余五数在北极之下，正属五位之中。自五数而下又八十五度为赤道度，除六十为四三两爻，其余二十五度为二爻之中。又余五数在赤道之下，余三十而下爻以终。因而反复，昼夜之间，二五互位，其去上初皆五十有五，河所为图也。极去赤道，与赤道去极，折而两之，洛所为书也。日行出入黄赤常二十四度，月行出入不过五度，故以赤道距极之度，加减六爻之分，上而去极，下而去赤，各余五度者，为天地之中数；以六爻距赤之分，加减出地之度，二五前后，各五十有五者，为易爻之交度也。天之一度当地三百六十里，故去地三百六十里而极没一度。鸟绳曲道，常三而当二，故千八十里而当七百二十里，去极二度矣。古今测晷差殊约以一期之数，划其余分，两极相去百八十度，当六万四千八百里①。合其余度，以里准之，当六万六千六百二十四，周两极为十三万三千二百四十里。里当三百六十步，则两极之周当四千八百六十三万二千六百步也。围三径一，则地周之径当四万四千四百余里，约以一朞之策，兼益余分，得四万三千八百三十，乘以六爻，得二十六万二千九百七十四，五分二八，此天地之全分也。

易以六十四乘六十四为四千九十六，以六十四乘四千九十六为二十六万二千一百四十四，不及天度八百有三十②，六爻上下，各虚四百一十五，尽天之度与地里数余分之积，尚余六千二百有一，是则地之里数当日之辰数，六十岁积日之辰③当三百六十度积

① 360×180。

② 262974－262144。

③ 262980。

里之地也。以一岁之辰,十之以为地径之里①。以地径之里,六之以为天周之卦②。以天周之卦,半之以为地周之极③。以地周之极,半之以为日距之道④。故出极之径明而周度之围著,周度之围著而闰蚀之差见也。

是篇之义,专明二五之位,以百八十度度二五之高深。五十之间,以为表际。上经为天,下经为地;上卦为天,下卦为地。表际之间,前三而后四。故上经在前,除八体卦入际之卦,凡二十四;下经在后,除八体卦入表之卦,凡有三十。两济二卦在坎离之终、乾坤之首,下不系于涣、节,上不系于屯、咸,在乾坎之中,合以与乾。故乾之天卦二十有五,坤之地卦三十,是又一义也;要于二五两极,交赤之会,上下昼夜,则其较著者矣。

① 43830。
② 262980。
③ 131490。
④ 65745。

文图纬上

南际		北极出地三十六度，并赤道度为一百二十七 南极入地三十六度，余赤道度为五十五			北际	
尾	十三	以后为乾度　　以前为咸度		乾	一度	觜
乾	十四				参一	
	十五				参二	
	十六				参三	
	十七				参四	
	十八	屯初际昼度　　蒙初际夜度			参五	
箕	一度	屯	南一百二十五度，自杵历箕宿，直于天棓 北五十五度，坐旗之端，为屯复度蒙	蒙	六度	
	二度				七度	
	三度		上　蒙　明夷　解　蹇　晋　屯　初 初　蒙　屯　晋　蹇　解　明夷　上		八度	
	四度				九度	
	五度				十度	
	六度	否	南百二十五度，自杓历东垣，上达中枢 北五十五度，井钺之北，为否复度泰	泰	一度	井
	七度				二度	
	八度		上　益　损　泰　恒　咸　否　初 初　泰　损　益　否　咸　恒　上		三度	
	九度				四度	
	十度				五度	
	十一	临	南百二十五度，自魁历天弁、织女、女史 北五十五度，五侯之端，为临复度观	观	六度	
斗	一度				七度	
	二度		上　升　小过　萃　升　颐　临　初 初　观　萃　小过　升　临　颐　上		八度	
	三度				九度	
	四度				十度	
	五度	颐	南百二十五度，自天鼋历建弁、辇道上 北五十五度，不及阙丘，为本卦复度	颐	十一	
	六度				十二	
	七度		上　临　升　小过　萃　观　颐　初 初　颐　观　萃　小过　升　临　上		十三	
	八度				十四	
	九度				十五	
	十度	未济	南百二十五度，自狗历渐台，至柱下史 北五十五度，天罇积水，为复度既济	既济	十六	
	十一				十七	

续表

南际			北极出地三十六度，并赤道度为一百二十七 南极入地三十六度，余赤道度为五十五		北际	
	十二		上 既济 未济 既济 未济 既济 未济 初		十八	
	十三		初 又 又 上		十九	
	十四				二十	
	十五	渐	南百二十五度，自天鸡、天渊、狗国、右旗	归妹	廿一	
	十六		北五十五度，两戌之上，为复度归妹		廿二	
	十七		上 噬嗑 节 蛊 丰 困 渐 初		廿三	
	十八		初 归妹 贲 涣 随 旅 井 上		廿四	
	十九				廿五	
	二十	升	南百二十五度，自天田、桴鼓至天津上	萃	廿六	
	廿一		北五十五度，内阶积薪，为升复度萃		廿七	
	廿二		上 小过 萃 观 颐 临 升 初		廿八	
	廿三		初 萃 小过 升 临 颐 观 上		廿九	
	廿四				三十	
牛	一度	家人	南百二十五度，自郑、赵、罗堰、左旗、天津	睽	卅一	
	二度		北五十五度，爟积尸端，为家复度睽		卅二	
	三度		上 睽 需 鼎 革 讼 家人 初		一度	鬼
	四度		初 睽 家人 讼 革 鼎 需 上		二度	
	五度				一度	柳
	六度	坎	南百二十五度，自列国、离珠历津左上	坎	二度	
	七度		北五十五度，自文昌下为本卦复度		三度	
女	一度		上 艮 震 坎 艮 震 坎 初		四度	
	二度		初 坎 震 艮 坎 震 艮 上		五度	
	三度				六度	
	四度	需	南百二十五度，自列国中历司危、司非	讼	七度	
	五度		北五十五度，轩辕之右为需复度讼		八度	
	六度		上 鼎 革 讼 家人 睽 需 初		九度	
	七度		初 讼 革 鼎 需 睽 家人上		十度	
	八度				十一	

续表

南际		北极出地三十六度，并赤道度为一百二十七 南极入地三十六度，余赤道度为五十五			北际	
女	九度	大有	南百二十五度，自天垒城历司命、司禄	同人	十二	
	十度		北五十五度，酒旗之端为复度同人		十三	
	十一		上 夬 姤 同人 履 小畜 大有 初		十四	
虚	一度		初 同人 姤 夬 大有 小畜 履 上		一度	星
	二度				二度	
	三度	噬嗑	南百二十五度，自垒左历人星、车府上	贲	三度	
	四度		北五十五度，理师而下为噬嗑复贲		四度	
	五度		上 贲 蛊 丰 困 渐 噬嗑 初		五度	
	六度		初 贲 涣 随 旅 节 归妹 上		六度	
	七度				七度	
	八度	大过	南百二十五度，自盖屋历杵臼，直天柱	大过	一度	张
	九度		北五十五度，轩辕左口为本卦复度		二度	
危	一度		上 遁 无妄 中孚 大畜 大壮 大过 初		三度	
	二度		初 大过 大壮 大畜 中孚 无妄 遁 上		四度	
	三度				五度	
	四度	节	南百二十五度，自天钱历坟墓、虚梁上	涣	六度	
	五度		北五十五度，少微内平为节复度涣		七度	
	六度		上 蛊 丰 困 渐 噬嗑 节 初		八度	
	七度		初 涣 随 旅 井 归妹 贲 上		九度	
	八度				十度	
	九度	震	南百二十五度，自北落、雷电、腾蛇、造父	艮	十一	
	十度		北五十五度，长垣之北为震复度艮		十二	
	十一		上 坎 艮 震 坎 艮 震 初		十三	
	十二		初 艮 坎 震 艮 坎 震 上		十四	
	十三				十五	
	十四	姤	南百二十五度，自羽林、霹雳，上天钩左	夬	十六	
	十五		北五十五度，下台、虎贲为姤复度夬		十七	

续表

南际			北极出地三十六度,并赤道度为一百二十七 南极入地三十六度,余赤道度为五十五		北际	
	十六		上 同人 履 小畜 大有 夬 姤 初		一度	翼
室	一度		初 夬 大有 小畜 履 同人 姤 上		二度	
	二度				三度	
	三度	晋	南百二十五度,自壁垒,历室、天厩、腾蛇	明夷	四度	
	四度		北五十五度,常陈、从官为晋复明夷		五度	
	五度		上 屯 蒙 明夷 解 渐 晋 初		六度	
	六度		初 明夷 蒙 屯 晋 渐 解 上		七度	
	七度				八度	
	八度	坤	南百二十五度,自羽林、云雨至大帝坐	坤	九度	
	九度		北五十五度,至太微帝子,本卦复度		十度	
	十度		上 坤 坤 坤 坤 坤 坤 初		十一	
	十一		初 又 又 上		十二	
	十二				十三	
	十三	师	南百二十五度,自鈇钻至天钩、句陈右	比	十四	
	十四		北五十五度,至郎位、幸臣为师复比		十五	
	十五		上 谦 豫 比 剥 复 师 初		十六	
	十六		初 比 豫 谦 师 复 剥 上		十七	
	十七				十八	
壁	一度	豫	南百二十五度,自土功上至王良、天策	谦	十九	
	二度		北五十五度,至天相五侯为豫复谦		一度	轸
	三度		上 比 剥 复 师 谦 豫 初		二度	
	四度		初 谦 师 复 剥 比 豫 上		三度	
	五度				四度	
	六度	剥	南百二十五度,自土司空历蛇尾、女御	复	五度	
	七度		北五十五度,公卿而下为剥复之复		六度	
	八度		上 复 师 谦 豫 比 剥 初		七度	
	九度		初 复 剥 比 豫 谦 师 上		八度	
奎	一度				九度	
	二度	中孚	南百二十五度,自天溷、阁道,上达六甲	中孚	十度	
	三度		北五十五度,内厨、郎将为本卦复度		十一	

续表

南际			北极出地三十六度，并赤道度为一百二十七 南极入地三十六度，余赤道度为五十五		北际	
	四度		上 大畜 大壮 大过 遁 无妄 中孚 初		十二	
	五度		初 中孚 无妄 遁 大过 大壮 大畜 上		十三	
	六度				十四	
	七度	兑	南百二十五度，自天仓、外屏，上直阁道	巽	十五	
	八度		北五十五度，天田之端为兑复度巽		十六	
	九度		上 巽 离 兑 巽 离 兑 初		十七	
	十度		初 巽 兑 离 巽 兑 离 上		一度	角
	十一				二度	
	十二	革	南百二十五度，自外屏、右更历军南门	鼎	三度	
	十三		北五十五度，三公、周鼎为革复度鼎		四度	
	十四		上 讼 家人 睽 需 鼎 革 初		五度	
	十五		初 鼎 需 睽 家人 讼 革 上		六度	
	十六				七度	
娄	一度	益	南百二十五度，自左更、将军，上历华盖	损	八度	
	二度		北五十五度，自斗杓而下为益复损		九度	
	三度		上 损 泰 恒 咸 否 益 初		十度	
	四度		初 损 益 咸 恒 泰 否 上		十一	
	五度				十二	
	六度	遁	南百二十五度，自天庾历传舍、华盖杠	大壮	一度	亢
	七度		北五十五度，两乙、摄提下为遁、大壮		二度	
	八度		上 无妄 中孚 大畜 大壮 大过 遁 初		三度	
	九度		初 大壮 大畜 中孚 无妄 遁 大过 上		四度	
	十度				五度	
	十一	离	南百二十五度，自天囷历大陵、华盖杠	离	六度	
	十二		北五十五度，天枪、帝席为本卦复度		七度	
胃	一度		上 兑 巽 离 兑 巽 离 初		八度	
	二度		初 离 巽 兑 离 巽 兑 上		九度	
	三度				一度	氐

续表

南际		北极出地三十六度，并赤道度为一百二十七 南极入地三十六度，余赤道度为五十五			北际	
胃	四度	小畜	南百二十五度，自天囷历积尸船、天阴	履	二度	
	五度		北五十五度，天床、梗河下为复度履		三度	
	六度		上　大有　夬　姤　同人　履　小畜　初		四度	
	七度		初　履　同人　姤　夬　大有　小畜　上		五度	
	八度				六度	
	九度	蛊	南百二十五度，自天廪历天之河积水	随	七度	
	十度		北五十五度，七公而下为蛊复度随		八度	
	十一		上　丰　困　渐　噬嗑　节　蛊　初		九度	
	十二		初　随　旅　井　归妹　贲　涣　上		十度	
	十三				十一	
	十四	无妄	南百二十五度，自天苑右历卷舌、谗上	大畜	十二	
	十五		北五十五度，左骖枢下为复度大畜		十三	
昴	一度		上　中孚　大畜　大壮　大过　遁　无妄　初		十四	
	二度		初　大畜　中孚　无妄　遁　大过　大壮　上		十五	
	三度				一度	房
	四度	小过	南百二十五度，自天苑、月、砺，达船左傅	小过	二度	
	五度		北五十五度，阴德、七公下本卦复度		三度	
	六度		上　萃　观　颐　临　升　小过　初		四度	
	七度		初　小过　升　临　颐　观　萃　上		五度	
	八度				六度	
	九度	旅	南百二十五度，自天园右历天节、天街	丰	一度	心
	十度		北五十五度，前星直垣下为复度丰		二度	
	十一		上　随　涣　贲　归妹　井　旅　初		三度	
毕	一度		初　丰　蛊　节　噬嗑　渐　困　上		四度	
	二度				五度	
	三度	困	南百二十五度，自附耳、诸王、天高、车右	井	六度	
	四度		北五十五度，去斗斛端为困复度井		一度	尾
	五度		上　渐　噬嗑　节　蛊　丰　困　初		二度	
	六度		初　井　归妹　贲　涣　随　旅　上		三度	

续表

南际		北极出地三十六度，并赤道度为一百二十七 南极入地三十六度，余赤道度为五十五			北际	
	七度				四度	
	八度	解	南百二十五度，自天园、五车、潢池、八谷	蹇	五度	
	九度		北五十五度，天纪右下为解复度蹇		六度	
	十度		上　蹇　晋　屯　蒙　明夷　解　初		七度	
	十一		初　蹇　解　明夷　蒙　屯　晋　上		八度	
	十二				九度	
	十三	咸	南百二十五度，自九斿、军井、参旗、天关		十度	
	十四		北五十五度，天纪、女床为咸复度恒	恒	十一	
	十五		上　否　益　损　泰　恒　咸　初		十二	
	十六		初　恒　泰　损　益　否　咸　上		十三	
觜	一度				十四	
参	一度	乾	南百二十五度，自厕、丈人、伐至八谷柄	乾	十五	
	二度		北五十五度，天市垣上为本卦复度		十六	
	三度		上　乾　乾　乾　乾　乾　乾　初		十七	
	四度		初　又　又　上		十八	
	五度				十九	
	六度	蒙	南百二十五度，自丈人、子历怪、钺、坐旗	屯	一度	箕
	七度		北五十五度，天棓以下为蒙复度屯		二度	
	八度		明夷　解　蹇　晋　屯　蒙　初		三度	
	九度		晋　晋　蹇　解　明夷　蒙　上		四度	
	十度				五度	
井	一度	泰	南百二十五度，自南老人历军市、四渎	否	六度	
	二度		北五十五度，左垣以下为泰复度否		七度	
	三度		上　恒　咸　否　益　损　泰　初		八度	
	四度		初　否　咸　恒　泰　损　益　上		九度	
	五度				十度	
	六度	观	南百二十五度，自孙历狼上，出五诸侯	临	十一	
	七度		北五十五度，女史、织女下为复度临		一度	斗

续表

	南际		北极出地三十六度，并赤道度为一百二十七 南极入地三十六度，余赤道度为五十五		北际	
	八度		上 颐 临 升 小过 萃 观 初		二度	
	九度		初 临 颐 观 萃 小过 升 上		三度	
	十度				四度	
	十一	颐	南百二十五度，自弧矢历阙丘、井左肩	颐	五度	
	十二		北五十五，扶筐、辇道下为本卦复度		六度	
	十三		上 临 升 小过 萃 观 颐 初		七度	
	十四		初 颐 观 萃 小过 升 临 上		八度	
	十五				九度	
	十六	既济	南百二十五度，自弧东历天罇、积水上	未济	十度	
	十七		北五十五度，渐台、柱史下复为未济		十一	
	十八		上 未济 既济 未济 既济 未济 既济 初		十二	
	十九		初 又 又 上		十三	
	二十				十四	
	廿一	归妹	南百二十五度，自天社、天马上，出阶右	渐	十五	
	廿二		北五十五度，右旗之端下为复度渐		十六	
	廿三		上 井 旅 随 涣 贲 归妹 初		十七	
	廿四		初 渐 困 丰 蛊 节 噬嗑 上		十八	
	廿五				十九	
	廿六	萃	南百二十五度，自积薪及爟上历内阶	升	二十	
	廿七		北五十五度，天厨、天津下为复度升		廿一	
	廿八		上 观 颐 临 升 小过 萃 初		廿二	
	廿九		初 升 临 颐 观 萃 小过 上		廿三	
	三十				廿四	
	卅一	睽	南百二十五度，自厨南至积尸，上文昌	家人	廿五	牛
	卅二		北五十五度，天津之北下复度家人		一度	
	卅三				二度	
鬼	一度		上 需 鼎 革 讼 家人 睽 初		三度	
	二度		初 家人 讼 革 鼎 需 睽 上		四度	

续表

南际		北极出地三十六度,并赤道度为一百二十七 南极入地三十六度,余赤道度为五十五			北际	
柳	一度	坎	南百二十五度,自天纪上至文昌、四辅	坎	五度	
	二度		北五十五度,败爪之北为本卦复度		六度	
	三度		上　艮　震　坎　艮　震　坎　初		七度	
	四度		初　坎　震　艮　坎　震　艮　上		一度	女
	五度				二度	
	六度	讼	南百二十五度,自纪左历柳,上及轩右	需	三度	
	七度		北五十五度,去司危上为讼复度需		四度	
	八度		上　家人　睽　需　鼎　革　讼　初		五度	
	九度		初　需　睽　家人　讼　革　鼎　上		六度	
	十度				七度	
	十一	同人	南百二十五度,自天稷历酒旗及轩中	大有	八度	
	十二		北五十五度,去司命端为复度大有		九度	
	十三		上　履　小畜　大有　夬　姤　同人　初		十度	
	十四		初　大有　小畜　履　同人　姤　夬　上		十一	
星	一度				一度	虚
	二度	贲	南百二十五度,自天稷及庙右轩辕项	噬嗑	二度	
	三度		北五十五度,抵车府端下为复噬嗑		三度	
	四度		上　归妹　节　旅　随　涣　贲　初		四度	危
	五度		初　噬嗑　渐　困　丰　蛊　贲　上		五度	
	六度				六度	
	七度	大过	南百二十五度,自天相,上轩辕及三师	大过	七度	
张	一度		北五十五度,抵天柱车下复为大过		八度	
	二度		上　遁　无妄　中孚　大畜　大壮　大过　初		九度	
	三度		初　大过　大壮　大畜　中孚　无妄　遁　上		一度	
	四度				二度	
	五度	涣	南百二十五度,自天庙上大尊、内平、牢	节	三度	
	六度		北五十五度,近杵、腾蛇右为复度节		四度	
	七度		上　贲　归妹　井　旅　随　涣　初		五度	
	八度		初　节　噬嗑　渐　困　丰　蛊　上		六度	

续表

南际		北极出地三十六度,并赤道度为一百二十七 南极入地三十六度,余赤道度为五十五			北际	
	九度				七度	
	十度	艮	南百二十五度,自东瓯历堂台、长垣阳 北五十五度,及造父,下为艮复度震	震	八度	
	十一				九度	
	十二		上 震 坎 艮 震 坎 艮 初 初 震 艮 坎 震 艮 坎 上		十度	
	十三				十一	
	十四				十二	
	十五	夬	南百二十五度,自少微、长垣、虎贲及势 北五十五度,及腾蛇,左下为复度姤	姤	十三	
	十六				十四	
	十七		上 姤 同人 履 小畜 大有 夬 初 初 姤 夬 大有 小畜 履 同人 上		十五	
翼	一度				十六	
	二度				一度	室
	三度	明夷	南百二十五度,自翼宿上右藩、常陈右 北五十五度,及内坐,下为复度之晋	晋	二度	
	四度				三度	
	五度		上 解 渐 晋 屯 蒙 明夷 初 初 解 渐 解 明夷 蒙 屯 上		四度	
	六度				五度	
	七度				六度	
	八度	坤	南百二十五度,自翼右藩、从官、屏、太子 北五十五度,帝座右下为本卦复度	坤	七度	
	九度				八度	
	十度		上 坤 坤 坤 坤 坤 坤 初 初 又 又 上		九度	
	十一				十度	
	十二				十一	
	十三	比	南百二十五度,自土司空,右上历幸臣 北五十五度,句陈、钩下为复度之师	师	十二	
	十四				十三	
	十五		上 剥 复 师 谦 豫 比 初 初 师 复 剥 比 豫 谦 上		十四	
	十六				十五	
	十七				十六	
	十八	谦	南百二十五度,自左辖、执法、谒至天相 北五十五度,策、王良下为复度之豫	豫	一度	
轸	一度				二度	

续表

南际			北极出地三十六度，并赤道度为一百二十七 南极入地三十六度，余赤道度为五十五		北际	
	二度		上　豫　比　剥　复　师　谦　初		三度	
	三度		初　豫　谦　师　复　剥　比　上		四度	
	四度				五度	
轸	五度	复	南百二十五度，自青丘至公卿、玉衡中	剥	六度	
	六度		北五十五度，女御而下为复度之剥		七度	
	七度		上　师　谦　豫　比　剥　复　初		八度	
	八度		初　剥　比　豫　谦　师　复　上		九度	
	九度				一度	奎
	十度	中孚	南百二十五度，自南门军门、库楼、内厨	中孚	二度	
	十一		北五十五度，阁道、附路为本卦复度		三度	
	十二		上　大畜　大壮　大过　遁　无妄　中孚　初		四度	
	十三		初　中孚　无妄　遁　大过　大壮　大畜　上		五度	
	十四				六度	
	十五	巽	南百二十五度，自天门、天田上至阎辅	兑	七度	
	十六		北五十五度，去六甲下为巽复度兑		八度	
角	一度		上　离　兑　巽　离　兑　巽　初		九度	
	二度		初　兑　离　巽　兑　离　巽　上		十度	
	三度				十一	
	四度	鼎	南百二十五度，自库左上周鼎至于公	革	十二	
	五度		北五十五度，去军南门为鼎复度革		十三	
	六度		上　革　讼　家人　睽　需　鼎　初		十四	
	七度		初　革　鼎　需　睽　家人　讼　上		十五	
	八度				一度	娄
	九度	损	南百二十五度，自大阳门上天乙、大乙	益	二度	
	十度		北五十五度，天将军端下为复度益		三度	
	十一		上　否　泰　恒　咸　益　损　初		四度	
	十二		初　益　否　咸　恒　泰　损　上		五度	
亢	一度				六度	

续表

南际			北极出地三十六度，并赤道度为一百二十七 南极入地三十六度，余赤道度为五十五		北际	
	二度	大壮	南百二十五度，自顿颃、折威、摄提、招摇	遁	七度	
	三度		北五十五度，华盖、传舍下为复度遁		八度	
	四度		上 大过 遁 无妄 中孚 大畜 大壮 初		九度	
	五度		初 遁 大过 大壮 大畜 中孚 无妄 上		十度	
	六度				十一	
	七度	离	南百二十五度，自车骑、骑官、帝席、天枪	离	十二	
	八度		北五十五度，抵积尸中为本卦复度		一度	胃
氐	九度		上 兑 巽 离 兑 巽 离 初		二度	
	一度		初 离 巽 兑 离 巽 兑 上		三度	
	二度				四度	
	三度	履	南百二十五度，自骑阵将至梗河、天床	小畜	五度	
	四度		北五十五度，抵大陵、积水为复小畜		六度	
	五度		上 小畜 大有 夬 姤 同人 履 初		七度	
	六度		初 小畜 履 同人 姤 夬 大有 上		八度	
	七度				九度	
	七度	随	南百二十五度，自巫官、天辅上历七公	蛊	十度	
	八度		北五十五度，至积水右下为复度蛊		十一	
	九度		上 涣 贲 归妹 井 旅 随 初		十二	
	十度		初 蛊 节 噬嗑 渐 困 丰 上		十三	
	十一				十四	
	十二	大畜	南百二十五度，自积卒、从官、日西咸上	无妄	十五	
	十三		北五十五度，至谗、卷舌，下为复无妄		一度	昴
	十四		上 大壮 大过 遁 无妄 中孚 大畜 初		二度	
	十五		初 无妄 遁 大过 大壮 大畜 中孚 上		三度	
	十六				四度	
房	一度	小过	南百二十五度，自积卒、鞬闭、西垣、七公	小过	五度	
	二度		北五十五度，至天街端复为本卦度		六度	
	三度		上 萃 观 颐 临 升 小过 初		七度	
	四度		初 小过 升 临 颐 观 萃 上		八度	

续表

南际		北极出地三十六度，并赤道度为一百二十七 南极入地三十六度，余赤道度为五十五			北际	
	五度				九度	
	六度	丰	南百二十五度，自东咸、罚、列肆至前星	旅	十度	
心	一度		北五十五度，至车右、柱下为复度旅		十一	
	二度		上　困　渐　归妹　节　蛊　丰　初		一度	毕
	三度		初　旅　井　噬嗑　贲　涣　随　上		二度	
	四度				三度	
	五度	井	南百二十五度，自西垣、韩历斛、车肆、斗	困	四度	
	六度		北五十五度，五车、诸王为井复度困		五度	
尾	一度		上　困　随　涣　贲　归妹　井　初		六度	
	二度		初　旅　丰　蛊　节　噬嗑　渐　上		七度	
	三度				八度	
	四度	蹇	南百二十五度，自东垣、宋历宦者、贯索	解	九度	
	五度		北五十五度，八谷、天潢为蹇复度		十度	
	六度		上　晋　屯　蒙　明夷　解　蹇　初		十一	
	七度		初　解　明夷　蒙　屯　晋　蹇　上		十二	
	八度				十三	
	九度	恒	南百二十五度，自龟历帝座、市楼、女床	咸	十四	
	十度		北五十五度，参旗、天关下为复度咸		十五	
	十一		上　咸　否　益　损　泰　恒　初		十六	
	十二		初　咸　恒　泰　损　益　否　上		十七	
	十三				一度	觜
	十四	乾	南百二十五度，自鱼、傅说历宗正、尚书	乾	一度	参
	十五		北五十五度，八谷、三泉又为本复度		二度	
	十六		上　乾　乾　乾　乾　乾　乾　初		三度	
	十七		初　又　又　上		四度	
	十八				五度	

右纬所度南北二五天面之数，皆櫽括言之，尽三百六十，以为昼夜。其寒暑永短，黄赤余衺，皆包于爻数之内。约自地平而上，北至北极，上余三十六；地平而下，南至南极，上余三十六，则昼夜十二卦，初上六爻，平分天体，较然著矣。今言南百廿五度，北五十五者，虚其五位，以为距上出入之数，合五与上，率得六十也。

凡易阳爻据气行三十度四十三分六十八厘七十四毫①，阴爻据朔行二十九度五十三分五厘九十三毫。乾六爻行三百六十五度二十四分二十五厘，坤六爻行三百五十四度三十六分七十一厘十六毫，均之三百六十，微有不及②。日月正交三百五十七六四，中交一百八十八有五，及交终三百六十三度七九三四，阴阳间杂，率有余分，在于五中，以为卦德。故二五两爻，皆距虚五以象入交之数也。其实，黄赤离极合百一十五，北出三十六，合百五十一，南平三十二，合百八十三。内卦出入黄赤四十八度，并地平之数卅二；外卦远近北极七十二度，并斗维之数二十八，分为六际，誉、惧、功、凶之所由生也。六际反复，乘七十二卦，为八百六十四卦③，以十因之为八千六百四十，两岁之历也④。以岁积之，八千六百四十岁而差一百三十五度⑤，卦部虽殊，积差一也。律隔八而生，上下损益，以三为限，一为实。易隔八而生，上下损益，以六为限，二为实。

凡易十有八变，每变举十，为百八十。以六分之，每爻三十。以四实之，乾三十六则坤二十四，震二十八则巽三十二，坎、离、艮、

① 365.242488 ÷ 12。

② (365.2425 + 354.367116) ÷ 2 = 359.804808。所取气、朔值同《授时历》。

③ 6 × 2 × 72。

④ 360 × 12 × 2。

⑤ 8640 ÷ 64。

兑各从震、巽分数其阴。以三实之，坤二十五①则乾十三②，震二十一③则巽十七④，坎、离、艮、兑各从震、巽分数其阳。阴阳老少，上下损益，则七十二卦赢乏之分，举可齐矣。今屯隔八生需，适益二阳，需隔八生师，遂损三阳者，需从其阴，体数一百九十二，师从其阳，体数一百三十七也。师隔八生小畜，适益四阳，小畜隔八生泰，但损二阳者，小畜从其阳，体数一百二十二⑤，泰从其阴，体数一百八十也。泰隔八生同人，适益二阳，同人隔八生谦，就损四阳者，同人从其阴，体数二百有四，谦从其阳，体数一百三十八也⑥。谦隔八生随，适益二阳，随隔八生临，但损一阳者，随从其阳，体数一百十四⑦，临从其阴，体数一百六十八也。举此八端，余可意悟，间有参差，以老少动静绌伸相并，则二十六万二千一百四十四卦，可以八际相生不竭。

然《易》之序卦，自以象义为主，象有屡易，而意义各配，宓文占玩，皆不相袭，故图但举象，不复从律，律生于晷，不生于象。象主变而义无穷，晷主常而体一定也。表晷之法，具在天方图。宓图天方五百一十二，规而圆之，中容天方三百六十六，规而圆之，中容易方四千九十六。三方二圆，外内相函，以中函之方直外圆之度，以中函之圆直内方之易。故上下径悬一百二十八，中分地平，上下六十四，表高八尺，每尺各八，细之则一尺而当八尺之表，大之则一表而当一尺之寸，乾坤、坎离、颐中孚、大小过，各自勾股，以辨弦矢之道。故日之去地六十四倍，表端去日六十三倍，日一度三百六十里，下距地中二万三千四十里⑧，夏至悬径正当六十四倍。春秋分

---

① 49 - 24。

② 49 - 36。

③ 49 - 28。

④ 49 - 32。

⑤ 5 × 21 + 17。

⑥ 5 × 25 + 13。

⑦ 3 × 25 + 3 × 13。

⑧ 360 × 64。

倚数六十七倍，二万四千一百二十里①。冬至大斜七十八倍，二万八千八十里②。三差之间，二至相距五千四十里③。以一丈三尺分之，去其尺有二寸，实晷一丈一尺二分，共直四十八度。每度二寸四分之晷，当地五百八十五里之差，余距天中九度微弱，当五千四十里为尺二寸之本矣。其法以绳直表端天中五十五度有五，北去地平三十六度以为极分，南去黄道三十六度以为交分，损益十二以为至分，南至地平亦五十有五，以三十六与五十五相御取度，自天中南至黄道十二度，倚直之数微差一寸。又南至赤道，倚直之数衺差三尺。又南至黄道，倚直大差一十四尺。其晷端初差一寸则表端差一分，晷端差三尺则表端差一尺，晷端差十四尺则表端差四尺，表端差一尺者为日差一千八十里，表端差四尺者为日差三千九百六十里，是北极出地三十六度之数，如极出有高庳，则日道有远近，晷影因之前却，可以数取也。

唐开元间，遣南宫说等分测晷极。阳城晷长一尺四寸八分弱，北极出地三十四度十分度之四。浚仪岳台晷长一尺五寸微强，极高三十四度八分。南至朗州晷长一尺一寸六分，极高二十九度半。北至蔚州晷长二尺六寸九分，极高四十度。南北相距三千六百八十八里九十步，极差十度，晷差一尺五寸三分，则是不及三百里而晷差一寸，记载之误也。今以天方绳准实测，得北极出地三十五度，黄道距表端五十六度三十一分七厘五毫，则夏至之晷一尺一寸八分，冬至之晷一丈三尺。自古皆云冬至晷一尺四寸八分，无有知其故者。北极出地二十九度半，赤道距表端六十一度八十一分七厘五毫，则夏至之晷五寸，冬至之晷一丈三寸。北极出地四十度，赤道距表端五十一度三十一分七厘五毫，则夏至之晷一尺八寸，冬至之晷一丈六尺三寸。是朗州夏至晷只五寸，蔚州夏至晷只一尺

① 360×67。

② 360×78。

③ 28080－23040。

八寸,差一尺三寸,无一尺五寸之差,又所载二晷分寸皆殊,无疑其误也。蔚州极出地四十度,与上都正等。《授时》于燕都立四丈表,冬至景七丈九尺八寸五分;于正南二千里立四丈表,冬至景七丈九尺二寸四分,两晷较差六寸一分。又燕都夏至景一丈一尺七寸一分,正南二千里景一丈一尺四寸四分,两晷较差二寸七分。以燕都夏至四丈表与蔚州夏至八尺表较之,五八得四,以五进一尺八寸之晷为九尺晷,较燕都晷长二尺七寸,为标长景远之差,不在极高里亘之限。以洛南一尺五寸二分除蔚州一尺八寸,亦差二寸八分,则夏至晷景率六百三十里而差一寸。如宋元嘉所测交州去洛万八百二十里,景在表南三寸二分,其为一尺八寸二分,计六百里差一寸,是皆夏至之晷,非冬至之晷也。冬夏二晷有赢有缩,夏至日晷在于表端,停而渐缩;冬至日晷勾于大弦,袤而渐舒;停者晷缩而里广,袤者晷舒而里促。如上都冬至四丈表二千里差六寸一分,则一寸之晷当三百三十三里。燕都夏至四丈表二千里差二寸七分,则一寸之晷当七百四十里。以古法周南重表千里晷差一寸之说较之,唯阳城为中,施于异处,则不复然,亦唯冬至为然,施于夏至则一寸之晷,只当三百八里矣。故知《灵宪》所传千里一寸,与古今所疑六百里一寸者皆误也。盖表出于地,日斜于天,舒缩渐远,古人测晷,以启盈缩之智,非立景以定进退之度也。今以天方绳表实测,得阳城冬至晷长十六尺一寸二分,以八较之,为一丈二尺八寸九分六厘①。夏至晷长一尺四寸八分,以八较之,为一尺一寸八分四厘②。春秋分晷长五尺七寸六分,以八较之,为四尺六寸八厘。以夏至之晷南除二分之晷,则北陆二十四度只余三尺四寸二分四厘之短③。以二分之晷南除冬至之晷,则南陆二十四度便行八尺二寸八分八厘之长矣④。以一尺一寸八分四厘之本,合北

① $1612 \times 8 = 12896$。

② $148 \times 8 = 1184$。

③ $4608 - 1184 = 3424$。

④ $12896 - 4608 = 8288$。

陆之晷,为四尺六寸八厘①;以一尺一寸八分四厘之本,合南陆之晷,为九尺四寸七分二厘②,三分损益,合差二寸五分七厘,再以六段积差北陆四尺二寸八分,南陆九尺一寸二分,亦三分损益,合差五寸二分。约以五寸二分为初差之本,以二寸五分七厘为余差之末,损益八尺,举可知也。由是以推,损益之原,数生于八,存一不尽,而差度乃分。三分六十有四则一为赢,三分八十则一为缩,故以七十二调之,上举八者得三十二,下举十者得四十,故以九命八,上得四而下得五,犹上经之为三十,下经之为三十四也。

天下表晷,唯洛南黄道距天中十二,赤道距黄道廿四,三分损益,晷律最真。每尺八寸,加二以为差本,三分以为晷实,余四极表,皆以四为实,以三为法。故林邑极出地十八度,冬至晷八尺,春秋分二尺六寸五分;安南极出地二十一度,冬至晷九尺五寸,春秋分三尺一寸六分;蔚州极出地四十度,冬至晷二丈二尺五寸,春秋分七尺五寸;铁勒极出地五十二,冬至晷三丈九尺,春秋分一丈三尺,皆损益四分之一矣,与其八十分测多寡难调,不如归之八尺,损益之径也。唐人以林邑、铁勒出极远近视阳城各上下十七,南北相距六千一百一十二里,分之为每度三百六十里,于天方最亲,但于晷尺冬夏殊未之合。故复约以天方分其里数,三百六十以为度,五百四十以为晷;晷有长短,各千八十里而差二寸,故日鸟飞准绳,三而当二。里度既明,然后以分卦位,每一表而定一方之位,一方八尺内容四千九十六寸,六十四方而容二十六③万二千一百四十四寸。凡内四垣二千四十八寸,径五百一十二,平分二百五十六为天中,南过八十寸为夏至日道,又南一百九十二寸为二分中道。自二分中道垂股外方一十六寸,为日道外廉,下视冬至二十四度,在地

① 1184 + 3424 = 4608。

② 1184 + 8288 = 9472。

③ “六”,诸本俱无。64 的立方为 262144,疑为脱漏。

平上三十四方，横矢上方一十六寸为日道上廉，日晷所直，前阳后阴，前后五千四十里。故过六千里则晷平六十四丈，冬夏损益日轨不周，以万八十里为阴阳之交，以六十四为天方之径，损其四倍，以得日道，益其度分，以得天周，则天度冒日四倍之宽，日环当天一度之径，施之于易，按表知方，射晷效妙，乃知古人捕影睨日之为虚谈，十尺八表之有隐义也。

三易洞玑卷五

文图经中

天动示象，示象者候九；人动示息，示息者候六。候九以倍，候六以参，滋数相归，宅虚以知。故欲聪以知，则莫若静虚。静虚者，所以夙治弃恶于天下也。人之病生于脏腑，天之病生于象气，藏幽布微，杳冥莫知，握之以数，而化乃可治。故数者齐也，象息之所握齐也。象有六爻，爻有三变，息有三候，候有六代，不测其候，焉知厥象，立权称衡，是为夜行。故日十二辰而爻象反复，一辰之息二千一百九十强一，一日之息而当六朞之历①。故息当辰也，爻当岁也。息有三隧，脉有四营，营息相候，益损每复，约其长短，赢绌疾徐，而性命可别矣。故息者，易之微始也。息始于黄钟之上宫，两而参之，五十有二②，合于夹钟之上宫③。故万物之气，皆息于子而达于卯。卯者日精之脏，五德所视，以为伸屈也。辰星视日，前绌十六，后赢十六，迟疾之会二十有一，息数视之，以为至减，泡④清肠系焉。太白视日，晨绌二十四，夕赢二十四，迟疾之会三十强余，息数视之，以为次减，气海、溷肠系焉。填星视日，晨夕赢绌九十有

---

① 2191×12=26292≈365.25×6×12。

② 39×2×2÷3=52。

③ 由《宓图经》来看，夹钟上宫为6.7425，下宫为5.2575，所以本句“上宫”似当为“下宫”。夹钟为卯。

④ “泡”，诸本同，疑作“胞”

六,退疾之候一百二十九,息数视之,以为次加,脾与胃系焉。岁星视日,晨夕百有八,退[1]疾之候一百三十二,息数视之,以为又加,肝与胆系焉。荧惑视日,晨夕百三十有二,退疾之候一百四十六,息数视之,以为至加,心包络、三焦系焉。此五视者,腑脏所应,以为呼吸也。心系以日,肾系以月,日月循环,五德所依。肺上覆之,以囿元气,窍二十四,以先诸路。故肺、心、肾三者,不与五德同务,三极之总也。

肺之左盖,道胃与脾,清肠之气出于肾右,其间稷稷,微湇以遨,盛于阴夜,衰于阳昼。肺之右盖,道胃与肝,浊肠之气出于肾左,其间皞皞,疏越以敷,盛于阳昼,衰于阴夜。肺之中盖,道胃胆肾,膻胞之气出于准中,其间籧籧,别汇而濩,衰于卯酉,盛于子午。故肺者八表之通道也。肺上于咽门,以施兑端,精物之交,暨于上天,嘘而取之。肺布于贲门,以都膻中,神物之交,暨于岳渎,坐而取之。肺持于会门,以服胞中,鬼物之交,暨于层渊,噏而取之。故气平则心平,气衰则心衰,气固则水滋,气耗则水涸。故心以候气,气以候心,胆以候气,气以候肾,日以命月,月以检日,气持其盖,函物之所以不写也。故乾者所以为盖也,盖者所以为函也;任者所以为督也,督者所以为任也。带在季胁函盖之间,断輂如纯,谓之坤。维跻所系,达于冲门。故任、督、冲、带、两维、两跻,八脉者爻象之经首也。尾箕而下,杵臼之北,发于会阴,谓之潜龙。三泉而上,天关之端,谓之承浆,交于上九。上九断交,至于囟会,任督乃代。参首而下,复反于箕尾,长强尾骶,任督再交。故乾者任督之准,维跻之所循起也。离为阴跻,下发于照海,中达阴交,上至于缺盆,自左而右。坎为阳跻,下发于申脉,中达阳关,上

① "退",诸本同,疑作"迟"。下两处同。

至于曲垣，自右而左。两维所冲，季胁之中，散于气户，郁于不容。凡尺有八寸，四周其度，而与身等数，故易七尺有二寸，脉络所会，四百三十有二①，一辰之周，十有八交，二日而尽脉络之会。故乾十二爻终始戊己，天道绳于上，冥泉准于下，任督始交，在两隧之中，亥子之律端也。别隧而左，屯蒙受之，终始庚辛，交于需讼，在会阴、长强之间，故左与右交，右与左交，乾居其中，而息数独殷，十有八交二千一百九十余息之所取衷也。需讼之隧，出于壬癸，其左师比。师比之隧，出于甲乙，其右小畜与履。小畜、履之隧，出于丙丁。丙丁、甲乙之交，在中极、腰俞之下，自是而维跻冲带，正别所交，举可推也。阳椎三七，督穴三九，阴膺二六，任穴三八，阴阳相倚，成爻其间。故爻者交也，冲维不交则髑跻解涣，髑跻解涣则乾坤之道息矣。故交者人伦之纪也，交而后邪生焉，邪而后交治之。

泰与同人交于中极之间、阳关之下，弁与肆互，戊治于前，庚治于后。谦与随交于关元之下、阳关之间，咸与建互，壬治于前，甲治于后。临与噬嗑交于石门之间、阳关之上，鞬与旗互，丙治于前，戊治于后。剥与无妄交于气海、命门之间，咸与桴互，庚治于前，壬治于后。颐与大过交于阴交、悬枢之下，维跻始直，首、腹、耳、目、手、口、足、股之所相为柎也。故颐、大过、中孚、小过八者，天地之矩矱也。颐与大过，甲丙既交，而坎离受之。坎戊则离庚，离戊则坎庚，辛已从之，交于神阙之下、悬枢之上，万物之要道也。故氐者七纬之柄，罗堰而上，星汉之津梁也。女氐悬平，在帝后之中，两垣所侠，谓之神关，二八以停，上于廉泉，痖门而下，积尸天阴，戊己庚辛之所均也。咸发于摄提之下，遁动于匏瓜之外，脊中而南，交于水分。水

① 72×6。

分而上，是为三脘，包于建里，晋、家人、蹇、损、夬、萃、困、革之所会也。震、渐而上，至艮、归妹，膂胁既平，冲维乃乘。筋缩之南，达于巨阙、鸠尾、中庭、膻中、玉堂，北出至阳，是为坤维。故自坤上下九寸五分，复于正交，倚而取之，带脉之中经也。带行者以冲，冲行者以带，冲带相维，任督以平。故自坤而南，尺有八寸，神庭之交，则亦犹是矣。乾下七寸，悬垂于颐，兑端之阳，直于脑户，其上为复，交于大畜，素髎之阳，直于强间。故自乾下而上，乾上而下，六寸四分，复与大畜、无妄及剥，四者阴阳之宫庭也。君子观复以畜德，观剥以去妄，深息而涓舍。兴云著于昼，闻雷著于夜，故其疴疾不作，动静无罅，六节五制，胜负之纪，君子与百姓同患而不与百姓同病也。

小人之病诊于脉，君子之病诊于息，息复不移，若与天稽，至希以微，乃与化齐。易之周甲二十五万九千二百①，绌于天度三千七百八十②。以十约之，三百七十有八。故一日之息，下于天圆三百七十有八，消息十三，准于天方，三百六十强五。故六日之息，赢辰之数，二千一百九十强一③，七日而复，地之制也。地制以六，天候以五，人节以三，三以衡五，六以御三，故五运化于上，六气平于下，其胜不过，其负不衄，澹渐相报，不与物搏。故五运有所不制，六气有所不诘，心治则气治、水治、火治。肺之左盖发于右寸，右盖发于左寸，上以候上，中以候中，下以候下。下中之间，持以候胆；上中之间，不持以候心。故心有在于坎，有在于离，左制以土，右制以金，土劳以思，金专以悲，主客数挠，子母乃离。故客不能为贼，主乃为

① $360\times12\times60$。

② $365.25\times12\times60=262980$，$262980-259200=3780$。

③ 365.25×6。

贼,其阳不治则其阴治之,阳治以阴,阴治以阳。随阳而蛊阴,随甲而蛊乙,甲乙反复。故随以六乙治于昼,蛊以六甲治于夜。革庚而鼎辛,鼎戊而革己。巽戊而兑己,兑庚而巽辛。治巽者以庚,治革者以己。故阴阳之道,左右相治,彼此互取,精物之义也。左尺而下,右尺而上,坎离始济,天津之水交于亢池;右寸而下,左关而上,坎离再济,大陵之水交于积尸,四者精物之所为生死也。大陵之阴至于天津,亢池之阳至于鬼目,二尺有一寸,艮脊为主,包络、膈膜、肝胆、脾胃、大小肠治之。三八在于广明,则七系于大冲;四九在于广明,则三系于大冲。天津之阳至于亢池,鬼目之阴至于陵尸,尺有五寸,顶尻为主,心肺、咽门、肾、膀胱、阑门治之。二七在于前阳,则九系于后阴;一六在于前阴,则一究于后阳。二八四六,冲维所射,五十之衡,环居其中。天之五垣,所正厥事也。故腑脏所萦,不有恒络;阴阳所会,不有恒舍。其有恒舍,则循厥次,五日而候,七日而复,阴左而上,阳右而下。肺有三盖,胃有三门,肾有三焦,舌有三本,息有三隧,短极于十,长极于千四百六十有一,中于五十及百二十余一。至人持之,无为无思,平心以虚,息乃以徐,心平息徐,天下祛祛,不息不思,天下乃治。何以持之?云雷水火。云在于天,雷在于渊,两济之下,敬视两过,两济不过,乃治天下。

右图依《周易》为序,乾坤立于四正,余皆以次平分,三部敛前图,八际之律为中图,三部之息,天人乃合,《周易》之序于是可见也。自岐黄以来,皆言漏下十刻,气一千一百二十五息,自寅至未六千七百五十息为阳,自申至丑六千七百五十息为阴,昼夜计一万三千五百息。人身荣卫一十六丈二尺,呼行三寸,吸行三寸,一息之间,脉行六寸。漏下一刻,呼吸一百三寸,脉行八丈一尺。二刻而周一时，呼吸一千一百二十五息，脉六十七丈五尺，四周有余。昼夜一万三千五百息，脉行八百一十丈，凡五十周于身，为五十营。此独不然者，以气有缓急迟疾，人有长短隆薄，呼吸之数，平命于心，心燥则息疾，心缓则息舒。呼吸之气，出三入一，不分三寸之候。营脉之动，吸一呼三，可定平人之息。今以漏晷实测之，每晷移辰二千一百九十一息有余，二辰而得四千三百八十三息，一日昼夜凡得二万六千二百九十八息。以十乘之，为六十岁历之实①，两候十日之积。每辰动脉八千七百六十六营，一日昼夜凡动十万五千一百九十二营。以五乘之，为六十岁历之实，一候五日之积。故气动以一，脉动以倍，一息之脉，动有四营。一辰之气，分为六候，候有三变，自左而中而右，六候之息十有八变，一日而七十二候，二百一十六变。人身任督、两跻阴阳之分七丈三尺五分，勾股倚径，因而三之，二十一丈九尺一寸五分，准易之体七十有二，围而三之，二百十六，不及天分三十一五②。一日之余三百七十有八③，约以天方④，去其十二七五，凡六日而又余满二千一百九十一⑤，为七十三周，故曰七日来复。

天以六为节，地以五为制，六节者本支，五制者本干，支有风、热、湿、暑、燥、寒，干有木、火、土、金、水，故运五而气六、候五而复六也。《内经》以地支十二对待为六气，五干相从为五运。五运有主运、客运，六气有主气、客气。主气纪岁，岁半以前，司天主之；岁半以后，司泉主之。司天在上，三年而降，迁于司泉；司泉在下，三年而升，迁于司天。客气纪步，子午君火少阴司天，燥金为客，太阴湿土步于天左，厥阴风木步于天右，太阳寒水步于地左，少阳相火步于地右。至卯酉而迁，寅申相火少阳司天，风木为客，太阴湿土

① 262980 = 365.25 × 12 × 60。

② 219.15 − 216 = 3.15。

③ 31.5 × 12 = 378。

④ 365.25。

⑤ 365.25 × 6。

步于天右，阳明燥金步于天左，少阴君火步于地左，太阳寒水步于地右。至巳亥而迁，正对相化，对胜有复，正胜不负，一年分间，故亦谓之间气。主运职令，五行之序从其所生，一木二火三土四金五水，各七十二日有奇，以次相位。客运职化，五行之权从其所化，甲己为土，乙庚为金，丙辛为水，丁壬为木，戊癸为火，亦七十二日有奇，间岁而迁。五阳之年，客运有过先天十三。五阴之年，客运不及后天十三。平气之年，干支比齐，交于大寒，故亦谓之齐天。气运之行，各有主客，制化之用，则主气而运客，其约以子午为少阴君火，丑未为太阴湿土，寅申为少阳相火，卯酉为阳明燥金，辰戌为太阳寒水，巳亥为厥阴风水，乘于五化。其气生运曰顺，克运曰刑。运生气者小逆，相得则微；运克气者不和，不相得则甚。故曰土运之岁，上见太阴①；火运之岁，上见少阳少阴；金运之岁，上见阳明；木运之岁，上见厥阴；水运之岁，上见太阳，天之与会，是曰天符。应天为天符，承岁为岁直，三合为治，为太乙天符之会。大过之运，得司地之气，为同天符；不及之运，得司地之气，为同岁会；运同四孟，为支德之符。世之言阴阳者皆本于此。

今亦不同者，以五脏六腑虽分阴阳，而五运六气实无所专治。脏腑之精，应于星物，运气之精，贯于营卫，上下同流，日十二周，逢生则得，逢衰则射，视于我主，不视于客。肺以九而处上，肾以一而处下，肝以三而处左交于右，脾以七而处右交于中。胃以五而四治，左乘冲气达于肺之左管为少阴金，右乘冲气达于肺之右管为少阴火，左引维气达于肺之左下为厥阴木，右引维气达于肺之右下为太阴水。太阴之水合于胃系，厥阴之木合于脾系，少阴之火合于肝系，少阴之金合于肾系，以上皆为阴而心统之，都于膻中，是为书象，系于背。鬲、包络以二七而处上，胞、膀胱以一六而处下，小肠、阑门以三八处左而交于前，大肠、气海以四九处右而交于后。胃以十而四治，前引三七以交于肾之左，左引二八以交于肾之前，上引

① “太阴”，库本作“阳明”。

九一以交于肾之右，右引四六以交于肾之下，以下皆为阳而胆统之，都于胞中，是为图象，系于腹。故阴有五脏，脏有五系。上阴之君，心悬于肺，故肺与心，别自为系。阳有四腑，腑有四房，下阳之君，胆悬于肝，故胆独为一系。以上五阴虚，胃以与心；以下四阳实，胃以与胆。其合则十，其别则九，合为二十，别为十八。故十八者，三六之会，腑脏变化之纪也。分其十八，上持人迎，上持气口。自关而上谓之肺，自关而下谓之肾，关中谓之胃，肺胃之间谓之心，胃肾之间谓之胆。左胃之位可以候肝，肺、胃之位可以候脾。包、小肠之候见于左肺，鬲、大肠之候见于右肺，胞、阑门之候见于左肾，膀胱、气海之候见于右肾，四系之候皆系于心，故易之道不可以一取也。

自有《内经》以来，五脏六腑注为不刊，而三焦一腑讹云三处，心包、鬲络又混一膜，肝出脾右而以为左，命同于肾而别两方，疑滞灿然。又以两跻、孤竹二络、脾脉自系大经，义虽可寻，理殊无取。盖此书出于春秋之时，遗文虽存而黄岐去远，运气之学错于阴阳，仲尼未删，无所据证，唯其间气纪步、主气纪岁与《易》序同归，信其近古耳。岐黄在《尧典》之前二百许岁，与《竹书》较之，轩辕百年，颛顼七十八年，帝喾六十三年，帝挚九年，共二百五十年，斗差四度。《尧典》日在虚九度，轩辕时当在危三四度，戊癸经于虚危而称伏羲。《大始天元册》文云："丹天之气经于牛女戊分，黅天之气经于心尾己分，苍天之气经于危室、柳鬼，素天之气经于亢氐、昴毕，玄天之气经于张翼、娄胃。"得其时子癸在于牛女，甲己在于心尾，则当春秋时、非羲轩时无疑也。

古书多所假托，未尝实测，以伎孤行，故久而愈隐。唯气运司于天官，岁有考验，与道出入。今考《易》序，乾直于戊己，为冬至子分六气之始，戊与癸合为乾之上际，己与甲合为乾之下际，上下十二爻。以五乘之，为周甲之辰。以七十二乘之，为周岁之历①。

① $12 \times 5 \times 72 = 4320 = 360 \times 12$。

一日十二辰，一卦之直十二日，一气五卦，五卦之直六十日，六气而周一岁之历①，五岁而周五卦之运。乾始于戊子，终于己亥。乾乘坤位以授于屯，屯始于庚子，终于辛亥。屯蒙反对，屯为天之左间，则蒙为地之左间。蒙承水德，以授于需，需始于壬子，终于癸亥。需讼反对，需为天之右间，则讼为地之右间。讼承火德，以授于师，师始于甲子，终于乙亥。师比反对，师为天之左间，则比为地之左间。比承金德，以授于小畜，小畜始于丙子，终于丁亥。小畜履反对，小畜为天之右间，则履为地之右间。履承木德，复生戊子，以授于泰。自是左右分行，各以戊、庚、壬、甲、丙为天之间次，癸、乙、丁、己、辛为地之间次。乾之下际与屯之上际为更革之端，故屯以庚而兼甲，乾以己而兼壬。六气之周三十六卦，其合七十有二，令者司天，合者司地，每气之合，各七十二，以化气主客命其上下，则运气之义一也。唯《内经》主客以克步六，《易》序主客以生步五耳。一卦之直十二日，以十二乘七十二为八百六十四日，为主气间气之终，五运所乘四千三百二十日②而岁步乃备。故一气之运有七十二卦，六气之步有七十二日。以干乘之，得两岁之日，为化气之合日。以支乘之，得两岁之辰，为化气之合辰。以干支合乘得周甲之岁，为化气之会岁。主客胜负，可得而齐也。胜负相乘，化与不化，存乎呼吸。呼吸出膻中，与营气别隧。营气出中腑，与卫气别隧。然营气所行，上达于宗气。宗气之动，下运卫气。营卫顺逆，宗气得而治之。其往复长短，权量寸尺，非呼吸不可得而别也。

手之寸上谓之人迎，寸下谓之气口。气口，脉口也，亦谓寸口。寸口主中，人迎主外，两者之气与呼吸相应。人之呼吸，自结喉而下，廉泉而外，上一寸谓之人迎，下一寸谓之气口。气口，气舍也。引手屈之，至于喉下，上为人迎，下为气舍，与之相应，故谓之名。气脉所会皆在于寸，故为寸口，亦谓脉口。《内经》言："人迎一盛，

---

① 60×6。

② 864×5。

病在足少阳;一盛而躁,病在手少阳。人迎二盛,病在足太阳;二盛而躁,病在手太阳。人迎三盛,病在足阳明;三盛而躁,病在手阳明。人迎四倍,且大且数,名曰覆阳,覆阳为外格,死不治。脉口一盛,病在足厥阴;一盛而躁,在手心主。脉口二盛,病在足少阴;二盛而躁,在手少阴。脉口三盛,病在足太阴;三盛而躁,在手太阴。脉口四盛,且大且数,名曰溢阴,溢阴为内关,死不治。"①盛者加也,凡气呼吸,脉皆倍之,一息四动,一盛而五,再盛而六,三盛而七,再倍而覆,加盛之数皆视腑脏斤两尺度以为其候。腑脏皆生于火,火在于上,故躁皆视上,脾以化物,胆生于木,亦为燥火。火郁则呼宣之,火萌则吸清之,呼吸三隧,与三焦相导,三焦失位则三隧不应。《内经》曰:"北政之岁,少阴在泉,则寸口不应;厥阴在泉,则右不应;大阴在泉,则左不应。南政之岁,少阴司天,则寸口不应;厥阴司天,则右不应;太阴司天,则左不应。"②诸失位者,脉不应于下则息不应于上。凡诸不应皆生于心,君火失位则相火从之,视日所感,以留其客,客乃为贼,上下不得,岁辰所会,其病乃剧。故心平则气平,心正则气正。气平者诸盛不见于手,气正者诸邪不入于脏。静室独居,视其嘘吸,长短出入,或应或否,或剥或复,原本序易,则天人之义居然见矣。

① 参见《灵枢经·终始》。
② 参见《素问·至真要大论》。

文图纬中

卦气直甲		正化 对化	纪岁纪步		左行从母 右行从子		岁合	岁阴
乾	初九	戊子	阳明燥金	右间	厥阴风木	右间	己丑	乾
	九二	寅		壬分		丁分	卯	
	九三	辰	厥阴游火	司天	少阳游火	司泉	巳	
	九四	午		戊癸		癸戊	未	
	九五	申	太阴良金	间迁	少阳甹木	间迁	酉	
	上九	戊戌		庚分		乙分	己亥	
屯	初九	庚子	厥阴游火	间迁	少阳游火	间迁	辛丑	蒙
	六二	寅		戊分		癸分	卯	
	六三	辰	太阴良金	司天	少阳甹木	司泉	巳	
	六四	午		庚乙		乙庚	未	
	九五	申	太阴湿土	右间	阳明刚土	右间	酉	
	上六	庚戌		甲分		己分	辛亥	
师	初六	甲子	太阴良金	左间	少阳甹木	左间	乙丑	比
	九二	寅		庚分		乙分	卯	
	六三	辰	太阴湿土	司天	阳明刚土	司泉	巳	
	六四	午		甲己		己甲	未	
	六五	申	少阴君火	右间	太阳寒水	右间	酉	
	上六	甲戌		戊分		癸分	乙亥	
泰	初九	戊子	太阴湿土	左间	阳明刚土	左间	己丑	否
	九二	寅		甲分		己分	卯	
	九三	辰	少阴君火	司天	太阳寒水	司泉	巳	
	六四	午		戊癸		癸戊	未	
	六五	申	厥阴风木	右间	阳明燥金	右间	酉	
	上六	戊戌		壬分		丁分	己亥	

续表

卦气直甲		正化对化	纪岁纪步	左行从母右行从子		岁合	岁阴	
谦	初六	壬子	少阴君火	左间	太阳寒水	左间	癸丑	豫
	六二	寅		戊分		癸分	卯	
	九三	辰	厥阴风木	司天	阳明燥金	司泉	巳	
	六四	午		壬丁		丁壬	未	
	六五	申	少阳相火	右间	少阴明水	右间	酉	
	上六	壬戌	少阳游火	丙分	厥阴游火	辛分	癸亥	
临	初九	丙子	厥阴风木	左间	阳明燥金	左间	丁丑	观
	九二	寅		壬分		丁分	卯	
	六三	辰	少阳相火	司天	少阴明水	司泉	巳	
	六四	午		丙辛		辛丙	未	
	六五	申	少阳游火	右间	厥阴游火	右间	酉	
	上六	丙戌	少阳甹木	庚分	太阴良金	乙分	丁亥	
剥	初六	庚子	少阳相火	左间	少阴明水	左间	辛丑	复
	六二	寅	少阳游火	丙分	厥阴游火	辛分	卯	
	六三	辰	少阳甹木	司天	太阴良金	司泉	巳	
	六四	午		庚乙		乙庚	未	
	六五	申	阳明刚土	右间	太阴湿土	右间	酉	
	上九	庚戌		甲分		己分	辛亥	
颐	初九	甲子	少阳游火	左间	厥阴游火	左间	乙丑	颐
	六二	寅	少阳甹木	庚分	太阴良金	乙分	卯	
	六三	辰	阳明刚土	司天	太阴湿土	司泉	巳	
	六四	午		甲己		己甲	未	
	六五	申	太阳寒水	右间	少阴君火	右间	酉	
	上九	甲戌		戊分		癸分	乙亥	
坎	初六	戊子	阳明刚土	左间	太阴湿土	左间	己丑	坎
	九二	寅		甲分		己分	卯	
	六三	辰	太阳寒水	司天	少阴君火	司泉	巳	
	六四	午		戊癸		癸戊	未	

续表

卦气直甲		正化 对化	纪岁纪步	左行从母 右行从子		岁合	岁阴	
	九五	申	阳明燥金	右间	厥阴风木	右间	酉	
	上六	戊戌		壬分		丁分	己亥	
咸	初六	壬子	太阳寒水	左间	少阴君火	左间	癸丑	恒
	六二	寅		戊分		癸分	卯	
	九三	辰	阳明燥金	司天	厥阴风木	司泉	巳	
	九四	午		壬丁		丁壬	未	
	九五	申	少阴明水	右间	少阳相火	右间	酉	
	上六	壬戌	厥阴游火	丙分	少阳游火	辛分	癸亥	
晋	初六	丙子	阳明燥金	左间	厥阴风木	左间	丁丑	明夷
	六二	寅		壬分		丁分	卯	
	六三	辰	厥阴明水	司天	少阳相火	司泉	巳	
	九四	午		丙辛		辛丙	未	
	六五	申	厥阴游火	右间	少阳游火	右间	酉	
	上九	丙戌	太阴良金	庚分	少阳㶳火	乙分	丁亥	
蹇	初六	庚子	厥阴明水	左间	少阳相火	左间	辛丑	解
	六二	寅	厥阴游火	丙分	少阳游火	辛分	卯	
	九三	辰	太阴良金	司天	少阴㶳木	司泉	巳	
	六四	午		庚乙		乙庚	未	
	九五	申	太阴湿土	右间	阳明刚土	右间	酉	
	上六	庚戌		甲分		己分	辛亥	
夬	初九	甲子	厥阴游火	左间	少阳游火	左间	乙丑	姤
	九二	寅	太阴良金	庚分	少阳㶳木	乙分	卯	
	九三	辰	太阴湿土	司天	阳明刚土	司泉	巳	
	九四	午		甲己		己甲	未	
	九五	申	少阴君火	右间	太阳寒水	右间	酉	
	上六	甲戌		戊分		癸分	乙亥	
困	初六	戊子	太阴湿土	左间	阳明刚土	左间	己丑	井
	九二	寅		甲分		己分	卯	

续表

卦气直甲		正化对化	纪岁纪步	左行从母 右行从子		岁合	岁阴	
	六三	辰	少阴君火	司天	太阳寒水	司泉	巳	井
	九四	午		戊癸		癸戊	未	
	九五	申	厥阴风木	右间	阳明燥金	右间	酉	
	上六	戊戌		壬分		丁分	己亥	
震	初九	壬子	少阴君火	左间	太阳寒水	左间	癸丑	艮
	六二	寅		戊分		癸分	卯	
	六三	辰	厥阴风木	司天	阳明燥金	司泉	巳	
	九四	午		壬丁		丁壬	未	
	六五	申	少阳相火	右间	少阴明水	右间	酉	
	上六	壬戌	少阳游火	丙分	厥阴游火	辛分	癸亥	
丰	初九	丙子	厥阴风木	左间	阳明燥金	左间	丁丑	旅
	六二	寅		壬分		丁分	卯	
	九三	辰	少阳相火	司天	少阴明水	司泉	巳	
	九四	午		丙辛		辛丙	未	
	六五	申	少阳游火	右间	厥阴游火	右间	酉	
	上六	丙戌	少阳尃木	庚分	太阴良金	乙分	丁亥	
涣	初六	庚子	少阳相火	左间	少阴明水	左间	辛丑	节
	九二	寅	少阳游火	丙分	厥阴游火	辛分	卯	
	六三	辰	少阳尃木	司天	太阴良金	司泉	巳	
	六四	午		庚乙		乙庚	未	
	九五	申	阳明刚土	右间	太阴湿土	右间	酉	
	上九	庚戌		甲分		己分	辛亥	
小过	初六	甲子	少阳游火	左间	厥阴游火	左间	乙丑	小过
	六二	寅	少阳尃木	庚分	太阴良金	乙分	卯	
	九三	辰	阳明刚土	司天	太阴湿土	司泉	巳	
	九四	午		甲己		己甲	未	
	六五	申	太阳寒水	右间	少阴君火	右间	酉	
	上六	甲戌		戊分		癸分	乙亥	

续表

卦气直甲		正化 对化	纪岁纪步	左行从母 右行从子		岁合	岁阴	
坤	初六	戊子	阳明刚土	左间	太阴湿土	左间	己丑	坤
	六二	寅		甲分		己分	卯	
	六三	辰	太阳寒水	司天	少阴君火	司泉	巳	
	六四	午		戊癸		癸戊	未	
	六五	申	阳明燥金	右间	厥阴风木	右间	酉	
	上六	戊戌		壬分		丁分	己亥	
既济	初九	壬子	太阳寒水	左间	少阴君火	左间	癸丑	未济
	六二	寅		戊分		癸分	卯	
	九三	辰	阳明燥金	司天	厥阴风木	司泉	巳	
	六四	午		壬丁		丁壬	未	
	九五	申	少阴明水	右间	少阳相火	右间	酉	
	上六	壬戌	厥阴游火	丙分	少阳游火	辛分	癸亥	
中孚	初九	丙子	阳明燥金	左间	厥阴风木	左间	丁丑	中孚
	九二	寅		壬分		丁分	卯	
	六三	辰	厥阴明水	司天	少阳相火	司泉	巳	
	六四	午		丙辛		辛丙	未	
	九五	申	厥阴游火	右间	少阳游火	右间	酉	
	上九	丙戌	太阴良金	庚分	少阳尃木	乙分	丁亥	
兑	初九	庚子	厥阴明水	左间	少阳相火	左间	辛丑	巽
	九二	寅	厥阴游火	丙分	少阳游火	辛分	卯	
	六三	辰	太阴良金	司天	少阳尃木	司泉	巳	
	九四	午		庚乙		乙庚	未	
	九五	申	太阴湿土	右间	阳明刚土	右间	酉	
	上六	庚戌		甲分		己分	辛亥	
归妹	初九	甲子	厥阴游火	左间	少阳游火	左间	乙丑	渐
	九二	寅	太阴良金	庚分	少阳尃木	乙分	卯	
	六三	辰	太阴湿土	司天	阳明刚土	司泉	巳	
	九四	午		甲己		己甲	未	
	六五	申	少阴君火	右间	太阳寒水	右间	酉	
	上六	甲戌		戊分		癸分	乙亥	

续表

卦气直甲		正化 对化	纪岁纪步	左行从母 右行从子			岁合 岁阴	
鼎	初六	戊子	太阴湿土	左间	阳明刚土	左间	己丑	革
	九二	寅		甲分		己分	卯	
	九三	辰	少阴君火	司天	太阳寒水	司泉	巳	
	九四	午		戊癸		癸戊	未	
	六五	申	厥阴风木	右间	阳明燥金	右间	酉	
	上九	戊戌		壬分		丁分	己亥	
升	初六	壬子	少阴君火	左间	太阳寒水	左间	癸丑	萃
	九二	寅		戊分		癸分	卯	
	九三	辰	厥阴风木	司天	阳明燥金	司泉	巳	
	六四	午		壬丁		丁壬	未	
	六五	申	少阳相火	右间	少阴明水	右间	酉	
	上六	壬戌	少阳游火	丙分	厥阴游火	辛分	癸亥	
益	初九	丙子	厥阴风木	左间	阳明燥金	左间	丁丑	损
	六二	寅		壬分		丁分	卯	
	六三	辰	少阳相火	司天	少阴明水	司泉	巳	
	六四	午		丙辛		辛丙	未	
	九五	申	少阳游火	右间	厥阴游火	右间	酉	
	上九	丙戌	少阳旉木	庚分	太阴良金	乙分	丁亥	
睽	初九	庚子	少阳相火	左间	少阴明水	左间	辛丑	家人
	九二	寅	少阳游火	丙分	厥阴游火	辛分	卯	
	六三	辰	少阳旉木	司天	太阴良金	司泉	巳	
	九四	午		庚乙		乙庚	未	
	六五	申	阳明刚土	右间	太阴湿土	右间	酉	
	上九	庚戌		甲分		己分	辛亥	
大壮	初九	甲子	少阳游火	左间	厥阴游火	左间	乙丑	遁
	九二	寅	少阳旉木	庚分	太阴良金	乙分	卯	
	九三	辰	阳明刚土	司天	太阴湿土	司泉	巳	
	九四	午		甲己		己甲	未	
	六五	申	太阳寒水	右间	少阴君火	右间	酉	
	上六	甲戌		戊分		癸分	乙亥	

续表

卦气直甲		正化 对化	纪岁纪步	左行从母 右行从子		岁合	岁阴	
离	初九	戊子	阳明刚土	左间	太阴湿土	左间	己丑	离
	六二	寅		甲分		己分	卯	
	九三	辰	太阳寒水	司天	少阴君火	司泉	巳	
	九四	午		戊癸		癸戊	未	
	六五	申	阳明燥金	右间	厥阴风木	右间	酉	
	上九	戊戌		壬分		丁分	己亥	
大过	初六	壬子	太阳寒水	左间	少阴君火	左间	癸丑	大过
	九二	寅		戊分		癸分	卯	
	九三	辰	阳明燥金	司天	厥阴风木	司泉	巳	
	九四	午		壬丁		丁壬	未	
	九五	申	少阴明水	右间	少阳相火	右间	酉	
	上六	壬戌	厥阴游火	丙分	少阳游火	辛分	癸亥	
大畜	初九	丙子	阳明燥金	左间	厥阴风木	左间	丁丑	无妄
	九二	寅		壬分		丁分	卯	
	九三	辰	厥阴明水	司天	少阳相火	司泉	巳	
	六四	午		丙辛		辛丙	未	
	六五	申	厥阴游火	右间	少阳游火	右间	酉	
	上九	丙戌	太阴良金	庚分	少阳旉木	乙分	丁亥	
贲	初九	庚子	厥阴明水	左间	少阳相火	左间	辛丑	噬嗑
	六二	寅	厥阴游火	丙分	少阳游火	辛分	卯	
	九三	辰	太阴良金	司天	少阳旉木	司泉	巳	
	六四	午		庚乙		乙庚	未	
	六五	申	太阴湿土	右间	阳明刚土	右间	酉	
	上九	庚戌		甲分		己分	辛亥	
蛊	初六	甲子	厥阴游火	左间	少阳游火	左间	乙丑	随
	九二	寅	太阴良金	庚分	少阳旉木	乙分	卯	
	九三	辰	太阴湿土	司天	阳明刚土	司泉	巳	
	六四	午		甲己		己甲	未	
	六五	申	少阴君火	右分	太阳寒水	右间	酉	
	上九	甲戌		戊分		癸分	乙亥	

续表

卦气直甲		正化 对化	纪岁纪步		左行从母 右行从子		岁合	岁阴
大有	初九	戊子	太阴湿土	左间	阳明刚土	左间	己丑	同人
	九二	寅		甲分		己分	卯	
	九三	辰	少阴君火	司天	太阳寒水	司泉	巳	
	九四	午		戊癸		癸戊	未	
	六五	申	厥阴风木	右间	阳明燥金	右间	酉	
	上九	戊戌		壬分		丁分	己亥	
履	初九	壬子	少阴君火	左间	太阳寒水	左间	癸丑	小畜
	九二	寅		戊分		癸分	卯	
	六三	辰	厥阴风木	司天	阳明燥金	司泉	巳	
	九四	午		壬丁		丁壬	未	
	九五	申	少阳相火	右间	少阴明水	右间	酉	
	上九	壬戌	少阳游火	丙分	厥阴游火	辛分	癸亥	
讼	初六	丙子	厥阴风木	左间	阳明燥金	左间	丁丑	需
	九二	寅		壬分		丁分	卯	
	六三	辰	少阳相火	司天	少阴明水	司泉	巳	
	九四	午		丙辛		辛丙	未	
	九五	申	少阳游火	间迁	厥阴游火	间迁	酉	
	上九	丙戌		戊分		癸分	丁亥	
乾	初九	戊子	少阳游火	右迁	厥阴游火	右迁	己丑	乾
	九二	寅	少阳相火	丙分	少阴明水	辛分	卯	
	九三	辰	少阴君火	司天	太阳寒水	司泉	巳	
	九四	午		戊癸		癸戊	未	
	九五	申	太阴湿土	左迁	阳明刚土	左迁	酉	
	上九	戊戌		甲分		己分	己亥	
蒙	初六	甲子	少阴君火	右间	太阳寒水	右间	乙丑	屯
	九二	寅		戊分		癸分	卯	
	六三	辰	太阴湿土	司天	阳明刚土	司泉	巳	
	六四	午		甲己		己甲	未	
	六五	申	太阴良金	左间	少阳甹木	左间	酉	
	上九	甲戌	厥阴游火	庚分	少阳游火	乙分	乙亥	

续表

卦气直甲		正化对化	纪岁纪步	左行从母右行从子			岁合　岁阴	
比	初六	庚子	太阴湿土	右间	阳明刚土	右间	辛丑	师
	六二	寅		甲分		己分	卯	
	六三	辰	太阴良金	司命	少阳尃木	司泉	巳	
	六四	午		庚乙		乙庚	未	
	九五	申	厥阴游火	左间	少阳游火	左间	酉	
	上六	庚戌	少阴明水	丙分	少阳相火	辛分	辛亥	
否	初六	丙子	太阴良金	右间	少阳尃木	右间	丁丑	泰
	六二	寅	厥阴游火	庚分	少阳游火	乙分	卯	
	六三	辰	少阴明水	司天	少阳相火	司泉	巳	
	九四	午		丙辛		辛丙	未	
	九五	申	阳明燥金	左间	厥阴风木	左间	酉	
	上九	丙戌		壬分		丁分	丁亥	
豫	初六	壬子	厥阴游火	右间	少阳游火	右间	癸丑	谦
	六二	寅	少阴明水	丙分	少阳相火	辛分	卯	
	六三	辰	阳明燥金	司天	厥阴风木	司泉	巳	
	九四	午		壬丁		丁壬	未	
	六五	申	太阳寒水	左间	少阴君火	左间	酉	
	上六	壬戌		戊分		癸分	癸亥	
观	初六	戊子	阳明燥金	右间	厥阴风木	右间	己丑	临
	六二	寅		壬分		丁分	卯	
	六三	辰	太阳寒水	司天	少阴君火	司泉	巳	
	六四	午		戊癸		癸戊	未	
	九五	申	阳明刚土	左间	太阴湿土	左间	酉	
	上九	戊戌		甲分		己分	己亥	
复	初九	甲子	太阳寒水	右间	少阴君火	右间	乙丑	剥
	六二	寅		戊分		己分	卯	
	六三	辰	阳明刚土	司天	太阴湿土	司泉	巳	
	六四	午		甲己		己甲	未	
	六五	申	少阳尃木	左间	太阴良金	左间	酉	
	上六	甲戌	少阳游火	庚分	厥阴游火	乙分	乙亥	

续表

卦气直甲		正化 对化	纪岁纪步	左行从母 右行从子		岁合	岁阴	
颐	初九	庚子	阳明刚土	右间	太阴湿土	右间	辛丑	颐
	六二	寅		甲分		己分	卯	
	六三	辰	少阳蓴木	司天	太阴良金	司泉	巳	
	六四	午		庚乙		乙庚	未	
	六五	申	少阳游火	左间	厥阴游火	左间	酉	
	上九	庚戌	少阳相火	丙分	少阴明水	辛分	辛亥	
坎	初六	丙子	少阳蓴木	右间	太阴良金	右间	丁丑	坎
	九二	寅	少阳游火	庚分	厥阴游火	乙分	卯	
	六三	辰	少阳相火	司天	少阴明水	司泉	巳	
	六四	午		丙辛		辛丙	未	
	九五	申	厥阴风木	左间	阳明燥金	左间	酉	
	上六	丙戌		壬分		丁分	丁亥	
恒	初六	壬子	少阳游火	右间	厥阴游火	右间	癸丑	咸
	九二	寅	少阳相火	丙分	少阴明水	辛分	卯	
	九三	辰	厥阴风木	司天	阳明燥金	司泉	巳	
	九四	午		壬丁		丁壬	未	
	六五	申	少阴君火	左间	太阳寒水	左间	酉	
	上六	壬戌		戊分		癸分	癸亥	
明夷	初九	戊子	厥阴风木	右间	阳明燥金	右间	己丑	晋
	六二	寅		壬分		丁分	卯	
	九三	辰	少阴君火	司天	太阳寒水	司泉	巳	
	六四	午		戊己		己戊	未	
	六五	申	太阴湿土	左间	阳明刚土	左间	酉	
	上六	戊戌		甲分		己分	己亥	
解	初六	甲子	少阴君火	右间	太阳寒水	右间	乙丑	蹇
	九二	寅		戊分		癸分	卯	
	六三	辰	太阴湿土	司天	阳明刚土	司泉	巳	
	九四	午		甲己		己甲	未	
	六五	申	太阴良金	左间	少阳蓴木	左间	酉	
	上六	甲戌	厥阴游火	庚分	少阳游火	乙分	乙亥	

续表

卦气直甲		正化 对化	纪岁纪步		左行从母 右行从子		岁合　岁阴	
姤	初六	庚子	太阴湿土	右间	阳明刚土	右间	辛丑	夬
	九二	寅		甲分		己分	卯	
	九三	辰	太阴良金	司天	少阳雱木	司泉	巳	
	九四	午		庚乙		乙庚	未	
	九五	申	厥阴游火	左间	少阳游火	左间	酉	
	上九	庚戌	少阴明水	丙分	少阳相火	辛分	辛亥	
井	初六	丙子	太阴良金	右间	少阳雱木	右间	丁丑	困
	九二	寅	厥阴游火	庚分	少阳游火	乙分	卯	
	九三	辰	少阴明水	司天	少阳相火	司泉	巳	
	六四	午		丙辛		辛丙	未	
	九五	申	阳明燥金	左间	厥阴风木	左间	酉	
	上六	丙戌		壬分		丁分	丁亥	
艮	初六	壬子	厥阴游火	右间	少阳游火	右间	癸丑	震
	六二	寅	少阴明水	丙分	少阳相火	辛分	卯	
	九三	辰	阳明燥金	司天	厥阴风木	司泉	巳	
	六四	午		壬丁		丁壬	未	
	六五	申	太阳寒水	左间	少阴君火	左间	酉	
	上九	壬戌		戊分		癸分	癸亥	
旅	初六	戊子	阳明燥金	右间	厥阴风木	右间	己丑	丰
	六二	寅		壬分		丁分	卯	
	九三	辰	太阳寒水	司天	少阴君火	司泉	巳	
	九四	午		戊癸		癸戊	未	
	六五	申	阳明刚土	左间	太阴湿土	左间	酉	
	上九	戊戌		甲分		己分	己亥	
节	初九	甲子	太阳寒水	右间	少阴君火	右间	乙丑	涣
	九二	寅		戊分		癸分	卯	
	六三	辰	阳明刚土	司天	太阴湿土	司泉	巳	
	六四	午		甲己		己甲	未	
	九五	申	少阳雱木	左间	太阴良金	左间	酉	
	上六	甲戌	少阳游火	庚分	厥阴游火	乙分	乙亥	

续表

卦气直甲		正化 对化	纪岁纪步	左行从母 右行从子		岁合	岁阴	
小过	初六	庚子	阳明刚土	右间	太阴湿土	右间	辛丑	小过
	六二	寅		甲分		己分	卯	
	九三	辰	少阳夷木	司天	太阴良金	司泉	巳	
	九四	午		庚乙		乙庚	未	
	六五	申	少阳游火	间迁	厥阴游火	间迁	酉	
	上六	庚戌	少阴君火	戊分	太阳寒水	癸分	辛亥	
坤	初六	戊子	少阳夷木	右间	太阴良金	右间	己丑	坤
	六二	寅		庚分		乙分	卯	
	六三	辰	少阳游火	司天	厥阴游火	司泉	巳	
	六四	午		迁戊		迁癸	未	
	六五	申	少阳相火	左间	少阴明水	左间	酉	
	上六	戊戌		丙分		辛分	己亥	
未济	初六	丙子	少阳游火	右间	厥阴游火	右间	丁丑	既济
	九二	寅		戊分		癸分	卯	
	六三	辰	少阳相火	司天	少阴明水	司泉	巳	
	九四	午		丙辛		辛丙	未	
	六五	申	厥阴风木	左间	阳明燥金	左间	酉	
	上九	丙戌		壬分		丁分	丁亥	
中孚	初九	壬子	少阳游火	右间	厥阴游火	右间	癸丑	中孚
	九二	寅	少阳相火	丙分	少阴明水	辛分	卯	
	六三	辰	厥阴风木	司天	阳明燥金	司泉	巳	
	六四	午		丁壬		壬丁	未	
	九五	申	少阴君火	左间	太阳寒水	左间	酉	
	上九	壬戌		戊分		癸分	癸亥	
巽	初六	戊子	厥阴风木	右间	阳明燥金	右间	己丑	兑
	九二	寅		壬分		丁分	卯	
	九三	辰	少阴君火	司天	太阳寒水	司泉	巳	
	六四	午		戊癸		癸戊	未	
	九五	申	太阴湿土	左间	阳明刚土	左间	酉	
	上九	戊戌		甲分		己分	己亥	

续表

卦气直甲		正化对化	纪岁纪步	左行从母右行从子		岁合	岁阴	
渐	初六	甲子	少阴君火	右间	太阳寒水	右间	乙丑	归妹
	六二	寅		戊分		癸分	卯	
	九三	辰	太阴湿土	司天	阳明刚土	司泉	巳	
	六四	午		甲己		己甲	未	
	九五	申	太阴良金	左间	少阳雋木	左间	酉	
	上九	甲戌	厥阴游火	庚分	少阳游火	乙分	乙亥	
革	初九	庚子	太阴湿土	右间	阳明刚土	右间	辛丑	鼎
	六二	寅		甲分		己分	卯	
	九三	辰	太阴良金	司天	少阳雋木	司泉	巳	
	九四	午		庚乙		乙庚	未	
	九五	申	厥阴游火	左间	少阳游火	左间	酉	
	上六	庚戌	少阴明水	丙分	少阳相火	辛分	辛亥	
萃	初六	丙子	太阴良金	右间	少阳雋木	右间	丁丑	升
	六二	寅	厥阴游火	庚分	少阳游火	乙分	卯	
	六三	辰	少阴明水	司天	少阳相火	司泉	巳	
	九四	午		丙辛		辛丙	未	
	九五	申	阳明燥金	左间	厥阴风木	左间	酉	
	上六	丙戌		壬分		丁分	丁亥	
损	初九	壬子	厥阴游火	右间	少阳游火	右间	癸丑	益
	九二	寅	少阴明水	丙分	少阳相火	辛分	卯	
	六三	辰	阳明燥金	司天	厥阴风木	司泉	巳	
	六四	午		壬丁		丁壬	未	
	六五	申	太阳寒水	左间	少阴君火	左间	酉	
	上九	壬戌		戊癸		癸戊	癸亥	
家人	初九	戊子	阳明燥金	右间	厥阴风木	右间	己丑	睽
	六二	寅		壬分		丁分	卯	
	九三	辰	太阳寒水	司天	少阴君火	司泉	巳	
	六四	午		戊癸		癸戊	未	
	九五	申	阳明刚土	左间	太阴湿土	左间	酉	
	上九	戊戌		甲分		己分	己亥	

续表

卦气直甲		正化 对化	纪岁纪步	左行从母 右行从子		岁合	岁阴	
遁	初六	甲子	太阳寒水	右间	少阴君火	右间	乙丑	大壮
	六二	寅		戊分		癸分	卯	
	九三	辰	阳明刚土	司天	太阴湿土	司泉	巳	
	九四	午		甲己		己甲	未	
	九五	申	少阳旉木	左间	太阴良金	左间	酉	
	上九	甲戌	少阳游火	庚分	厥阴游火	乙分	乙亥	
离	初九	庚子	阳明刚土	右间	太阴湿土	右间	辛丑	离
	六二	寅		甲分		己分	卯	
	九三	辰	少阳旉木	司天	太阴良金	司泉	巳	
	九四	午		庚乙		乙庚	未	
	六五	申	少阳游火	左间	厥阴游火	左间	酉	
	上九	庚戌	少阳相火	丙辛	少阴明水	辛丙	辛亥	
大过	初六	丙子	少阳旉木	右间	太阴良金	右间	丁丑	大过
	九二	寅	少阳游火	庚分	厥阴游火	乙分	卯	
	九三	辰	少阳相火	司天	少阴明水	司泉	巳	
	九四	午		丙辛		辛丙	未	
	九五	申	厥阴风木	左间	阳明燥金	左间	酉	
	上六	丙戌		壬分		丁分	丁亥	
无妄	初九	壬子	少阳游火	右间	厥阴游火	右间	癸丑	大畜
	六二	寅	少阳相火	丙分	少阴明水	辛分	卯	
	六三	辰	厥阴风木	司天	阳明燥金	司泉	巳	
	九四	午		壬丁		丁壬	未	
	九五	申	少阴君火	左间	太阴寒水	左间	酉	
	上九	壬戌		戊分		癸分	癸亥	
噬嗑	初九	戊子	厥阴风木	右间	阳明燥金	右间	己丑	贲
	六二	寅		壬分		丁分	卯	
	六三	辰	少阴君火	司天	太阳寒水	司泉	巳	
	九四	午		戊癸		癸戊	未	
	六五	申	太阴湿土	左间	阳明刚土	左间	酉	
	上九	戊戌		甲分		己分	己亥	

续表

卦气直甲		正化 对化	纪岁纪步	左行从母 右行从子		岁合	岁阴	
随	初九	甲子	少阴君火	右间	太阳寒水	右间	乙丑	蛊
	六二	寅		戊分		癸分	卯	
	六三	辰	太阴湿土	司天	阳明刚土	司泉	巳	
	九四	午		甲己		己甲	未	
	九五	申	太阴良金	左间	少阳雩木	左间	酉	
	上六	甲戌	厥阴游火	庚分	少阳游火	乙分	乙亥	
同人	初九	庚子	太阴湿土	右间	阳明刚土	右间	辛丑	大有
	六二	寅		甲分		己分	卯	
	九三	辰	太阴良金	司天	少阳雩木	司泉	巳	
	九四	午		庚乙		乙庚	未	
	九五	申	厥阴游火	左间	少阳游火	左间	酉	
	上九	庚戌	少阴明水	丙分	少阳相火	辛分	辛亥	
小畜	初九	丙子	太阴良金	右间	少阳雩木	右间	丁丑	履
	九二	寅	厥阴游火	庚分	少阳游火	乙分	卯	
	九三	辰	少阴明水	司天	少阳相火	司泉	巳	
	六四	午		丙辛		辛丙	未	
	九五	申	阳明燥金	左间	厥阴风木	左间	酉	
	上九	丙戌		壬分		丁分	丁亥	
需	初九	壬子	厥阴游火	右间	少阳游火	右间	癸丑	讼
	九二	寅	少阴明水	丙分	少阳相火	辛分	卯	
	九三	辰	阳明燥金	司天	厥阴风木	司泉	巳	
	六四	午		壬丁		丁壬	未	
	九五	申	太阳寒水	左间	少阴君火	左间	酉	
	上六	壬戌		戊分		癸分	癸亥	

右纬以五运六气，乘七十二卦，别脏腑之治，与《内经》亦不同者。《内经》以风、热、湿、暑、燥、寒为序，三气递为上下。少阴热火在于上，则阳明燥金在于下；太阴湿土在于上，则太阳寒水在于

下;少阳相火在于上,则厥阴风木在于下。六气对反以为见胗之候,其原别于《周易》。南为离令,坤巽间之;北为乾令,兑坎间之。兑交于震之下爻,以为相火,承坤之治;又交于艮之上爻,以为相火,承乾之治。故兑处乾坤之间,体有两变,兼治震艮,为手足之标。手之三阴从藏走手,手之三阳从手走头,足之三阳从头走足,足之三阴从足走腹。故乾坤为手足之头腹,坎离为手足之耳目,巽在股间为会阴之始,兑在兑端为任督之交。故以兑居少阳之位,上取火于艮寅,下取火于大心,承乾坤之治,通坎离之气也。今不然者,以阴阳腑脏上下各六,特心包、三焦两家之火游行不定,分于子午,乘于卯酉,寄居于乙丙辛庚之间。《内经》不著其说,举一藏二,以俟解者。故水、木、土、金各行一气而火独居二,明五行之各有二气,而火于人身独周四隅,贯于五际也。故戊己为五德之中,火土所居。南政以戊取癸,热火秉权,则北政以癸取戊,寒水秉权,心与膀胱递为主客,离坎治之。左行丁壬为木,则壬丁为金,肝与大肠递为主客,巽乾治之。丙辛为火,则辛丙为木,小肠与肾递为主客,震兑治之。震兑所治,为大地之首尾,兼有五运,以宣六气。故震之下爻为丙辛,小肠相火临于明水;震之中爻为戊己,三焦游火临于心包;震之上爻为乙庚,胆雷木临于肺良金。故左行者乙庚为木,胆受命于肺,而称化金;右行者庚乙为金,肺授权于胆,亦当化木。以兑金不化,故但为金。左行丁壬为木,肝制命于大肠而称化木。右行壬丁为金,大肠受命于肝亦当化木。以乾金不化,故但为金。左行者丙辛为火,小肠输液于肾而称化水。右行者辛丙为水,肾传精于小肠,亦当化火。以少阴兑水不化,故但为水。《内经》以明水为相火之位,盖辛庚之间有心包之火,乙丙之间有三焦之火。少阳相火既潜于东方,则厥阴游火自乘于兑位,遗东西而举上下。故言少阴在上则阳明在下,风木在上则相火在下,湿土在上则寒水在下。以兑水而通震火,故言寒水初运、风木二运、燥火三运、湿土四运、相火五运、燥金六运也。其实有燥金则有良金,有寒水则有明水,有风木则有雷木,有热火则有游火,有湿土则有燥土。

寒水与明水交于西北，燥金与艮金交于正西，君火与相火交于东南，风木与雷木交于正东。脾以燥土，自艮御坤，胃以湿土，自坤御艮，为紫宫之门户。故六气灌输，间步左右，不可易也。三焦、心包亦为戊己，以其游行，不用纪岁，故常在两坤之中，而合于水木之际。然乾始于西北，阳明燥金为左间，后丙而主戊，则厥阴游火当用纪岁。故西北之始乾，纪于心包，壬丁为左间，庚乙为右间，正南之中，乾纪于君火，甲己为左间，丁壬为右间。坤之始于西南，太阴左而厥阴右，则君火纪岁，中于正东，乙庚右而丙辛左，则三焦纪岁，戊己所直，间于四衔，上下所行，各循其路也。

《周易》上经三十六岁，以乾直子午，坤直卯酉，《内经》用之为子午之岁，上见少阴，下见阳明，阳明燥金则卯酉也。上经坎离四卦，以界上下，坤维之间，左右东西三十六卦为少阴明水、少阳相火、太阴艮金、少阳雱木、厥阴游火、少阳游火平行之道路。《内经》举其上下，以例东西；《易》包举之，绳于任督，以例八脉。两跻之脉，发于坎离，终始于颐、大过。冲带之脉，交于两济，环于小过、中孚。乾在任督，以通诸脉，呼吸三息，主间屡迁，而皆与乾会，故明于阳阴之道路，而后二篇之上下可得而识也。已得其上下，乃别其左右。左右阴阳，俞穴皆殊，气运亦别，约以爻象为主，视其化胜，以别主客。乾戊之运，上见戊己，下见子丑，金火始革，火土再合，在于初、二“潜”“见”之会；上见庚辛，下见寅卯，金水始流，火金再革，在于三、四“惕”“跃”之会；上见壬癸，下见辰巳，金水始达，火金再克，“飞”“战”之会。屯为庚运，太白司化，子丑之爻，上见金水，下见火土，“盘桓”“屯邅”；寅卯之爻，上见木火，下见火金，或“吝”或“明”；辰巳之爻，上见土金，下见水木，或“凶”或“泣”。故气运者，衰世之论也；权化者，季主之务也。当否殊方，应违异致，要以君相内外察其顺逆，别其邪正，省岁省月，不失时日，与运上下，故曰天符执法，岁直布令，太乙主贵邪，中行令者病，中执法者殆，中主贵人者死，亦各其义也。

《春秋》元年己未，运德火戊，岁德土己，三合为治，太乙天符之会。其年戊癸代辛丙为治，少阴君火司天，太阳寒水司泉。其十一年己巳，土德始变，天刑岁直。其二百四十二年庚申，木德始究，天刑岁直，其先甲午火德再作，衰于金土，寒水在下，金胜风木，司于右间。其明年，刘卷会诸侯于召陵，是则吴遂入郢之岁也。又十二年乙巳，天刑再直，至于丙辰，是为岁会，邪中贵人，吴越齐楚皆当之，是越败吴檇李，及齐人杀阳生之岁也。于是庚申，春秋乃终。又九年，鲁朝于越。又三十六年夏六月，朔食，火德乃究，土德受之。故五德相继各七十二年，其合各一百四十有四，一卦之直各十二年，一德之运各十二卦，其元各七十二岁，别其上下，左右道路，而天地之痾可胗而复也。凡胗天地，视岁星所在，以别阴阳。岁阳在左，则岁阴在右，岁移一舍，每舍分为一百四十四分，每舍而赢一分，凡一百四十四年而行一百四十五舍。故《易》七十二卦，分为阴阳，得一百四十四岁，一为岁直，余为左右间，一百四十四岁而复，则百四十五卦矣。古法以一千七百二十八年而逾十二舍，为一大周，复反乾坤之始。四千三百二十岁而逾四千三百六十，加二十三岁而满周天之辰，与日始会。世历推岁星三百九十八日八十八分伏见一周，行星三十三度六十三分七十五秒。以岁交之余，当星合之度，本日追岁，无复夐别。虽复乘以十一，除以八十三，距古岁次，常后二宫，非复圣人所用揆阴测阳之故。今以大象岁余十三辰九分三厘三毫三丝，并太数岁余四十五辰六分七厘五毫，合为五十九辰六分八毫四丝，拆为二十九辰八分四毫二丝九一，百四十五周而满岁分之常次四千三百二十三辰，加以两岁之余而满象数之定分四千三百八十二辰六分八毫四丝。故一百四十六岁而岁移一宫。《春秋》襄公二十八年丙辰岁在星纪，渐于玄枵。又二千一百六十一年星在析木，是其候也。岁星之候既明，而后五纬天泉，刑德福害，可以间起也。

三易洞玑卷六

文图经下

天以五直，地以五辟。直始于屯，辟始于临，盖自屯而临八际矣。直以右行，辟以左旋。屯右而咸左，会于师晋，两坤之端，日月之中门也。屯、咸俱左，上下序次，颐、过之交而平于剥、复，日月之交际也。故日在于临，其下为观；临则朔也，观则望也。朔前之月，谓之恒；朔后之月，谓之屯。望前之月，谓之咸；望后之月，谓之蒙。故日有四象，天有八际，月行其间，九道相依，日月相距，各如天地极度之里。故十有三度三十余分，而日月分舍。一际之岁，各三十有一，故二百四十有八[①]而尽日月之交际。一候之日当蓍之数，一朔之数当际之岁，去其体质而得其用事。故气候以正而朔望以次，赢缩相视，而后闰蚀可得而齐也。故日骤以南陆，轨狭而步迅；骤于北陆，轨广而步舒。月界于日，始以疾而渐迟；会于日，终以舒而复迅，此天地之序也。至日在临，分春于复，其先三日，交于小过；以视夏至，迟疾之差，四日有八，而北还阴道。至日在观，分秋小过，其后三日，乃交于剥；以视冬至，亦四日有八，自舒而疾，还于南历。故过者，天地所为限；剥、复者，天地所不过也。复之七日，损益迟疾之准也。月行四七，自疾而迟，自损而益，不过七日。日月之限皆不过七，故阳三而阴四，阳六而阴八，食会之大率也。

---

① 31×8。

复以七而御日，临以八而准月，复从日而右行，临从天而左旋，故临左八月四十八候而抵于遁，复终七日积度余五而复平行，此易道之明著也。故复、临者，圣人之所均用也。圣人之为易，资始于乾而宅元于坤，谨在日月之动，以正庶象，明著而已矣。乾始斗建，日月合朔，退而不用，以授于临；临者，震之合体矣。日缠于临，则月离于屯，朔夕七度。月在于否，于是复中，螣蛇、鈇锧见于南方，日月之始交也。其旦权中，剥在端门；夕宿于左，建则在未济矣。未济者，易数之逆始也。故易自两元而外，又有四始焉：复一也，临二也，屯三也，未济四也。既济之昼，以为下终；未济之夜，以为上始。屯从临而左旋，未济导乾而右行。故朔在于乾，其旦衡中，其夕奎中；月在未济，渐于天津，其旦杓中，其夕娄中。月在牛女，次于家人，于是则入于交际矣。故日历五度而月逾六十有六，五卦之度而及转周之限；加二焉以为岁朞之恒数，益度之半而与天会。故五十有五而白道两交，十有三交而尽八表之际；余分之积二百四十有八，三周之而尽闰蚀之历。故《易》七十二卦，更历一卦而竭余于端，进者以为盈，退者以为虚，盈虚之间十日八十七分余强而积于闰际，五十六岁更历一岁而参章之总。存以合气之正，去以分岁之实，岁实之余一度四分六四余强而积于蚀。闰生于朔，食生于交，交朔正半，损益其间。故损益者，天地之大义也。

天地之数不过五十，益五以天，故卦逾十一而交历四象；损五以地，故际历八九而四气终始。损益之实，不过一三。故一朞之日，损百二十，益百二十，与月平行，以为迟疾。凡月平行一十三度十九分度之七，益百二十，乘天之数二十有五，而与日交；损百二十，乘地之数弥月三十，而与日交，两者损益之所从始也。一气之日，损逾五度，益逾五度，与朔平积，以为盈虚。凡岁平积六十有七而闰倍岁实，前益章岁以地之十，后损候岁以天之五，损天五积则去月两交，两者损益之所从终也。故日有嬴缩，月有迟疾，象有进反，数有损益，微芒屈伸，以得以失。行于自然之谓道，营于故然之谓历，易者行于自然而营之者也。易之为道，三乘六爻而十有八变，二十六万二千一百四十四。卦数成于九而除于十，三九相命，为二十七；因而乘之，七百二十有九；复自相乘，五十三万一千四百四十有一。剖半周甲，与易相逐。故天有甲历，易有爻象，数有差积，三义相推，而日月岁辰距远不忒，此神明之撰也。凡岁之辰，四千三百八十有三①。易历之岁不及十三②，余九而三，故三百一十四岁而尽易交之变数。历之岁不及一九三九之积，故四百八十六岁而尽交数之物。变者魂也，物者精也；魂者月也，精者星也。万物之精皆秉于星，其魂皆交于月。月以食生见星之度，星以月死见日之冲。故丰者北际之日所以蚀始，离者西北之日所以交中，坎者西南之月所以交始，小畜者南际之月所以望中也。

日蚀于丰则星见于列肆，日蚀于离则星泣于危，月蚀于坎则日冲于月，月蚀于小畜则日冲于星，四者所以志两济之端也。剥者卯中之限，交而入夷；复者酉中之限，交而出晋。入夷之月望于观，出晋之月望于临。日食于夷则月垂于翼，日食于晋则月吐于屯，月伤于观则日在箕首，月忧于临则日在参尾，四者所以志咸恒之界也。故星者天之所以考物，月者天之所以陟魂。星有定表，日有恒晷，月则无所不之也。屯在天弁，需在天乳，师在天相，涣在天庙，归妹在天马，困在天节，益在天仓，姤之为电，震之为雷，节在土功，履近于危，家人在牛女之间，升渐在津台之会，此星之所以旌名也。咸在咸池，讼

---

① 365.25×12=4383。

② 4383－(262144÷60)=4383－4369.066667=13.933333。

在卷舌，蹇在阍寺，丰在贯索，亢之为壮，鼎之为鼎，艮为长垣，睽为舆鬼，蒙为小子，观为丈人，此名之所以揆实也。夫《易》之正名，取精辨物，日月三易而象彖如一。两屯之行，或左或右，临差其间，距一望实，而精魂灿然。以坤始箕，未济从之，左右相命，六十四物举可知也。君子之仁，曲成不遗，其为义则不可以散取，参之不失，斯与之矣。故卦之为序，非苟而已也。日次月交，朔阴望阳，或半或周，或圭或璋，进以命之，反以定之，天旋于前，日却于后，夫月则六虚皆游也。君子委蛇，宅虚无家，或之于坎，或之于离，一以为比，一以为师，或坤或乾，若居若迁，要于不失其义，则万物之精魄皆取之矣。物先精而后魂，道先定而后变。变者从月，不变者从日。日临月观，两济之端，判于屯元，为造化门。

右图即前图左旋，以恒、蹇、井、丰继于屯、否、临、颐之后，始屯而终于未济，故前图屯、恒界乾以为两始，后图未、屯夹乾而俱右行。从乾逆数，未济、渐、升、家人、中孚以追日道，则中星月会，其义一也。前图以直为经，六分天面以定爻象；后图以辟为纬，五分候度以步缠离。直者正于方位，而黄道从之，一升一降，相距各四十八度，为日轨之岁经。辟者通于交会，而白道从之，各二十七交，为月行之章道。故当乾、坎之间，取临以为交会之始。临先交朔，在颐之上九尾十七度，进于箕二及斗五度而入阳历，较十三度三十六分八十七秒交于屯之中爻，故屯为刚柔之始交。如月先转，在临之三爻，当箕三度，则屯之上爻，望与交会，值入交十三日二刻六五以上，望为之食。故以初为朔始，屯为交中，乾在北限阳历之表，黑赤相距二十四度，极远故为乾维黑道之端，再历六卦中孚之交，入于大畜，在女四度而正月始朔，距前屯后已三十日，不在食限。如月先转，在乾之三爻，当斗八九度，则中孚上爻已入食限，大畜初爻在二十六日五刻三四以上，朔为之食。故屯之上六“泣血涟如”，中孚之上六“翰登贞凶”，大畜之初“有厉利已”，是其际也。凡月二十七日二十一分二十二秒二十四毫，而周天三百六十三度七十九分三十五秒，退天一度四分六厘四毫一丝，十九年二百四十八交而满退天之度余强，以会于章闰。其交终之度三百六十三七九三四余微，折半之，为交中度一百八十一八九六七余微。在交终之前六度一十五分三十四秒入于正交，谓之罗睺。在交中之后六度一十五分三十余秒入于中交，谓之计都。日月相值，经纬共离，在交差二日三千一百八三六九之内，盈缩迟疾，相较可知。

《易》以上经三际，为交中限食望之数；下经四际并两体卦，为交终限食朔之数。然两交相并，则朔望同移，不独八际、八表之为食限也。《易》言“阳六”“阴八”，即指上三下四倍言之，非言阳六十、阴八十为日食之分秒也。但临在箕之初度，则乾当斗之七度，大畜当女之四度，复当室之十四。两乾南北为赤黑之极维，内阴外阳，皆二十四度。剥、复东西为黄黑之极维，内阴外阳，皆六度，为八道出入黄赤之极差。故举临观、剥复，以定四象两交之准耳。临观二交，以代宓图之剥复；剥复二交，以代前图之乾坤。故食见于乾，从北望之则以为观；食见于坤，从南望之则以为临；食见于坎，从东望之则以为复；食见于离，从西望之则以为剥。地有远近，差有阴阳，随见所食，有四泛而无定分。故食之有临观、剥复，犹月之有震巽、艮兑也。以天度较之，移屯之交中为箕之初度，使二曜递却，而星体东旋，则乾自为初疾之首，中孚自为末疾之终，轸、角、壁、娄自为中星。以四象别之，刚柔乐忧，屯居蒙著，四始之义，亦可见矣。故三易相交，而屯始不变，屯为化柄之首。由西而逆行，屯、否、临、颐、未济、渐、升、家人、坎、需以为前图不易之序。由东而顺行，屯、否、临、颐、恒、蹇、井、丰、坎、需以为后图中星之准。前图主日，后图主星，中图以星而志月，故退乾之星位为临之月表也。月表之周，不过六月，为一中交，而进六度，一卦有余；十二月为①

① “为”，库本作“驾”。

一交终，而退六度，一卦有余。闰蚀分数，俱在一岁七十二卦之内。岁际之数，则三四间起，各依所序卦。屯、需、讼、小畜四交，否为半交。同人、谦、随、临、噬嗑、剥、无妄为七交，颐为一交。咸、遁、晋、家人、蹇、损、夬、萃为八交，并为半交。革、震、渐、丰、巽、涣、未济为七交，坎为一交。凡半交者二，正交者二十六，体限者二，得三十交。复交于屯，而需为后际。故每际三十一交，实当三十一岁。以一际之岁当一交之数，则八际二百四十八岁，当十九年之二百四十八交，以际岁乘其交数，六万五百四交，而尽易之交道。故《易》之序卦二百四十有八，日月之所交会也。《易》之进反七十有二，加一距一，气朔之所盈虚也。日行盈缩，初末两限，各差四日八分二十余秒，而界于象限，月行迟疾，初末四限，积度各余五度四二余秒，而复于平行。凡月平行十三度三十六分八十七秒半，每二十七日二十一分二十二秒二十四微而交终三百六十三度七十九分三十四秒。三分交终之度，每分百二十一度二十六分四十五秒，以度为分，损益月行之数，疾迟各限七日。于平行度益百二十一分二十六秒四十五微，得十四度五十八分十三秒，为疾初之极。于平行度损百二十一分二十六秒四十五微，得十二度一十五分六十一秒，为迟初之极。初末加减，各得平行十三度三十六分八十七秒，合之即为食分前后之度，迟疾前后，转积之数。又益三十四分二十四秒为二十七日五千五百四十六分，与日满会，半之即为转中食复之数，迟疾前后，交积之度。凡月转中、转终、交中、交终，皆不及易行三六四七之数，而易以三六四七，距其朔望之差，转差一日九分七厘五毫九丝九微，交差二日三分一厘八毫三丝六忽，交转二差，以视朔实，平其昼夜，则差数睹矣。故易之一际三十一交，只有七卦，加两体为正交中交，除之则二十九交，朔实平积之日数也。以朔实平积八际乘之，为章闰之月，以迟疾盈缩加之，为交食之数，不过二端，其中星直度卦数积运著在下篇。

文图纬下

日月右旋，赢缩迟疾　　　　星象左旋，晨夕见中

黄道　二百七十四　倍长　半消　　　　**赤道**　约度

　　　　二百五十九　倍长　半消　　　　去分

临	箕一	盈	初疾万五百	加四十八分，损六分二厘	屯	尾十九	天钥
	二度	盈		初交半		十八	
	三度	盈				十七	宗正　糠
	四度	盈				十六	候
	五度	盈				十五	鱼
	六度	盈	初损二十七			十四	傅说
否	七度	盈			否	十三	
	八度	盈				十二	市楼
	九度	盈				十一	帝座
	箕末 斗初	盈				十度	龟
屯	斗一	盈	初损五十五		临	九度	天纪
	二度	盈				八度	宦者
	三度	盈		交中限		七度	贯索天江
	四度	盈		十三六〇六一一二		六度	七公　宋
	五度	盈	月疾十四六七六四			五度	斗
乾	六度	盈	初损八十二		颐	四度	
	七度	盈				三度	斛
	八度	盈				二度	车肆
	九度	盈				一度	
	十度	盈				心六	
未济	十一	盈	初损百一十		恒	心五	韩
	十二	盈				四度	前星
	十三	盈				三度	列肆
	十四	盈				二度	罚
	十五	盈				一度	七公

续表

日月右旋,赢缩迟疾							星象左旋,晨夕见中
黄道	二百七十四　倍长　半消 二百五十九　倍长　半消					**赤道**	约度 去分
渐	十六	盈	初损百卅七		蹇	房六	东咸
	十七	盈		交终限		五度	
	十八	盈		廿七二一二二二四		四度	键闭
	十九	盈				三度	钩钤积卒
	二十	盈	月疾十四,五五七三			二度	阴德
升	廿一	盈	中损百六十五		井	一度	左枢
	廿二	盈				氐十六	西咸
	廿三	盈				十五	日
	牛一	盈				十四	从官
	二度	盈				十三	天乳
家人	三度	盈	中损百九十二		丰	十二	
	四度	盈				十一	
	五度	盈				十度	天辐
	六度	盈				九度	巫官
	牛末 女初	盈		交中限		八度	
中孚	女一	盈		廿七二一二二二四	坎	七度	
	二度	盈	中损二百二十			六度	
	三度	盈				五度	
	四度	盈				四度	天床
	五度	盈	月疾十四四○二九			三度	亢池
大畜	六度	盈			需	二度	帝席
	七度	盈	中损二百四十七			一度	梗河
	八度	盈				亢九	天枪
	九度	盈				八度	右枢
	十度	盈	中损二百七十五			七度	左摄提
随	十一	盈			大有	六度	
	虚一	盈				五度	

续表

日月右旋,嬴缩迟疾								星象左旋,晨夕见中
黄道	二百七十四	倍长	半消				**赤道**	约度
	二百五十九	倍长	半消					去分
	二度	盈					四度	招摇　顿顽
	三度	盈		交终限			三度	右摄提
	四度	盈		五十四四二四四〇〇四八			二度	天乙 太乙
	五度	盈	中损三百二			噬	一度	
履	六度	盈				嗑	角十二	
	七度	盈	月疾十四二一三〇				十一	
	八度	盈					十度	太阳门
	九度	盈					九度	瑶光
	危一	盈	末损三百三十			大	八度	
离	二度	盈				过	七度	周鼎
	三度	盈					六度	
	四度	盈					五度	进贤
	五度	盈					四度	阎阳
节	六度	盈	末损三百五十七			大	三度	辅星
	七度	盈		交中限		壮	二度	天田平道
	八度	盈		五十四四二四四四八			一度	
	九度	盈					轸十七	平星
	十度	盈					十六	天门
	十一	盈	末损三百八十五				十五	库楼
震	十二	盈	月疾十三九八七七			损	十四	
	十三	盈					十三	军门
	十四	盈					十二	内厨
	十五	盈	末损四百一十二				十一	南门
	十六	盈					十度	东华门
姤	室一	盈				鼎	九度	天衡
	二度	盈					八度	九卿
	三度	盈					七度	三公

续表

日月右旋,赢缩迟疾							星象左旋,晨夕见中
黄道	二百七十四 倍长 半消 二百五十九 倍长 半消					**赤道**	约度 去分
晋	四度	盈			巽	六度	
	五度	盈	末损四百四十	交终限		五度	左辖青血
	六度	盈		八十一六三六六七二		四度	天相
	七度	盈				三度	内五侯
	八度	盈				二度	谒者
	九度	盈	月疾十三七二七一			一度	左执法
小过	十度	盈	末损四百六十七			翼十八	郎位
	十一	盈			坤	十七	常陈
	十二	盈	积九十一度			十六	右辖
	十三	盈				十五	幸
	十四	盈	末损四百九十五			十四	天权土司空
	十五	盈	末疾万无余	加一十八,损五分六		十三	五帝坐
复	十六	缩	初平万迟五		师	十二	右执法
	十七	缩				十一	太子
	十八	缩				十度	常陈屏
	室末 壁初	缩		交中限		九度	天理
	壁一	缩	初损二十七	八十一六三六六七一		八度	从官
谦	二度	缩			豫	七度	
	三度	缩				六度	常陈
	四度	缩	月疾十三四四四六			五度	
	五度	缩				四度	
	六度	缩	初损五十五			三度	西华门
比	七度	缩			剥	二度	虎贲
	八度	缩				一度	势
	九度	缩				张十七	下台
	奎一	缩				十六	

续表

日月右旋，赢缩迟疾							星象左旋，晨夕见中
黄道　二百七十四　倍长　半消 二百五十九　倍长　半消						**赤道**	约度 去分
坤	奎二	缩	初损八十二		小过	十五	少微
	三度	缩				十四	长垣　东瓯
	四度	缩		交终限		十三	长垣
	五度	缩		百八八四八八九六		十二	明堂
	六度	缩				十一	天璇灵台
兑	七度	缩	初损百一十		明夷	十度	太阳守
	八度	缩				九度	少微
	九度	缩	月疾十三二三五三			八度	天枢
	十度	缩				七度	东瓯
	十一	缩				六度	天牢内平
革	十二	缩	初损百卅七		夬	五度	太尊
	十三	缩				四度	中台
	十四	缩				三度	天庙
	十五	缩				二度	轩辕
	十六	缩				一度	
益	十七	缩	中损百六十五	交中限	艮	星六	三师天相
	奎末 娄初	缩		百八八四八八九六		五度	大理
	娄二	缩				四度	
	娄三	缩				三度	
	四度	缩	月迟十二九四七五			二度	轩辕
	五度	缩	中损百九十二			一度	
遁	六度	缩			涣	星初 柳末	酒旗
	七度	缩				柳十三	天稷
	八度	缩				十二	
	九度	缩				十一	
大	十度	缩	中损二百二十			十度	
过	十一	缩			离	九度	轩辕

续表

日月右旋，赢缩迟疾　　星象左旋，晨夕见中

黄道　二百七十四　倍长　半消　　**赤道**　约度

二百五十九　倍长　半消　　去分

	十二	缩				八度	
	娄末胃初	缩				七度	上台
	胃一	缩	中损二百四十七	交终限		六度	
贲	二度	缩		百三十六〇〇〇六十一二〇	小畜	五度	
	三度	缩				四度	
	四度	缩	月迟十二六九四八			三度	文昌
	五度	缩				二度	文昌
	六度	缩				一度	
同人	七度	缩	中损二百七十五		蛊	鬼二	外厨
	八度	缩				鬼一	
	九度	缩				井卅三	
	十度	缩				卅二	
	十一	缩				卅一	
讼	十二	缩	中损三百二		无妄	三十	
	十三	缩				廿九	爟
	十四	缩		交中限		廿八	内阶
	十五	缩		百卅六〇六四二七一		廿七	积薪
	胃末昴初	缩	月迟十二，四七七七			廿六	内阶
坎	昴一	缩	末损三百三十		中孚	廿五	
	二度	缩				廿四	
	三度	缩				廿三	
	四度	缩				廿二	天社
	五度	缩				廿一	天马
旅	六度	缩	末损三百五十七		睽	二十	北河
	七度	缩				十九	水位

续表

日月右旋,赢缩迟疾							星象左旋,晨夕见中
黄道	二百七十四　倍长　半消 二百五十九　倍长　半消					**赤道**	约度 去分
	八度	缩				十八	天樽
	九度	缩				十七	阙丘
	十度	缩				十六	弧矢
	昴末毕初	缩	末损三百八十五			十五	弧矢
困	毕一	缩			萃	十四	
	二度	缩	月迟十二二九六〇	交终限		十三	
	三度	缩		百六十三二七三三四四		十二	五侯
	四度	缩				十一	五侯
	五度	缩	末损四百一十二			十度	五侯
解	六度	缩			归妹	九度	狼
	七度	缩				八度	
	八度	缩				七度	孙
	九度	缩				六度	
	十度	缩	末损四百四十			五度	四渎
咸	十一	缩			既济	四度	野鸡
	十二	缩				三度	老人
	十三	缩				二度	四渎
	十四	缩	月迟十二一四九六			一度	
	十五	缩	末损四百六十七	交中限		参十一	军市
颐	十六	缩		百六三二七三二四四	乾	十度	水府
	觜一	缩				九度	子
	参一	缩				八度	钺
	参二	缩	末损四百九十五	交中前		七度	坐旗
	参三	缩	极九千五百	减四十八益五分六		六度	司怪
观	四度	缩	复五百五五	交中后	蒙	五度	伐
	五度	缩				四度	丈人
	六度	缩				三度	

续表

日月右旋，赢缩迟疾							星象左旋，晨夕见中
黄道	二百七十四　倍长　半消 二百五十九　倍长　半消					**赤道**	约度 去分
	七度	缩				二度	厕
泰	八度	缩	前益二十七		泰	一度	
	九度	缩	月迟十二〇四六二			觜一	天阕
	十度	缩		中交限		毕十七	参旗
	井一	缩		百八十八五分		十六	
	二度	缩		交终限		十五	
	三度	缩	前益五十五	百九十四八五五六八		十四	军井
蒙	四渎	缩			观	十三	天屏
	五度	缩				十二	九斿
	六度	缩				十一	天潢
	七度	缩	前益八十二			十度	咸池
乾	八度	缩			顾	九度	八谷
	九度	缩				八度	五车
	十度	缩				七度	
	十一	缩	月迟十二〇八五二			六度	天高
	十二	缩				五度	天园
	十三	缩	前益百十一			四度	诸王
既济	十四	缩			咸	三度	附耳
	十五	缩		交中限		二度	天节
	十六	缩		百九十四八五五六八		一度	
	十七	缩				昴十一	天园
	十八	缩	前益百卅七			十度	天街
归妹	十九	缩			解	九度	
	二十	缩				八度	
	廿一	缩				七度	天苑
	廿二	缩				六度	砺石
萃	廿三	缩	前益百六十五		困	五度	天苑
	廿四	缩	月迟十二二二三三			四度	

续表

日月右旋,赢缩迟疾　　星象左旋,晨夕见中

黄道　二百七十四　倍长　半消　　**赤道**　约度

　　　　二百五十九　倍长　半消　　　　　　去分

	廿五	缩				三度	
	廿六	缩				二度	卷舌
	廿七	缩	前益百九十二			一度	谗
睽	廿八	缩			旅	胃十五	天苑
	廿九	缩		交终限		十四	
	三十	缩		二百十七六九七七九二		十三	
	卅一	缩				十二	天廪
	鬼一	缩				十一	
中孚	鬼二	缩	中益二百二十		坎	胃十	
	柳一	缩				九度	天之河
	柳二	缩				八度	天阴
	三度	缩	月迟十二三七五二			七度	
	四度	缩				六度	天船
无妄	五度	缩	中益二百四十七		讼	五度	
	六度	缩				四度	大陵
	七度	缩				三度	积尸
	八度	缩				二度	天囷
	九度	缩		交中限		一度	天囷
	十度	缩	中益二百七十五	二百七七六九七七九二	同人	娄十二	
蛊	十一	缩				十一	刍藁
	十二	缩				十度	
	十三	缩				九度	
	星一	缩				八度	传舍
小畜	星二	缩	中益三百二		贲	七度	杠
	三度	缩	月迟十二五七三〇			六度	
	四度	缩				五度	天庾
	五度	缩				四度	华盖天将军
	六度	缩				三度	左更

续表

日月右旋，赢缩迟疾							星象左旋，晨夕见中
黄道	二百七十四　倍长　半消 二百五十九　倍长　半消					**赤道**	约度 去分
离	星末张初	缩	后益三百三十		大过	二度	
	张一	缩				一度	
	二度	缩				奎十六	
	三度	缩		交终限		十五	军南门
	四度	缩		二百四四九千一〇一六		十四	右更
涣	五度	缩	后益三百五十七		遁	十三	
	六度	缩				十二	
	七度	缩				十一	天仓
	八度	缩	月迟十二八〇六二			十度	
	九度	缩				九度	
艮	十度	缩	后益三百八十五		益	八度	外屏
	十一	缩				七度	
	十二	缩				六度	
	十三	缩				五度	六甲附路
	十四	缩				四度	阁道
	十五	缩	后益四百十一二			三度	
夬	十六	缩		交中限	革	二度	天溷
	十七	缩		二百四四九〇		一度	
	翼一	缩				壁九	土司空
	翼二	缩				壁八	
明	三度	缩	后益四百四十		兑	七度	
夷	四度	缩	月迟十三〇七五三			六度	
	五度	缩				五度	
	六度	缩				四度	策　八魁
	七度	缩				三度	勾陈
小	八度	缩	后益四百六十七		坤	二度	
过	九度	缩				一度	

续表

日月右旋,赢缩迟疾								星象左旋,晨夕见中
黄道	二百七十四　倍长　半消 二百五十九　倍长　半消						**赤道**	约度 去分
	十度	缩					室十七	王良土功吏
	十一	缩					十六	天钩
	十二	缩	后益四百九十五	加十八,益六二			十五	勾陈
剥	十三	缩	复迟万无余	交终限			十四	
	十四	盈	前复万疾五	二百七七三二二四○		比	十三	
	十五	盈	积度九十一				十二	天皇大帝
	十六	盈					十一	
	十七	盈	月迟十三三三七七				十度	
豫	十八	盈	前益二十七			谦	九度	勾陈
	十九	盈					八度	
	二十	盈					七度	
	翼末轸初	盈					六度	五帝内座
	轸一	盈					五度	云雨
师	轸二	盈	前益五十五				四度	
	三度	盈					三度	壁阵
	四度	盈				复	二度	斧钺
	五度	盈		交中限			一度	
	六度	盈		二百七二一二二一四○			危十五	天厩
坤	七度	盈	前益八十二				十四	霹雳
	八度	盈				小过	十三	
	九度	盈					十二	雷电北落
	十度	盈	月迟十三五七一二				十一	壁阵
	十一	盈					十度	腾蛇
巽	十二	盈	前益百一十				九度	
	十三	盈				晋	八度	
	十四	盈					七度	虚梁
	十五	盈					六度	
							五度	坟墓天纲

续表

日月右旋，赢缩迟疾							星象左旋，晨夕见中
黄道	二百七十四　倍长　半消 二百五十九　倍长　半消					**赤道**	约度 去分
	十六	盈				五度	坟墓天纲
鼎	十七	盈	前益百卅七		姤	四度	天钱
	十八	盈				三度	杵臼
	角一	盈		交终限		二度	钩
	二度	盈		二百九八三三		一度	天柱
	三度	盈				虚九	盖屋
损	四度	盈	前益百六十五		震	八度	
	五度	盈				七度	
	六度	盈	月迟十三八五一一			六度	人星
	七度	盈				五度	
	八度	盈				四度	车府
壮	九度	盈	中益百九十二		节	三度	司危
	十度	盈				二度	司非
	十一	盈				一度	
	十二	盈				女十一	天垒城
	角末 亢初	盈				十度	离瑜
大	亢一	盈	中益二百二十		离	九度	司命
过	二度	盈		交中限		八度	司禄
	三度	盈		二百九八三二		七度	魏
	四度	盈				六度	韩
	五度	盈				五度	代
噬	六度	盈	中益二百四十七		履	四度	晋
嗑	七度	盈				三度	秦
	八度	盈	月迟十四〇九五五			二度	周燕
	九度	盈				一度	楚
	亢末 氐初	盈				牛七	匏瓜

续表

日月右旋,赢缩迟疾							星象左旋,晨夕见中
黄道 二百七十四 倍长 半消 二百五十九 倍长 半消						**赤道** 约度 去分	
大有	氐一	盈	中益二百七十五		随	牛六	败瓜离珠
	二度	盈				五度	齐
	三度	盈				四度	罗堰赵
	四度	盈				三度	郑
	五度	盈		交终限		二度	天桴 越
	六度	盈	中益三百二	三百廿六五四六六四八	大畜	一度	
需	七度	盈				斗廿四	左旗天田
	八度	盈				廿三	右旗 九坎
	九度	盈				廿二	天津
	十度	盈				廿一	天厨
	十一	盈	后益三百三十		中孚	二十	奚仲
坎	十二	盈	月迟十四三〇四六			十九	河鼓
	十三	盈				十八	狗国
	十四	盈				十七	天渊
	十五	盈				十六	天鸡
	十六	盈	后益三百五十七		家人	十五	
丰	房一	盈				十四	
	二度	盈				十三	柱下史
	三度	盈		交中限		十二	狗
	四度	盈		三百廿六五四六六四八		十一	
	五度	盈	后益三百八十五			十度	辇道
井	房末心初	盈			升	九度	渐台
	心一	盈	后益四百十二			八度	
	二度	盈				七度	
	三度	盈	月迟十四四七八二			六度	辇道
	四度	盈				五度	扶筐 建天鼋
蹇	五度	盈			渐	四度	织女建

续表

日月右旋，嬴缩迟疾					星象左旋，晨夕见中		
黄道 二百七十四 倍长 半消 二百五十九 倍长 半消					**赤道** 约度 去分		
	六度	盈				三度	女史
	尾一	盈				二度	天弁
	二度	盈				一度	
	三度	盈	后益四百四十			斗初 箕末	
恒	四度	盈			未济	箕九	
	五度	盈		交终限		八度	东垣
	六度	盈		三百五三七五八九一二		七度	徐
	七度	盈				六度	农丈人
	八度	盈	后益四百六十七			五度	宗室
颐	九度	盈			乾	四度	帛度
	十度	盈				三度	天棓 杵臼
	十一	盈	月迟十四六一六三	三百五七六十四		二度	
	十二	盈		正交限		一度	
	十三	盈					
临	十四	盈					
	十五	盈	后益四百九十五				
	十六	盈					
	十七	盈	终益五百四十八				
二四，二五			交余十一四九八六	满岁三十一		转余七〇四八七满岁五十	

右图以四际各置象限，每际自分三限为一朞之日，只宜约分为三百六十。今加黄道大小余为盈缩迟疾之准，合其余分，以通转限者，示白道交周之岁也。凡日行一度置为万分，冬至疾极，加五百四十八；夏至迟极，减五百四十八；二分之间以二十为进退。故日之盈缩，至五百四十八则损益之分日六分有二，迟极而盈；缩极而

疾，至五百十八则损益之分日五有六。日之损益六分有二，则八十八日有奇而行赤道九十一度三十余分之交；日之损益五分有六，则九十三日有奇而行九十一度三十余分之交。此二分先后约差二度四十余分，由距晷之，有因其非关日道之有舒骤也。盖日道如纶，躔于天体，高庳南北而分阔狭，斜衺相倚，弧背正等，犹月行入转之分迟疾，每道皆然，亦非以八方阔狭为月行之舒骤也。月行损益三分岁实，以为余分盈缩之数；日行盈缩八分岁辰，以为余分迟疾之极。凡日余五百，又益四十八，以为疾终之数，不分平立二差，但以倍命，余以半命，实以六二、五六为消长之法。故八分五百四十八为四千三百八十四，周历岁辰而余其一。以十六开之，为二千一百九十二月之分三日之分两，虽为余分，与全度相仿也。

旧法二至前后，分盈初缩末、缩初盈末二限。今离为十二，其法不殊，唯别月限、转交之舍耳。七十二卦，随可入交，无一定舍，要其起例可以积致也。白道一交退一度四六四一，二百四十九交而退周天之度，尚余六分七厘余强①，为交会之始分。岁十三交，余十一日四九八六，凡三十一岁而盈周天之交，尚余朔实二日〇八九六，为交差之后际。故易一际三十一卦，八际二百四十九卦，以为月交之准。其原起于易数七百二十有九，各自相经，六经七百二十有九为一岁之辰，不及九次；二百四十三岁，不及二千一百八十七次，倍之以为日行消长之分，所谓星之为物也。易体六十有四，各有相经，四千九十六，又乘体卦，二十六万二千一百四十四。以岁甲分之，每岁之辰不及十三次九三三三②，比月平行十三度三六八七尚余五六之数。以白道退天推之，十三交退天十九度三厘三毫三秒，去易退岁之辰十二次，余一次九分三厘三毫三秒度之约分，亦相仿也。

月行三十一岁而交余过分，易行三百十岁而缩分及历，所谓月

---

① $365.25-249\times1.4641=365.25-364.5609\approx0.67$。

② $365.25\times12-262144\div60=4383-4369.066667=13.933333$。

之为魂也。故知体数有定,而微渺难求。天以体数相准,而秒忽相推,日月余分,与易道表里。斗差愈移,则宿度日转,阔狭圆斜,积久自均。唯体数二易,历久不变,自当以易为本,酌其余分,以为进退也。月行九道,其法始于图书。图列重爻,星分内外,图南二七,图北一六,重星之间,为黄道中。洛书北月,出入内外,阳历在朱天七图之南,则阴历在玄天一图之北;阴历在玄天六图之北,则阳历在朱天二图之南;阳历在苍天八图之东,则阴历在素天四图之西;阴历在素天九图之西,则阳历在苍天三图之东。八道分书,交环其间。八经三十,为二百四十余分四百九十有一,故月交之率二百四十五日而盈缩九匝。人居五十之中,四望图书,周旋相交,五准四余,以为罗计,十五少绌,以为算会。故月行一交,而罗计逆移一百四十六分三十一秒微强,为十五之蔽亏,外望交星,重为三表。图之外周,凡三十星,与书出入,相距六度,远者不过六度二分。以白道之去黄道,除黄道之去赤道,六与廿四,以四为差,得阴阳相距之道。图之中周,容交道以书,四十交图三十,得一千二百,以十纪之,为万二千,得九百七十岁闰。图之内周,一四二三递为罗计。月出黄道东则为青道,青道内外,二为天首,一为天尾;出黄道西则为白道,白道内外,一为天首,二为天尾;出黄道南则为朱道,朱道内外,四为天首,三为天尾;出黄道北则为玄道,玄道内外,三为天首,四为天尾。前后分交,在交终之前六度一十五分三十四秒,谓之正交。在交中之后六度一千五分三十四秒,谓之中交。二交前后,约六度以上而日月合蚀。凡十九年二百三十五月得二百四十九交,余三度八十四千九百岁而余三百八十四度,除一岁去十九度二分,而与天会。故十九岁二分为日月之都会,三十一岁为卦象之都分。赢缩进退,与地行相准,率百九十二年,地日差躔三度,其迟疾赢缩在一周中,与日行等,故著日行,不复著地行之差。

三易洞玑卷七

孔图经上

汉之北维，发于斗建，南抵于弧矢；汉之南维，发于天庙，北抵于积卒，苞旋三垣，衡司其中，故观于斗汉而天道乃曙矣。阊阳之南谓之南门，其北二十四度为太阳门。天门之中辟于角端，艮震之间，万物之所终始也。故日宿于右，天动而左，苍龙乘寅，升于东方，帝子出豫而天下之命系之矣。万物之性贞于极，其命亨于日。日行一度而历十二舍，旦明方交，而神集其下。以十二舍领于八际，七曜从之，以辑以次。故帝出于进贤之右而齐于鸟嗉之下，相见于弧矢之内而致役于天街之外，说于西更，战于两旗，劳箕成氏，此其前率也。以类求之，则屈申之义见矣。故物著于地，朔生于东，震出之元谓之帝宫，视日所在而左右互取。故雷木，庙也，而火宅焉；兑金，府也，而水是潴。五精所庀，各以两化，水火四正，以界三气，此八卦之序也。艮五也，而在东北；坤十也，而在西南。艮以帝庭，非人所司；坤为鬼藏，而神治之。三八二七，相命于左；四九一六，相命于右，此两藩之枢也。易以八卦互万物之位，以两藩叶鬼神之纪。乾坎、巽离之间，章汉之南北际也。坎湛而乾高，巽润而离燥，内裁阳杓，外悬阁道，叶物精魄，以承五十之治，君子察于此三者，则《易》之妙言者至矣。君子之理，未至于命，则辨物其蚤者。

震，轸也。震在雷门，达于进贤。其西为太微之垣，垣当衡中。公卿之前,谓之益。益西为左执法,左执法谓之噬嗑,噬嗑则入于翼。端门之中,谓之复。复,罘罳也。端门小西著于屏,其上为帝太子,帝太子出主也。主器之后,谓之从官,从官随也,其上斗魁。理、势之下,谓之无妄。无妄之西,入于张。屯在鸟嗉,鸟嗉之中谓之颐。自震而颐四十五度,五物各九,而岁星为之主,荧惑次之。岁星之精一百三十有二,去一而为距日之度;荧惑之精一百有八,三加十二而与天进退,二者帝震之主使也。

震出矣而齐于巽,巽先为恒,恒在斗魁之前。巽者,相也,庙也。庙西南谓天稷。天稷而上,三能相比,谓之鼎耳。鼎耳西上,至于文昌,谓之升。升西积尸谓之大过。井、鬼之间谓之姤,井在水位谓之井。两河之戒,饬蛊以事。自恒而蛊四十五度,五物各九,而巽为二首。巽治六庚,自天庙而西,至于天庾娄奎之际,百三十一度,岁星之所夕税也。蛊治六甲,自天狗而东,至于杓中亢角之际,百有九度,岁星之所寅饯也。古之为治者,悬其德柄,必善候岁德所在,以其先后申命其事,巽、蛊之谓也。

蛊西弧矢谓之丰,丰取北际,在解之上,以为弧矢。弧矢之西为孙,孙谓之家人。井钺而南,圜以野鸡,野鸡雉也,雉谓之离。纳参后足谓之明夷,伐前左足谓之革,两井而上谓之同人,五车而南谓之既济,丘园之中谓之贲。自丰而贲四十五度,五物各九,荧惑为之主,离为三首而革正治之。离之牝牛,革之己日,皆取诸坤。坤取诸艮,己叶诸戊。井、参之间,至于氐中,百三十四度,先己之中,荧惑乃留;参、觜之间,至于房氐,百四十四度,先己之端,荧惑乃退。益西而还,先戊后戊,则亦犹是也。故火自震来者殿于坤,火自离上者殿于艮,五十之间,日月之所取衷也。

豫者,坤维之始也,其上为噣,其下为苑。苑中谓之观,苑西谓之晋。困中谓之坤,胃间谓之萃,大陵之西谓之否,将军而南谓之比。剥则末也,五行之所归末也。金出于土,土缮于火,君子存余而食其通,小人弃余而食其穷。夫以五德之穷而慢上,迁化不图其反者,则维小人乎?故复之于豫,谦之于剥,君子所厚末而反始也。自豫而剥四十五度,五物各九,坤为四首,而填星为之主。填星之精一十有五,参合四德为二百五十五,半之以为填星之进退。大陵而左,至于右翼,一百二十八度,填星视之,万物之所致役也。

役而后说之,说发于屏端,附毂之路也。附路之西谓奎,奎谓之履,壁谓之节。奎则执也,壁则反也。损盈于益,及分之端也。损在天皇之前,复在五帝之后,万物皆劳于损而益于复。归妹,室之始;中孚,室之中也。万物之治皆治于室而弗于室。孚而后睽,睽而后临。大人正家,外言不哗,故人皆正其命而悦其正。是坤之子食于其母,故太白治兑而辰星次之。兑者,金水之薮也。太白之精一百五十六,四分其际,为合伏之日,迟行远极,不过四十五,八际之五候也。辰星之精八十四,四分其际,为迟留之度,远极之数不过二十四,宿道之两界也。两物在乾坤之间,日德之所亲也。

乾之始夬,发于天纲,上表于栋宇。人星所居,谓之乾始。车府而西谓之需,需及成谓之大畜。畜极乃壮,壮则败,败乃小畜,畜小乃大,大畜乃泰。泰以其旗鼓,西决于危。需自天垒而上,大畜自车府而下,或角或牙,或乐或嗟。辰星已出则太白为之主,辰星未出则太白为之客,主则战也,客则敌也。故自夬而西,距危于牛二十许度,辰星守之,已壮不留,主客乃泣。自大壮而东距女于危二十四度,辰星守之,已夬不退,主客乃哭。

战终而坎受之。坎，劳也，劳先于困。困，极也；讼，健也。斗井者，坎离之平也。南北之悬，斗井乃平，故网罟设于南，而关梁设于北。蒙以杂著，在支汉之中；解以肆宥，在棓纪之外。涣，帝居也；未济，尾也。尾以必济而忧，师以左次无咎。自困而师四十五度，五物各九，而辰星为之主。万物之数，皆始于辰星，三加节数，以为荧惑。岁填之物，水土之合，是生丽泽。故辰星五周，而合于太白，余分四百五十，乾兑之精气也。三周而合于镇星，余日三十，水土之命物也。七周而合于荧惑，过日亦三十，胜气之分射也。三周而合于岁星，余日五十有一，水土之原始也。故辰星者，四物之所共取也。日寄其精，月寄其魄，以为劳主，故物所共取。

劳终而后艮成之，艮始于咸。咸在两咸之中，精物之所视表也。遁蹇在于天门，臣德之所耀也。艮动而知止，过微而知过。无成而齐之为渐，无成而见之为旅。四德已成，受役不疑，盖谦谦而止矣。重蹇何劳？重谦何成？自咸而谦四十五度，五物各九，而填星为之主。填发于蹇，至于牛女九十四度，东至归妹百二十八，留退于夕，正兑之中也。自艮而鼎，宿于员官九十四度，西至于狼弧百二十有八，退留于晨，齐、见之会也。乾巽方中，则坤艮两交。填在戊己，递为晨夕。戊以东北入于西南，己以西南营于东北，坤艮不交则东北失利。东北亢也，西南娄也。解去其戊，革竢其己，刚柔相次，南北际也。

夫易之为道，利柔而不利刚，贵交而贱独。五精之动，迟以为疾，进以为退，平行之为留，平极之为伏，故五纬差步，无竞于日者。远疾而近迟，迟顺而疾逆，人伦之纪，礼所衷也。

魂从精，气从质，情与质召，质与气化，好恶不殊，而登降致异。故通于辰月之等，远近相丽，则精义和理，思过半矣。万物之命，或萼或枯，或盈或亏。虞于“出”者忧于“见”，荣于

"成"者剧于"战"。"役"、"齐"、"劳"、"说",不能相为也。察其精物,以研其几。仁以先之,文以贲之,信以治之,义以裁之,智以绥之,仁逾远而能博,智不远而复,三德盱衡,皆百八十度,明庚兴疾,不过二十。故智义之间,天下之至微者矣。天下有圣人作,则必督于五中,而知日德之所为者乎?

右图以"出"、"齐"、"见"、"役"、"说"、"战"、"劳"、"成"为八方之位,即所为后天图也。仲尼檃括象义,以八字为妙言之蕴,彼此相加,则德象自著。焦赣本之以为《易林》,邵氏袭为私义。但文图未有分位,唯坤言"西南得朋",蹇言"不利东北",解言"利西南"耳。蹇、解皆在东北,必反易,乃在西南。坤自在西南,必反易,乃在东北。凡天象下垂,以日躔为中,天覆地仰,如镜映地,南北不易则东西反易,东西不易则南北反易。故如孔图不交,则山在东北,泽在正西,既乖通气之义;风在东南,雷在正东,亦无相薄之缘,先后二天,卦序邈然不相及矣。

今如商周之交,日在女四度,则夬、泰之间为日躔中。乾巽不易,坤艮互易。至于六月,日在张七度,恒、颐之间,则风雷相薄。又至十月,日在斗十三度,乾、坎之界,则艮兑相交,山泽通气矣。不独日躔随一昼夜,次舍皆然。即所立方,对面不易,而左右皆易,仰覆之义也。今以同历日女四度,一乾二兑三坤四离五巽六震七艮八坎,随气交之,则冬至中间一十五日皆乾,而前后两气大雪、小寒皆在乾中。戌与亥交,始于大壮,终于大畜,四十五度,是《周易》之所首乾也。右旋而大寒、立春、雨水皆在兑中,惊蛰、春分、清明皆在坤中,谷雨、立夏、小满皆在离中,芒种、夏至、小暑皆在巽中,大暑、立秋、处暑皆在震中,白露、秋分、寒露皆在艮中,霜降、立冬、小雪皆在坎中。值其中界,则贞卦未易,以至外卦互易;值其交界,则左右贞悔,八际皆易矣。元历日箕九度,入坎右三,在于未济,为乾坤之一终,节气入交,退周三十八度。今历日箕四度,在坎中，师为坎离之济始，节气入交，退元五度，皆自震艮以为起止。如随际立中以交左右，则乾居西北之中，乾、需、大畜、大壮交而之右，夬、泰、大有、小畜交而之左。坎居正北之中，蒙、解、涣交而之右，讼、困、师、未交而之左，斗差星舍，与月道交周，互易之义一也。

凡易八方，水火各一，金木土各二。然震为龙雷，以木合火；兑为江湖，以金涵水，故震兑相配而五行体均。以震御兑则为益，以兑御震则为损，损益相抵则为咸恒。咸恒宅中，则乾坤处肩以为否泰，坎离东西以为两济，艮巽处足以为蛊渐，蛊渐外而损益内也。故《易》以乾坤坎离纲纪上经，咸恒两济纲纪下经，所以表里两垣，正天权之治也。震始于轸末，艮终于角初，前当三门，后临阁路，为日月平交终始之端。随日所临，而星在东方，即为帝宫。帝宫所出，星见于晨；帝宫所说，星见于夕。故《易》以震艮相迓，顺而留者为颐；以艮震相背，逆而退者为小过。坤兑之交为观、大壮，乾坎之交为需、讼，巽离之交为家人、睽，所以平秩五物，视日位之冲也。二义者，一以精物正其体，一以进退候其动。而艮坤二卦为鬼神之门，艮前咸谦为左枢右枢，天帝之前庭；坤后萃坤为少丞少府，后宫之北户，前后反取。故《乾凿度》以坤为人门，艮为鬼门。《地形经》曰："地，土之余，积阳成体，石亦通气，万灵所止，大齐而出，至于吕申，不显其路，故曰冥门。"《制灵》曰："天有四冥，易有二道。"盖谓坤艮也。纬书猥庸，诚不足稽，然易象不焚，去古未远，以是占之，五十之会，贯于中垣，神妙之言，是其一端矣。"十家"以坎纳戊，以离纳己，又酉、未、巳在于西南，卯、丑、亥在于东北，皆纳己而不纳戊，故《易》以坤艮皆利西南，明坤艮之皆纳己也。今以五分艮，以十分坤，则戊宜属艮，己宜属坤，要其分纳，则皆属己。如用六甲者，六戊之半，分隶巽乾；六己之半，分隶艮坤；用五子者，列支之中，戊己相直，皆可相通也。图书圆画为星象之表，河图苍龙起于东方，朱雀行于南域，白虎列于西维，玄武缠于北际；洛书则东北同缠，而西南反易，为五物出入晨夕之段。

凡五物之数，各自参加，故曰参伍。水精一六为参伍之始，置图书之位，以一六自相参加，得一一一者为三数，六六六者为十八数；一一六为八数，错而三之为二十四数；一六六为十三数，错而三之为三十九数，合得水数者八十有四。因而加二以为二七，火精之始，得二二二者为六数，七七七者为廿一数；二二七为十一，错而三之为三十三；七七二为十六，错而三之为四十八，合得火数者百有八。凡火之余水二十有四，木之余火，金之余木，各二十有四，即生成相推，共四百八十，为四精之体也。土数十五，去十得五，互参八物二百五十五，合七百三十五，为五精之体数。五精互参，各据三以为畴，上下十五以为数，通七百二十九，各自相乘，五十三万一千四百四十一，为五精之终度，半之为二十六万五千七百二十半，与周甲之日会，六乘全数而余一年小余，二千一百四十三，五精月孛，会于交初。小之为三百六十三度七十九分三十四秒，中之为三百六十三年三千三百二十七舍，大之为三百十八万八千六百四十交，其余一度四六三九与一年二千一百四十三，分秒微殊，而消长一也。五十之中，以为日月，月本于日，故皆谓之日。一六、九四函于五十之间，故辰星、太白行不远日。一在十前谓之晨，辰星晨见一十六度，凡十五度日光而一为水德。六在五后谓之夕，辰星夕见一十六度，凡十度日光而六为水德。四在五后谓之夕，太白夕见九度半，五为日光而四为金德。九在十前谓之晨，太白晨见十度半，十为日光而九为金德。

辰星距日廿一度而留，十九度而退，十六度而伏，又十六度而见，十九度而留，廿一度而进，十六度而伏。凡百一十六日，而与日两合。度如其日，距日甚远不过廿四度，四六之数也。四十六年而二百九十合，约其合日百一十六，则皆水数也。

太白距日三十度余而留，廿四度余而退，九度余而退伏，十度余而晨见，又二十四而留，三十余而进。凡五百八十四日，而与日两合。度如其日，距日甚远不过四十五度，五九之数也。八年而十合，约其合日，六九倍四，则皆金数也。

岁星三百九十八日八十八分而历天三十三度六十三分七十五

秒，伏见十三度。以其本数一百三十二，以二十四为进退。故一百九度而留，一百三十一而退，又一百三十一而留，一百九度而进，距十三度而合，皆木数也。八十三年而七周天，合日七十六，木火之会也。

荧惑七百七十九日九十二分而历天四百一十四度六十七分六十五秒，晨夕各伏七十二日，伏见二十度。以其本数一百有八，三加十二，以为进退。故一百三十四而留，一百四十四而退，又一百四十四而留，一百三十四而进，距二十度而合，皆火数也。七十九年而四十二周天，合日三十七，疾度七日，而行五度，火土之会也。

镇星三百七十八日九分一十六而历天十二度八十四分九十一秒，伏见十八度。以其本数二百五十五，半之为一百二十八，三损十二，以为进退。故九十四度而留，一百二十八而退，又百二十八而留，九十四度而进，十九度而伏，参合三辰，亦土数也。五十九年而二周天，与日合度五十七，金火木土之会也。

凡五星之行，皆近日而迟，远日而疾。疾甚而后平行，平行之为留，留极而进。进之谓逆，进极复留，留久而迟，乃与日合。唯金、水二星有顺逆两合，太白最迟约四日退五度有余，辰星最迟约一日退一度有余。其余平行，与日同度。岁星最迟约四日而退一度，荧惑最迟约七日而退五度，填星最迟约七日而退一度。退者逐月，与日而右旋；进者依星，与天而左转。五精进度，唯荧惑五十八日行十七度三十分为极迅，岁星九十三日行九度七十六分为次疾，填星一百五日行七度二十五分为又疾，太白三十四日行十五度，辰星廿二日行十五度，为进天之数，余俱逐日不及于天矣。五星盈缩，有卧、立二差，加损平度，岁星加盈至六七度，荧惑至二十五度，填星三度，金水不过四六，如其体数而终始复还。迟以为顺，疾以为逆，退度即逆数，其义一也。

孔图纬上

八际星缠		阳历		六甲周象		反卦	阴历
出之出	震初	轸十六	○	甲寅木三	天门	成之成	艮初
	二	十五		乙卯火七	库楼		二
	三	十四		丙辰木三			三
	四	十三		丁巳木八	军门		四
	五	十二		戊午火二	内厨　南门		五
	上	十一		己未火七	郎将		上
出之齐	益初	十		庚申土五	东华门	成之说	损初
	二	九		辛酉土五	天衡		二
	三	○	甲	际交道			三
	四	八		壬戌金四	九卿		四
	五	七		癸亥水六	三公		五
	上	六		甲子金四	青丘		上
出之见	噬嗑初	五		乙丑金九	郎位左辖	成之见	贲初
	二	四		丙寅水一	天相　器府		二
	三	三		丁卯水六	五侯		三
	四	二		戊辰土五	谒者		四
	五	一		己巳木三	左执法		五
	上	翼十八		庚午火七	常陈		上
出之役	复初	十七		辛未木三		成之役	剥初
	二	十六		壬申木八	右辖		二
	三	十五		癸酉火二	幸臣		三
	四	十四		甲戌火七	天权　司空		四
	五	十三		乙亥土五	五帝座		五
	上	十二		丙子土五	右执法		上
出之说	随初	○	卯	际交道	太子	成之齐	蛊初
	二	十一		丁丑金四	常陈　屏		二
	三	十		戊寅水六	天理		三
	四	九		己卯金四	从官		四
	五	八		庚辰金九			五
	上	七		辛巳水一			上

续表

八际星缠		阳历		六甲周象		反卦	阴历
出之战	无妄初	六		壬午水六		成之战	大畜初
	二	五		癸未土五			二
	三	四		甲申木三			三
	四	三		乙酉火七	西华门		四
	五	二		丙戌木三	虎贲		五
	上	一		丁亥木八	势		上
出之劳	屯初	张十七		戊子火二	下台	成之劳	蒙初
	二	十六		己丑火七	少微		二
	三	十五		庚寅土五	长垣		三
	四	十四		辛卯土五			四
	五	○	乙	际交道			五
	上	十三		壬辰金四	东瓯		上
出之成	颐初	十二		癸巳水六	天璇 灵台	成之出	颐初
	二	十一		甲午金四	阳守 明堂		二
	三	十		乙未金九	天枢		三
	四	九		丙申水一	中台		四
	五	八		丁酉水六	天牢内平		五
	上	七		戊戌土五	太尊		上
齐之出	恒初	六		己亥木三		说之成	咸初
	二	五		庚子木八	天庙		二
	三	四		辛丑火二	轩辕		三
	四	三		壬寅火七			四
	五	二		癸卯土五			五
	上	一		甲辰金四	三师天相		上
齐之齐	巽初	星七		乙巳水六	大理	说之说	兑初
	二	六		丙午金四			二
	三	○○	辰	际交道			三
	四	五		丁未金九			四
	五	四		戊申水一			五
	上	三		己酉水六			上

续表

八际星缠			阳历	六甲周象			反卦	阴历
齐之见	鼎初	二		庚戌土五	轩辕		说之见	革初
	二	一		辛亥土五				二
	三	柳十四		壬子木三	酒旗			三
	四	十三		癸丑火七	天稷			四
	五	十二		甲寅木三				五
	上	十一		乙卯木八				上
齐之役	升初	十		丙辰火二			说之役	萃初
	二	九		丁巳火七	轩辕			二
	三	八		戊午土五				三
	四	七		己未金四	上台			四
	五	六		庚申水六				五
	上	五		辛酉金四				上
齐之说	大过初	○○	巽	际交道			说之齐	大过初
	二	四		壬戌金九				二
	三	三		癸亥水一				三
	四	二		甲子水六	文昌			四
	五	一		乙丑土五				五
	上	鬼二		丙寅土五	外厨			上
齐之战	姤初	一		丁卯水三			说之战	夬初
	二	井卅三		戊辰火七				二
	三	卅二		己巳木三				三
	四	卅一		庚午木八				四
	五	三十		辛未火二				五
	上	廿九		壬申火七	爟			上
齐之劳	井初	廿八		癸酉土五			说之劳	困初
	二	廿七		甲戌金四	积薪			二
	三	廿六		乙亥水六	内阶			三
	四	廿五		丙子金四				四
	五	○○	巳	际交道				五
	上	廿四		丁丑金九				上

续表

八际星缠		阳历		六甲周象			反卦	阴历
齐之成	蛊初	廿三		戊寅水一			说之出	随初
	二	廿二		己卯水六		天社		二
	三	廿一		庚辰土五		天马		三
	四	二十		辛巳土五		北河		四
	五	十九		壬午木三		水位		五
	上	十八		癸未火七		天樽		上
见之出	丰初	十七		甲申火二		阙丘	见之成	旅初
	二	十六		乙酉火七		弧矢		二
	三	十五		丙戌土五				三
	四	十四		丁亥土五				四
	五	十三		戊子金四		五侯		五
	上	十二		己丑水六				上
见之齐	家人初	十一		庚寅金四			见之说	睽初
	二	十		辛卯金九				二
	三	〇〇	丙	际交道				三
	四	九		壬辰水一		狼		四
	五	八		癸巳水六				五
	上	七		甲午土五		孙		上
见之见	离初	六		乙未木三			见之见	离初
	二	五		丙申火七		四渎		二
	三	四		丁酉木三		野鸡		三
	四	三		戊戌木八		老人		四
	五	二		己亥火二				五
	上	一		庚子火七		军市		上
见之役	明夷初	十		辛丑土五		水府	见之役	晋初
	二	九		壬寅土五		子		二
	三	八		癸卯金四		钺		三
	四	七		甲辰水六		坐旗		四
	五	六		乙巳金四		司怪		五
	上	五		丙午金九		伐		上

续表

八际星缠			阳历	六甲周象		反卦	阴历
见之说	革初	○○	午	际交道		见之齐	鼎初
	二	四		丁未水一	丈人		二
	三	三		戊申水六			三
	四	二		己酉土五	厕		四
	五	一		庚戌木三			五
	上	觜初		辛亥火七	天关		上
见之战	同人初	毕十七		壬子木三	参旗	见之战	大有初
	二	十六		癸丑木八			二
	三	十五		甲寅火二			三
	四	十四		乙卯火七	九斿		四
	五	十三		丙辰土五	天屏		五
	上	十二		丁巳土五	九斿		上
见之劳	既济初	十一		戊午金四	天潢	见之劳	未济初
	二	十		己未水六	咸池		二
	三	九		庚申金四	五车		三
	四	八		辛酉金九	八谷		四
	五	○○	丁	际交道			五
	上	七		壬戌水一			上
见之成	贲初	六		癸亥水六	天高	见之出	噬嗑初
	二	五		甲子土五	天园		二
	三	四		乙丑木三	诸王		三
	四	三		丙寅火七	附耳		四
	五	二		丁卯木三	天节		五
	上	一		戊辰木八	天园		上
役之出	豫初	昴十一	○	己巳土五	刍藁	役之成	谦初
	二	十		庚午金四	天街		二
	三	九		辛未水六			三
	四	八		壬申金四			四
	五	七		癸酉金九	砺石天苑		五
	上	六		甲戌水一			上

续表

八际星缠		阳历		六甲周象		反卦	阴历
役之齐	观初	五		乙亥水六		役之说	临初
	二	四		丙子土五			二
	三	○○	未	际交道			三
	四	三		丁丑土五			四
	五	二		戊寅木三	卷舌		五
	上	一		己卯火七	谗　天苑		上
役之见	晋初	胃十五		庚辰木三		役之见	明夷初
	二	十四		辛巳木八			二
	三	十三		壬午火二			三
	四	十二		癸未火七	天廪		四
	五	十一		甲申土五			五
	上	十		乙酉金四			上
役之役	坤初	九		丙戌水六	天之河	役之役	坤初
	二	八		丁亥金四	天阴		二
	三	七		戊子金九			三
	四	六		己丑水一	天船		四
	五	五		庚寅水六			五
	上	四		辛卯土五	大陵		上
役之说	萃初	○○	坤	际交道	积尸	役之齐	升初
	二	三		壬辰土五			二
	三	二		癸巳木三	传舍		三
	四	一		甲午火七	天囷		四
	五	娄十二		乙未木三	华盖		五
	上	十一		丙申木八	天囷		上
役之战	否初	十		丁酉火二		役之战	泰初
	二	九		戊戌火七			二
	三	八		己亥土五	传舍		三
	四	七		庚子金四	杠		四
	五	六		辛丑水六			五
	上	五		壬寅金四	天庾		上

续表

八际星缠			阳历	六甲周象		反卦	阴历
役之劳	比初	四		癸丑金九	华盖　天将军	役之劳	师初
	二	三		甲辰水一	左更		二
	三	二		乙巳水六			三
	四	一		丙午土五			四
	五	○○	申	际交道			五
	上	奎十六		丁未土五			上
役之成	剥初	十五		戊申木三	军南门	役之出	复初
	二	十四		己酉火七			二
	三	十三		庚戌木三	右更		三
	四	十二		辛亥木八			四
	五	十一		壬子火二	天仓		五
	上	十		癸丑火七			上
说之说	兑初	九	○	甲寅金四		齐之齐	巽初
	二	八		乙卯水六	外屏		二
	三	七		丙辰金四			三
	四	六		丁巳金九			四
	五	五		戊午水一	六甲附路		五
	上	四		己未水六	阁道		上
说之战	履初	三		庚申土五		齐之战	小畜初
	二	二		辛酉木三			二
	三	○○	庚	际交道	天溷		三
	四	一		壬戌火七			四
	五	壁九		癸亥木三	司空		五
	上	八		甲子木八			上
说之劳	节初	七		乙丑火二		齐之劳	涣初
	二	六		丙寅火七			二
	三	五		丁卯土五			三
	四	四		戊辰土五	策　八魁		四
	五	三		己巳金四	句陈		五
	上	二		庚午水六			上

续表

八际星缠			阳历	六甲周象				反卦	阴历
说之成	损初	一		辛未金四		王良　土公		齐之出	益初
	二	室十六		壬申金九					二
	三	十五		癸酉水一		句陈　镇			三
	四	十四		甲戌水六					四
	五	十三		乙亥土五					五
	上	十二		丙子木三		天皇大帝			上
说之出	归妹初	〇〇	酉	际交道				齐之成	渐初
	二	十一		丁丑火七					二
	三	十		戊寅木三					三
	四	九		己卯木八					四
	五	八		庚辰火二					五
	上	七		辛巳火七					上
说之齐	中孚初	六		壬午土五		五帝内座		齐之说	中孚初
	二	五		癸未土五		云雨			二
	三	四		甲申金四					三
	四	三		乙酉水六		壁垒			四
	五	二		丙戌金四		斧钺			五
	上	一		丁亥金九					上
说之见	睽初	危十六		戊子水一				齐之见	家人初
	二	十五		己丑水六		天厩			二
	三	十四		庚寅土五		霹雳			三
	四	十三		辛卯木三					四
	五	〇〇	辛	际交道					五
	上	十二		壬辰火七		雷电北落			上
说之役	临初	十一		癸巳木三		壁垒		齐之役	观初
	二	十		甲午水八		螣蛇			二
	三	九		乙未火二					三
	四	八		丙申火七					四
	五	七		丁酉土五		螣蛇虚梁			五
	上	六		戊戌土五					上

续表

八际星缠	爻	阳历		六甲	周象	反卦	阴历
战之说	夬初	五	○	己亥金四	坟墓	战之齐	姤初
	二	四		庚子金九	天纲		二
	三	三		辛丑水一	天园		三
	四	二		壬寅水六	钩　杵臼		四
	五	一		癸卯土五	天柱		五
	上	虚十		甲辰土五			上
战之战	乾初	九		乙巳木三	盖屋	战之战	乾初
	二	八		丙午火七			二
	三	○○	戌	际交道			三
	四	七		丁未木三			四
	五	六		戊申木八	人星		五
	上	五		己酉火三			上
战之劳	需初	四		庚戌火七	车府	战之劳	讼初
	二	三		辛亥土五	司危		二
	三	二		壬子金四	司非		三
	四	一		癸丑水六			四
	五	女十一		甲寅金四	天垒		五
	上	十		乙卯金九	离瑜		上
战之成	大畜初	九		丙辰水一	司命	战之出	无妄初
	二	八		丁巳水六	司禄		二
	三	七		戊午土五	列		三
	四	六		己未土五	国		四
	五	五		庚申木三			五
	上	四		辛酉火七			上
战之出	大壮初	○○	乾	际交道	周	战之成	遁初
	二	三		壬戌木三			二
	三	二		癸亥木八	匏瓜		三
	四	一		甲子火二	败瓜离珠		四
	五	牛七		乙丑火七			五
	上	六		丙寅土五			上

续表

八际星缠		阳历		六甲周象		反卦	阴历
战之齐	小畜初	五		丁卯金四		战之说	履初
	二	四		戊辰水六	罗堰		二
	三	三		己巳金四	列国		三
	四	二		庚午金九	天桴		四
	五	一		辛未水一			五
	上	斗廿五		壬申水六	左旗天田		上
战之见	大有初	廿四		癸酉土五		战之见	同人初
	二	廿三		甲戌土五	右旗九坎		二
	三	廿二		乙亥木三	天津		三
	四	廿一		丙子火七	天厨		四
	五	○○	亥	际交道			五
	上	二十		丁丑木三	奚仲		上
战之役	泰初	十九		戊寅木八	河鼓	战之役	否初
	二	十八		己卯火二	狗国		二
	三	十七		庚辰火七	天渊		三
	四	十六		辛巳土五	天鸡		四
	五	十五		壬午金四			五
	上	十四		癸未水六			上
劳之说	困初	十三	○	甲申水一	柱下史	劳之齐	井初
	二	十二		乙酉水六	狗		二
	三	十一		丙戌土五			三
	四	十		丁亥木三	辇道		四
	五	九		戊子火七	渐台		五
	上	八		己丑木三			上
劳之战	讼初	七		庚寅木八		劳之战	需初
	二	六		辛卯火二			二
	三	○○	壬	际交道			三
	四	五		壬辰火七	扶筐		四
	五	四		癸巳土五	织女建		五
	上	三		甲午土五	女史		上

续表

八际星缠		阳历		六甲周象		反卦	阴历
劳之劳	坎初	二		乙未金四	天弁	劳之劳	坎初
	二	一		丙申水六			二
	三	箕十		丁酉金四			三
	四	九		戊戌金九	东垣		四
	五	八		己亥水一			五
	上	七		庚子水六	农丈人		上
劳之成	蒙初	六		辛丑土五	宗室	劳之出	屯初
	二	五		壬寅木三	帛度		二
	三	四		癸卯火七	天棓　杵臼		三
	四	三		甲辰木三			四
	五	二		乙巳木八			五
	上	一		丙午火二			上
劳之出	解初	○○	子	际交道	天钥	劳之成	蹇初
	二	尾十八		丁未火七	宗正　糠		二
	三	十七		戊申土五	候		三
	四	十六		己酉土五	鱼		四
	五	十五		庚戌金四			五
	上	十四		辛亥水六	傅说		上
劳之齐	涣初	十三		壬子金四	市楼	劳之说	节初
	二	十二		癸丑金九	帝座		二
	三	十一		甲寅水一	龟		三
	四	十		乙卯水六	天纪		四
	五	九		丙辰土五	宦者		五
	上	八		丁巳木三	贯索天江		上
劳之见	未济初	七		戊午火七	七公	劳之见	既济初
	二	六		己未木三	斗		二
	三	五		庚申木八			三
	四	四		辛酉火二	斛		四
	五	○○	癸	际交道	车肆		五
	上	三		壬戌火七			上

续表

八际星缠			阳历	六甲周象		反卦	阴历
劳之役	师初	二		癸亥土五		劳之役	比初
	二	一		甲子土五			二
	三	心六		乙丑金四			三
	四	五		丙寅水六	列肆		四
	五	四		丁卯金四	前星		五
	上	三		戊辰金九			上
成之说	咸初	二	○	己巳土五	七公东垣	出之齐	恒初
	二	一		庚午土五	东咸		二
	三	房五		辛未木三	罚		三
	四	四		壬申火七	键闭		四
	五	三		癸酉木三	钩钤		五
	上	二		甲戌木八	阴德　积卒		上
成之战	遁初	一		乙亥火二	左枢	出之战	大壮初
	二	氐十六		丙子火七	西咸		二
	三	○○	丑	际交道			三
	四	十五		丁丑土五	日		四
	五	十四		戊寅金四	从官		五
	上	十三		己卯水六	天乳		上
成之劳	蹇初	十二		庚辰金四		出之劳	解初
	二	十一		辛巳金九			二
	三	十		壬午水一	天辐		三
	四	九		癸未水六	巫官		四
	五	八		甲申土五			五
	上	七		乙酉土五			上
成之成	艮初	六		丙戌木三		出之出	震初
	二	五		丁亥火七			二
	三	四		戊子木三	天床		三
	四	三		己丑木八	亢池		四
	五	二		庚寅火二	帝席		五
	上	一		辛卯火七	梗河		上

续表

八际星缠		阳历	六甲周象					反卦	阴历
成之出	小过初	〇〇	艮	际交道				出之成	小过初
	二	亢九		壬辰土五		天枪			二
	三	八		癸巳金四		右枢左摄提			三
	四	七		甲午水六					四
	五	六		乙未金四					五
	上	五		丙申金九		招摇			上
成之齐	渐初	四		丁酉水一		顿顽		出之说	归妹初
	二	三		戊戌水六		右摄提			二
	三	二		己亥土五					三
	四	一		庚子土五		天一太一			四
	五	角十二		辛丑木三					五
	上	十一		壬寅火七					上
成之见	旅初	十		癸卯木三		阳门		出之见	丰初
	二	九		甲辰木八		瑶光			二
	三	八		乙巳火二					三
	四	七		丙午火七		周鼎			四
	五	〇〇	寅	际交道					五
	上	六		丁未土五					上
成之役	谦初	五		戊申金四		进贤		出之役	豫初
	二	四		己酉水六		阊阳			二
	三	三		庚戌金四					三
	四	二		辛亥金九		辅　天田平道			四
	五	一		壬子水一					五
	上	轸十七		癸丑水六		平星			上

右纬所著"出"、"齐"、"见"、"役"、"说"、"战"、"劳"、"成"，相因为义，下系五精所属，即图书之文也。河图三成，以蓍为序，水火相交，四维递推，反而照之，乾得九而居西北，坤得六而居西南，

巽得八而居东南,艮得七而居东北,推正于隅,以定四维,易之外成也。一与二交,故坎得一在九七之中,离得二在六八之际;三四不交,故震得三而在左,兑得四而居右,易之中成也。五与四交,故兑得九而从乾;五与二交,故离得七而从坤;五与三交,故震得八而先巽;五与一交,故坎得六而先艮;五与九交,去十而得兑;五与七交,去十而得离;五与八交,去十而得震;五与六交,去十而得坎,易之内成也。易以此三成,定八卦之位。盖自羲轩而然,不得文、孔也。

洛书纵横,各十有五,曲折相命,为七百二十有九。每卦一际四十有五,凡得十五者三,以命六甲之日。震始于轸,其日甲寅,先木而后火,周历八宫,六八之爻,四十有八,三其十五而余其三,坤艮之余土也。人生于土,禀精于日,日躔一度而历十二辰,平地出入,以为卯酉,即其生辰,加其周度,精物所出,见于卯方,谓之帝宫。各测四十有五,以为“出”、“齐”、“见”、“役”、“说”、“战”、“劳”、“成”之限,约天之度,纳虚于交,视其日甲,以为主客,主客精物,视其克合,因其命言,以别其淑慝。日有分度,度有纳分,星有分舍,舍有合次,甲有分物,物有合德。芋尹无宇曰:“天有十日,人有十等。”晋伯瑕曰:“六物不同,民心不壹,事序不类,官职不则,同始异终,胡可常也?”本之于易,则其常者可推矣。

《易》与《春秋》皆谨日月,《春秋》致详于干支,《易》唯蛊言六甲,巽言六庚,革言己日耳。《春秋》之用不在干支,故言干支。《易》之用在干支,故不言干支。今通八际所属,北方坎水,得壬癸之中,两干各四;东北艮土,癸甲二端,中为己丑,亥卯从之而虚其一,一者戊也;正东震木,得甲乙之中,两干各四;东南巽木,乙丙二端,中为戊辰,寅午从之,而虚其一,一者己也。巽为乙巳,当于天庙而言六庚,以乙为庚之合。蛊为丙寅,当于两界,而言六甲,以丙为甲之子也。分度所直,则鼎初庚戌,巽先三日,四爻在丁;丰初甲申,蛊先三日,四爻在辛。举先以该后,言蛊合金土之用,而巽得水木之主也。离己坎戊,各从所纳,乾戌巽辰,又函两戌,故五十之德,周于八际矣。

土德五十九年而二周天，与日合度者五十七。以土合日，三百七十八，余九一六，行星十二度八四九一之数计之，凡二万一千五百五十一日，行星七百三十半，余一度八十九分。以十二乘之，为二十五万八千六百十三日八十一分四十四秒。益以易岁之一，则当易之全数，余二日八十余分，以辰当日，为七百九岁之历矣。

木德八十三年而七周天，与日合度者七十六。以木合日三百九十八，余八十八，行星三十三度六三七五之数计之，凡三万三百十四日八十八分，行星二千五百五十六度四十五分。以十二乘之，为三十六万三千七百七十八日五十六分。益以易岁三之一，则当千岁之历。

火德七十九年而四十二周天，与日合度者三十七，以火合日七百七十九，余九二九，行星四百十四六八六五之数计之，凡二万八千五百八十九日三十分，行星一万五千三百四十三度四十分。以十二乘之，为三十四万三千七十二日。益以易岁四十四分之十二，则当九百四十岁之历矣。

故易数五十三万一千七百四十一，镇星得半以为其主，显于坤艮，而藏于巽乾；火木参之，各万一千五百二十，以为进退，以辰当日，会于千岁之至，故以岁星为始，镇星衷之，进退绌伸，则镇星其最近也。

五物之行，各当其舍。震际二七，以为木火。巽维三八，俱为岁星。离中三七，俱为荧惑。兑际四六，以为金水。乾维四九，俱为太白。坎中一六，俱为晨星。河图诸书，言营室为清庙，岁星之庙；心为明堂，荧惑之庙；南斗为文太室，镇星之庙；亢为疏庙，太白之庙；七星为员官，辰星之庙。《通占历》以昴、星、房、虚为四日，垣日之所升；毕、张、心、危为四月，垣月之所陟；角、奎、斗、井为四木，垣木之所喜；轸、壁、箕、参为四水，垣水之所乐；亢、娄、牛、鬼为四金，垣金之所乐；氐、胃、女、柳为四土，垣土之所喜；尾、觜、室、翼为四火，垣火之所利，亦以日月在五十之端，与土相乘，宅于四维，金木水火，各承土德，以迎月日。北齐张子信言“月行遇木、火、土、金，向之则速，背之则迟”；又言“水星晨夕三十六度内、二十八度外，有水、火、土、金一星，有者见，无者不见”。盖辰星最疾，合伏期迅，日光相夺，宜其然也。然则水星当在土位，轸、壁、箕、参当为土之所居，女、柳、胃、氐当为水之所治，而氐见水涸，壁见土工，大陵治胃，司空宅轸，厥象殽杂，所由来矣。诸家猥庸穿凿，取度愈俗愈远。今观四七亦无定躔，五精亦非一庙，而河图所候，历久不爽。稽其分度，木在营室十六度间，唯九十、十二为其主舍，七八、十一为其所好，三十、四十五为其所乐。火在明堂唯一二度，其所宜居，过此句巳，王者恶之。镇星在南斗，甲午、癸巳、丁亥、辛巳、甲戌、癸酉为其本舍，壬辰、辛卯、戊子、庚辰、己卯、丙子为其所乐。南斗为文太室，则东井为武太室。井斗皆为天之延道，土德所蟠，其在东井，好恶之情，犹之南斗也。镇星兼治两室，荧惑兼治两庙，荧惑在翼，犹其在心，太微明堂，疑其不在天王矣。

亢主太白，九度之中，皆为所利，八宫值之，等于日月。辰星之在员官，不利初度，三四之间，日月所交，垣庙为尊，此其大较也。要其行限，自以迟疾进留日数为准。岁星合伏一十六日，酌行三度，晨迟次迟各二十八日，各酌五度，次疾又疾各二十八日，降三而一，其留二十四日，进九十三日，皆为退度，约以二八四七三八六八以为进退，去合伏之日，余日百八十三以为岁星之分段，约日平行八分四十五秒，则八分四十五秒为木度之日分，二八四七三八为木星之日限。荧惑合伏六十九日，酌行四十六度，晨迟初百十六日，酌行七十五度，中百日，酌行五十七度，末六十八日，酌行二十二度，留进六十五日，酌余七度半，其合数约以七九八七六七四七七八以为进退，去合伏之日，余日三百二十一以为荧惑之分段，约日平行五十三分一十八秒，则五十三分十八秒为火度之日分，八七六七四七为火星之日限。镇星合伏二十日，酌行度半，自迟而疾六十日，酌行四度，自疾而平五十五日，酌行一度，极疾一百，次日皆为退度，约以四五六五九五以为进退，去合伏之日，余日百六十八以为分段，约日平行三分三秒，则三分三秒为土度之日分，四五六五九五为土星之日限。太白两伏四十五日，酌行四十六度，初迟百日，酌行百二十度，次迟八十一日，酌行八十九度，末疾四十九日，酌行三十度，自留而进而伏，又二十二日，存余二度，约以六九七七六七四九七七以为进退，去合伏之日，余日二百四十六以为分段，各以距日之度以为实分。辰星两伏二十九日，酌行三十一度，自迟而疾，自疾而留，二十九日酌行二十六度余强，并两伏之日，二六三六以为进退，各以距日之度以为实分。凡五精分限，各以距日之度，视其远近，以为盈缩。木自一百有八而上，加日三八，至百三十二而轨疾先天。火自一百三十二而上，加日二七，至百四十六而轨疾先天。土自九十六而上，加日七五，至百二十九而轨疾先天。太白甚迟，三九而近甚疾，五九而遥。辰星甚迟，三六而近甚疾，四六而遥。进退盈缩，不过五十，荧惑盈缩，至二十五，周数及年，盈缩更始，图书之中，所谓范围不过也。五精本数有卧、立、定、泛四差，以一九、二八、三七、四六通于五中，横斜相交，所谓倚数，虽与星度差池，而招差之原包始于此。交卦之分阴阳，即昼夜度，从地视极，以外观内，百二十八卦，山泽雷风，各复相交，亦与文图自为表里也。

三易洞玑卷八

孔图经中

两汉之环，在肩髃。两极相属，上与下。两济之平，弧与旗。因弧与旗为髀矢，故北极覆囟三十六度。南门始中，则附路北没，阳亢于附路之上，龙战于南门之下，上下相视，四九为度，环经其间，一百二十，上下之所为经道也。故上下径率一百八十，离为三十，平行象复五度有四，中孚、小过平于其间矣。孚、过而上，益以两济，五度有四，而坎离乃交。南缩则北赢，下赢则上缩，赢缩相距，四度有八，两济受之，以叶二分而平南北，昼夜明晦，交会出入之所为多少也。故易有纬有经，有倚有平，有圜有方，有圭有璋，六子之治，以承至终，衡于中央，从之如水，负之如扆，权于杓梁，以知其始。故易有三首，轸、角之间，圣人之所治也。轸左天稷，角西积卒，两汉所入，如下昆仑，以照然谷，曲而取之，则两跻阴阳在衡柱之下矣。

凡卦之变一十有八，其度寸有八分。自屯而艮，自蒙而震，四十有二卦，七尺五寸六分，五指之端，接于两市，手三阴阳之所齐也。手中冲而上，七寸二分，大陵、阳溪次于居窌，兑与巽直，诸脉所会，谓之脉口。兑巽而上，复历四卦，七寸二分，曲泽而下，郄门而上，坎离乃直，交于脐中，京阙相次，日月更舍，万物之所系命也。故坎离者，天地之要系也。坎离而上，候以上；坎离而下，候以下。坎下四寸五分，兑上四寸五分，诸阳之脉，会于小过。离下四寸五分，巽上四寸五分，诸阴之脉,会于中孚。中孚、小过,两者坎离之中经也。坎上一寸八分谓之颐,颐谓之曲泽。曲泽而下一寸八分直于水分,谓之既济。离上一寸八分谓之大过,大过少海亦气汇也。少海而下一寸八分直于肾俞,谓之未济。两济者,尺脉之准,弧旗句股之所均也。故自艮震而上,颐大过而下,尺六寸二分,诸息之动著,阴阳之候备矣。故天地之沴,诊诸水火;风雷之沴,诊诸水火;山泽之沴,诊诸水火。屈尺六寸,伸尺六寸,而鬼神之能效,日月之智得,则必有道矣。艮震而下以为鼎革。鼎革者,万物之始变也。颐、大过而上以为无妄、大畜。无妄、大畜者,万物之始定也。自无妄、大畜而上,十有二卦,二尺一寸六分,天地治之,下腕、廉泉衺于臑会,上于窍阴。窍阴而下,五寸四分,屯蒙、需讼、师比,三者水德之所升究也。岳渎上蒸,云雷乃施,目以之明,鼻以之闻,舌以之柔,火升其间,则乾元不生,故自乾元至于师比,六寸有四分,体会之上准也。师比之下,交于履畜,上九一尺,至于谦豫。谦豫一尺,交于剥复。剥复之上,十有三寸,而与准会。故掌距一尺,与易方量,以九则之,顶踵二极,是为圣度,天地所植,以为表景。故为度以取表,表以取景,灵景著于内,圣度节于外。剥复之间,谓之鸠尾。鸠尾而上,谓之中庭。中庭而上,谓之膻中。膻中外平,衡于神封。其外乳中,为噬嗑贲。膻中而上,谓之玉堂。玉堂而上,谓之紫宫。神灵之藏,三寸六分。其外膺窗,上于屋翳,出于腋下,谓之天泉。内衡一尺,在于临观,神灵所居。华盖之间,谓之随蛊,其外库房,其内域中。玑璇上下,谓之谦豫,其内腧府,其外气户。自鸠尾至于玑璇,圣度一尺三停,准中以节三部。上参之为乾,下两之为坤。屈腕而交之,脐中为坎离;伸手而交之,督间为巽兑,任外为艮震。故自阊阳而下至于鼎耳,鼎耳而下至于平道,各三十度,掌距二尺,神明之所取直也。平道而下，至于平星十有五度，上为石门，下为关元，万物所衡，金炭以铨，孚者之谓孚，过者之为过，不有小过，安取大祸？

圣人之于天下，何亢何抑？平乎其若席，下可以揖，上可以式。平乎其若较，何骖何服？左可以舞，右可以逐。自孚过而上，谦豫而下，各有九寸，天地山雷，会于尺泽。其上主剥，则其下无妄。其上主复，则其下大畜。脏腑始交，神明之所著成也。神明之宝，存于畜；日月之魄，耀于复。何以畜之？在腹。何以复之？在目。多妄多藏，多藏多亡，脏腑之间，日罅不通，蛇孽蛔妖，孰图其工？圣人为之静以镜静，动以镜动，故为阴肘以治胸，阳肘以治腹，绌肘交脐为坎与离，纳手启足，坎离乃互。尺泽而下，尺六寸二分，六子之所专治也。故六子柄令，则天地为之让治矣。天地所治，上至于肩井，下至于商丘，星辰所行，涓泉所流，六子间行，则持载贞治之。故屯至于无妄，雷次而左，随为之辅，噬嗑为使，集于少阳，为天之左间，则地从治之。蒙至于大畜，山次而右，蛊为之辅，贲为之使，集于阳明，为天之右间，则地从治之。革至于咸，泽次而左，其阴为风，困损为辅，蹇家人为使，集于厥阴，为地之左间，则天从治之。鼎至于恒，风次而右，其阴为泽，井益为辅，解睽为使，集于少阴，为地之右间，则天从治之。离交于右，兑艮从之，自为主使；坎交于左，巽震从之，自为主使。主柄既发，祠器不夺，与之为有名，与之为无为，以父与子，天地乃理。故脏腑之候，见于关尺，六子专治，天地则有不事也。故中部九候上绌于臂，下尽于指，神明所处，下以为营稷，上以为庙市。吉诊见于俎豆，凶诊见于军旅。屯变而鼎，蒙变而革，而上下两际，于是更始矣。鼎、革、剥、复，四者圣度之大际也。剥复之上，左阳右阴，奉而以与乾。震艮之下，右阴左阳，奉而以与坤。与乾者以义，与坤者以顺。

圣人之治，使水从乾而居上，火从坤而居下，六子互取，相为右左。故巽兑之上而有节涣，巽兑之下而有丰旅。节涣丰旅，上应泰否，任督之会，天地所为奥阼也。火正于南，震艮在北。水正于北，风泽在南。火泉既交，四间以迁。故丰旅在经沟[1]之南，节涣在大渊之北。丰旅在阳溪之南，节涣在阳池之北。兑巽否泰，南北交应，圣人之所以通理也。圣人之治水火视风雷，风雷视山泽，德刑视庆威，庆威视吏治，仁显而用藏，体立而义举。故水出于雷，止于雷；火生于风，灭于风；雷著于山，归于山；风发于泽，藏于泽。山泽反元，与天地通。故天地者，不言而信，不动而化。故易有藏也，有显也，有竖也，有偃也，有出也，有反也。反者之为藏，出者之为显，竖者之为出，偃者之为反。咸恒之为竖，随蛊之为偃，剥复之为出，履、小畜之为反，两过、孚颐之为藏，两济、坎离之为显。夫显藏则安有方也，位于天地，有方而不迁，则谦豫、姤夬之间乎？谦在于臑髃，豫在于臑会，姤在于阴陵，夬在于阳关，升降时乘，六位以安。谦上而为同人，豫上而为大有，姤上而为升，夬上而为萃，天地之舍，税之如旅。谦下而为随，豫下而为蛊，夬下而为损，姤下而为益，阴阳之匹，媾之如客。故自屯而师，自蒙而比，其下抵坤，三际五尺四分，阴阳相召，或寇或媾，则各有取也。自恒而明夷，自咸而晋，其上三际，坤乾反首，则亦犹是矣。故睽而归妹，家人而渐，秉于北政，少阴为主，少阳为客，男女上下，下不辟上，上不辟下，则以为祸。旅至于剥，丰至于复，左右间迁，秉政于中，少阳为主，太阴为客，贵贱以手，左不辟右，右不辟左，则以为祸。噬嗑而至于屯，贲而至于蒙，南政之反，握于

① 沟，诸本同，疑作“渠”。

北政，水火间沓，火不辟水，水不辟火，则以为祸。祸福数均，而天治者贼发于地，地治者乱终于天。天地皆闷，则媾寇俱祸。故圣人为乱以治治，为治以治乱，变不失质，济所不足，不戚不叕，先发者覆。归妹、旅、节、小过后应者也，而亦以祸应之过者也。渐进而妹反，丰居而旅行，涣发而节敛，孚顺而过躁，以是而应，则后之亦祸。故易者体德，左右相为序也。

同德辨序，不相为祸，耦变寇媾，或遇或不遇，而祸患乃著。自颐、大过而下，柄子交治，天地谢位。中孚之顺，以其父子信其朋友；小过之躁，违其祖君，遇其妣臣：两者易之所谓司命，监督其义也。故天地之义，尽于大过。过与颐交，下取咸者得其少女，上取恒者得其少夫。坎离之义，尽于小过。过与孚交，进取恒者遇其妣，反取咸者遇其臣。故坤乾以为妇夫，恒咸以为女士；乾坤以为君祖，咸恒以为臣妣。君臣祖妣，值其已过，则互为始，相其六际，以别正治，故往者大也则来者小也，往者小也则来者大也。圣人为治，不能使生者不死、危不殆，能使生危相写无害。来往大小，取之以表，归余举中，不失其端。故生者可治，死者不乱，君臣祖妣，夫妇士女，主客朋友，邻仆须娣，各循其贯。夫欲相其变化，得失当否，以动无咎而往胥利，则交道其至矣。子曰："上交不谄，下交不渎，其知几乎？知几其神乎？"神者两极之环，精耀出入，交道之所为也。

右图亦以天汉为主，别两极之上下。天汉东自牛女而上，历左旗升于天津，为天之左肩；西自井钺而下，历四渎降于弧矢，为天之右肩。北极出地三十六度，南门去极一百三十七度，则下距南极四十五度。南门正中见于南方，则阊阳在极南三十度，下六度，三公齐于斗杓北，附路一星中于阁道。南北紫微各三十六度，天汉平于阁道之中，东西正等，不见其背，是天之肩项也。自南门而东，天汉历于神宫，入于积卒；南门而西，天汉历于纪南，入于天稷，会于南门之下，可八九度，南北正等，不见其阴，是天之任督也。两极相柱各百八十二度六分有奇，顶踵乾坤，以上下两经分次平道。上经三十，分次左右者各十四。下经三十四，分次左右者各十七。左右之度各百八十，则每卦之直五度四分；中径一百二十，则每卦之直三度六分。以卦准身，六尺四寸①，以九约之，五尺七寸六分②。凡人伸手顶踵肘臂各得九尺，九尺者，虎婴掌距六寸四分之度也。掌距之度为象卦尺，长短殊形，约一掌距六寸四分，自中冲指端，至于大陵纹下七寸二分，以九约掌距之数，以八约大陵之度，皆得五尺七寸六分。故人有长短，而八九如度，皆准象尺。左右竖卦三十二象，则每象所直一寸八分③，故以周身等尺一寸八分取卦一象。乾自中极而上，掌距五尺。坤自会阳而下，掌距四尺。五因六寸四分，为三尺二寸，四因六寸四分，为二尺五寸六分，上下等身④，为乾坤之两际。两手之垂，中冲指端，至于阴包，其上六尺及顶，其下三尺及踵，各以三尺分为三际。一际之约一尺九寸二分，直象十卦三分之二，则自两手中冲上至侠白两臂，侠白上至囟会，两足阴包下至涌泉，皆得十卦四爻，合为三十二卦。

今言小畜、履而下至于大畜、无妄为一际，颐、大过而下至于艮震为一际，鼎革而下至于遁、大壮为一际者，以师比而上，系于头维，咸恒之间，入于丘墟，上七⑤下三⑥，约尺八寸，不在分际。唯自震艮而上，至颐、大过，六子九卦，天地所让治。震艮而下至遁、大壮，以为足趾。颐、大过而上至履、小畜，以为肩臑。三九为度，

① 六十四卦，取一卦一寸。

② 取一卦0.9寸。

③ $1.8\times32=57.6$。

④ $3.2+2.56=5.76$。

⑤ 乾、屯、蒙、需、讼、师、比七卦。

⑥ 坤、咸、恒三卦。

肘上一际，天地之驭六子，得天地者七，得六子者二，山雷为主，风泽为客。胫上一际，六子之还天地，得六子者五，得天地者四，风泽为主，山雷水火为客。下载上持，地在天中，天在地外。故自屯以至无妄，蒙以至大畜，左右廿四卦，通为上际，山雷为主。屯蒙本于北政，以水德为山雷，天地之初命。左行者自屯而需而师，颈维以上，手足脉络六阳之所上奏。小畜、泰、同人自为肩际，泰以天地为令，风火为使。谦、随、临自为臑际，随以泽雷导临而奉于谦。噬嗑、剥、无妄自为肘际，噬嗑以火雷从剥而归于无妄。故屯为天之劳子，无妄为天之佚子，谦为地之立子，剥为地之骄子。噬嗑与随，从屯而自令，雷独司权，水为之德，火为之贼，泽为之配，风为之忌。右行者反是，其分际不殊而好恶异致，故大畜为天之劳子，蒙为天之佚子，复为地之立子，豫为地之骄子。贲与蛊从蒙而自令，山独司权，火为之德，水为之贼，风为之配，泽为之忌。此左右上际，雷山之政，持于天地者也。

屯变为鼎，蒙变为革。自鼎以至恒，自蒙以至咸，左右二十卦，通为下际，风泽为主。咸恒与屯蒙，表里上下，两跻之脉，会于任督。左行者遁、晋、家人自为胫际，遁来为客，因晋而寄于家人；蹇、损、夬自为膝际，蹇来为客，因损而寄于夬主；萃、困、革自为股际，萃以主来，因水火而接于中际。故萃为地之贵妾，夬为天之贱臣，晋为地之劳主，遁为天之佚客。家人、蹇、损从于困革，而自为令，泽独司权，火为之德，水为之贼，山为之配，不及于雷。右行者反是，故恒鼎之际，升为地之贵臣，姤为天之贱妾，明夷为地之劳客，大壮为天之佚主。睽解与益从于井鼎，水疑于德，火疑于贼，雷为之配，不及于山。此左右下际，风泽之政，载于天地者也。

中际六子分治，约一际十卦四爻，凡六十四。脉络所行，一尺九寸二分，因而三之，五尺七寸六分。又循腹背邪络倚数，因而两之，丈有二尺八寸，余分两际之合也。天道反行，南政司天，则坤外三卦又为颈维，屯蒙之环又为下跻。自睽、家人至渐、归妹，自旅丰以至剥复，自噬贲以至需讼，主客刑德，则亦犹是矣。故总以三际，各六十四,屯至噬嗑,取剥之上爻,以入于中际,剥至艮鼎,分艮之下爻,以益于下际,则三际适均,交正俱配。剥复之与艮震,其象均为山雷。屯蒙之与噬贲,山雷分于水火。鼎革之与咸恒,山雷本于风泽。南政以火,北政以水,山雷居上,风泽居下,左右相交而衡于中,即所谓宓图也。文图七十有二,左右倚数,两极上下,日月东西,以中冲至大陵,七寸二分度之,以八归之,则其爻度亦等,但阴阳上下,脉道左右,间迁为政,不可定取。故仲尼断以上下二经,平行取度,脉道阴阳,上下左右,可以掌指。羲文二易,于是同归矣。历家又言地有南北,历无盈缩,而二经上下,人身孚过,盈缩灿然,准于月道,阴阳之交,亦有迟疾。故当以文图定冬夏之均,孔图立盈缩之准,覆而参之,不悖也。

孔图纬中

卦度		星度		经　终											星度		卦度	
乾	三	奎	九						前						奎	九半	乾	四
	二		八			承		通	顶	通		承				十		五
	初		七			灵		天		天		灵				十一		上
屯	上		六		县	正						正	县			十二	蒙	初
	五		五		匣	营		乘	囟	乘		营	匣			十三		二
	四		四	率				光	会	光				率		十四		三
	三		三	谷		目						目		谷		十五		四
	二		二			囟		五		五		囟				十六		五
	初		〇	曲	会	临		处	上	处		临	会	曲		〇		上
需	上	奎	一	鬓	厌	泣			星			泣	厌	鬓	娄	一	讼	初
	五	壁	九	角		本	阳	曲		曲	阳	本		角		二		二
	四		八	丝		神	白	差		差	白	神		丝		三		三
	三		七	足	头	丝		眉	神	眉		丝	头	足		四		四
	二		六	阳	维	竹		冲	庭	冲		竹	维	阳		五		五
	初		五	明		上						上		明		六		上
师	上		四	手	客	关						关	客	手		七	比	初
	五		三	少	主			攒		攒			主	少		八		二
	四		二	阳	人			竹		竹			人	阳		九		三
	三		一	〇	亢	右	前	际		亢	左	前	际	〇		十		四
	二	室	十六	足	足	瞳	睛				睛	瞳	足	足		十一		五
	初		十五	少	太	髎	明				明	髎	太	少	娄	十二		上

续表

卦度		星度		经　终													星度		卦度	
小	上		十四		阳	阳	○	尺	限		尺	限	○	阳	阳		胃	一	履	初
畜	五		十三		手	听	颧	承		素		承	颧	听	手			二		二
	四		十二		太	宫	髎	泣		髎		泣	髎	宫	太			三		三
	三		○		阳			四	巨		巨	四			阳			○		四
	二		十一		经	下		白	髎		髎	白		下	经			四		五
	初		十			关	手	迎	禾	水	禾	迎	手	关				五		上
泰	上		九			观	阳	香	髎	沟	髎	香	阳	观				六	否	初
	五		八			髎	明			兑			明	髎				七		二
	四		七		颊		经	地		端		地	经		颊			八		三
	三		六		车			仓		龈		仓			车			九		四
	二		五			大				交				大				十		五
	初		四			迎	天	督	交	○	任	交	天	迎				十一		上
同	上		三				容			承			容					十二	大	初
人	五		二							浆								十三	有	二
	四	室	一						扶			扶						十四		三
	三	危	十六						突			突					胃	十五		四
	二		十五		○	飞	右	前	际		飞	左	前	际	○		昴	一		五
	初		十四				天						天					二		上
谦	上		十三				鼎						鼎					三	豫	初
	五		○					人		廉		人						○		二
	四		十二					迎		泉		迎						四		三
	三		十一				○	尺	限		尺	限	○					五		四
	二		十	缺				气	水	天	水	气				缺		六		五
	初		九	盆				舍	突	突	突	舍				盆		七		上

续表

卦度		星度		经　终													星度		卦度	
随	上		八	以		秉								秉		以		八	蛊	初
	五		七	下	巨	风	云	气	腧	璇	腧	气	云	风	巨	下		九		二
	四		六	臂	骨		门	户	府	玑	府	户	门		骨	臂		十		三
	三		五	际			中						中			际	昴	十一		四
	二		四				府	库	彧	华	彧	库	府				毕	一		五
	初		三	肩			周	房	中	盖	中	房	周			肩		二		上
临	上		二	髃			荣						荣			髃		三	观	初
	五	危	一		极		胸	屋	神	紫	神	屋	胸		极			四		二
	四	虚	十		泉		乡	翳	藏	宫	藏	翳	乡		泉			五		三
	三		九		心		天						天		心			六		四
	二		八	臑	渊	天	谿	膺	灵	玉	灵	膺	谿	天	渊	臑		七		五
	初		○	髃	液	泉		窗	虚	堂	虚	窗		泉	液	髃		○		上
噬嗑	上		七		○	跃	右	前	际		跃	左	前	际	○			八	贲	初
	五		六			食	天	乳	神	膻	神	乳	天	食				九		二
	四		五			窦	包	中	封	中	封	中	包	窦				十		三
	三		四		天		天						天		天			十一		四
	二		三		府		池	乳	步	中	步	乳	池		府			十二		五
	初		二					筋	廊	庭	廊	筋						十三		上
剥	上	虚	一				○	尺	限		尺	限	○					十四	复	初
	五	女	十一	侠												侠		十五		二
	四		十	白						鸠						白		十六		三
	三		九					不	幽	尾	幽	不					毕	十七		四
	二		八			大	期	容	门		门	容	期	大			觜	一		五
	初		七			包	门			巨			门	包			参	一		上

续表

卦度		星度		经终													星度		卦度	
无	上		六					承		门		承						二	大	初
妄	五		五			青		满	通		通	满			青			三	畜	二
	四		四			灵	日		谷	上	谷		日		灵			三		三
	三		○				月	梁		脘		梁	月					四		四
	二		三					门	阴		阴	门						五		五
	初		二					关	都	中	都	关						六		上
颐	上	女	一					门		脘		门						七	大	初
	五	牛	七		○	惕	右	前	际		惕	左	前	际	○			八	过	二
	四		六				腹	太		建		太	腹					九		三
	三		五				哀	乙	石	里	石	乙	哀				参	十		四
	二		四	天曲	少				关		关				少	天曲	井	一		五
	初		三	泽泽	海			滑		下		滑			海	泽泽		二		上
坎	上		二			章		肉		脘		肉		章				三	离	初
	五	斗	一	以		门			商		商			门		以		四		二
	四	牛	廿五	下				天	曲	水	曲	天				下		五		三
	三		廿四	腕				枢		分		枢				腕		六		四
	二		廿三	际			○	尺	限		限	尺	○			际		七		五
	初		廿二			京			胃		胃			京				八		上
未	上		廿一			门			俞	神	俞			门				九	既	初
济	五		○				大			阙			大					○	济	二
	四		二十				横	外	中	阴	中	外	横					十		三
	三		十九	孔				陵	注	交	注	陵				孔		十一		四
	二		十八	最												最		十二		五
	初		十七	郄			腹						腹			郄		十三		上

续表

卦度		星度		经终															星度		卦度	
小	上		十六		门			结	大	四	气	四	大	结				门		十四	中	初
过	五		十五						巨	满	海	满	巨							十五	孚	二
	四		十四			○	见	右	前	际		见	左	前	际	○				十六		三
	三		十三		间						石							间		十七		四
	二		十二		使			维			门			维				使		十八		五
	初		十一	列	内	灵		道						道		灵	内	列		十九		上
节	上		十	缺	关	道			水	气	关	气	水			道	关	缺		二十	涣	初
	五		九	手	手	手	府	五	道	穴	元	穴	道	五	府	手	手	手		廿一		二
	四		八	太	厥	少	会	枢						枢	会	少	厥	太		廿二		三
	三		七	阴	阴	阴			归	大	中	大	归			阴	阴	阴		廿三		四
	二		六	络	络	通			来	赫	极	赫	来			通	络	络		廿四		五
	初		○			里	冲								冲	里				○		上
兑	上		五			络	门		气	横		横	气		门	络				廿五	巽	初
	五		四				以		冲	骨		骨	冲		以					廿六		二
	四		三			阴	下	○	尺	限	曲	限	尺	○	下	阴				廿七		三
	三		二			郄	髀	羊			骨			羊	髀	郄				廿八		四
	二	斗	一	经	大	神	际	矢			会			矢	际	神	大	经		廿九		五
	初	箕	十	沟	陵	门					阴					门	陵	沟		三十		上
旅	上		九	大					乾	交	○	交	乾					大		卅一	丰	初
	五		八	渊	劳	少			髀	阴		阴	髀			少	劳	渊		卅二		二
	四		七		宫	府			关	廉		廉	关			府	宫		井	卅三		三
	三		六		以	○	潜	右	前	际	○	潜	左	前	际	○	以		鬼	一		四
	二		五		下	○	战	右	前	际	○	战	左	前	际	○	下			二		五
	初		四	鱼	指												指	鱼	柳	一		上

续表

卦度		星度		经终			星度		卦度	
归	上		三	际 际		际 际		二	渐	初
妹	五		二	五		五		三		二
	四	箕	一	里		里		四		三
	三		○					○		四
	二	尾	十八	左 伏		伏 右		五		五
	初		十七	手 兔		兔 手		六		上
艮	上		十六	太 厥 少		少 厥 太		七	震	初
	五		十五	阴 阴 阴 箕		箕 阴 阴 阴		八		二
	四		十四	经 经 经 门		门 经 经 经		九		三
	三		十三	少 中 少		少 中 少		十		四
	二		十二	商 冲 冲 ○ 尺 限	○	尺 限 ○ 冲 冲 商		十一		五
	初		十一	○ 黄 裳 前 左	○	黄 裳 前 右 ○		十二		上
鼎	上		十	阴		阴	柳	十三	革	初
	五		九	包		包	星	十四		二
	四		八					一		三
	三		七	血		血		二		四
	二		六	海		海		三		五
	初		五					四		上
井	上		四					五	困	初
	五		○	阴		阴		○		二
	四		三	谷		谷	星	七		三
	三		二				张	一		四
	二	尾	一					二		五
	初	心	六	○ 括 囊 前 右	○	括 囊 前 左 ○		三		上

续表

卦度		星度		经终											星度		卦度	
升	上		五													四	萃	初
	五		四													五		二
	四		三													六		三
	三		二			曲						曲				七		四
	二	心	一			泉	阴				阴	泉				八		五
	初	房	五			膝	陵				陵	膝				九		上
姤	上		四			际	泉				泉	际				十	夬	初
	五		三													十一		二
	四		二			○	尺	限	○	尺	限	○				十二		三
	三	房	一													十三		四
	二	氏	十六			膝						膝				十四		五
	初		○			关						关				○		上
益	上		十五	○	会	章	前	右	○	会	章	前	左	○		十五	损	初
	五		十四												张	十六		二
	四		十三												翼	一		三
	三		十二			中						中				二		四
	二		十一			都	地				地	都				三		五
	初		十				机				机					四		上
解	上		九			足						足				五	蹇	初
	五		八			厥		筑		筑		厥				六		二
	四		七			阴		宾		宾		阴				七		三
	三		六			蠡						蠡				八		四
	二		五			沟	漏					沟	漏			九		五
	初		四			络	谷					络	谷			十		上

续表

卦度		星度		经终													星度		卦度	
睽	上		三		○	直	方	前	右		直	方	前	左	○			十一	家	初
	五		二															十二	人	二
	四	氐	一					三			三							十三		三
	三		○					阴			阴							○		四
	二	亢	九					交			交							十四		五
	初		八				○	尺	限		尺	限	○					十五		上
明	上		七				以						以					十六	晋	初
夷	五		六				下	交				交	下					十七		二
	四		五				踝	信	复		复	信	踝					十八		三
	三		四				际		溜		溜		际				翼	十九		四
	二		三														轸	一		五
	初		二					中	太		太	中						二		上
大	上	亢	一					封	谿		谿	封						三	遁	初
壮	五	角	十二		○	履	霜	前	右	○	履	霜	前	左	○			四		二
	四		十一					商				商						五		三
	三		十				太	丘	足		足	丘	太					六		四
	二		九				冲	足	少		少	足	冲					七		五
	初		八					太	阴		阴	太						八		上
恒	上		七					阴	大		大	阴						九	咸	初
	五		○				行	公	钟		钟	公	行					○		二
	四		六				间	孙	络		络	孙	间					十		三
	三		五					络				络						十一		四
	二		四	足	足		足						足		足	足		十二		五
	初		三	厥	大	大	少		水		水		少	大	大	厥		十三		上

续表

卦度		星度							经	终							星度		卦度	
坤	上		二	阴	阴	白	阴		泉		泉		阴	白	阴	阴		十四	坤	初
	五	角	一	大	隐	大	涌	然	照		照	然	涌	大	隐	大		十五		二
	四	轸	十七	敦	白	都	泉	谷	海		海	谷	泉	都	白	敦		十六		三
	三		十六	厉	窍	至	通	束	申		申	束	通	至	窍	厉	轸	十七		四
	二		十五	兑	脉	阴	谷	骨	脉		脉	骨	谷	阴	脉	兑	角	一		五
	初		十四	足	足	足		京	仆		仆	京		足	足	足		二		上
咸	上		十三	阳	少	太		骨	参		参	骨		太	少	阳		三	恒	初
	五		十二	明	阳	阳								阳	阳	明		四		二
	四		十一		内	陷	侠	地				地	侠	陷	内			五		三
	三		十		庭	谷	谿	五				五	谿	谷	庭			六		四
	二		九					会				会						七		五
	初		〇					临				临						〇		上
遁	上		八					泣				泣						八	大	初
	五		七															九	壮	二
	四		六				冲	金				金	冲					十		三
	三		五				阳	门				门	阳					十一		四
	二		四		〇	履	霜	后	右	〇	履	霜	后	左	〇		角	十二		五
	初		三				丘		昆		昆		丘				亢	一		上
晋	上		二				墟		仑		仑		墟					二	明	初
	五		一				解						解					三	夷	二
	四		十九				谿		以		以		谿					四		三
	三		十八						上		上							五		四
	二		十七				县	跗	胫		胫	跗	县					六		五
	初		十六				钟	阳	际		际	阳	钟					七		上

续表

卦度		星度		经 终											星度		卦度	
家人	上		十五			○	尺	限	○	尺	限	○				八	睽	初
	五		十四													九		二
	四		十三			下	阳			阳		下			亢	一		三
	三		○			巨	辅			辅		巨			氐	○		四
	二		十二			虚						虚				二		五
	初		十一	○	直	方	后	右	○	直	方	后	左	○		三		上
蹇	上		十			条	光				光	条				四	解	初
	五		九			口	明				明	口				五		二
	四		八			上	少				少	上				六		三
	三		七			巨	阳	承		承	阳	巨				七		四
	二		六			虚	络	山		山	络	虚				八		五
	初		五			丰	阳	飞		飞	阳	丰				九		上
损	上		四			隆	交	扬		扬	交	隆				十	益	初
	五		三			阳	外	太		太	外	阳				十一		二
	四		二			明	丘	阳		阽	丘	明				十二		三
	三	翼	一			络	承	络		络	承	络				十三		四
	二	张	十六				筋				筋					十四		五
	初		十五	○	含	章	后	右	○	含	章	后	左	○		十五		上
夬	上		十四				阳				阳				氐	十六	姤	初
	五		○			三	陵	合		合	陵	三				○		二
	四		十三			里	泉	阳		阳	泉	里			房	一		三
	三		十二			○	尺	限		尺	限	○				二		四
	二		十一			犊	以	阳		阳	以	犊				三		五
	初		十			鼻	上	关		关	上	鼻				四		上

续表

卦度		星度		经							终								星度		卦度	
萃	上		九						股				股						房	五	升	初
	五		八						际				际						心	一		二
	四		七																	二		三
	三		六							委		委								三		四
	二		五						委	中		中	委							四		五
	初		四						阳				阳							五		上
困	上		三			○	括	囊	后	右		括	囊	后	左	○			心	六	井	初
	五		二																尾	一		二
	四	星	一																	二		三
	三	张	七						浮				浮							三		四
	二		六						郄				郄							四		五
	初		○																	○		上
革	上		五					梁		殷		殷		梁						五	鼎	初
	五		四					丘		门		门		丘						六		二
	四		三																	七		三
	三		二																	八		四
	二	星	一						中				中							九		五
	初	柳	十四						渎				渎							十		上
震	上		十三			○	黄	裳	后	右	○	黄	裳	后	右	○				十一	艮	初
	五		十二	商	关	少		○	尺	限	○	尺	限	○		少	关	商		十二		二
	四		十一	阳	津	泽		阴						阴		泽	津	阳		十三		三
	三		十	手	手	手		市						市		手	手	手		十四		四
	二		九	阳	少	太		以						以		太	少	阳		十五		五
	初		八	明	阳	阳		上	风				风	上		阳	阳	明		十六		上

续表

卦度		星度		经终															星度		卦度	
渐	上		七	经	经	经		臀	市				市	臀		经	经	经		十七	归	初
	五		六	二	夜	前		际						际		前	夜	二	尾	十八	妹	二
	四		五	间	门	谷										谷	门	间	箕	一		三
	三		○	三					承			承						三		○		四
	二		四	间	中				扶			扶					中	间		二		五
	初		三	合	渚	后										后	渚	合		三		上
丰	上		二	谷		谿										谿		谷		四	旅	初
	五	柳	一			○	战	右	后	际		战	左	后	际	○				五		二
	四	鬼	二			○	潜	右	后	际		潜	左	后	际	○				六		三
	三		一				环			会		会			环					七		四
	二	井	卅三				跳			阳		阳			跳					八		五
	初		卅二			腕			任	会	○	督	会					腕		九		上
巽	上		卅一			骨					长							骨	箕	十	兑	初
	五		三十								强								斗	一		二
	四		廿九	阳	阳	阳										阳	阳	阳		二		三
	三		廿八	谷	池	谷		○	尺	限	廿二	尺	限	○		谿	池	谷		三		四
	二		廿七				居			下		下			居		手	养		四		五
	初		廿六		手	养	髎			髎		髎			髎		少	老		五		上
涣	上		廿五		少	老				次	廿一	次					阳			六	节	初
	五		○		阳					髎	腰	髎				手	络			○		二
	四		廿四	手	络					中	俞	中				阳	外			七		三
	三		廿三	阳	外			秩		髎		髎		秩		明	关			八		四
	二		廿二	明	关			边		上	二十	上		边		络				九		五
	初		廿一	络					环	髎		髎	环			遍	支			十		上

续表

卦度		星度		经 终															星度		卦度	
中	上		二十	遍	支				俞				俞			历	沟			十一	中	初
孚	五		十九	历	沟				膂		十九		膂			三	会	手		十二	孚	二
	四		十八	三	会				俞				俞			络	宗	太		十三		三
	三		十七	络	宗	○	见	右	后	际		见	左	后	际	○		阳		十四		四
	二		十六					胞	膀		十八		膀	胞				络		十五		五
	初		十五	温		支		育	胱				胱	育		支		温		十六		上
既	上		十四	溜		正			小				小			正		溜		十七	未	初
济	五		十三			手			肠		十七		肠							十八	济	二
	四		十二			太			关				关							十九		三
	三		十一	下	四	阳			元				元				四	下		二十		四
	二		十	廉	渎	络			大		十六		大				渎	廉		廿一		五
	初		○						肠		阳		肠							○		上
离	上		九	上					俞		关		俞					上		廿二	坎	初
	五		八	廉				○	尺	限	十五	尺	限	○				廉		廿三		二
	四		七				志		气		命		气		志					廿四		三
	三		六	三			堂		海		门		海		堂			三	斗	廿五		四
	二		五	里					俞		十四		俞					里	牛	一		五
	初		四						肾		悬		肾							二		上
大	上		三				盲		俞		枢		俞		盲					三	颐	初
过	五		二	曲	天	少	门		三		十三		三		门	少	天	曲		四		二
	四	井	一	池	井	海			焦		接		焦			海	井	池		五		三
	三	参	十						俞		脊		俞							六		四
	二		九			○	惕	右	后	际	十二	惕	左	后	际	○			牛	七		五
	初		八			以			胃		脊		胃			以			女	一		上

续表

卦度		星度		经终															星度		卦度	
大	上		七			上	胃		俞		中		俞		胃	上				二	无	初
畜	五		六	肘		臂	仓				十一				仓	臂		肘		三	妄	二
	四		五	髎		际										际		髎		四		三
	三		○				意		脾				脾		意					○		四
	二		四			清	舍		俞				俞		舍	清				五		五
	初		三	五		冷					十					冷		五		六		上
复	上		二	里		渊	阳		胆		中		胆		阳	渊		里		七	剥	初
	五	参	一				纲		俞		极		俞		纲					八		二
	四	觜	一								九									九		三
	三	毕	十七				魂		肝		筋		肝		魂					十		四
	二		十六				门		俞		束		俞		门				女	十一		五
	初		十五					○	尺	限	八	尺	限	○					虚	一		上
贲	上		十四				鬲		鬲				鬲		鬲					二	噬	初
	五		十三	消			关		俞				俞		关			消		三	嗑	二
	四		十二	泺							七							泺		四		三
	三		十一				噫		肾		至		肾		噫					五		四
	二		十				嘻		俞		阳		俞		嘻					六		五
	初		九	臑		○	跃	右	后	际	六	跃	左	后	际	○		臑		七		上
观	上		八	会			祖		心		灵		心		祖			会		八	临	初
	五		○				堂		俞		台		俞		堂					○		二
	四		七								五									九		三
	三		六	肩	秉	肩	膏		心		神		心		膏	肩	秉	肩	虚	十		四
	二		五	窌	风	贞	育		包		道		包		育	贞	风	窌	危	一		五
	初		四						俞		四		俞							二		上

续表

卦度		星度		经终													星度		卦度	
蛊	上		三			魄		肺				肺		魄				三		初
	五		二		天	户		俞				俞		户	天			四		二
	四	毕	一		宗					三					宗			五		三
	三	昴	十一			附		风		身		风		附				六		四
	二		十		臑	分		门		柱		门		分	臑			七		五
	初		九		俞					二					俞			八		上
豫	上		八	曲		肩		大		陶		大		肩		曲		九	谦	初
	五		七	垣		外		杼		道		杼		外		垣		十		二
	四		六		肩	俞	○	尺	限		尺	限	○	俞	肩			十一		三
	三		五		井		肩			一			肩		井			十二		四
	二		四		颈		中			大			中		颈			十三		五
	初		○		际		俞		天	椎	天		俞		际			○		上
大	上		三						髎		髎							十四	同	初
有	五		二		○	飞	右	后	际		飞	左	后	际	○			十五	人	二
	四	昂	一														危	十六		三
	三	胃	十五					天				天					室	一		四
	二		十四					牖				牖						二		五
	初		十三						天		天							三		上
否	上		十二						柱		柱							四	泰	初
	五		十一							哑								五		二
	四		十							门								六		三
	三		九															七		四
	二		八					风				风						八		五
	初		七					池		风		池						九		上

续表

卦度		星度		经终											星度		卦度	
履	上		六						府						十		小畜	初
	五		五			完						完			十一			二
	四		四			骨						骨			十二			三
	三		○				窍	脑		脑	窍				○			四
	二		三				阴	空		空	阴				十四			五
	初		二			○	尺	限		尺	限	○			十五			上
比	上	胃	一		瘐				脑				瘐		十六	室	师	初
	五	娄	十二		脉				户				脉		一	壁		二
	四		十一	○	穴	右	后	际		穴	左	后	际	○	二			三
	三		十												三			四
	二		九		颅								颅		四			五
	初		八		息				强				息		五			上
讼	上		七				玉		间		玉				六		需	初
	五		六				枕				枕				七			二
	四		五												八			三
	三		四			浮						浮			九	壁		四
	二		三			白						白			一	奎		五
	初		二						后						二			上
蒙	上	娄	一				络		顶		络				三		需	初
	五		○				却				却				○			二
	四	奎	十六				以	以	面	以	以				四			三
	三		十五				前	前	南	前	前				五			四
	二		十四			完	接	接	接	接	接	完			六			五
	初		十三			骨	承	通	百	通	承	骨			七			上
乾	上		十二				灵	天	会	天	灵				八		乾	初
	五		十一				上	上	前	上	上				九			二
	四		十				际	际	顶	际	际				九半			三

右纬以人身经络，循环卦度，乾坤上下，交于任督之维，任督前后，交于泰否之中。坤自下爻中分，谓之两跻。乾自下中始合，谓之冲、带。乾策二百一十六，半之一百有八，坤策一百四十四，半之七十二，合之一百八十，为乾坤之中交。益以闰积之爻，乾七坤五，故尺限于兑巽之中，而爻交于丰旅之下。大陵之门，正当任会，而大①渊之际，已直髀关。兑取乾之二，取坤之一。震取乾之一，取坤之二。故兑自列缺而下，至于大渊，入股者五分；震自大陵而下，至于箕门，入股者十二分。约以肘下取象，巽兑震艮可以次求也。凡六阳之脉，行于手足之背；六阴之脉，行于手足之面。手足背面，爻象互异。故坎离交于腹背，变动无常；首足定于乾坤，奇耦不互。震艮之与巽兑，两手背面，阴阳相易，则皆可以互取也。故自足背内庭、五会、两跻而上，咸恒交于损益。以损益为始，至遁、大壮交于临、观，为坤初际。家人、睽与蹇、解自相交，为坤二际。损益复于咸恒，为坤三际。夬姤交于剥复，以剥复为始，至困井，交于贲、噬嗑，为坤四际。震艮、巽兑自相交，为坤五际。丰旅复于涣节，为坤上际。自坤而乾，则亦犹是矣。

凡旧脉络皆以八尺一寸为准，倍之为十六尺二寸。今以五尺七寸六分为准，三之为丈七尺三②寸者，袤斜之数，势不啻倍，而七八相乘，同为五六也。人掌距等身，以九约者六寸四分，以八约者七寸二分，以七约者八寸一分，不尽有余。故但以五尺七寸六分为准，以九寸六约为极，乘除乾坤，得十二爻，中者为中，过者为赢，不及为弱。五尺七寸六分，应除乾坤六爻。今合乾坤为算者，以四方横分际乾坤之顶，为诸卦之面也。人身经络表里三十有二，左右之合六十有四。《经》云"经有十二，络有十五，合为二十有七"，然手足阴阳已二十四经络，合于两跻、任、督、大包，五络单行，则二十有九。大包之络并于冲带，任督之路分于脊脐，去带言冲，则冲、任、

① "大"，库本作"天"。
② "三"，库本作"二"。

督得六经络,合于两跻十二正别为三十二也。故谓经有十六,倍之以四。乾坤之统,在于首足。坎离之统,在于腹背。巽兑之统,在于肘臂。震艮之统,在于掌指。阴阳之路,别于前后,或间或越,交取而治也。古者诊病,于其气候,引导而愈。中古针灸,乃辨宛穴,取节人身,掌距之尺,修短既殊,而阴阳异路,左右上下,失于累黍,则躯命系之矣。今以五尺七寸六分为度,令其掌距,七八九数可以参取;以三十二卦为直,令其阴阳,孟仲季太可以准候;三十二脉为诊,令其动静,三部九候可以察别,法不异古,而毖治倍之。

凡易手足阴阳,相为表里。手阳明大肠,与太阴肺为表里。足阳明胃,与太阴脾为表里。手少阴心,与太阳小肠为表里。足少阴肾,与太阳膀胱为表里。手少阳三焦,与厥阴包络为表里。足少阳胆,与厥阴肝为表里。其流注之序,则南政乾兑,传于北政坤艮;东政离火,传于西政坎水。四维之间,水火间序,此即宓图,世所谓先天也。其正别之次,则癸辛之水,别入壬庚之金;壬庚之金,别入甲己之火。火土再合,甲己之土,别入戊丙之火;戊丙之火,别入丁乙之木。此即文图,世所谓后天也。两图皆起于腑脏,腑脏不起于两图,而世人弗察,七圣共迷。仲尼以正别参差,归之《易》序,隐其经络,而著其爻象。爻象即为经络,无有二说。

今以《内经》较之,其流注之序:肺手太阴之脉,起于中焦,下络大肠,还循胃口,上鬲,属肺,从肺系横出腋下,循臑瓯①,行手心主之前②,循臂内,入寸口、鱼际,出大指少商。其支者从腕后直出③次指内廉,出于商阳,与大肠交。商阳者,金之孔明者也。肺与大肠交于商阳,而南政始中。

肺,兑也;大肠,乾也。大肠之脉,起于大指、次指之端,循指上廉,出合谷,入阳溪,历温溜、三里、曲池、肘瓯,上肩端柱会,下入缺

① "瓯",《灵枢经·经脉》原文作"髎"。

② 《灵枢经·经脉》原文作"行少阴心主之前"。

③ "出"字原无,据《灵枢经·经脉》原文补。

盆,络肺,下鬲,属肺①。其支者乃循天鼎、扶突,贯颊,入下齿,还出挟口,交人中,左右结于迎香,与胃交,而南政始毕,北授于坤艮。

胃足阳明之脉,起于鼻,交颏中,旁约太阳,下循鼻外,上入齿中,还出挟口环唇,下交承浆,却循颔后下廉,出大迎,循颊车,上耳前,过客主人,循发际,至神庭。其支者下人迎,循喉咙,入缺盆,下膈,属胃,络脾。其直者从缺盆,下乳,挟脐,入气冲中,与别支合,下抵伏兔,入膝膑,循胫外廉,下足跗,入中指厉兑。厉兑者,金之所归也。其支者复循三里,出厉兑外,别从大指,入于冲阳,与脾交。脾与胃交于冲阳,而北政始中。

胃,艮也;脾,坤也。脾足大阴之脉,起于大指之端,循内侧,过核骨,上三阴交,循漏谷,上出厥阴之前,至陵泉,历血海、箕门,入腹,属脾,络胃,上挟咽,连舌本,散舌下。其支者复从胃上鬲,入于天②包,与心交而北政始毕,东授于离火。

心手少阴之脉,起于心中,出心系,下膈,络小肠。其支者上挟咽,系目系。其直者复从心系上肺,下臑内后廉,行太阴心主之后,下少海,历灵道、通里、阴郄、神门,入掌少府,循小指少泽,与小肠交。少泽者,金之始革者也。心与小肠交于少泽,而东政始中。

心,离也;小肠,震兑之交于离者也。小肠之脉起于小指之端,循溪、谷,上腕,出踝中,循支正,历少海,行手阳明、少阳之外,交肩上,入缺盆,络心,循咽,下鬲,抵胃,属小肠。其支者从缺盆上颊,至锐眦,结于听宫,别颊上颇,抵鼻,入于睛明,络颧,与膀胱交。小肠与膀胱交于眦颧,而东政始毕。

膀胱足太阳之脉,起于目眦,上颏,交顶上。其支者从颠至耳角,过率谷、浮白、窍阴,以滋经脉。其直者从颠入络脑,还抵天柱,循肩髆,挟脊,抵腰中,循膂,络肾,属膀胱。其支者从髆别下,贯胛,挟脊,过髀枢,从髀后廉,下合腘中,历承筋、承山、飞扬、跗阳,

① 明本、郑本、库本皆作“肺”,据《灵枢经·经脉》原文似当作“大肠”。

② 明本、郑本、库本皆作“天”,疑作“大”。

出外踝,至小指外侧,入至阴,与肾交。至阴者,金之究化,涌泉所出也。肾与膀胱交于至阴,而西政始中。

膀胱,坎也;肾,艮巽之交于坎者也。肾少阴之脉,起于小指之下,邪走足心,出然谷之下,循内踝,入跟,行厥阴、太阴之后,经复溜、交信,过三阴交,上腨,抵阴谷,贯脊,属肾,络膀胱。其直者从肾上贯肝鬲,入肺,循喉咙,挟舌本。其支者从肺出络心,注俞府,与心包络交。心包与肾交于俞府,而西政始毕。

八经络分治四方,而心包、三焦、肝、胆为之四间。心主手厥阴之脉,起于胸中,出属心包,络下鬲,络三焦。其支者循胸,出天池,抵腋下天泉,行太阴、少阴之间,入曲泽,循郄门、间使、内关、大陵,入劳宫,出中冲。其支者循小指、次指,出于关津、中冲。关津①者,金之再革也。三焦与心包交于关津,而西北、东南之政始中。

三焦手少阳之脉,起于小指、次指之端,历液门、中渚,循表腕,上贯肘,抵天井,交上肩,出足少阳之后,入缺盆,布膻中,散落②心包,当胃上口,中腕③阴交为三焦。其支者从膻中出缺盆,上系耳后,出耳角,屈颊至顿。其支别走耳中,出耳前,过客主人,交颊,至锐眦,循丝竹空,交于胆。胆与三焦交于耳门,而西北、东南之政毕。

胆足少阳之脉,起目锐眦,出听会,上抵额,下风池,循颈,行少阳之前,至肩上交,出少阳之后,入缺盆。其支者从耳后贯,出耳前,至锐眦,与少阳合。又支者别锐眦,下大迎,抵顿,下颊车,合缺盆,贯鬲,络肝,属胆,循胁,出气街,绕篡,入髀厌。其直者,从缺盆,下腋,循胸,过季胁,循髀,抵阳陵泉,下出外踝之前,循跗,入小指次指之端,结于窍阴。窍阴者,金之始退也。其支者别跗,循大指岐骨,出三毛,与肝交。胆与肝,皆木也。胆震而肝巽,胆命于三

① 津,诸本同,疑作"冲"。
② 落,诸本同,当作"络"。
③ 腕,诸本同,疑作"脘"。

焦，肝命于心包，四间之政，木火分令，胆交肝于大敦，而东北、西南之政始中。

肝厥阴之脉起于三毛之际，上踝八寸，交太阴之后，抵膝关、曲泉，过阴器，抵小腹，循章、期二门，挟胃，下日月之分，属肝，络胆，上贯鬲，布胁，循喉咙之后，上入颃颡，连目系，与督脉会于巅。其支者行任脉之外，下颊环唇内。其支复从肝贯鬲，上注期门，交于肺。肝与肺交于期门，而东北、西南之政毕。四间乃终，乾兑复始。

故乾兑之政，从南而北；坤艮之政，从北而东；君火、相火之政，从东而西；寒水、明水之政，从西而出东南；三焦、心包游火之政，从东南而抵西北；雷木、风木、震巽之政，从东北而抵西南。宓图对待，卦序灿然矣。

人生于金，死于火。三焦、心包游历无方，各倚胆肝，以效其用。故四正为德，四间为贼。震巽以媾而多吝，艮兑以寇而多凶。艮兑之寇，半合于乾坤；而震巽之媾，独交于水火。故自乾坤水火而下，四间独发，交于巽兑之中，而生死之状，可诊而决也。文图以少阴君火处午，厥阴风木处巳，太阳相火处辰，少阳雷木处卯，三焦游火处寅，阳明刚土处丑，太阳寒水处子，阳明燥金处亥，少阴明水处戌，太阴良金处酉，厥阴游火处申，太阴湿土处未。金别壬庚，水别癸辛，左旋至于甲己，脾胃始中，甲己再合，焦、包始中。木别乙丁，火别丙戊，周环复始。

今以《内经》较之，正别之次，始于风木。肝经之正，自跗上至毛际，合于少阳，与别俱行。络之别曰蠡沟，去内踝五寸，走少阳。别者历胫上睾，络于茎。

胆经之正，绕髀，入毛际，合于厥阴；别者入季胁，循胸里，属胆，散之，上肝，贯心，挟咽，出颐颔，散于面，系目，合少阳于外眦。络之别曰光明，去踝五寸，别走厥阴，下络足跗，是为丁乙己卯厥阴少阳之经络，皆萦于阴茎，宿于目眦。

次心经之正，入于渊液两筋之间，属于心，上走喉咙，出于面，合目内眦。络之别曰通理，去腕寸半，别而上行，循经入心中，系舌本，属目系。

小肠经之正，指地别于肩解，入腋，走心系。络之别曰支正，上腕五寸，内注少阴。别者上走肘，络肩髃，是为戊丙午辰少阴太阳之经络，皆合目眦，系舌本，走心系。

次脾经之正，上至髀，合于阳明，与别俱行，上结于咽，贯舌中。络之别曰公孙，去本节后一寸，别走阳明。其别者入络肠胃，其大络曰大包，出渊液下三寸，布胸胁。

胃经之正，上至髀，入于腹里，属胃，散之脾，上通于心，循咽，出口，上頞頔，还系目系。络之别曰丰隆，去踝八寸，别走太阴；别循胫外廉，上络头顶，合诸经之气，下络喉嗌，是为甲己未丑太阴阳明之经络，皆贯舌中，系目系，络于咽喉。脾之有大络，犹胃之有孙络。胃以孙络，输灌顶足；脾以大络，散布胸胁。本于中土甲己之气，前后七位，以冒四方。脾胃主外，则焦包主内；脾胃主内，则焦、包辅之。甲己寅申，限于两关，其北金水，其南则火木也。

三焦经之正，指天，别于巅，入缺盆，下走三焦，散于胸中。络之别曰内关，去腕二寸，循经以上系于包系。

心包络经之正，手心主之，别下渊液三寸，入胸，属三焦，循喉咙，出耳后，合少阳完骨之下。其络之别曰内关，同于少阳，三焦、心包再合甲己，上西北行。

肺经之正，别入渊液、少阴之前，入走肺，散之太阳，上出缺盆，循喉咙，复合阳明。络之别曰列缺，起腕上分间，并太阴经，直入掌中，散鱼际。

大肠经之正，从手循膺乳，别于肩髃，入柱骨，下走大肠，属肺，上循喉咙，出缺盆。络之别曰遍历，去腕三寸，别入大阴；别者，循臂髃，上曲颊偏齿；又别入耳。是为庚壬酉亥太阴阳明之经络，皆循喉咙，出缺盆。

肾经之正，至腘中，别走太阳，合上至肾，当十四頔，出属带脉；直者系舌本，复出于项，合太阳。络之别曰大钟，当踝后绕跟，别走太阳；又别并经，上走于心包下，外贯腰脊。

膀胱经之正，入于胸中，一道尻五寸，别入于肛，属膀胱，散之肾，循膂，当心入散；直者，从膂上出项，复属太阳。络之别曰飞扬，走踝五寸，别走少阴，是为辛癸戍子少阴大阳之经络，皆系舌本，当于心膂，从此逆行，癸辛壬庚己甲，甲己戊丙丁乙，三七间行，右逆而左顺，右不配而左配，贞对相化，是则文图也。

凡经当数，络不当数，数皆起于本经。从外而入求之，为荣；从内而出求之，为标；从本而支求之，为别。手之阳明，三阳而当乾。足之阳明，阳上而当艮。足之太阴，三阴而当坤。手之太阴，阴上而当兑。足之太阳，阳中而当坎。手之太阳，阳内而当震。上合于艮，下交于巽。手之少阴，阴中而当离。足之少阴，阴外而当兑。下合于巽，上交于艮。足之少阳，阳下而当震。手之少阳，阳上而当艮。足之厥阴，阴下而当巽。手之厥阴，阴下而交坤。手足之为阴阳，左右不反，而上下内外每相反者，天地之撰，圣人所幽阐也。故天地阴阳，手足相互，脏腑表别。冲带之行，因于脾胃。任督之络，因于焦包。四间之行，缘于任督。两跻孤行，扶十二络。故脉有十六，四之为六十四，关脊之间，不分正别，其为支络，街未相达也。脉以十六，四分去一，还于乾坤，以寓腹背，六子受之，以为司候。

下部之候，风雷为主柄，水火为化权，故下部脉动，见足厥阴，上见手少阴者，贵且不死。以丁亥日受命，甲申乃衰，再废且起，困于床第。上见足太阴，不死，臣仆乃乱。上见手阳明，丙寅乃死，死犹少苏，久乃绝。

下部脉动，下见足少阳，上见足厥阴，以丁卯、癸未、辛亥日见者，暴贵且死，死困于臣妾，是不数岁。

下部脉动，下见足太阳，上见手少阳者，贵且不死。以庚申日受命，丙午乃衰，再反其纪，辛酉乃废，然且不死。至于戊子，上见足太阴，下见手阳明乃死。是有奇疾，得于寇贼，屡反屡复，虽食不肉。

下部脉动，下见足厥阴，上见足少阳者，贵且明武。以己丑日受命，中岁乃废，是为足疴，见足太阴不死，庚子、辛丑见手太阴，脉发乃死，死且为厉。故下部之脉出于腹者至于足，出于足者终于首，不终于首则代于手，手阳明与手太阴为其鬼中。

上部之候，天地代主柄，泽雷为化权。上部脉动，见手阳明独发，不死。不见手阳明，中辍。见足少阳，无故虽废，不死。己庚日，上见足太阳，下见足少阳者，不得主柄当位，不当位少病良已，十载乃灾。丙申日，见足太阳、少阳者，不得主柄，且有吉命，戊寅乃殆。庚戌日，见足太阴在上，足太阳在下，是为素皇，寿命且长。再逾其纪，上见手少阴，下见足少阳，乃有大丧，虽丧不亡。

凡在上部，见手阳明、足太阴发者，不死。见手阳明，不见太阴，谓之夺王。不见阳明、太阴，见足少阳用事，谓之夺光。乙卯、庚辰，上见手太阴，下见足少阳，不见主柄，骤贵而横，不出四十日死，死以辛卯，少苏乃绝。己亥受命，下见手太阴，上见足太阴，复行其端者，贵且不死，死辄复起，困于酒食宾客。己巳日见手阳明，乃废。乙酉见足阳明复起，起复如常，贵且不死。丙子见手少阴在上，足太阳在下，倦搏乃废，废且死，复苏。庚申见足少阳、阳明主柄，大绝乃死。故上部之脉比于下部，别为两际。膻中而上，天受地柄，得足太阴，虽贱不贱。膻中而下，地受天柄，得手阳明，虽死不死。火水战极，两柄乃熄。故天地交代，水火为其鬼中。

中部之候，化柄大杂。乙酉受命，上见足少阳，下见足阳明者，得乙庚之会，其法足贵，不五十日必死。戊寅受命，上见足太阳，下见手太阴者，得阴阳之交，其法足贵，食于两庚，两庚未尽，见脉来如循鸡羽，虽得兑气易熟，是皆偏废，魇眚相逐。庚申，见手太阴将尽，如风吹毛急，有大喜立死；见足阳明，复苏。

中部之脉，上见足太阳、手少阴，下见足阳明、手太阴者，比于下部，皆得不死，垂尽乃陨，是谓循本。己未日，见手少阴乘足阳明者，是为循标，必死且夭。壬午，见足少阳乘手太阴，为酉卯午，天地铨平。丙子，见乙庚脉尽，不病乃死，是为守运，亦有外难。丁丑，见足阳明独发，食于两己，己土再迁，比于两丑，乃注于戊。故足阳明独发，见丁丑、辛丑当位不当位，贵且强者，不三十日死。故中部之脉，六子争互，兑居其中，手太阴主柄，水火为化权。得主柄化权，可治；不得主柄化权，不可治。

凡三部之脉，皆藏真于脾，传化于大肠，交于坎离，坎离不得，天地不足为治，故曰藏本于胃，胃致于脾，脾气不俱，真藏独见，必死不治。下部而上，真藏独见，皆死。中部而下，真腑独见，亦死。肺胆战于鬲中，则天气尽于上，为上部之上。火水战于脐中，则地气尽于下，为上部之下。胆肺战于街中，则地气尽于上，为下部之上。雷风战于踝中，则天气尽于下，为下部之下。卯酉乘于上部，见足太阴者必贵。卯酉乘于下部，见手阳明者必死。子午乘于中部，则贵人命终。卯酉乘于中部，则贵人命始。《凿度》称尧受天元，推为享数，往六来八，往九来七，往四来二，往一来三，往二来四，往三来一，两五为十，故曰天一地二，天三地四，天五地六，天七地八，天九地十。故曰："丘文以候，授明之出，莫能雍。""授明之出，莫能雍"，天地之序，圣人之道也。

三易洞玑卷九

孔图经下

何以命人？曰震。何以则地？曰兑。震以命人，终于坤。兑以则地，终于艮。艮者，川岳所止。兑者，天下泽薮之所经始也。昆仑之渊，在西倾之西，江河浚分，嶓岷导而南，积石导而北，西海所泻，兑首之岐流也。乾以盛阳上为崇冈，其外有积雪、三危、焉支，其内有终南、太白、敦物，冈领所会，郁于天界。贺兰而东，长河垂条。乾坎之分，界于同、华。其外为恒高，内为阳霍。四坎之阴，葭芦、浑源、桑乾、滹沱、汾、洹、漳、沁，八水之所从出也。医巫闾之阴，亘于长白，以界海外，燕山、碣石、骝谷、马耳，次于其内。九河东西，大陆、雷泽，放于莱海，神州之北际也。故兑以上阴导河而北，包乾汇坎，贯于艮膊，盖九千里通济及淮，乃达于震维。震上二阴为八际之象，阙文登虞，丘吐纳阳，渚瀛波之间，盖弥千里。青、兖、徐、扬，隧淮及江，以督于豫。故豫者出说之通德也。豫为震首，帝子所立，九有所食，上自芒砀，下举灊霍，涂山以东，日月出入，斗衡所殷，章汉之所灌邕也。兑以下阳，导江而南，历坤及离，乃巽乃震。震居两仪之中，凡际四十八。艮自北来，半与之合。巽自南来，分受其益。故颐者合也，巽者益也。青、兖之合二十有四，扬、越之益二十有四。故震者天下之至动也。巽下阴元，以为大潴，其上迭阜，婺女所都，大庾乃来，钱塘、鄱阳敷浅之分浸也。洞庭涵虚，谓之离中。九嶷、岣嵝在其阳，内方、荆山在其阴，是其藏纳者多矣。荆、襄之间，在五车之潢中。衡、嶷属天，谓之参、斿。桂水南泻，至于儋崖，重离所薰，南极之明都也。其西乃坤，殽布而文，沅、泸、融、柳、嘉、盘、蒙、容、兰沧、麓川、火居、金沙，十二水之所分溁也。其外重坤，乃至于南交。西上于兑，两岷所治，嵁岩千里，于是坤、乾则亦分取之矣。青、洱两海，相距五千里，兑首之窍阴也。乾自北来，至于崆峒，坤自南来，至于蒙、蔡，为二阳之井络。故天以精积，首北而南；地以荣积，首西而东。大梁以右，是多奥土；室壁而下，倍于大火。盖凡重际四百五十里，八表之际二万九千里。震兑之交，加十之三矣。

万物之魂游于震，其魄守于兑，神州之大，不过一方，日月所命，表于心目。从西而视，扬、徐之间谓之震。从东而望，雍、梁之际谓之艮。桂阳之巅，两望湖海，谓之坎。恒、霍之会，中俯汭洛，谓之离。八表相互，届于四海，而震兑平交，为五岳之衷。故神州者，天帝之委魄也；咸恒者，黄媪之命体也。乾兑之间，桓、洮始分，降于兑中。淮、渭夹络，江汉始别。嶓岷、六苞、石阶、峨眉、青城、大华、敦物、太乙，此阙下之华盖也。殽函而东，为心包络。渊液所会，在于瀍涧。嵩高两室，谓之神仓。神仓，胃也。胃左七叶，首阳、天坛、王屋、大行、隆虑、苏门、林落，七魄所藏，谓之青府，胆智出焉。其右嵖岈、桐柏、天门、九嵕，濡淮江汉，谓之通谷。乃并四气，循江而左，循河而右。扬淮之维，任督始交，为八奇府。南上庐阴，魄瀿英霍；北上峄阳，薇华蒙砀，为肾命门。精志所宿，纽系于涂山，万物之所生死出入也。齐、吴以东，谓之两跻，二维所结，视其注发。南衡北恒，谓之两决。诸脉所凑，执其仰覆，参候不失。故治乱运也，隆衰气也，嬴绌势也。井、荣、俞、原、陉、合六者，地之所治也。行、位、色三者，天之所察也。

乌鼠、朱圉、岷嶓为艮之太阴，其井出于龙桐、隔谷，其荥流于白浮、军都，其俞注于居庸，其原过于狼牙、龙泉，其陉道于雁门、石合，其合入于狐岐，彼汾所曲，天地之尺泽也。右行之井，出于九华、林历，其荥流于云林，其俞注于灵谷，其原过于湓、淦，其陉道于浮岗，其合入于黄陵、长沙，而江河比曲，肘会分络。

钟山、岱宗为震之太阳，其井出于叆阳、中固，其荥流于蒲浀，其俞注于浑河，其原过于白云、木叶，其陉道于温泉，其合入于喜峰、韦谷。右行之井出于青泉、委羽，其荥流于雁宕，其俞注于括苍，其原过于方巘、南明，其陉道于渔梁，其合入于绵水、穀城。

嵴中为艮之少阴，其井出于石崖、明月，其荥流于黍谷、巩华，其俞注于滴水，其原过于五峙，其陉道于岢岚，其合入于壶口、孟门。右行之井，出于白岳、乌聊，其荥流于诸姑，其俞注于金铙，其原过于大章，其陉道于聂都，其合入于沧浪、淳于。

嵩高两室为震之阳明，其井出于成胶，其荥流于两劳，其俞注于鼍岛，其原过于榆口，其陉道于擦崖，其合入于马兰、台谷。右行之井出于天坪、白茅，其荥流于龙湫，其俞注于大涤，其原过于乌龙之溪，其陉道于三衢，其合入于灵山。

腑脏之络，七十二隧，宗脉所发，心、胃及肺、气海，四候不失，则万物之命静治矣。江河两流，准于肘尺，艮与兑交，七尺二寸，益以九寸，系于上维，八千一百里，其诊一尺，中表千里。故艮之太阳，下于少泽，上于听宫，其井出于驼谷、青泉，千里一尺，至于白登、里直、黄河，过于硖石，表出圣川，谓之养老。不能千里，入于黄甫，谓之少海。黄甫千里，过于宁塞，谓之臑俞。宁塞以西，又上千里，系于皋兰。黄河内出，谓之颧髎。颧髎而下，松山贺兰，肩之两俞。曲垣之穴，直于灵州，天子所戒猃狁也。由是右行,不及五尺,江淮乃宿,汇于气海。艮之阳明,下于商阳,终于迎芗,其井出于黄山、祁门,千里一尺,至于金蜡,谓之遍历。又可千里,至于衡伊,潇湘前潴,谓之曲池。衡伊千里,至于沅源,谓之肩髃。黔沅西上,又逾千里,至于洛稽、铁豹之岑,谓之禾窌。禾窌而下,瓦屋青衣,谓之肩髃。肩髃而下,天子所以戒蛮夷也。由是左行,亦绌五尺,河济乃宿,汇于气海。故兑震吐纳,不过万里,昆仑以西,东望陇首,吐纳还流,则亦犹是矣。

天汉之中,宅于室、壁。心、张之间,澮流下垂,隐距三万六千里,星野所视,以气相躅。日在朝夕,而两戒分测。故日在于胃,夕宿天阴,东望箕、尾,绁于艮维。无终、燕山,凉凉仓仓,幽、蓟之民,昼作而晚伏,扬鱼支龟,食于碣石,故谓之析木。日在降娄,夕宿右更,东望天驷,拂于扶桑。东华北狼,龙尾历阳。其山涤岗,骎骎驿驿。徐、亳之民,弃气而怃质,擘车策马,食于肆下,故谓之大火。降娄小西,日次于壁。夕望天汉,凑于震艮。瑶光所直,三门有奕。汝颍之民,自谓中德。灵源、具茨、石城、浮光,夹于龙角,以纪晷影,土圭所平,故谓之寿星。寿星之墟,太昊治之。轸、翼而南,烈山之墟。云梦、衡庐、洞庭、九江,熊熊洪洪,太微之庭。日宿于箕则晨见于南方,日宿于参则夕见于南方。故鹑尾者,天下之博耀也。鹑尾而上,为有熊之墟。大龙、轘辕、熊耳、鸡足、方城、禹阳,黄龙所蟠,其精蜓衰,南俯而西倚,其物后土,其民重内而尚利。日宿于氐则晨见于天中,日宿于胃则夕见于天中。故天下之望,以轩辕为奥。轩辕右顾,谓之鹑首,西尽叶榆,东暨剑谷,四渎所发,万物就沐。日在参镌,五车下舂,则鬼、井直于西方,陇、蜀之民,晏作而暮同。自箕、斗以至于参、井,视日所入,四维推易,鸟以为平,龙以为直,而毂盖方位,若昼无失。尾、觜而北,视日所出，虎与鸟代，龙与鱼易，房、昴、星、虚，各更其居，而占杂乃著。故五车、天潢，繁峙所直，汾沁内萦，三柱是历，九箕三峻，雁门夏屋，比畧之旗斿也。日在营室则晨见于北方，日在鸟翼则夕见于南方。以其晨夕以为中舍，雁门而阳，衡嶷所当，比殷峻深，故谓之实沈。实沈小东，天之苑囿，浑源左泻，沤夷、滹沱，天汉所沫，出入胡马。檀蔚上下，不七百里，为毕、昴、胃。日平甲庚，则地当癸中。天河之阴，谓之大梁。大梁又东，天之仓溷。附路所驾，云云亭亭。东望穷桑，不知其乡。孤奎之区，谓之降娄。降娄而内，天厩腾蛇，卫河所经，百泉朝歌，其北则漳、洹所历，其下则沁、济所出。硖石之间，上流涉淇，至于馆陶，下流涉曹，至于大伾，谓媵蛇尾，谓之娵訾，是在鲁、卫。鲁以岱宗，苍德所表，以处少昊。卫以河内，玄德所注，以位颛顼。两者天下之柔国也。日平于室、翼，则牛、斗著于东南，胃、娄见于东北。日平于牛、鬼，则鲁、卫退于坎北，青、齐位于姤东。故地者主也，日者宾也，斗者尸也，星者相也。宾以位，主以德，尸以气，相以色，昕夕相命，则天地交察。

青、齐之地介于“成”，其星入于“战”，“战”与“成”交，其野斤漭，其山岌峘，三尺而戾于汉，其虫多狐及鼠。其阳多莽，二十七尺而至于泉。其阴多石，四十五尺而至于泉。吴、越之地入于“齐”，其星并于“劳”，“劳”与“齐”交，其野浸潴，其山厓厍，是在汉涯。其虫有玄驹、白驹。其阳多苇，三尺而至于泉。其阴多榆及杨，十有八尺而至于泉。幽、燕之星交于“劳”，其地入于“成”，“成”与“劳”交，其野要延，其山岩崿，上者出于汉，下者渐于泽。其虫有它与豻。其阳得卤，其阴得水，九尺及泉，灟沟而涸。荆、楚之地，在于“见”，其星并于“出”，“出”与“见”交，其野汪濒，其山峀峤，是在汉内。其虫有蠪及蛓。其阴为汇，上不汲谷。其阳为介土，三十六尺而至于泉。夔、泸之地在于“役”，其星分于“齐”，“齐”与“役”交，其野罙阻，是在汉内。其山瀵泉，下流如建。其虫觭觢。其阳承水，五尺而及泉。其阴已泻，六十尺而至于泉。雍、梁之地在“说”，与“战”并交于“见”。其虫驳貀、羱羊，其水并泻，是有庚泥，高原之野，率六十尺而至于泉。泽、潞之地在于“劳”，其星交于“见”，“见”入于“役”，其野连蹇，其山积甗，其水繁溜，人木俱眚。玉井而上，二十五尺而至于泉；军井而下，四十尺而至于泉。赵、代之地，“成”、“劳”之间，其星在“役”，劳役之野，与泽潞比。其阴积水，是多冰雪。其阳为衔，其虫狐、鼠，是为刚土，七十二尺而至于泉，其上九尺则戾于汉。故泉上比至于九尺，下比至于七十二尺，谓之涵素。黄钟之宫，九野所视，以为分域。鲁、卫、宋、郑、周五者，宗气之动，所纳于鹑火，而发于咸中也。故天汉属地，钟律所始，泉动于下，星应于上，万物所视，以为井络也。治其井者不伤其络，治其络者不沴其营。圣人之为城郭、坟墓、宫室，谨视其俞，以卫其营，使其存以养生，归以养死。人食于五祀，而用于寝与庙。故为生为荣以养阳，为归藏以养阴。

厥阴之木归于亥，太阴之火归于卯，故杨、越巽也，在地以谓之轩辕，在天以系之星纪，星纪以木而著于亥；荆、楚离也，在地以谓之觿觽，在天以系之鹑尾，鹑尾以火而著于卯。木火之阳荣于寅，两金之交并于巳，故宋、郑震也，在地以谓之鹑尾，在天以谓之寿星，寿星以震而乘于寅。陇、蜀兑也，在地以谓之娵訾，在天以系之鹑首，鹑首以金而著于巳。此三德者所以慎生也。阳明之土萌于子，阳明之水萌于午，故燕、蓟艮也，在地以谓之天根，在天以系之玄枵，玄枵以土而著于子。汾、沁坎也，在地以谓之析木，在天以系之实沈，实沈以水而著于午。太阴之土瘗于巳，少阴之水瘗于未，故夔、泸坤也，在地以谓之大梁，在天以系之鹑首，鹑首以土而著于巳；祁、磁坎也，在地以界于析木，在天以系于大梁，大梁以水而著于未。两德者所以厚死也。德有阴阳，行有生死。圣人导民，使生不废养，死不败藏。故有圣人作，则必慎于水德矣。水者，四德所因为生死也。周弱于三河，郑淫于溱洧，水德衰于河南。宋弊于徐睢，卫垢于淇泉，鲁文于汶泗，水德分于河北。水有生死而土渐之。故复，生也；临，垢也；泰，长也；壮，仕也；夬，盈也；乾，虚也；姤则病也；遁则退也；否则没也；观则藏也；剥则果也；坤则芽复萌也，十二者天之所著不息也。咸恒、履畜、两济、剥复，八者地之所著不动也。地无恒死，天无奇生。圣人为仁以厚其生，为智以固其房。故谨出于咸，谨齐于履，谨见于济，谨役于剥，谨说于恒，谨战于畜，谨劳于未济，谨成于复。敬此八者，故其知气不瘁，体魄无害，夫妇、臣子、宾旅无怨，以为政治战祭，不迩于祸而近于德，故德、行、色三者，圣人之所均察也。行成而藏之为德，德成而显之为色。五气之表，皆有其色。圣人者葆内以卺其外，察表以摄其里。体正九尺，伸屈藏望，不过八千一百里。意以疗之，义以起之，气以宾之，形以尸之。理死以生，理生以死，皆奠于土而慎于水，谨系命门而涓于胃。故天下将动，则杨、越乃沸。荆、岐诊阳，涪、邛诊阴，三尺而下，融融禹禹，不陨其房，则可循昭穆东面而皇矣。圣人为法，首天者正以南，首地者正以东，天地之奥二万四千里。奎壁以阴，轸角以阳，各数万里，鸟兽鱼龙之所分治。不行其庭，不见其人，贲色元声，藏于其精，故谓之圣人。

右图以兑、震倚数为山河之首尾，兑发于申、庚之中，与坤分界，正位于娵訾。震发于寅、甲之中，与艮分界，正位于鹑尾。鹑尾当太微之中，娵訾直天厩之下。陇、蜀、杨、豫为天地之冲维，任督二脉所交,输于脑咽也。兑之象交为艮,故兑以为顶,艮以为手。手之三阴,皆起于胸府,终于指端;其三阳皆起于指端,终于脑际。艮之象反为震,故艮以为手,震以为足。足之三阳,皆起于脑际,终于踵拇;其三阴皆起于踵拇,终于胸包。手足阴阳,经络相输,左右顶踵,各丈五尺,河图所谓十五也。尺皆九寸,黄钟所起。两艮之合,系于兑首;两震之合,系于艮中,皆七尺二寸。以九约之,皆六尺四寸有奇。手足左右,皆三尺二寸,首腹九寸,盈缩相等,皆八尺一寸矣。岳渎之行,方于人身,一尺千里,中原纵横,径围之数,不过二万四千三百里,江河两络分行七千二百里。河自鄯兰以溯积石,江自迭嶓以溯黑松,为上颈维,益九百里,故八千一百里为两络之径率也。

肺为手太阴,左右合二十二穴。心为手少阴,左右为十八穴。心包络为手厥阴,左右亦十八穴。凡手之三阴五十八穴,皆起于朱圉、殽函而内,循于燕山、越峤之端。大肠为手阳明,左右四十穴。小肠为手太阳,左右三十八穴。三焦为手少阳,左右四十六穴。凡手之三阳百二十四穴,皆起于燕山、越峤之里,系于嶓岷、洮桓之端。胃为足阳明,左右合九十穴。膀胱为足太阳,左右合一百二十六穴。胆为足少阳,左右合八十六穴。凡足之三阳三百二穴,皆始于嶓岷、桓洮之表,达于越门、辽海之端。脾为足之太阴,左右合四十二穴。肾为足之少阴,左右合五十四穴。肝为足之厥阴,左右合二十六穴。凡足之三阴百二十二穴,皆发于吴门、莱海之里,达于瀍涧、渭洛之端。通六百四穴,以任督五十一穴,去其通隧,足之为六百四十穴。余俞正别,交于脏腑,又八十有九,行于中州、杨、豫、关、洛之中,凡七百二十有九。故嶓岷而东为之地肺,太华为主,导于手之中络,起于中府,终于少商,传于北河,输手之阳明。殽函而下谓之心包,谷阳为主,导于手之中络,起于天池,终于中冲,传于河间,输手之少阳。瀍涧而下谓之胃,嵩高为主,导于足之下络,起于颈维,终于厉兑,传于江口,输足之太阴。太华而北谓之肝,王屋为主,导足之下络,起于大敦,终于期门,传于渭汭,输手之太阴。

嵩高而南谓之脾，内方为主，导足之下络，起于隐白，终于天包，传于汉汇，输手之少阴。琅琊而西谓之肾，匡、庐、蒙、砀为主，导足之下络，起于涌泉，终于俞府，传于汝颍，输手之厥阴。琅琊而东为足太阳，钟山、岱宗为主，导足之上络，起于睛明，终于至阴，而江河之流乃至于海。故江为手之太阳，河为手之阳明，两络之中各三千六百里。艮震之合，益九百里，恒阴衡阳，带于两胁，为垂艮之天井，其表为少海，里为曲池，相去亦八千一百里。五岳相距，中为三焦，上出于伊，中出于颍，下出于睢。出伊如雾，出颍如沤，出睢如渎，其络亦齐于两艮，起于冲关，终于耳门，以会于足之少阳。故五脏六腑、八脉十五经络皆相为输灌也。坎离两海，交于膻中之下。恒阴以水而生肝，注于灊霍。衡阳以火而生脾，注于庐阜。杨、豫之中，西达陇蜀，入于髓海。洼而行者谓之任，隆而行者谓之督。浊者为卫，清者为营。营卫之行一日三十六周，导二万六千二百四十四穴，宗气嘘吸，一左一右一冲，损益疾徐，脏臓之分三候，各八千七百四十八息，半之为岁际之辰，又半之为息极之候。大地循环十三万二千九百五十五里，人得大地十分之二，阴阳之合也。恒山以东，会于人迎。衡岳以东，会于气口。中原脏腑，于是见征。九候浮沉，表里所扼。故曰持其脉口，以知阴阳平与不平。秦汉之乱，始于山东，五季以还，割于江左，是其证也。

治乱在于下，符应见于上。分野之说，肇于《禹贡》、“保章”，盛于春秋战国，原本山川，精气所属。于时日在牛斗，地塞江南，九州之辨，以河为戒。僧一行言“山河之象，存乎两戒”；“观两河之象，与云汉终始，而分野可知”。其说盛传，于今不改。盖以参、井为云汉之经首，秦、晋当之，在于上流，用武之国。斗、箕为云汉之末际，吴、燕当之，在于输委，用文之国。凡列舍在云汉之阴者八，为负海之国；在云汉之阳者四，为四战之国。周、卫在于中州，寒燠所均，近于紫宫。宋、郑入于三门，斗杓所系，近于帝庭。以是推之，分野可知。然其说依稀，檃括未著。又吴、越在星纪，燕、蓟在析木，次殊南北；青州在虚危，兖州在降娄，位别二方。负海远近，既不能均,升气初中,又终未合。盖胡夷两戒,为山河之定体,而州国异古,为精物之散系。以易而言,则有交与不交,上流不交而末流始交。故井、鬼同源,而斗、箕异地。以象而言,则有属与不属,属狭者近而反远,属衺者远而反近。故鲁以附路,近而反远;齐以羽林,远而反近也。至其山川星日,各本其方,形与气附。卫当河内,有螣蛇之形。鲁据岩瞻,倚天将之势。齐为大国,自北落、羽林、列国而益东。吴为泽野,自天渊、元鼋、承流而弥下。燕临天市,轩辕之故都,饶于鲜食。宋在河济,阏伯之旧墟,是多车卒。河南,角、亢、三垣夹其中。太皞、烈山、颛顼、高辛皆有十宅。荆、杨,翼、轸、太微覆其上。洞庭、鄱阳、庐衡、巫岘亦为巨观。明堂稷庙,列洛室之分;弧矢河门,著雍梁之域。晋山五峙,其峭倩者下于咸潢。赵势髦头,其宛延者出为园囿。执斯以求,参其行位,大欵可悉矣。

今以见星为主,辨其主客,亲下者为主,亲上者为客。房见于正南,则虚见于正东,正东齐也,虚与房交而正东方。心见于正南,则牛见于东南,东南吴也,斗与心交而正东南。宋、齐、吴、越,亲为主客。星见于正南,则箕见于东北,东北燕也,箕与心交而正东北。张见于正南,则心见于正东,正东以内宋也,心与张交而正中州。三河、九河亲为主客,井、鬼见房而在西北,杨、越见房而在东南,青、齐见房而在东方,赵、代见房而在正北,鲁、卫见房而在河北,梧、桂见房而在汉南,故房者万物之所宿也。房正万物,以代星之位;星正其方,以授房之柄。故日系于房,而星系于星,房相星主,代为命也。房在两咸之中,内导鹑火,以吐于天驷。天驷,相火也,而时为君。东齐西周,乾秦巽越,坤楚艮鲁,北正赵魏,皆以房中相火为君。以星为君者,独氐、房、心耳。宋德木尽,禅明于火,火德且衰,则天驷复相。故房、心之间,天相素王,所共为位也。故天有三门,艮以为尊。艮者,氐、房之间,其中有东咸、西咸,其上有天乙、太乙,五宗之气皆会于艮维而动于咸中。地有三首,兑以为端。兑者,乾坤之间,其北有天厩、螣蛇,其南有玉衡、乌帑,两戒之络皆交于复际而发于临始。天有差缠而地无改舍,故星次之移递,转于天虚。房、星、昴不定其东西,江河之流,永分于地。轸、角、壁、奎,自绳其卯酉也。天地交合,阴阳互易,五阳五阴,分司泉天。两旗、五车,正于离南,少昊从之,以宅于胃。霹雳、螣蛇正于兑西,颛顼从之,以娶于室。七公、天市正于坎北,太昊从之,以孕于杓。天权、太微正于震东,烈山从之,以集于翼。斗魁、紫宫正位于中,有熊从之,御于轩辕。五帝所从,皆从其生也。故五德之气,乘于所生;五德之色,见于其荣。木、金、火三者,皆本其生而用其荣。土用其荣而水用其枯,水用其养而土用其藏。复、临、泰、壮、夬、乾、姤、遁、否、观、剥、坤十二者,行德之数也。形见其德,位见其行,星见其色,色不如行,行不如德,故曰德为上,行次之,色又次之。风者为虫,衍者为水,伸者为神,屈者为鬼,生者奇屈,死者恒伸。亢池、大陵、积尸、天津,谨治其井而卫其营。故治生以理死,治死以理生,死者圣人之智,生者圣人之仁也。

孔图纬下

卦		度	星汉	八际分山
说之出	初九	奎九度	阁道	神水　　马湖黔江界
	九二	八度	附路	宝屏阁梯
	六三	七度		金粟亭台芙蓉
	九四	六度		荣德朱提摩旗南寿
	九五	五度		平羌师来石城宝　九牛
	上六	四度		峨眉龙腾桂轮方　云台石柱
说之齐	初九	三度		龙鹄
	九二	二度		熊耳凌云容子
	六三	庚〇		长秋玉京月台團
	九四	一度	螣蛇	邛莱三嵎葛山南　望州
	九五	壁九度		雅安石矩玛瑙摩围倚天女娲
	上九	八度		瓦屋磨玉
说之见	初九	七度		铜官
	九二	六度		大风象耳龙洞神龙彭　苏岭
	六三	五度		玉堡宜城少岷邻　甘
	六四	四度	策	泸　真多铜梁火竹
	九五	三度		蒙　丽元火盘
	上六	二度		鹤鸣逍遥
说之役	初九	一度	螣蛇	武担
	九二	室十六	王良	金马华蓴瀛　最高汉城武关
	六三	十五		崌崃东止途　万　都历
	六四	十四		青城香云三华龟
	六五	十三		多融大蓬重壁
	上九	十二		威雪天社

续表

卦		度	星汉	八际分山
说之说	初九	酉〇		周石
	九二	十一		七盘大隋
	六三	十度		蜀高玉礨缙云
	九四	九度		嶅　龙池青石平都
	六五	八度		石钮白崖酉阳宕渠盛汤
	上六	七度		紫岩金华登青大竺高梁商谷
说之战	初九	六度		豆嵦
	九二	五度		石磬云居
	六三	四度		松桑龙固果山
	六四	三度	天厩	蚕陵牛头大方木兰太平鲁峰
	九五	二度	螣蛇	上真天鴋西充项山赤甲
	上九	一度	天厩	麻爪明月南岷王望
说之劳	初九	危十六	天厩	雪兰
	九二	十五	螣蛇	崆峒高　金城哥岭长崖鸾堂
	六三	十四		牛心雷门秀屏盘回麻岑
	九四	十三		大匡梓橦白鹄崑
	六五	辛〇		石门武连凤凰
	上九	十二		弩牙葱岭
说之成	初九	十一		龙
	九二	十度		盘池云台蟠龙朝天云门三涂
	六三	九度		东陇离堆文城白崖金竹
	六四	八度		石鸡大剑平梁巴岭
	六五	七度		摩云雁门石燕
	上六	六度		阔转大巴
战之说	初九	五度		冷峪　　　　江源汉阴界
	九二	四度		黑松青泥
	九三	三度	杵	积石屏峡鹿王
	九四	二度	车府	井硖石船铁桥白熊
	九五	一度		锁林斗　定军玉女南嶓
	上六	虚十度		通谷麦积四州團栾乐篔筜象岭

续表

卦	度		星汉	八际分山
战之战	初九	九度		驼项
	九二	八度	车府	龙脊宝盖
	九三	戌〇		皋兰九龙鼎
	九四	七度		龛　术皮天井米仓
	九五	六度		鸟鼠瓦亭仇池连城褒谷
	上九	五度		西倾银椿通灵石鼓武都熊耳
战之劳	初九	四度	车府	箭筈
	九二	三度		大非此嶓鹫鹫益门
	九三	二度		五竺雉头伶伦长原骆
	六四	一度		素岭须弥祁　横岭石驴夸父
	九五	女十一		天都横　龙盘
	上六	十度		乌兰保
战之成	初九	九度		三危
	九二	八度		甘浚襟　汧　陈仓太乙潼关
	九三	七度		鸣沙隐形陇　石楼终南
	六四	六度		祁连马屯皋靡灵山
	六五	五度		马支六盘潜
	上九	四度		天山屏
战之出	初九	乾〇		马蹄
	九二	三度		合黎回中皛然
	九三	二度		人祖天坛玉母三峙
	九四	一度		三陇景　桦　太白龙首
	六五	牛七度		嘉峪乌仑碧涧明月尧门阌
	上六	六度		金　炎
战之齐	初九	五度		峡口
	九二	四度	天津	黑　马岭雍　横岭
	九三	三度		狼　抚琴岐　武功秦岭
	六四	二度		雪　雕阴五将九嵕玄扈函谷
	九五	一度	天津	贺兰延　桥
	上九	斗廿五		崆峒绥

续表

卦	度		星汉	八际分山
战之见	初九	廿四		石门
	九二	廿三	左旗	东陇嘉岭罗　敦物骊　橐
	九三	廿二	天津	桃华清凉三埏嵯峨荆
	九四	廿一		紫燕青眉洛　巇山
	六五	亥〇		玉狼玉龙
	上九	二十	河鼓	石鼓碧簪
战之役	初九	十九		朱圈
	九二	十八		西岩风岭云岩孟门符禺青要
	九三	十七		吴　独战梁　玉华太华
	六四	十六	右旗	斗　疏属龙门鳌背
	六五	十五		雕窠葭岭女学
	上六	十四		铁塘虎骨
劳之说	初六	十三		紫金　　　　　　黄河西下界
	九二	十二		黄云永宁
	六三	十一		屏　壶口大阴
	九四	十度	渐台	翠羽乌龙两乳首阳
	九五	九度		北楼南楼五鹿五老箕
	上六	八度		岢岚蒲子风　王官砥柱贞阳
劳之战	初六	七度		拂云
	九二	六度		滑涧汾
	六三	壬〇		黑风狐岐三磴孤
	九四	五度		天柱吕梁九箕稷神檀道
	九五	四度	天弁	管涔麓台姑射绛　中条历山
	上九	三度		大岭万户平
劳之劳	初六	二度	天弁	周
	九二	一度	斗杓	蒋　隐　泉罗云汤　玉钩三门
	六三	箕十度	天弁	天德白彪岳阳龙角折腰
	六四	九度	吴越	太和狮鼻九泉南尧
	九五	八度	宗室	紫泠万目绵山
	上六	七度	徐	亭子石室

续表

卦		度	星汉	八际分山
劳之成	初六	六度	宗人	枝泉
	九二	五度	东海	云中霍　石盘卧龙傅岩王屋
	六三	四度	宗正	厦屋娄　铜鞮乌岭鸣条
	六四	三度		雁门介　护甲羊角
	六五	二度		金龙超　石梯
	上九	一度	箕	西峨帻
劳之出	初六	子○		七峰
	九二	尾十八	天龠	清凉马岭三嵕
	六三	十七	糠	方　鹰　龟　百谷
	九四	十六		火　天崖盘秀天坛钟鼓
	六五	十五	鱼	白登圣阜凤台崦　折城太行
	上六	十四	傅说	高　石泉
劳之齐	初六	十三		黄华
	九二	十二		枚回鹿台九京发鸠
	六三	十一		官　春　五指伏牛五门石峡
	六四	十度	龟	秦戲涡　辽　壶关华盖
	九五	九度		玄岳圣钟箕
	上九	八度	尾	五峰正阳
劳之见	初六	七度		太白
	九二	六度		封龙少　苍岩
	六三	五度		玉屏蒙　剑　黄山豆庐温峪
	九四	四度		高是冠　白石庆云司马
	六五	癸○		千夫白马水帘羊头
	上九	三度	神宫	隘门五台
劳之役	初六	二度		大泒
	九二	一度		龙泉藏　云凤天平粟　玉泉
	六三	心六度		黑鹰石鼓箕　崇山倚阳
	六四	五度		岳岭皋落蓬鹊紫金
	六五	四度		五曲文　擅
	上六	三度		野狐庐

续表

卦	度		星汉	八际分山
成之说	初六	二度	积卒	大松　　　卫河东凑界
	六二	一度	积卒	卧龙莗
	九三	房五度	以上	赤城西屏石溜
	九四	四度	比河	白杨少容五马孤丘
	九五	三度		龙门马耳钩盘石门东嵋
	上六	二度		独石松　卧龙风门神鹿大苍
成之战	初六	一度		浩门
	六二	氐十六		石城唐岩
	九三	丑○		雁谷大茂尧
	九四	十五		西山抱阳于言龙岗
	九五	十四		燕山伊祁紫薇百华隆卢
	上九	十三		香山磨笄鹿岩黑山黄华神
成之劳	初九	十二		玉泉
	六二	十一		白浮郎
	九三	十度		军都桥　鼓城汤　韩陵林落
	六四	九度		黍谷大翮石龟邯　五老
	九五	八度		白檀阪泉武强浮丘
	上六	七度		盘龙涿鹿班妃
成之成	初六	六度		崆峒
	六二	五度		妙峰历　建成紫　宝天坛
	九三	四度		黄崖缙阳乐寿天台苏门
	六四	三度		喜峰紫凉中青鸡泽
	六五	二度		明月大房西青
	上九	一度		榆岭仰
成之出	初六	艮○		苇谷
	六二	亢九度		庐峰玉带
	九三	八度		横　幽都桂岩
	九四	七度		阳　甕　鲁阳枉人
	六五	六度		黄台独鹿中条大任历
	上六	五度		兔耳大雄白马秋　梁泊　南武

续表

卦	度		星汉	八际分山
成之齐	初六	四度		龙泉
	六二	三度		都　莫金
	九三	二度		龙　盘　庐师
	六四	一度		石门南龙天胎白马
	九五	角十二		玉狼陈宫北平洪洋玉符
	上九	十一		卑耳徐无盐　惬　岱宗毂城
成之见	初六	十度		医巫闾
	六二	九度		辉　云应骝
	九三	八度		首　龙门马谷沙麓石间徂徕
	九四	七度		大圜塔　商　弇　大峪
	六五	寅〇		白云赤　　长白陶
	上九	六度		木叶大巫
成之役	初六	五度		大白
	六二	四度		长白吕凤九回鸣石长白大石
	九三	三度		秋逾长生稷　华踋峡谷
	六四	二度		大单麻姑孤　釁
	六五	一度		凌汉饮岛塔
	上六	轸十七		白马没岛
出之说	初九	十六		丹崖　　　九河入海界
	六二	十五		羽山沂
	六三	十四		系马云门桃
	九四	十三		文登穆陵君　阳山
	六五	十二		之罘岘　薇　文亭夷
	上六	十一		岠嵎雕屋毫　虞城狗脊大周
出之战	初九	十度		成
	六二	九度		乳　蒙阴
	六三	甲〇		姑余龟　九里
	六四	八度		大仑峄　鸡鸣蒙
	九五	七度		寒同防　云龙北狼令武
	上九	六度		五龙昌平吕梁大蜀首山广武

续表

卦	度	星汉		八际分山
出之劳	初九	五度		莱
	六二	四度		鳌　葛　华
	六三	三度		石城马陵砀　大别
	九四	二度		天井恒　磐石武陟嶬岈
	六五	一度		不其碧　仙掌龙眠天中嵩渚
	上九	翼十九		膠　浮
出之成	初九	十八		劳
	六二	十七		金泉石固
	六三	十六		砺阜城子鹿鸣
	六四	十五		马耳都梁凤凰罕　朗陵灵源
	六五	十四		琅邪潼　荆　浮槎确
	上六	十三		孤奎瑯琊龙尾孤
出之出	初九	卯〇		峄
	六二	十二		浮来石头
	六三	十一		箕屋钟　涂
	九四	十度		朐　摄　　丰　石帆
	九五	九度		孔望峨眉龙蟠龙穴芦冈
	上六	八度		神居茅　华盖王姥贤首具茨
出之齐	初九	七度		钵池
	六二	六度		云　龙鸣
	六三	五度		甘泉石屋镆铘冶父
	九四	四度		昭阳牛首云母梅　浮弋
	九五	三度		狼　芝　韭　浮丘石盘抱獐
	上九	二度		孤　西梁梁
出之见	初九	一度		北固
	六二	张十六		黄鹤碇
	六三	十五		九龙三山历阳金庭霍　三磴
	六四	十四		京岘天门阴陵慈姥英
	九五	乙〇		大伾采石华阳盛唐
	上六	十三		黄　牛渚濡须

续表

卦	度		星汉	八际分山
出之役	初九	十二		白茅
	六二	十一		马鞍五牙四顶司空潜　三峰
	六三	十度		天平荆南敬亭五松皖
	六四	九度		灵岩离墨陵阳齐
	六五	八度		宝　横山文脊
	上九	七度		凤凰洞庭　　　三江入海界
齐之出	初六	六度		龙湫
	九二	五度		金粟灵岩
	九三	四度		秦驻王城沃州
	九四	三度		三山仙居天姥吴
	六五	二度	以下	招宝韦羌五泄萧　大涤
	上六	一度	南河	芦　括苍天台鸡鸣天目青阳
齐之齐	初六	星七度	天稷	罗璧
	九二	六度		四明石门
	九三	辰〇		天童孤　会稽
	六四	五度		宝化凤凰云门青牛
	九五	四度		雪窦吴　苧萝乌龙白石
	上九	三度		象　百丈句象富春紫岑九华
齐之见	初六	二度		青泉
	九二	一度		华盖洞宫
	九三	柳十四		大固湛卢方岩金华华容
	九四	十三	天稷	楼旗九峰万松芙蓉乌聊盖岑
	六五	十二		灵岩黄岩南明岩峒
	上九	十一		王城金楼金胜
齐之役	初六	十度		委羽
	九二	九度		白石高盖白阳石英大鳙慱阳
	九三	八度		大箬石帆玉柱蟠桃灵岩
	六四	七度		雁宕栟榈牛头东华
	六五	六度		玉苍五华大楼
	上六	五度		大罗罏峰

续表

卦	度	星汉	八际分山
齐之说	初六	巽○		青田
	九二	四度		百丈滴水
	九三	三度	天纪	太姥新乐江郎
	九四	二度		霍童卧龙仙霞常
	九五	一度		郎官翠华武夷怀玉祁
	上六	鬼二度	外厨	玉融金铙天湖鹅湖林历凤游
齐之战	初六	一度		雪峰
	九二	井卅三	外厨	九龙绵
	九三	卅二		青源凤翔渔梁
	九四	卅一		云盖武　幼　云林榔木
	九五	三十		梁　华表九峰灵谷石藏马迹
	上九	廿九		龙岩齐云七台巨英
齐之劳	初六	廿八		鸡鸣
	九二	廿七		南宝楼盖
	九三	廿六		灵蛇铜钵飞猿赤松灵　大矶
	六四	廿五		武平梅　麻姑华盖鬼谷
	九五	巳○		莲峰夜光中华眠象
	上六	廿四		灵隐白茅望军
齐之成	初六	廿三		项
	九二	廿二	天狗	大冒太平
	九三	廿一	水位	兰　金精壶公曹　西山马当
	六四	二十	南河	鼓岭雩岩金牛铜斗百丈
	六五	十九	北河	盘古商雒云盖金华
	上九	十八	积水	南明东龛龙华
见之出	初九	十七		湫头　　章贡入江界
	六二	十六	天罇	神光松梓
	九三	十五	阙丘	黄岐灵应石空
	九四	十四		紫云崆峒朝元阁皂
	六五	十三	四渎	嵩螺妙高芙蓉玉笥华林
	上六	十二		梧桐金蜡秋　螺　灵峰庐

续表

卦	度		星汉	八际分山
见之齐	初九	十一		霍
	六二	十度		罗浮四会
	九三	丙〇		龙母青草九口
	六四	九度		灵池南源　玉泉香城
	九五	八度		白星犹　石舍仰　旌阳
	上九	七度		莲花石君青原武功钟台黄梅
见之见	初九	六度		韶石
	六二	五度	五侯	南华九连
	九三	四度		滇　大庾黄柏
	九四	三度	井	皋石聂都洞阳罇
	六五	二度	四渎	云门龙凤石姥禾　武昌
	上九	一度		越秀大章云阳浮冈蕲　桐柏
见之役	初九	参十度		浮丘
	六二	九度		白云青嶂
	九三	八度	钺	灵洲桂岭大峰紫盖黄鹄中阳
	六四	七度	坐旗	二禺监豪小沩庐霄九嵏
	六五	六度	司恠	崖门洪崖十房阳岐
	上六	五度		天岭昌　玉劄
见之说	初九	午〇		烟萝
	六二	四度		海陵阳
	九三	三度		封门九疑岣嵝
	九四	二度		七星桐柏衡岳黄连
	九五	一度	三泉	石峒澮崖大凑龙泉陪尾
	上六	觜一度	天关	铜鱼群玉青阳梧桐大别天封
见之战	初九	毕十七		龙湫
	六二	十六		高凉月岩
	九三	十五	天潢	浮梁宝方龙
	九四	十四	咸池	大廉云　梅　幕阜
	九五	十三		罗阳程　五溪赤壁玉华枣椒
	上九	十二		英灵橘　大峰白鹤阳林

续表

卦	度		星汉	八际分山
见之劳	初九	十一	休	瓊山
	六二	十度		黎母齐岳
	九三	九度		百良通星大溆
	六四	八度		天黄鄮　长溪大云橘木岘首
	九五	丁〇		鸣石秦　锝于龙盖荆门
	上六	七度		飞云白芒沧浪方台
见之成	初九	六度	棋	宴石
	六二	五度		都峤银殿
	九三	四度		大容荣　桃源彭　内方鹿门
	六四	三度		石袍隐　绿萝九冈紫盖
	六五	二度	噣	铁城潇　壶头石门
	上九	一度		勾漏相　天门
役之出	初六	昴十一	天船	白石　桂郁南流界
	六二	十度		思陵辰
	六三	九度		宜贵伏波金城
	九四	八度		燕石覆釜武冈一西
	六五	七度		阆石都荔宝溪武　香城
	上六	六度		南山鹅翎风门客星都亭鹿溪
役之齐	初六	五度	积水 卷舌	安禄
	六二	四度		灵　漓
	六三	未〇		秀林灵岩福湖
	六四	三度		横　驾鹤越城齐天
	九五	二度		昆仑宜　大篁独崖朱雀
	上九	一度		宝华青鸟北嶂百丈天楼方城
役之见	初六	胃十五		武号
	六二	十四		马蜕天门
	六三	十三		五花白龙白社
	九四	十二		震龙凯阳九登松明
	六五	十一		狼　照壁晃　龙唐飞凤
	上九	十度		孟英行郎天柱园屯高梁宝盖

续表

卦	度		星汉	八际分山
役之役	初六	九度		镆铘
	六二	八度	天船	都夷高连
	六三	七度	大陵	白乐广午铜鼓万胜阳台武当
	六四	六度		摩天党壁铜关西峡明月
	六五	五度		渌空马鞍宝带石桂
	上六	四度	大陵	金　红崖容
役之说	初六	坤〇		武阳
	六二	三度		青连岩孔
	六三	二度	积尸	白云白基狮岭
	九四	一度	大陵	八峰尾洒飞云大岩
	九五	娄十二		凌云南雾东坡华盖巴
	上六	十一		岜望双明马鬃圣登庸城天心
役之战	初六	十度		莲华
	六二	九度		祛丕木稀
	六三	八度		英武乌门石人
	九四	七度		盘江龙　玛瑙西峡捍
	九五	六度		云龙真峰摩泥东松石乳黄龙
	上九	五度		目则木容龙华西松
役之劳	初六	四度	天将	阳暮
	六二	三度		登楼隐毒
	六三	二度		玉筍月狐伯刻
	六四	一度		薇溪碧鸡乌蒙豹子伏牛月星
	九五	申〇		玉壁灵芝住雄大隐引藤
	上六	奎十六		蒙乐玉案烟萝乌通
役之成	初六	十五		蜢蝶
	六二	十四		兰津绿萝
	六三	十三		巍宝行雄乌洞龙岩三涪百重
	六四	十二		点苍幸丘八公碧云飞皇
	六五	十一		鸡足九顶六椢梅峒
	上九	十度		玉龙石宝十兀

右纬以天汉出没，别江河之道；以江河分汇，别八际之出。故天有分野，则本于中星；地有分区，则本于象度。形气互稽，其义一也。自《禹贡》以前，代有封域，九与十二，递为因革，而八际山川，纵横曲直，自为界限，条画井然。

自西南越嶲、神水、大鹿发于申、庚之中，为紫薇之地户，而坤、兑始交。至于七盘、蜀高、石钮、紫岩之中，而兑气始中。螣蛇、天厩，分野则入于卫，封域则在于蜀。自是以北，江汉分源，黄河出于洮陇之外，汉水导于嶓冢之阴，兑、乾始交，汉水界之，此一际也。

汉水而上，汧、陇、雍、岐，至于陈仓、三峙，而乾气始中。车府、天津，分野则入于吴，封域则在于秦。沮、漆、汧、浐、泾、渭同趣，至于同、华。自是以北，塞外黄河，合于葭芦，南下孟门，汾、绛、浍、涑，东过析城，乾、坎始交，河水界之，此一际也。

黄河以东，蒲子、狐岐，至于三嵕九崞，而坎气始中。龟鱼、傅说，分野则入于燕，封域则在于晋。自是以东，卫河分凑，漳、沁、洹、沇、溱、洧、涉、淇至于顿丘，坎、艮始交，南流界之，此一际也。

卫河以北，钩盘、马耳，至于独鹿、幽都，而艮气始中。斗柄之前，两垣夹分，银汉下流，环于南极。分野则入于宋，封域则在于燕。自是以北，桑乾、区夷、滹沱、涞、易，导于沧洲。自是以东，潍、淄、渑、泺、汶、济、大野导于盐泽，九河界之，此一际也。

汶、济而南，沂、沭、洙、泗，迨于孟潴，荥、雒、汝、颍，放①于琅琊，至于龙尾、石头而震气始中。翼、张之间，天庙在焉。分野则入于楚，封域则在于吴。自是以南，西受长江，娄松既道，荆、泖、滆、霅，漾于笠泽，震、巽始交，五湖界之，此一际也。

苕霅而南，西暨婺水，渔梁、青田经其中，下至彭蠡、鄱阳，而巽气始究。两河之戒，为天汉络。分野则入于梁，封域则在于越。自是以西，南接闽岭，汀贡瑞章，溪壑瓴建，北注于湖，湓、淦界之，此一际也。

① “放”，库本作“旋”。

章贡以西，南源九连，表极百粤，至于桂阳、九嶷，而离气始中。两旗、五车为天南府，分野则入于晋，封域则在于楚。自是以西，辰沅、沧浪合于潇湘，潜、沱、沮、溠、彭、蒙、鄢臼入于汉阳，施、黔、涢、沔汇于内，梧、郁、蒙、藤发于外，离、坤始交，浔、融界之，此一际也。

梧、郁以西，长江亘川，中尽黔滇，外尽南交，白基、红崖，坤气始中。大陵、天阴、积尸之墟，分野在于鲁，封域在于楚蜀之际。自是以西，华夷攸分，溆泸、涪綦发于内，丽盘、牂牁、澜沧汇于外，坤、兑始交，叶榆、马湖界之，此一际也。

于是八际，天地之所自界。坤势广川，分横于外。艮势支河，分横于内。乾势长源，倚流于首。巽势长源，合流于尾。坎正而离中，震表而兑里也。故此八者，非圣人莫之能定也。乾自嘉峪、贺兰而北，上九则亢。坤自渌空、阑沧而西，上六则战。亢穷则弃，战极则害。故八际之表，皆为危域，而乾坤及坎，其上殊凶，圣人之所独戒也。八际之里，皆在土中。兑自熊耳而东，取于三涂、女凡。乾自殽函而东，取于广阳、比卬。坎自王屋而南，取于轘辕、缑岭。艮自梅邢而南，取于抱犊、具茨。震自嵖岈而西，取于荆箕、大龙。巽下大江于中，寡取庐阜而上，取之石盘、仙居。离自天封而北，取于方城、泉白。坤自禹阳而上，取之豫山、崆峒。豫者，八里之所分取也。八里所取而震独多，震之一阳内而二阴外也。内者川泽所宗，外者水渎所会也。离坤嬴于南服，乾坎荒于北陬，北强而南柔，东明而西幽。坤之上可弃，艮之上不可弃，艮尊而坤卑，艮施而坤受也。

三易洞玑卷十

杂图经上

阴六之始，有龙战野；阳九之终，或丧其马。龙生于漦，上藏以龟，骊戎是求，其祸不违。马何骓骓，发于幽北，抗纵天下，至于南极。阴阳往来，八尺之端，云何不思？曰不可知。紫蓍九尺，得于申国，赤鸟衔尾，其数十一，菑数赢四，是谓阴六。坤始比物，其何以乐？曰易之道，有忧以乐，有乐以忧。忧乐临观，谁与谁求。寫舍之年，在坤之萃，招摇是直，祸发不退，后七百三十岁，招摇再直，亦有居摄，其乱乃迈。故易之道，四其体数，三其用数，加损十五，以为进退。乾坤纪灾，三更比端，不宁方来；五更比端，而六国为灰。故易以参伍递交而别灾岁。屯初交而为比，比上交者为观。屯观之间，谁知其原？智者乐之以厉，愚者忧之以痓。桓王十三年岁在甲戌，为坤之剥，九与上交，龙德不终，玄黄以凶，天王与郑，战于繻葛。战则不可，乃集于矢。霸主不起，是无天子。贯鱼谁服，果硕欲落。王郑相从，乃为列国。故剥者君子之所忧也。剥顺则复逆，复顺则剥逆。逆而从之，不十五年，交质遗禽，与祸相寻。丙子，盟、向之民乃迁于郏。郏，井也，改邑以井，人则与王，土则与人，以侯人戕，其共主贼则不取，而背成之讨乃敝乃漏。己卯，伐虢，以解于郑。即不解于郑，乃解于詹父。解于郑则已缓，解于詹父则已急。甲申，求车。求车革也，革者变也，天子不革命，诸侯不变礼，礼革以荒，是有大丧，乃至于六年不克葬。于是丁亥，庄王三年，王杀黑肩，王子克奔燕，在坤之离。离之错履，天子受之；离之突如，诸侯受之。故天子内也，诸侯外也；天子静也，诸侯动也。动而吉则以吉，动而凶则以凶，错履不敬，突如其来，死亡云忧，谁为其灾？鲁桓有丧，而莫之敢哀。癸卯，坤之中孚，始命曲沃，曲沃乃大，是不在灾岁。丙午，在坤之遁，王室始乱，燕、卫伐周，子颓以君。明年在泰，王处于栎。故泰者否也，否者君子之厄，遁者小人之智也。以天子不能其宠弟，侵牟以瑕，三年播迁，乃反其家，故家人道之至诫[①]也。周文公之圣而有蔡叔之命以为周诫，施于春秋，隐、桓乃穷，盖四百余年，子仪、子颓乐祸再奸，而卒以是衰。故隐、桓以为之始，朝、带以为之终，比德则治，比乱则凶。晋、郑初承，亦以是兴戎。天地所会，云雷之治也。以顺承之，立于无妄，其唯鲁季友乎？季友立君则不遂，酖叔则强志，而亦以无妄克长其世。落姑之盟，在是岁也。明年辛酉，闵公再弑，乃哭庆父，以正僖位，在比之益，无首而有它，益者下之所利、上之所不利也。

比终而临继之。临之初年，太子郑会诸侯于首止，临之咸利者也。其五年庚午，宰孔会于葵丘，为临之震，于是小白则亦且倦矣。王室多故，戎狄荐[②]侮，夷吾从之而无远猷。壬申，救戎于王门，大畜之道，小白则未之敢受也，忧之无咎则取焉耳。丁丑，成周，在临之随。明年，在剥，齐执鲁僖公，小白乃殁。乙酉，在临之否，天王出居于郑，避子带也。比之在泰，群阴翱翔，上下灭阳；临之在否，二阳皑皑，犹不得理。故否泰者反类也；玄黄反类，天地之所畏也。以四世之迫，不五十年，桓

① “诫”，库本作“诚”。
② “荐”，库本作“僭”。

则有克，庄则有颓，惠则有带，宠子耦嫡而循其辙，以夷吾则亦不诫，而内外观害，谓是阴阳之宪安，受之则悖，于是重耳为政。又五年，天王狩于河阳，圭瓒始降，牺象已出，于义则小过，于类则未失，是在己丑。重耳既衰，秦晋乃争。癸卯，襄王乃丧，毛伯求金，去求车之岁，亦八十年矣。于是晋卿主盟，实代诸侯，是在临之讼。临之为讼，贞悔皆变，而二三无过，为是君赞而柄以与臣，天水虽违，未沴其邻。又明年乙巳，郤缺会侯人于承筐，为临之旅。临之为旅，贞悔皆变而五独无过，为是静以我而动以与楚，厥貉不害则焚巢无与，是鲁获长狄侨如之岁也。故内外者，易之所专治也，于周不足则取之鲁，于鲁不足乃取之强臣霸主，于以观象察侯则备矣。壬子，鲁杀子视。子恶在鲁则多难，则王室则无故。王室既以柄与诸侯，而私咏其棠棣；鲁则以柄与诸子，而日讨其陵谷。故临之蹇，鲁独自蹇者也。蹇来于家人，至于节而已矣。比之家人，夫犹有家人焉。故子颓之祸，再寻而未已。乙卯，鲁乃辍郊，楚人观兵，江汉之流，中原是潆，是在临之困，临则且过矣，困则未为祸也。戊辰，宣榭火，于是乃祸矣。

自宣榭以来，于是百九十一年。坤授之比，比授之临，天道著行，在西北维。阴八之会，将反其始，地德犹故，乃复从治。故为水以与母，为木以与子。君子观于天道则与治，小人观于天道则与乱，不知其故则唯利是贯，王子札、王孙苏、毛召之伦是也。故师者虞也，比者忧也，临无与，观无求也。君子于乐曰不敢乐，于忧不曰敢不忧，进退存亡，于何是求。鲁成公之元年，王师败绩于徐吾，是岁辛未，屯乘于比，为云雷之次会。其先乙丑，比乘于屯，戎伐凡伯于楚丘。于是两轨，交难日起，夷方则建，强力是使。辛巳，王讼鄇田；丙戌，晋执行父，是在屯之随、涣。屯之随、涣，未为过也；屯之两过，是则过也。

癸巳，屯之小过，王怼和戎，而王叔贰于晋。戊戌，屯之大过，王人圜土，而晋大夫为之理堂序区，区祝则不举，而巫抱其主。戊午，在屯之节，王杀佞夫，子瑕出奔，是灾岁也；晋执行父，于是三十二年矣。比临之轨，周难三作，儋括潓嘻，景王曷乐，夫子瑕则未出户庭也，佞夫亦何出门庭之有？祸患之来，动葮以灰，不拯其马，不违其火，夫既已知矣，人谓吾灵不铄，何陈乃累其君而伤其亲。戊辰，颖俘还京，是无妄也。无妄之四，可贞无咎，詹桓伯有焉。无妄之上，有眚无利，晋阎嘉有焉。无妄之三，系牛以灾，甘大夫襄有焉。辛未，舆人杀原伯，刘蟿杀甘公及诸余子，是在屯之蒙，蒙之见金，刘献公有焉。甘原以亡，单刘载荒，将及王宫，故阴阳之祸有杂也、有见也。隐者多败，见者不失，故惠襄以屡出，灵景以佹失。君子于杂则持之以礼，见则裁之以义，故治或可起，乱或可止。

震轨之初年，晋止鲁侯，其先庚辰，衆茷是仍，于是宗国奉其君臣，壤土将圮，拱木先萎，谁为支子而薄其祢？丁丑，在震之屯，毛得攘杀毛伯过，于是王室始骚。明年，洊震，天下大讹。辛巳，在震之萃，王猛不终，乃乱乃嗟，一年三王，谁知其家？壬午，天王居于狄泉，在震之谦。天子则以谦，诸侯则以孙。震之噬嗑，雷电交至，南宫极当之。南宫极震死，又以甘氏煽其嚚子。子曰“善不积不足以成名，恶不积不足以灭身，小人以小善为无益而弗为也，小恶为无伤而弗去也，故恶积而不可掩，罪大而不可解”，王子朝之党之谓矣。甲申，公孙于齐，孙巽也；王入之为兑，公出之为巽。乙酉，震次于随，随时也。春，齐伐郓；三月，公处郓，谓之出门。冬，晋克巩；十二月，天王入于庄宫，是享于西山。故震者，天子之治也；匕鬯，宗庙之器也。天子以震，诸侯以巽，或震而失，或震而不失。自下上者谓之剥，自上下者谓之复。丙戌，剥肤乃败于公徒，公宾于齐,方于大夫。故天子失匕则居于诸侯,诸侯失匕则服于天子。晋为诸侯而听天子之讼,远于宗国,非义也。故震之与晋,天子所直,齐、晋与鲁所不得用也。晋尝两受之,洛邑、践土是也,于是而三矣。三而蕃锡,匮于天子。故晋者,明夷之反也。王室以昼,鲁以夜;王室以伤,鲁以诛。井者,乾侯之事也,在于郓则不得在乾侯,在乾侯则不得在于郓。龁繘羸瓶,内外无人。故王室之祸,叛于鞏者无成;鲁邑之祸,溃于郓者有名。壬辰,在震之睽,鬼豕张弧,季孙以孤,大陆之焚,于位者殂。故易之杓义,是不一指,动者为主。震之二上,以为睽主,"遇主于巷",叔孙、成子、范献子有焉。"张弧说弧",季孙意如、荣驾鹅有焉。"见恶人无咎",子家子有焉。"曳舆掣牛",宋仲几有焉。夫何其杂也?其臣方令,君不得正焉也。癸巳,以否作雉门两观,是为非制。丁酉,小过,天王居于姑莸。明年,乃入于王宫,于是天王四荐惊矣。黑肩之乱,不迁厥居。温氾狄泉,则与祸期。儋翩之来,鸟遗其音。虽曰勿忧,犹伤厥心。故多故者,日中之事也;鼓缶者,日昃之忾也。戊戌,在震之丰,单刘败尹氏于穷谷。己亥,在震之离,子言舍爵,乃丧宝王。故欲观天道,则于丰、离之间矣。丰外蔀而日以中,离外明而日以昃。外蔀之丰,不恤右肱;明殚之离,突如其来。故孚、过、坎、离,天道之表戒也。圣人为治,仰视天道,以别进退,因日未入,知慝所在。故为需则可以进,为渐则可以退;需不可以进,渐不可以退,劳成必败。圣人敬成,三邑乃来,不贪其功,不罹其灾,虽堕彼都,彼人则怀。故遵渚者,周公之事;渐逵者,仲尼之志也。鲁定公之十年辛丑,齐人来归郓讙龟阴之田。又明年癸卯,叔孙氏堕郈,季孙仲孙堕费,在震之需、渐,于是去周公六百八年矣,天下之治不可以遫效也。需渐之而不得志则命也。于是三年,仲尼乃退。故自大过而下不序矣。

周公之进，以益之乾；仲尼之退，以震之坤。姤夬之间，或长或消，孰穷其元？故忧乐者，阴阳之大候也。师比夬姤，为阴阳关，或启或扃，忧乐以分。小人胜君子以道，君子胜小人不以文。恒则不讨，何所亡？郯则不堕，何所存？麟何为来？世谁与君？故易之为道，有始也，有中也，有终也。坤乾始终，忧乐是从；比师姤夬，衡分其中。正者以正，乱者以乱，贞杂相加，孰知其断？夫欲观其消长盛衰，则坤乾始终上下而已矣。四轨始终，余十有三；贞杂消息，余十有七。自获麟而后，又十三年，鲁始为夷，君臣皆替。又四年，在师，众立悼公，三晋乃乱，立侯胥亡。故易之为道，文王执权，姬旦持衡，仲尼规圆，左氏画方，群龙潜飞，孰分其疆？智者从之，其道孔明，揆彼《春秋》，植于中央。

右图原本《春秋》，与《易》终始。《易》本天方，割四之圆；《春秋》本地圆，割四之方。南嬴北缩，终始轨历。贞卦始乾而尽于坤，中加孚过以为四表。杂卦始坤而尽于乾，中分乾坤以为两际。加四表者，前后各二千一百七十六。《春秋》退乾而加屯，屯与比交，故杂卦始比而贞体在屯。分两际者，前后各二千四十八卦，《春秋》分坤而乘比，比与屯合。故贞始乾中，终于坤；杂始坤中，终于乾也。今图文皆不始于坤乾，独举比始者，以杂卦专义，比师、姤夬在乾坤两端，忧乐消长，为经纬之大义。故退坤与比，犹贞纬之退乾而与屯也。

《易九厄》曰："初入元百六。""百六"者阴六，百为阴之误也。六八四十八，初入元四十八，《春秋》初元距犬戎入周、周室东迁四十八年戊午元始也。上元四千，合三百七十四为前后通历，又除四十八为阴六，三百七十四为阳九，九数不合，故合两厄以为四百八十。倍起之九百六十，以为阳九阴六也。圣人没而微言绝，不知

《春秋》六轨四百八十有六①,《易》八轨五百一十有二②。加《易》一轨,上及幽宣之间;加《春秋》三九,下暨汉秦之际。《春秋》用其阴,《易》用其阳,九六相合耳。阴九阳九之后,有阴七阳七,各七百二十;有阴五阳五,各六百;有阴三阳三,各四百八十;凡四千六百一十七岁③,经岁四千六百八,灾岁五十七,传为孔氏之言,是皆误也。

今以《易》、《春秋》推之,《春秋》六轨,灾分有九;《易》轨表始六寸四分,以表始乘灾分五十七岁。六分《春秋》六轨四百八十有六④,以九乘之,得六分灾岁之一。《易》九轨五百七十六⑤,去其灾岁,五百一十九⑥,皆尽春秋汉兴之会也。阴阳九六,遡于初元,上自甲子至于戊午九元,凡四千三百七十四年,所退灾分五十有四余三分有六。故自桓王元年,杂卦以始,与贞卦参行。其实贞、杂与《春秋》偕始坤乾两元,皆自戊午惠、隐之间以为初度也。历断于仲尼,上下古今四千三百七十四岁,每岁缩九,一元而与岁会,九元而缩九岁之历,六九五十有四,凡得七百二十九者五十有四⑦,得四百八十六者八十有一⑧,谓之九六入元之限。春秋戊午岁正月甲寅冬至不在蔀首,辛酉岁正月己巳朔旦冬至,下距僖公十六年丁丑正月戊申朔旦冬至,上距宣王三十二年乙巳岁正月庚寅朔旦冬至,各七十六岁,是在隐公、桓王,周鲁两元之间,圣表所立,三才之统会也。自是而下二十七章,秦统以绝,四稽其会,以尽胜国。所不可知者,唐、虞、夏、殷耳。《汉志》殷世三十一王六百二十九岁,夏世十七王四百三十二岁。《竹书》自汤至受二十九王四百九

① 81×6。

② 64×8。

③ 4617=4560+57。

④ 81×6。

⑤ 64×9。

⑥ 576−57。

⑦ 729×54=39366。

⑧ 486×81=39366。

十六年，自禹至桀十七王四百三十二年，夏历不殊而殷谱悬绝。徐皇亦有差异，杂书乃云商二十八世六百四十四年，夏十七世四百五十八年，五帝三皇亦为臆谱，犹之呓梦也。

今自周历以前，不复取谱，断自剪商而下，以《春秋》量揆羲轩之际，犹在胜国之间矣。谱牒尽于共和，共和而上莫考，贞纬上取宣王，要以《史记·鲁世家》为本，而《竹书》佐之。自桓王元年前百二十八年为历王七年，鲁真公嚊之九年，中分两际，为乾坤之交。宣王戊午，鲁孝公称之廿四年，则贞纬之乾际也。贞纬以平王四十九年、幽王十一年，并为六十，上下二年，当屯比之始，与蔀首元春俱合，用为轨始。以下俱本《史记》，鲁公伯禽四十六年，考公酋四年，炀公熙六年，幽公宰十四年，魏公濆五十年，历公擢三十七年，献公具三十二年，真公濞十四年，武公敖九年，懿公戏九年，伯御十一年，孝公称二十七年，惠公弗湟四十六年，春秋以前凡三百二十一年。《汉志·世家》本于《史记》，乃称伯禽至春秋三百八十六年，凡记炀公六年为六十年，献公三十二为五十年，武公九年为二年，遂差六十五年。两家谱牒，不知孰真，然而大史世业矣。《汲冢竹书》所记周历与鲁谱相符，但以成王元年为丁酉，武王克殷为辛卯，前后各差三年。

今以《春秋》、《易》历，与《史记·世家》校之，襄王八年丁丑正月戊申朔日南至，上距武王戊子四百九年，惠王廿二年丙寅正月辛亥朔日南至，上距武王戊子三百九十八年，两蔀之中，酌其真者，以四分约步，皆得武王戊子岁正月十二日甲寅冬至。以《授时》所定鲁僖公五年辛亥日十四刻较之，得武王戊子岁正月十三日未末冬至，经朔十一日三千一百七十三分三十九秒，至余十八日二千一百三十二分五十四秒，是月癸卯日五十九刻，余分合朔，前月十九日壬辰发师，翌日乃朝步自周，于征伐商。凡用师皆在弦望月旁，死霸定在望后，生霸定在望前，犹晦为明死，朔为明生，义之甚著者也。世儒推朔先天，以壬辰为朔二日，朔后二日尚未生明，胡云死魄乎？癸巳伐商，至正月十六，乃渡孟津。孟津去周尤百里，二十六日而达，于是月方正朔，日辰皆在大鼋，十二日冬至，会于列国之上，月在天驷。会朝，甲子前，癸亥夕，其夜可陈，未毕而雨。如在朔后二日，则夜不可陈矣。癸亥之先四日庚申，始在商郊。申为子之上宫，先月壬辰为发师之日，会朝甲子为清明之期，五位三所，于是迸合，而申长辰子，故夷则上宫长之曰羽。纬书言“亡殷者纣，黑期火”，戊申为子期，戊从癸化也，是岁距惠王廿二年丙寅三百九十八岁。岁星一次百四十四分，每岁一迁，辄逾一分为百四十五分。凡一百四十四岁，而逾一百四十五次。计自惠王丙寅距武王戊子上下三次，惠王丙寅岁在大火，则武王戊子岁在鹑火也。

凡谱牒虽亡，历法可通，自《史记·世家》而外，班氏应无别据。颛顼七家疏密，虽差不过数日，断无乖驰至六十五岁之理。要在《春秋》、《尚书》，上下相检，武王克商，周公营洛，成王顾命，三者不失时日，则周历可正矣。周公营洛在成王七年庚子春正月甲辰朔。二月乙未，王自周至于丰。三月戊申，太保至洛卜宅。庚戌，攻位于洛汭。乙卯，公至洛。戊午，郊社。冬十月戊辰，册周公后。《竹书》与《逸周书》皆可稽合，辛未成王三十八年春二月戊申朔癸亥哉生魄，王不豫，甲子王乃洮，作《顾命》，十八日乙丑王崩，太子钊立。《竹书》作三十七年癸酉，皆不得时日。《汉志》及诸书作三十年壬戌，皆上逾一轨至六十九岁。唯《史记》独合，断以甲午为成王元年，去克商六载也。鲁禽父四十六年薨，在康王十一年壬午，诸书皆误，损成王之年，上足克商，故以成王三十年并克商为三十七年，以成王元年始封，下足康王十六年，为禽父之历。自是诸公薨立间殊，王年修短，不复可证矣。《竹书》昭王即位十九年，《世本》即位五十一年；《竹书》孝王即位九年，《世本》即位十五年；夷王即位八年为十六年；厉王并共和二十六年为五十一年，凡增六十一年。《世谱》之多增周年，犹班志之加减鲁表，非有的据，唯约年分取，合其章蔀运世而已。班志犹取时日，印之历法；《世谱》徒存干甲，臆其空年。仲尼以乾知坤作，自谓无妄。如《三统》、《经世》，模索上古，非乾坤知作之义也。

共和而下，仲尼所存，众喙俱息。春秋才毕数年之间，又复乖异。鲁哀公二十七年癸酉秋八月甲戌，公如公孙，有陉氏因孙于邾，乃遂如越，丘明以是为春秋之终，四轨二百五十六年①，为参易之两，与圆图相辅。又推孔义，壬戌终始，至鲁悼公宁元年，亦尽四轨之年。勾践既卒，哀公不复，悼公始得正位，在定王之四年丙子，知赵始怨，谓哀公之殁在是年也。悼公三十七年卒，合其始立之岁为四十年，始于癸酉，终于壬子。哀公始于甲辰，终于丙子，凡适越后四岁乃殁。皇甫云"哀公元甲辰，终庚午；悼公元辛未，终庚戌"，误也。《春秋纬》义所始于桓王元者，下推汉唐，上溯殷周，比履之际，应余八年，文武代终，考旋之会，不加贞卦，则日履及否，尽其上爻也。故贞杂两纬，不加四卦者，周始于否泰，中于乾坤；汉始于随蛊，中于剥复，至坎离而尽，并无赢缩。乾元与《春秋》俱始贞卦为经，独加杂纬者，秦交于随蛊，汉交于两济，至孚过而加，再行一轨，《春秋》与屯元，各有盈缩，要以无盈缩者为体，有盈缩者为用，上下参观，可以微至也。古历尘骰，断无寻理，《春秋》下际，灿然可知，上际唯有周年文武受命为《春秋》之本。故自共和而上，至于克商，详略于前。能得文武之年，而后《春秋》上下、阴阳灾岁可步而论也。

① 64×4。

杂图纬上

贞杂前际　上余百二十四 小余四顺行下	
乾之艮	
戊午	鲁惠公四十六年
乾之蒙	
己未	鲁隐公元年
乾之观	
庚申	
乾之师	二月己巳朔食
辛酉	四月壬戌，王崩
屯之坤	周桓王元年
壬戌	春，卫州吁弑君
屯之比	
癸亥	
屯之临	
甲子	
屯之屯	
乙丑	冬，戎伐凡伯
屯之震	
丙寅	
屯之损	
丁卯	三月，鲁大震电
屯之大畜	
戊辰	
屯之萃	
己巳	冬，鲁翚弑隐公
屯之谦	鲁桓公轨元年
庚午	秋，鲁大水
屯噬嗑	春，宋孔督弑君

贞杂后际　下余百二十四 小余四逆行上	
坤之震	冬，宁宗崩，顺帝立
癸酉	元元统元年
坤之屯	秋，大震，天鼓鸣
壬申	秋，元文宗殂
坤之临	
辛未	秋八月甲辰朔食
坤之比	
庚午	至顺元年
未济坤	秋，和世竦殂
己巳	图帖睦耳立
未济师	泰定帝殂，明宗立
戊辰	怀王弑明宗自立
未济观	
丁卯	秋九月丙申朔食
未济蒙	
丙寅	
未济艮	
乙丑	
未济益	
甲子	泰定元年
未济无妄	铁失弑帝八剌
癸亥	立也孙儿
未济升	江南大水
壬戌	十一月甲午朔食
未济豫	元英宗至治元年
辛酉	夏六月癸卯朔食
未济贲	正月辛巳朔食

续表

贞杂前际 上余百二十四 小余四顺行下		贞杂后际 下余百二十四 小余四逆行上	
辛未		庚申	仁宗殂，子八剌立
屯之兑		未济巽	
壬申	七月壬辰朔食	己未	二月丁亥朔食
屯之随		未济蛊	
癸酉		戊午	春，地震，泰安山崩
屯之剥		未济复	
甲戌	秋，郑败王师	丁巳	秋，地震，泰州山崩
屯之晋		未济明夷	
乙亥	秋，蔡人杀陈陀	丙辰	
屯之井	秋，迁盟向于郏	未济困	四月戊寅朔蚀
丙子	冬，曲沃弑小侯	乙卯	五月成纪山移
屯之咸		未济恒	
丁丑		甲寅	秋，地大震
屯之涣		未济节	
戊寅		癸丑	春，有星孛于东井
屯之解		未济蹇	仁宗皇庆元年
己卯		壬子	夏六月乙丑朔食
屯之睽	郑忽出奔卫	未济家人	武宗殂力八达
庚辰		辛亥	
屯之否		未济泰	
辛巳		庚戌	夏，襄阳大水
屯之壮		未济遁	
壬午		己酉	
屯大有		未济同人	
癸未	秦人弑出公	戊申	武宗至大元年
屯之革	三月乙未，王崩	未济鼎	
甲申	郑伯突出奔蔡	丁未	成宗殂，子海山立
屯小过	周庄王元年	未济中孚	
乙酉	卫侯朔出奔齐	丙午	开成路震，坏王宫

续表

贞杂前际　上余百二十四 小余四顺行下	
屯之丰	
丙戌	冬十月朔日食
屯之离	齐杀鲁桓公
丁亥	王杀黑肩,出子克
屯小畜	鲁庄公同元年
戊子	
屯之需	
己丑	
屯大过	
庚寅	
屯之渐	
辛卯	
屯既济	
壬辰	
屯之姤	
癸巳	卫放公子黔牟
屯之乾	夏四月辛卯,恒星没
甲午	夜中,星陨如雨
屯之夬	
乙未	冬,齐无知弑君
屯未济	齐桓公小白元年
丙申	
屯归妹	
丁酉	
屯之颐	
戊戌	秋,宋大水
屯之讼	秋,宋万弑君
己亥	冬,王崩
屯之履	周釐王元年

贞杂后际　下余百二十四 小余四逆行上	
未济旅	
乙巳	夏,怀仁地陷
未济坎	有星孛于营室
甲辰	夏五月壬子朔食
未济履	平阳、太原地裂
癸卯	闰五月戊午朔食
未济讼	
壬寅	夏六月癸亥朔食
未济颐	
辛丑	
未济归妹	
庚子	春二月丁未朔食
未济未济	
己亥	秋八月己酉朔食
未济夬	
戊戌	
未济乾	大德元年
丁酉	夏四月癸亥朔食
未济姤	
丙申	
未济既济	夏四月,兰州河清
乙未	成宗元贞元年
未济渐	元世祖殂
甲午	皇孙铁木耳立
未济大过	
癸巳	冬十月,彗入紫宫
未济需	
壬辰	春正月甲午朔食
未济小畜	

续表

贞杂前际 上余百二十四 小余四顺行下		贞杂后际 下余百二十四 小余四逆行上	
庚子		辛卯	秋八月,平阳地震
屯之坎	蛇斗于郑	未济离	诸路大水地震
辛丑		庚寅	秋八月辛未朔食
屯之旅		未济丰	
壬寅		己丑	春三月庚辰朔食
屯之中孚		未济小过	
癸卯		戊子	
屯之鼎		未济革	
甲辰	冬,王崩	丁亥	冬十月戊午朔食
屯同人	周惠王元年	未济大有	
乙巳	夏五月壬子朔食	丙戌	
屯之遁	冬,燕卫伐王	未济大壮	
丙午	王出奔温	乙酉	春,发会稽诸陵
屯之泰		未济否	
丁未	秋,王及郑伯入邬	甲申	
屯家人	夏,王入王城	未济睽	
戊申	杀子颓及五大夫	癸未	
屯之蹇		未济解	
己酉	楚恽弑堵敖	壬午	秋七月戊午朔食
屯之节		未济涣	
庚戌		辛巳	秋,陨师于倭
屯之恒		未济咸	元至元十七年
辛亥	曹伯羁出奔陈	庚辰	
屯之困		未济井	
壬子	秋七月辛未朔食	己卯	宋室沦于海
屯明夷		未济晋	益王昰殂于硇洲
癸丑	十二月癸亥朔食	戊寅	卫王昺立
屯之复		未济剥	宋帝显入于元师
甲寅		丁丑	益王昰立

续表

贞杂前际　上余百二十四 小余四顺行下		贞杂后际　下余百二十四 小余四逆行上	
屯之蛊		未济随	
乙卯		丙子	宋乃降元
屯之巽		未济兑	六月庚子朔食既
丙辰		乙亥	元陷江南诸郡
屯之贲		未济噬嗑	宋度宗殂,子显立
丁巳	冬十月庚午朔食	甲戌	
屯之豫		未济谦	
戊午		癸酉	
屯之升	秋,庆父杀子般	未济萃	
己未		壬申	秋八月丙戌朔食
屯无妄		未济大畜	
庚申	鲁闵公启方元年	辛未	秋七月壬辰朔食
屯之益	秋,鲁庆父弑闵公	未济损	
辛酉	齐人杀鲁哀姜	庚午	春三月庚子朔食
屯之艮	鲁僖公申元年	未济震	叶梦鼎弃位归
壬戌		己巳	
屯之蒙		未济屯	
癸亥		戊戌	冬十月戊寅朔食
屯之观		未济临	
甲子		丁卯	夏五月丁亥朔食
屯之师		未济比	
乙丑		丙寅	
需之坤	晋侯杀世子申生	小过坤	度宗咸淳元年
丙寅	秋九月戊申朔食	乙丑	春正月辛未朔食
需之比		小过师	冬,理宗殂
丁卯		甲子	
需之临		小过观	
戊辰		癸亥	
需之屯	冬,王崩	小过蒙	

续表

贞杂前际　上余百二十四 小余四顺行下		贞杂后际　下余百二十四 小余四逆行上	
己巳		壬戌	
需之震	周襄王元年	小过艮	春三月壬戌朔食
庚午		辛酉	贾似道杀故相潜
需之损	晋里克弑其君	小过益	春三月戊辰朔食
辛未		庚申	元主呼必烈立
需大畜	王叔带以戎入京	小过无妄	
壬申		己未	
需之萃	叔带奔齐	小过升	
癸酉		戊午	
需之谦		小过豫	
甲戌		丁巳	秋,元入蜀
需噬嗑		小过贲	
乙亥	秋,鹿沙崩	丙辰	
需之兑		小过巽	春三月,雨土
丙子	冬,秦获晋侯于韩	乙卯	夏,蜀大震,闽浙水
需之随	春正月戊申南至	小过蛊	
丁丑	六鹢退飞过宋都	甲寅	
需之剥		小过复	春二月己酉朔食
戊寅	冬,齐桓公小白卒	癸丑	
需之晋		小过明夷	
己卯		壬子	春二月乙卯朔食
需之井	宋用鄫子于社	小过困	元主蒙哥立
庚辰		辛亥	
需之咸		小过恒	
辛巳		庚戌	
需之涣	楚执宋公于盂	小过节	
壬午		己酉	夏四月壬寅朔食
需之解	陆浑戎迁于伊州	小过蹇	
癸未		戊申	

续表

贞杂前际	上余百二十四 小余四顺行下	贞杂后际	下余百二十四 小余四逆行上
需之睽	晋文公重耳立	小过家人	
甲申		丁未	
需之否	叔,带以狄攻王	小过泰	元主贵由卒
乙酉	冬,王出居于汜	丙午	春正月辛卯朔食
需大壮	秦晋勤王	小过遁	
丙戌	夏,王还,京杀子带	乙巳	秋七月癸巳朔食
需大有		小过同人	史嵩之起复
丁亥		甲辰	
需之革		小过鼎	
戊子		癸卯	春三月丁丑朔食
需小过	王会晋侯于河阳	小过中孚	秋,元屠通州
己丑		壬寅	九月庚辰朔食
需之丰		小过旅	
庚寅	秋,鲁大雨雹	辛丑	
需之离	晋释卫侯于京师	小过坎	春正月,彗见营室
辛卯		庚子	夏,大旱
需小畜	卫迁于帝丘	小过履	
壬辰		己亥	秋,元复陷成都
需之需		小过讼	
癸巳	冬,晋文公重耳卒	戊戌	
需大过	陨霜不杀草	小过颐	夏,临安大火
甲午	冬,鲁僖公薨	丁酉	十二月戊寅朔食
需之渐	鲁文公兴元年	小过归妹	
乙未	三月癸亥朔食	丙申	
需既济	冬,楚商臣弑君	小过未济	
丙申	春,秦晋战于彭衙	乙未	
需之姤		小过夬	金亡
丁酉	秋,雨螽于宋	甲午	夏,献金俘于太庙
需之乾		小过乾	

续表

贞杂前际 上余百二十四 小余四顺行下		贞杂后际 下余百二十四 小余四逆行上	
戊戌		癸巳	
需之夬		小过姤	
己亥		壬辰	秋,彗见于角
需未济		小过既济	
庚子		辛卯	秋,太庙火
需归妹		小过渐	夏,李全焚临安
辛丑		庚寅	冬,有星孛于天市
需之颐		小过大过	元主阔台立
壬寅	秋,王崩	己丑	
需之讼	周项王元年	小过需	夏六月壬寅朔食
癸卯		戊子	七月,荧惑犯南斗
需之履		小过小畜	元灭夏
甲辰		丁亥	夏六月戊申朔食
需之坎		小过离	
乙巳	冬,鲁败长狄于咸	丙戌	
需之旅		小过丰	宝庆元年
丙午	冬,秦晋战于河曲	乙酉	史弥远杀济王竑
需中孚	鲁旱	小过小过	
丁未	夏,鲁大屋室坏	甲申	
需之鼎	春,王崩,齐商人弑君	小过革	金主珣卒,守绪立
戊申	秋七月,星孛北斗	癸未	秋九月庚子朔食
需同人	周匡王元年	小过大有	
己酉	夏六月辛丑朔食	壬午	秋,彗见于氐
需之遁		小过大壮	春,金犯黄蕲
庚戌	冬,宋人弑其君	辛巳	夏五月甲申朔食
需之泰		小过否	
辛亥		庚辰	秋,安丙会夏伐金
需家人	鲁文公薨	小过睽	
壬子	齐人莒人弑其君	己卯	金犯诸州

续表

贞杂前际　上余百二十四 小余四顺行下		贞杂后际　下余百二十四 小余四逆行上	
需之蹇	鲁宣公倭元年	小过解	
癸丑		戊寅	
需之节	秋，晋赵盾弑其君	小过涣	太白经天
甲寅	冬，王崩	丁丑	秋七月丙子朔食
需之恒	周定王元年	小过咸	春二月甲申朔食
乙卯	春楚观兵于雒	丙子	闰七月壬午朔食
需之困	夏，郑归生弑其君	小过井	春，元入燕
丙辰		乙亥	
需明夷		小过晋	夏，金徙都汴
丁巳		甲戌	秋九月壬戌朔食
需之复		小过剥	金弑其主永济
戊午		癸酉	
需之蛊		小过随	
己未	冬，晋止鲁侯	壬申	七月，震熸太庙
需之巽	楚灭舒蓼，盟吴越	小过兑	
庚申	冬十月甲子朔食	辛未	秋，蒙古败金师
需之贲		小过噬嗑	
辛酉		庚午	
需之豫	夏四月丙辰朔食	小过谦	
壬戌	陈人弑其君	己巳	史弥远起复
需之升		小过豫	畀韩苏首于金
癸亥	冬，楚入陈	戊辰	冬，金主璟卒
需无妄		小过大畜	
甲子		丁卯	
需之益		小过损	诏大讨金，吴曦叛
乙丑		丙寅	元主真称帝
需之艮		小过震	
丙寅		乙丑	秋，太白昼见
需之蒙	王札杀毛伯、召伯	小过屯	

续表

贞杂前际　上余百二十四 小余四顺行下		贞杂后际　下余百二十四 小余四逆行上	
丁卯		甲子	春，太庙灾
需之观		小过临	
戊辰	夏，周宣榭火	癸亥	
需之师		小过比	春，弛伪学之禁
己巳	夏五月癸卯朔食	壬戌	夏五月甲辰朔食
师之坤	秋，楚子旅卒	节之坤	
庚午	冬，鲁宣公薨	辛酉	春，临安大火
师之比	鲁成公黑肱元年	节之师	十一月癸丑朔食
辛未	春，王师败于徐吾	庚申	
师之临		节之观	春正月癸巳朔食
壬申		己未	秋，朝于寿康宫
师之屯		节之蒙	春正月己亥朔食
癸酉	冬，晋作六军	戊午	育太祖后
师之震		节之艮	
甲戌		丁巳	置伪学逆党籍
师之损	春，梁山崩	节之益	
乙亥	冬，王崩	丙辰	
师大畜	周简王元年	节之妄	春，白虹贯日
丙子		乙卯	三月丙戌朔食
师之萃	吴伐剡，巢入州来	节之升	杀赵汝愚于衡州
丁丑		甲寅	寿皇殂，上居寿康，立嘉王扩
师之谦		节之豫	春，地震
戊寅		癸丑	秋，太白昼见
师噬嗑		节之贲	
己卯		壬子	冬，朝于重华宫
师之兑		节之巽	
庚辰	秋，晋止鲁侯	辛亥	
师之随	刘康公讼田于晋	节之蛊	光宗绍熙元年
辛巳		庚戌	春，朝于重华宫

续表

贞杂前际　上余百二十四 小余四顺行下		贞杂后际　下余百二十四 小余四逆行上	
师之剥		节之复	春,金主雍卒
壬午		己酉	二月辛酉朔食
师之晋		节明夷	
癸未	曹负刍杀太子	戊申	秋九月甲子朔食
师之井		节之困	秋,上皇殂
甲申		丁未	
师之咸		节之恒	春,朝于德寿宫
乙酉		丙午	秋八月,七曜聚轸
师之涣	夏六月丙寅朔食	节之节	太白昼见
丙戌	秋,晋释曹伯于京	乙巳	
师之解	冬,晋杀三郤	节之蹇	
丁亥	十一月丁巳朔食	甲辰	春正月,雨土
师之睽	晋弑其君,立悼公	节之解	大旱
戊子	冬,鲁成公薨	癸卯	十一月壬戌朔食
师之否	鲁襄公午元年	节之泰	
己丑	秋,王崩	壬寅	
师大壮	周灵王元年	节之遁	
庚寅		辛丑	
师大有		节同人	
辛卯		庚子	始禁伪学
师之革		节之鼎	
壬辰		己亥	
师小过		节中孚	
癸巳		戊戌	
师之丰		节之旅	
甲午		丁酉	
师之离	鲁城费	节之坎	
乙未	冬,贼杀郑僖公	丙申	春三月丙午朔食
师小畜		节之履	

续表

贞杂前际　上余百二十四 小余四顺行下		贞杂后际　下余百二十四 小余四逆行上	
丙申		乙未	
师之需		节之讼	
丁酉	春,宋灾	甲午	冬十月甲申朔食
师大过		节之颐	
戊戌		癸巳	夏五月壬辰朔食
师之渐	鲁作三军	节归妹	
己亥		壬辰	
师既济		节未济	
庚子		辛卯	金葬钦宗于巩洛
师之姤	秋,楚子审卒	节之夬	
辛丑		庚寅	
师之乾	春二月乙未朔食	节之乾	
壬寅		己丑	
师之夬	吴败楚于皋舟	节之姤	
癸卯	秋七月丁巳朔食	戊子	
师未济		节既济	
甲辰	夏五月甲子地震	丁亥	夏四月戊辰朔蚀
师归妹		节之渐	
乙巳		丙戌	
师之颐		节大过	
丙午		乙酉	春,宋及金平
师之讼		节之需	夏六月甲寅朔蚀
丁未		甲申	秋,金渡淮
师之履		节小畜	孝宗隆兴元年
戊申	冬十月丙辰朔食	癸未	宋师溃于符离
师之坎		节之离	春正月戊辰朔蚀
己酉	秋九月庚戌朔食	壬午	金弑主亮于瓜州
师之旅		节之丰	夏,金都汴大南侵
庚辰		辛巳	冬,金立雍于辽阳

续表

贞杂前际	上余百二十四 小余四顺行下
师中孚	春二月癸酉朔食
辛亥	
师之鼎	秋七月甲子朔食
壬子	
师同人	春,齐崔杼弑君
癸丑	吴子遏殁于巢门
师之遁	春,卫宁喜弑君
甲寅	秋,宋公杀世子痤
师之泰	
乙卯	十一月乙亥朔食
师家人	春,无水
丙辰	冬,王崩
师之蹇	周景王元年
丁巳	阍杀吴子余祭
师之节	夏,王杀其弟佞夫
戊午	
师之恒	夏,鲁襄公薨
己未	冬,莒人杀其君
师之困	鲁昭公稠元年
庚申	冬,楚围弑郏敖
师明夷	
辛酉	
师之复	
壬戌	冬,北燕伯款奔齐
师之蛊	春,大雨雹
癸亥	
师之巽	
甲子	
师之贲	

贞杂后际	下余百二十四 小余四逆行上
节小过	
庚辰	秋八月丙午朔食
节之革	
己卯	
节大有	
戊寅	
节大壮	
丁丑	
节之否	
丙子	钦宗殂于金
节之睽	
乙亥	夏五月丁未朔食
节之解	
甲戌	夏五月癸丑朔食
节之涣	金迁都于燕
癸酉	
节之咸	
壬申	
节之井	
辛未	
节之晋	金主亮大僇宗室
庚午	
节之剥	
己巳	春三月癸未朔食
节之随	夏四月戊子朔食
戊辰	冬,窜胡铨于岭南
节之兑	
丁卯	
节噬嗑	

续表

贞杂前际　上余百二十四 小余四顺行下		贞杂后际　下余百二十四 小余四逆行上	
乙丑	春，郑铸刑书	丙寅	
师之豫		节之谦	
丙寅	夏四月甲辰朔食	乙丑	夏六月乙亥朔食
师之升	春，有石言于晋	节之萃	
丁卯	冬，楚县陈	甲子	
师无妄		节大畜	
戊辰	夏，陈灾	癸亥	十二月癸未朔食
师之益	春，有星孛于婺女	节之损	夏，金册命宋
己巳		壬戌	金归宋帝后之丧
师之艮	夏，楚杀蔡侯般	节之震	春，金犯寿春
庚午	楚用蔡子于冈山	辛酉	秋，宋班师，杀岳飞
师之蒙	原人逐原伯	节之屯	春，金陷河陕
辛未	南蒯以费叛	庚申	冬，金留屯于中原
师之观	楚弃疾乱，楚子卒	节之临	宋受金诏，放诸军
壬申		己未	
师之师		节之比	宋都临安
癸酉	夏五月丁巳朔食	戊午	冬，金使颁谕江南
小畜坤		兑之坤	
甲戌		丁巳	
小畜比		兑之师	
乙亥		丙辰	
小畜临	夏六月甲子朔食	兑之观	春正月乙巳朔食
丙子	冬，有星孛于大辰	乙卯	三月，徽宗殂于金
小畜屯	吴楚战于长岸	兑之蒙	
丁丑	五月，宋卫陈郑灾	甲寅	
小畜震	龙斗于郑洧渊	兑之艮	春，金陷兴元
戊寅	冬，地震	癸丑	三月，刘豫陷永昌
小畜损		兑之益	
己卯		壬子	

续表

贞杂前际　上余百二十四 小余四顺行下		贞杂后际　下余百二十四 小余四逆行上	
小畜大畜		兑无妄	
庚辰	秋七月壬午朔食	辛亥	
小畜萃	夏,王崩,立王猛	兑之升	秋,金立刘豫为齐
辛巳	王猛卒,立敬王匄	庚戌	冬,秦桧自金来
小畜谦	十二月癸酉朔食	兑之豫	上奔于杭
壬午	冬,王居于狄泉	己酉	盗劫上禅皇子旉
小畜噬嗑	尹氏立王子朝	兑之贲	
癸未	夏五月乙未朔食	戊申	
小畜兑	夏,鸜鹆巢鲁	兑之巽	冬,二帝入于金
甲申	秋,鲁意如逐其君	丁未	金立张邦昌
小畜随	冬,王师起于滑	兑之蛊	上禅子桓,出奔亳
乙酉	王子朝奔楚	丙午	金入宋括金帛
小畜剥	夏,吴光弑其君僚	兑之复	春,辽亡,意贯封王
丙戌		乙巳	冬,金取燕山
小畜晋		兑明夷	
丁亥		甲辰	
小畜井	秋,龙见于绛郊	兑之困	夏,金归燕京六州
戊子	冬,晋铸刑鼎	癸卯	冬,金主旻卒,晟立
小畜咸		兑之恒	童贯、蔡攸攻辽
己丑		壬寅	童贯败,冬,辽降金
小畜涣		兑之节	
庚寅	十二月辛亥朔食	辛丑	秋,黑眚见禁中
小畜解	夏,吴伐越	兑之蹇	
辛卯	冬,昭公薨于乾侯	庚子	盗陷婺歙诸州
小畜睽	鲁定公宋元年	兑家人	夏,京师大水
壬辰		己亥	马政如金,约伐辽
小畜否		兑之泰	作神霄九鼎
癸巳	秋,吴败楚于豫章	戊戌	夏五月壬午朔食
小畜大壮		兑之遁	

续表

贞杂前际　上余百二十四 小余四顺行下		贞杂后际　下余百二十四 小余四逆行上	
甲午		丁酉	冬,环庆泾原地震
小畜大有		兑同人	
乙未	冬,吴入郢	丙申	春,宝箓诸宫成
小畜革	春三月辛亥朔食	兑之鼎	春,女直主旻称帝
丙申	秋,於越入吴	乙未	秋,金陷辽黄龙府
小畜小过	夏,儋翩乱京师	兑中孚	冬,道河于大伾
丁酉	冬,王居于姑蕕	甲午	女直败辽师
小畜丰	夏,单刘讨尹氏	兑之旅	春三月壬子朔食
戊戌	冬,王入于王城	癸巳	夏,作宝和诸宫
小畜离		兑之坎	
己亥	冬,阳虎叛季氏	壬辰	
小畜小畜		兑之履	秋,童贯如辽
庚子		辛卯	冬,童贯以马植来
小畜需		兑之讼	春,慧出于奎娄
辛丑	夏,齐鲁会于夹谷	庚寅	秋九月丙寅朔食
小畜大过		兑之颐	
壬寅		己丑	
小畜渐	夏,鲁堕郈及费	兑归妹	受八宝于大庆殿
癸卯	冬十月丙寅朔食	戊子	夏五月庚戌朔食
小畜既济		兑未济	
甲辰	秋,晋荀范氏乱	丁亥	
小畜姤	夏,越败吴于檇李	兑之夬	太白昼见
乙巳	秋,卫聩出奔	丙戌	春,慧见于西方
小畜乾	夏,鲁昭公薨	兑之乾	置花石纲
丙午	秋八月庚辰朔食	乙酉	
小畜夬	鲁哀公蒋元年	兑之姤	
丁未	春,吴败越于夫椒	甲申	
小畜未济		兑既济	输金铸九鼎
戊申		癸未	春,锢党人籍

续表

贞杂前际	上余百二十四 小余四顺行下	贞杂后际	下余百二十四 小余四逆行上
小畜归妹	夏四月甲午,地震	兑之渐	秋,立党人碑
己酉	五月辛卯,桓僖宫灾	壬午	复废元祐皇后
小畜颐	春,蔡翩杀其君	兑大过	徽建中靖国元年
庚戌		辛巳	四月辛卯朔食
小畜讼	秋,齐景公卒	兑之需	夏四月丁酉朔食
辛亥	齐立孺子荼	庚辰	复元祐皇后
小畜履	陈乞弑荼,立阳生	兑小畜	
壬子		己卯	春,岁星昼见
小畜坎	春,鲁致吴百牢	兑之离	春,治同文馆狱
癸丑		戊寅	锢元祐宰执子孙
小畜旅		兑之丰	秋,荧惑入舆鬼
甲寅		丁丑	八月,慧见
小畜中孚		兑小过	
乙卯		丙子	秋九月,废孟皇后
小畜鼎	春,吴伐齐	兑之革	
丙辰	齐人弑其君阳生	乙亥	
小畜同人	春,齐伐鲁	兑大有	春,白虹贯日
丁巳	鲁会吴,获齐国子	甲戌	三月壬申朔食
小畜遁		兑大壮	
戊午		癸酉	
小畜泰	夏,越入吴	兑之否	
己未	冬,孛见于东方	壬申	
小畜家人	春,鲁狩获麟	兑之睽	
庚申	夏五月庚申朔食	辛未	夏五月己未朔食
小畜蹇	春,陈恒弑其君	兑之解	夏人归灵州之俘
辛酉	春,荧或守于大火	庚午	
小畜节	春,蒯聩入卫	兑之涣	
壬戌		己巳	
小畜恒	春,越败吴于笠泽	兑之咸	

续表

贞杂前际　上余百二十四 小余四顺行下		贞杂后际　下余百二十四 小余四逆行上	
癸亥	蒯聩卒	戊辰	
小畜困	卫辄复入卫	兑之井	
甲子		丁卯	秋七月庚戌朔食
小畜明夷		兑之晋	
乙丑	春,王崩	丙寅	哲宗元祐元年
小畜复	周元王元年	兑之剥	春,神宗崩
丙寅	冬,越围吴	乙丑	
小畜蛊	夏,越通聘于诸侯	兑之随	春,封大祖后
丁卯		甲子	秋,夏人寇熙河
小畜巽		兑之兑	
戊辰	冬十一月越灭吴	癸亥	秋九月癸亥朔食
小畜贲		兑噬嗑	
己巳		壬戌	
小畜豫		兑之谦	
庚午	冬,鲁侯朝于越	辛酉	李宪伐夏,师溃归
小畜升	浍丹水绝	兑之萃	
辛未		庚申	秋七月,慧出太微
小畜无妄		兑大畜	
壬申		己未	
小畜益	周贞定王元年	兑之损	
癸酉	鲁侯适越	戊午	元丰元年
小畜艮		兑之震	
甲戌		丁巳	秋,河决澶州
小畜蒙		兑之屯	
乙亥		丙辰	
小畜观	鲁悼公宁元年	兑之临	五,月荆扬雨土;八月庚寅朔食
丙子	冬,越勾践卒	乙卯	慧见,罢手实法
小畜师		兑之比	割河东界契丹
丁丑		甲寅	秋,立手实法

右纬以贞卦加杂卦，上除四卦，顺数隐公至桓王；下除四卦，逆数顺帝至明宗，为乾坤前后距屯未济之终始，中次三十二。以《春秋》之轨分之，前后四轨，各余十八，上自庚申获麟至鲁立悼公，下自熙宁甲寅至元祐辛未，为《春秋》四轨之余分也。其实皆顺数，隐公元年至桓王元年壬戌为第二际，屯之始；熙宁三年至熙宁七年为第廿九际，兑之始也。卦际俱衣贞序，上经自左而右，下经自右而左。唯杂纬师比、姤夬，分辅南北，不如图经之用倚数耳。图经倚数，起北者三十二际而至坤，三十三际而至师，师比、观临、蒙屯、艮震、益损为二千四十八之终始。夬与坤处，上为刚之决柔；姤与乾处，下为柔之遇刚。前后各加三十二卦，则乾坤中际正分全轨之中矣。

古纬皆以六十四为实，分行三十二为法，今皆以六十四为法，则分行三十二为实，其究一也。《春秋》轨法，隐公初年戊午上距宣王廿四年丁酉为一轨，上下二十七轨①，而与初元分历，进退三九，与恒历比度。故轨法进退，皆以九为实，三为法。《易》轨法②，桓王元年壬戌上距宣王四十五戊午为一轨，上下三十四轨，而与初元分历③，进退二八，与恒历比度。故轨法进退，皆以八为实，二为法，两轨积差十一以当闰。分元之始者，以《春秋》三九加《易》之二八；分元之终者，以《易》二八加《春秋》之三九，而天道进退，俱可见也。获麟而下十有八年：乙丑，周敬王崩；辛未，鲁哀公自越归，卫辄出奔越；丁丑，鲁侯没；明年，河绝于扈，是前之三六。元至顺而下十有八年：元统二年甲戌正月朔，雨血于注；明年至元元年冬，太白岁星皆昼见；至正元年辛巳十月以后，太白皆昼见；六年丙戌，山东大震，诸盗乃起，据闸河，绝运道，甚乃窃太庙神主，而乱于是始，是为后之三六。三六与二九，一也。但至顺而下，在《易》正

① 27×81=2187。

② 64。

③ 34×64=2176。

轨,不为余差。故逆行数之,绍圣元年上四年辛未,值获麟之会。又上十七年,安石再相,甲寅,立手实法之岁,与《春秋》终始耳。如以乾坤中际分之,则贞卦自隐公元年入乾九三,至泰定二年入坤六四;杂卦自隐公元年入坤六四,至泰定二年入坤六三,不烦推步,依序求之,可坐致也。

三易洞玑卷十一

杂图经中

天道之行，始于东北。天根所属，端门上辟，招摇为主，左右各十；太乙持之，为群龙首，集于亢端，左右各七。故比师天制，其数十五，受于太乙，万物所直；屯蒙地制，其数二十有一，协于天门，鬼神之所出入。两始翊命，以辅太易，天地交制，圣人乃出，故艮者万物之所终始也。天地之序，灵宰所治，远近进退，三五是始，极于三九二六之间，贵神废居。故日月交数，穷于十三，反复其间，二十有七。三为明生，五为魄始，明魄相孕，各五以为候，十以为纪。故屯蒙三七，招摇是直，比师乘之，以殷东北，在十五中，为天两乙，天下灾祥之所稽历。

《春秋》隐公三年，王二月己巳朔日食，坤乾媾端，日月更始，于是朔食。既不言朔食，既以统与桓，不以统与幽。幽王六年十月辛卯朔食，既于鹑尾，坤治五十五年，亢始初复。四月，平王告崩，于是食既，则以为改历。历既于幽，不既于平。故幽以坤令，北政之终；平以乾令，东政之始。平终而桓继，天宪不改，王室如故，虽有圣人，不得以既与周，而以朔与鲁。故坤乾之初，交在于壬戌，为桓王元年。杂纬屯比，飞龙未革，五体皆变，于是宋立与夷，子冯出奔，卫州吁弑其君完，诸侯伐郑，卫人杀州吁，立子晋。《诗》、《易》之变，则郑、卫为之首。三年，王子狐出质于郑，齐、郑盟于石门，郑伯车偾于济。及于是年，卫立子晋，遂废王觐，春秋之乱则于是始也。惠王二十二年正月辛亥朔日南至，是为需、临之始，贞体未革，而外悔数易。春，晋侯杀其世子申生；秋，楚灭弦；冬，晋灭号及虞，于是王迹乃熄，齐晋与楚，相代为命。先年齐以诸侯伐楚，以楚盟于召陵，霸统乃成。及于是年，王世子郑会诸侯于首止，王室虽定，晋、楚终乱。故屯者东北之治，需者正南之治也。东北之治在于亢氐、摄提之间，宋郑为主，卫人从之。正南之治在于井钺，军市以北，周人为主，齐人为客，晋、楚、秦人争命其下。故屯需比临，四方上下，相参治也。屯治于东北，主氐而与宋。比治于东北，主亢而与郑。需治于正南，主钺而与楚。临治于西北，主桴而与秦、晋。故自惠、襄而下，齐、楚、秦、晋为多事矣。是岁秋九月戊申朔日食，为《易》治之次际。又十三年齐乃衰，十八年宋乃败。明年，晋乃霸。自是晋命霸主强臣，与春秋终始。定王十五年夏五月癸卯朔食，其先庚申，鲁宣公八年秋七月甲子朔食，既是不食，既而食且，既者是春秋之中轨，两甲之周余十有五。

《易》历之尽五十三万一千四百四十有一，界于春秋，而春秋以理，上下日食，交数之所由起。故自癸卯食之，明年为《易》治之三际，岁在庚午，郲人戕鄫，楚庄以立。师屯再治，天道之反复在东北，宋、郑、曹、燕是为灾国。灵王二十二年壬子，秋七月甲子朔日有食之既，是则食既，《春秋》以来百七十有四，是为食岁，比于日数，故《春秋》者亿世之治也。日月胥命，叶数与义，或揆之当岁，或照之百世，岁月相覆，与天地似。故为十五以当会，十九以当章，十一以当余，二十有一以当闰，二十有七以当交，三十有二以当轨，三以当衰，五以当限，八者既辨，而后阴阳灾沴之变可起也。景王十七年丁卯五月丁巳朔日有食之，明年为《易》治之四际。小畜治于西南，震治于东北；西南昴也，东北尾也。西南楚衰而赵以之起，东北齐衰而燕亦以大。左右互取，则赵魏始作，而吴越为之主。春秋末年，於越入吴，是岁孛见于东方。明年，获麟；秋，齐陈恒弑其君。明年，荧惑守于大火。又八年戊辰，越乃灭吴。又八年，勾践乃殁，鲁侯终于越，乃立悼公。明年丁丑，斗爟之治始尽。又明年，河绝于扈，泰损为治。泰为分界，出于坤艮天地之门户，损益之中，判于两济，危、非所直，《春秋》乃绝。故自获麟岁蚀五月庚申，上于己未南至之日，亦在己未、辛酉、庚申，上下四六，如其中数，两分《春秋》以周天之步，而天道终始。自是而后，天下失日又二百四十余年。故天下之不失日，则《春秋》为之夙治也。贞定王之六年，晋楚皆聘于秦，泰否分界，人星、车府为治。泰损之乾，五位已革，天道畀于西北。八年庚辰，秦始堑河，旁伐大荔麗戎，取其王城。十六年戊子，三晋分国，赵事三神于百邑。明年，田襄子命其宗室。丁酉，秦伐义渠，掳其王。丙午，夏六月，朔日食，雨雪。于是晋室先裂，秦独西顾。后十年秦亦弑君，岁在丙辰，威烈王之元年也。戊寅，九鼎皆震，三晋始侯。辛巳，三晋伐楚，至于桑丘而泰损轨既。明年壬午，虢山崩，王子定出奔，秦、韩、赵皆新易主，同人与大畜为治，天道在于正西，是安王之三年，三晋与秦始为兵端。乙未，齐乃为田。丙午，韩乃灭郑，是烈王之元年。癸丑，雨金栎阳。自四月至八月为显王之元年。明年，河水赤于龙门。丁巳，秦魏战于石阿，王贺秦俘。辛酉，王乃致胙于秦。明年，星陨如雨。自庄王十年四月辛卯而后，三百二十九年矣，以视定王庚申，则《春秋》之中轨也。其岁，晋杀秦谍，七日乃苏。于是齐轨晋室乃烬，而秦人独武，是在壬戌上下，春秋居摄之际，各三百六十五岁，周汉之司候也。己卯，秦犹朝王。甲申，秦始改命，楚、韩、赵、蜀朝秦。明年乙酉，周致王命于秦，而天下西向，同人、大畜之统乃既，谦萃受之，是在丙戌显王之三十四年，天道反于东方，骑阵将为主，车辖次之。明年丁亥，齐、魏会诸侯于徐州，胥命为王。自是纵横，齐为次强，楚、魏、韩、赵岁以兵殃，燕齐胜负，与时后亡。壬申，周始朝秦。明年，秦诵齐为东帝，是赧王之二十七年。己丑，秦与韩、魏、楚伐燕。燕之未亡，则齐为之主，于是天道犹在东方。明年入交，在随蛊之界，天道又分，骑阵为主，牛鬼夤列，东行不退，其祸必败，是在庚寅王赧之四十四年。秦赵攻齐，天道分陈，南北纵横，将并于秦。乙巳，《易》轨中交，上下十六，随谦之悔，在于过涣，周胙乃尽。

自春秋而下四百七十年，明年丙午，秦迁周于惮狐，楚迁鲁顷公于莒，秦取九鼎，鼎沦于洛，而天下为秦，是秦昭王之五十二年。壬子，秦迁周祀于阳人，楚迁鲁顷公于下邑，是庄襄王之元年，周、鲁、秦、楚相为终始。故伯翳、皋繇与后稷之究其律吕也。阳者辟上，阴者阖下，轻重以德，反乃灭质，灭质乃极。阴阳之交，尽于孚过，两济上下，圣人所不治也，而秦则治之。秦、楚改姓，五德皆尽，搏斗且息，霸王乃出。自鲁隐元年至于秦政甲子，一元之会四百八十六岁，余分皆并，周秦大合。至于庚辰，六国俱亡，秦铸金人。又十七年而汉室始兴，子婴舆榇；五月，五星聚于东井。于是随谦轨尽，临与噬嗑当柄，津旗再直，汉秦相袭，王霸道杂。故为五德之圣，不如八际之正也。八际之倍一十有六，两际之合五百一十有二，余一以为章交之始。故岁数五百一十有三，月食之数千八十有一。八以因岁，去八以命易之体；四以因食，去四以命岁之日。八九互交，存八之一，以命食日。故月数百三十有五，食法二十有三。月以命日，昼夜见杂，春秋前后，屯蒙之数，举可知矣。故自春秋四载桓王壬戌至于汉兴乙未，五百一十三岁，日月之候见，圣人之道著。屯比之轨，授于临嗑，而法象交治，灿然备也。

汉兴二十一年，西北之道，女婴为主，随于丈夫，不失其度。后元己亥，噬嗑加兑，津旗之治，贯于五车，为《易》十轨，而汉道大作。先年戊戌秋八月乙巳朔日食，上于初载三年丁酉十一月甲戌朔日食，凡十有四食，加一以为轨食，损益月道，九一以命日，而日月大白。故八尺者，天地之表端也。其在八表之内，灵晷所集，中五昃十，圣人之所忧也。故比师、震艮、损益、兑巽、晋夷、咸恒、大有同人、需讼，上下皆十有五，以为乱则无故，以为治则已识，汉后元、始元之间是也。元凤之元年秋八月己亥朔日食，九月，鄂主、燕王、上官、弘羊伏诛。又后明年癸卯，石立柳起，为《易》之十一轨。其先，元狩六年为《春秋》之中际，下尽居摄，晷影乃交。癸卯而下，剥随为治，本始、地节，蔑贞以足。孝元之间，弘石剥肤。甲戌，杀萧望之。戊寅，杀贾捐之。辛酉，杀周堪、张猛。于是汉法始僻，赤铁不砥，汉士轻死，诸王始贵，朱轮为市。永始二年丙午二月癸未，夜星陨如雨，视周显王壬戌之岁，又三百四十五年矣。三月乙酉朔日食，剥随乃终。明年丁未，春二月己卯朔日食，无妄与剥复始，是《易》之十二轨。

贞纬在于正西，杂纬在于正北，子酉相距为西北际。元始丙寅，为居摄之元年，春秋于是为三易。纪余分之缩，反步者九。冬十月丙辰朔日食，溯于上元，九始之际，六分其一，《春秋》之义则于是而发也。故《诗》者，《易》之象致；《春秋》者，《易》之爻义也。《春秋》治鲁隐公以讽鲁周公，治鲁周公以讽后世之为周公者，《诗》与《春秋》，东西相起，若日月之无已也。丙寅，刘崇起兵不克。丁卯，翟义继之。己巳，遂为新室。贞纬之所谓灾，杂纬之所谓烂也。贞纬主界，杂纬主义。贞纬之随则有事，杂纬之随则无故。贞纬之剥则不剥，杂纬之剥则复，天人贞杂，相为治也。建元、建武之间，在无妄之九五，与复同治。己酉夏四月戊申朔日食。又后明年,为颐与晋,在《易》之十三轨。

永平、建初之际,天下蕃庶。章、和而后,边圉多弊。窦氏怙能,亦以自废。颠颐之颠,虽强不宁。殇、安之间,外戚洊兴。元初元年十月戊子朔日食,而颐晋轨尽,坎井乃继。明年夏,阎氏立后,六月,洛阳地裂,十月壬午朔日食。自是天下寄于壶政,轩辕在御,常侍当令。顺帝二年丁卯,为《春秋》之中际,八月甲戌朔日食,于是阉寺孙王等辈俱侯矣。故《春秋》之有中际,圣人之所畏也。周定王庚申,楚灭舒蓼,遂盟吴越,天下屏息,听于赵郤是为强臣,招摇之令。显王壬戌,六国鸷击,三晋与秦,无岁不争,战骨盈城,是为阵骑、积卒之令。汉元狩甲子,蛮狄大来,贵臣屡灾,祷祠以懃,弊鬼及夷,是为威主、旗斿之令。后汉永建丁卯,良臣亟死,阿保持主,列侯茅土,以赏薰腐,是为阍寺、尸鬼之令。至于阍寺茅土,而蛮狄且起,威主强臣,积卒之令亦且尽矣。是皆未至于交际也,而圣人畏之者,畏其盈偾,疾作必反。自永、建而后,天下大震,夷寇屡作,盗发陵寝。建和三年六月丁卯朔日食,己卯震宪陵寝屋,去鲁哀公三年桓僖宫灾之岁,六百四十年矣。延熹二年,常侍再封,钩党将起。建宁初载,陈窦就死,钩党再治,乃歼多士。光和元年冬十一月丙子朔日食。明年己未五月甲戌朔日食,为《易》之十五轨。

水火两济,天地之大交际,党禁虽解,祸乱已作,宫车播迁,张、董、李、郭相彼公卿,氾氾漂木。建安而后,曹、袁乃起,六七将穷,人为天子。黄初革命,章武克正,俱在既济之鼎、艮。又二十一载,两济轨尽,天下易姓。延熙壬戌夏五月戊辰朔日食。小过交际,天道在于正南二十有七。其先丙辰,孛在东方,春秋之穷,孛为旌亡。旌亡再揭,汉胙乃绝,以视春秋,西周攻秦,出伊阙,塞阳城,去其初元皆四百六十八年矣。王赧既卒,九鼎乃发。后主既降,陈留亦亡。周之有秦,汉之有晋,进退春秋,仲尼之所命也。王赧亡周四十五年,而沙丘亡秦。后主亡汉四十五年,而石勒亡晋。故周、汉、秦、晋,听于尼父。吹律则以风,吹吕则以雨。尼父仰首,听于太易,夜不失星,昼不失日。故天地之道著于日月,日月之道著于食。两济以交,孚过以食,乾坤孚过,其数再易。损四以为食,益四以为历,阴阳损益,量月与日,仲尼命之,百世不失。

右图以月食纪日,明易交之八际;以易交分际,明星纬之主数。其法以宓图定序,《三统》步历,内视贞卦反对所在,以为入限不入限,外视杂卦主客所加,以为当数不当数也。《春秋》除初四年,为坤前轨。自桓王元年壬戌,贞卦起乾,杂卦起坤,至秦二世三年甲午,凡五百一十二年,得八轨,谦卦尽其年。秋九月,汉攻破武关。明年春,汉都南郑,为受命之元。其实入关在甲午岁,当临之乾,上距王赧庚寅,为随蛊交际。至甲午而随蛊交尽五百一十二年。自乙未汉兴,贞卦起临,杂卦起噬嗑;至晋光熙元年,得八轨,孚过尽其年。秋七月乙酉朔,日食。冬,杀城都王颖。十一月,晋惠帝殂。明年,怀帝立,即刘渊元熙三年,上距后主延熙壬戌,为两齐交际。至怀帝永嘉元年丁卯,而孚过再交,五百一十二年。凡易一元四百八十六年,易轨方行,余二十六年。其法本天方图,周径之数一百二十一,午①减其小分,以为内廓之究,围之三百六十四;五赢其小分,以为外廓之幂,围之三百八十有四;积差自然,有赢有缩,非两事也。

阴阳二历,南北相离不及四十有八,月数百三十五,食法二十三,各以四十七乘之,六千三百四十五,朔食数千八十有一。故十

① “午”,诸本同,疑作“五”。

九以为章闰,二十七以为章轨,章轨之数五百一十三。八其章轨,以为卦轨之尽,四千九十六而余其八,为四千一百有四①。四其轨食②,以为卦食之尽,四千三百二十四,而绌其四,则四千三百二十。故《易》自乾元与《春秋》相会,则乾坤之中正,当吴兴、鲁隐之界。胡元至正辛丑,伪汉破走,在三十三轨之三十二卦,天地分际各二千四十八年③,余四以为消长。《易》自屯比与《春秋》相会,则乾坤之端,正当其和,元统之际,厉王始衰,其下坤乾,宁顺初承,其下乾坤,魏晋之间,下有两济,日月分际各二千一百八十,不及十一有半,以为消长。合之两余以当交,积闰以当朔,交差二日三一八三,减之以半,乘之以六,交朔相检,而食数可得也。交差生于朔会,而食数统于章轨,道虽分行,归致则一。

《易》以泰否、随蛊、颐大过、坎离、两济、孚过、渐归妹、乾坤十六卦为《易》之交际,月食不因之生,而阴阳用以相仿。食会有赢乏,入交有疏数,故自乾而泰二十七爻而交,自泰而随十二爻而交,自随而颐二十七爻而交。颐、坎、既济、中孚四卦频交。日有频交,岁唯两食。九道之界,或五或六,酌于半岁;阴阳之限,或六或八,逾于十三。故《易》之贞数,卦位交限,以相仿也。杂数比师东北,左右十五,艮为主卦,亢宿之下,其上天乙、太乙,故为纬首。临观西北二十有一,随为主卦,天津之下,乾、亥之间,故为纬次。屯蒙东北二十有一,否为主卦,氐宿之下,其上亢池,天枪在于端门,故为贞纬之首,杂次临观之下。震艮东北十五,比为主卦,在于神宫、天市、端门,故又次之。损益西北十五,既济为主卦,危、虚之间,车府之下,故又次之。大畜、无妄正西十九,临为主卦,螣蛇之府,室壁正交,故又次之。萃升正东十九,天权之下,太微帝居,师为主卦,与临相直,卯酉分限,而秦汉始别。故贞纬始乾而授于屯,杂纬

① $513 \times 8 = 4104 = 4096 + 8$。

② 4×1081。

③ 64×32。

始乾而授于比。屯之至谦，七卦而随；比之至萃，七卦而谦，皆合乾始，以为二十七章而卯酉分限。今皆始于屯比，交于临噬，以为章轨者，乾坤孚过，四数皆倍，则《春秋》下元，退《易》一次也。故主朔之法，以元与乾；主运之法，以元与屯比。运朔相乘，或见或杂，故使贞杂进退共治也。谦豫东北，往反正五，萃为主卦，天床正中，在丰沛之间，下有阵骑，汉室所起，是又纬始。噬、贲西北，往反正五，无妄主卦，两蔽之间，上有女主，故为纬次。兑巽西南，小偏十五，大有主卦，上有五车、诸王、天高，故又次之。随蛊三十有二，槜于乾巽，为天门界，是初爻限，汉室中衰，闰食相并。剥复正北，其爻三六，谓之不远，宗室所准，故又次之。晋明夷正北，小偏十五，颐为主卦，斗精所宅，故又次之。井困东南，其数又五，升为主卦，在轩辕尾，积尸所处，故又次之。

凡贞卦始乾者，八轨而交随，七轨而交两济，上尽于谦，下尽于坎离，为春秋两汉之贞历。孚过而下，各加一轨，唐授于艮，革于鼎，宋授于益，乱于明夷，南尽于坤交，上下两际，各一千有九十岁。杂卦始乾者，八轨而交谦，七轨而交咸，上尽于萃，下尽于井，为春秋两汉之杂历。乾坤坎离，不复加位。唐授于大有，终于离，宋授于小畜，终于既济，南尽于乾交，上下两际，各一千二十四岁。上际食历，《春秋》所存三十有七，战国寥然，四记日食，所无月日。下际前汉二百十二年食三十有九，后汉二百四十三年食七十三，延熙庚午至光熙元年魏晋之间五十七年食二十三，凡五百一十二年日食疏数共一百三十五，以九乘十五，以八因之，章轨之食，以得周轨，章食之月，以得日食，八九所乘，约可知也。贞卦交限自乾至小过十七卦，随居其中，上际八卦，唯否泰一交，下际八卦，颐、坎、未济、小过频交。以下十六卦，唯归妹一交。杂卦交限，自乾至涣十七卦，丰居其中，上际八卦，有否、小过二交，下际八卦，离、大过、渐、既济频交。自涣以上十六卦，唯随一交耳。两纬不同，皆有八际，分交上下，疏数远近之异，以此相较，上下可推。故两纬分位，各殊同者，唯有鼎革。上下两际，汉唐之间，下暨胜国，上际在随，则下在未济,上际在离,则下在既济,鼎革所直,贞杂一也。

历法推较日食,《授时》最近,然检《春秋》亦难悉合。《春秋》笔自仲尼,考证七十二国,日食一事,是《春秋》要旨,不应多有乖违。隐公三年春王二月己巳日有食之,杜预以长历推是日朔,《授时》推是月无己巳,亦不入食限,三月朔己巳乃入食限,以二月朔为三月,遂疑下文"三月庚戌天王崩"、"四月辛卯尹氏卒"、"八月庚辰宋公和卒"皆为误书先朔,差甲一月,岂有圣人瞻言百世,误书日月,至终岁不觉者? 当由《授时》闰先一月,春秋闰在正月。今以《传》较僖公五年正月辛亥朔南至,上距隐公三年六十五年,积日三百四十一日二十五分,是年正月己巳朔,入交有先后,积气有浅深,而大约四分,相距非远。再以僖公十六年春正月戊申朔南至度之,积日五十七日七十五分,僖公五年辛亥,隐公三年己巳,虽不得时,不害其为得日也。盖日缠久差,通法难执,以《春秋》之历,较《春秋》之蚀,上下相检,可存其故。如僖公三年正月己巳朔,交分太深,闰月己亥朔月大,二月己巳又朔,下距桓公三年秋七月壬辰又先闰一月。凡十二年间一百四十一交,交差三百二①十五日八十九分,以十二交三百二十六日五分四五四除之,在正交一十六分,四五四间,何云不入食限乎? 盖春秋置闰微疏,鲁史四之,气候有后先,闰差不过一月,食法无差误,日月存于列国耳。今其食月皆依《春秋》,旁较《太衍》、《授时》,与《易》表里,揆正百世,非诸筭生所能管测也。

① "二",库本作"一"。

杂图纬中

<table>
<tr><td>贞纬　前除坤乾
后余乾坤</td><td></td><td>贞纬本序　　杂纬本序</td></tr>
<tr><td>周厉王戊午
屯一轨　　前乾
鲁隐公辛酉</td><td></td><td>乾一轨　　坤一轨</td></tr>
<tr><td>一际壬戌周桓王元年
二际庚午周桓王九年</td><td></td><td>戊午鲁隐公初年
丙寅周桓王五年</td></tr>
<tr><td>三际戊寅桓王十七年
四际丙戌周庄王二年</td><td></td><td>甲戌桓王十三年
壬午桓王廿一年</td></tr>
<tr><td>五际甲午周庄王十年
六际壬寅周釐王三年</td><td></td><td>庚寅周庄王六年
戊戌庄王十四年</td></tr>
<tr><td>七际庚戌周惠王六年
八际戊午惠王十四年</td><td></td><td>丙午周惠王二年
甲寅周惠王十年</td></tr>
<tr><td>需二轨</td><td></td><td>屯二轨　　比二轨</td></tr>
<tr><td>一际丙寅惠王廿三年
二际甲戌周襄王五年</td><td></td><td>壬戌惠王十八年
庚午周襄王元年</td></tr>
<tr><td>三际壬午襄王十三年
四际庚寅襄王廿一年</td><td></td><td>戊寅周襄王九年
丙戌襄王十七年</td></tr>
<tr><td>五际戊戌襄王廿九年
六际丙午周项王四年</td><td></td><td>甲午襄王廿五年
壬寅襄王卅三年</td></tr>
<tr><td>七际甲寅周匡王六年
八际壬戌周定王八年</td><td></td><td>庚戌周匡王二年
戊午周定王四年</td></tr>
<tr><td>师三轨</td><td></td><td>需三轨　　临三轨</td></tr>
<tr><td>一际庚午定王十六年
二际戊寅周简王三年</td><td></td><td>丙寅定王十二年
甲戌定王二十年</td></tr>
</table>

续表

贞纬　前除坤乾 后余乾坤		贞纬本序　杂纬本序
三际丙戌简王十一年 四际甲午周灵王四年		壬午周简王七年 庚寅周灵王元年
五际壬寅灵王十二年 六际庚戌灵王二十年		戊戌周灵王八年 丙午灵王十六年
七际戊午周景王二年 八际丙寅周景王十年		甲寅灵王廿四年 壬戌周景王六年
小畜四轨		师四轨　屯四轨
一际甲戌景王十八年 二际壬午周敬王元年		庚午景王十四年 戊寅景王廿二年
三际庚寅周敬王九年 四际戊戌敬王十七年		丙戌周敬王五年 甲午敬王十三年
五际丙午敬王廿五年 六际甲寅敬王卅三年		壬寅敬王廿一年 庚戌敬王廿九年
七际壬戌敬王卌一年 八际庚午周元王五年		戊午敬王卅七年 丙寅周元王元年
泰五轨		小畜五轨　震五轨
一际戊寅周定王六年 二际丙戌定王十四年		甲戌周定王二年 壬午周定王十年
三际甲午定王廿二年 四际壬寅周考王二年		庚寅定王十八年 戊戌定王廿六年
五际庚戌周考王十年 六际戊午威烈王三年		丙午周考王六年 甲寅考王十四年

续表

贞纬　前除坤乾 后余乾坤		贞纬本序	杂纬本序
七际丙寅威王十一年 八际甲戌威王十九年		壬戌威烈王七年 庚午威王十五年	
同人六轨		泰六轨	损六轨
一际壬午周安王三年 二际庚寅安王十一年		戊寅威王卅三年 丙戌周安王七年	
三际戊戌安王十九年 四际丙午周烈王元年		甲午安王十五年 壬寅安王廿三年	
五际甲寅周显王二年 六际壬戌周显王十年		庚戌周烈王五年 戊午周显王六年	
七际庚午显王十八年 八际戊寅显王廿六年		丙寅显王十四年 甲戌显王廿二年	
谦七轨		同人七轨	大畜七轨
一际丙戌显王卅四年 二际甲午显王卌二年		壬午显王三十年 庚寅显王卅八年	
三际壬寅慎靓王二年 四际庚戌周赧王四年		戊戌显王卌六年 丙午慎靓王六年	
五际戊午赧王十二年 六际丙寅赧王二十年		甲寅周赧王八年 壬戌赧王十六年	
七际甲戌赧王廿八年 八际壬午赧王卅六年		庚午赧王廿四年 戊寅赧王卅二年	
随八轨		谦八轨	萃八轨

续表

贞纬 前除坤乾 后余乾坤		贞纬本序 杂纬本序
一际庚寅赧王卌四年 二际戊戌赧王五十二年		丙戌赧王四十年 甲午赧王卌八年
三际丙午秦昭王五十二年 四际甲寅秦庄襄三年		壬寅赧王五十六年 庚戌秦昭五十六年
五际壬戌秦王政八年 六际庚午秦王政十六年		戊午秦王政四年 丙寅秦王政十二年
七际戊寅秦王政廿四年 八际丙戌始皇帝七年		甲戌秦王政二十年 壬午秦皇廿八年
临九轨		随九轨 谦九轨
一际甲午汉高帝初年 二际壬寅汉高帝四年		庚寅秦皇卅六年 戊戌汉高初四年
三际庚戌汉惠帝四年 四际戊午汉高后五年		丙午汉高祖八年 甲寅汉高后一年
五际丙寅汉文帝五年 六际甲戌文帝十三年		壬戌汉文帝元年 庚午汉文帝九年
七际壬午文帝后元五年 八际庚寅汉景帝六年		戊寅文帝后元年 丙戌汉景帝二年
噬嗑十轨		临十轨 噬嗑十轨
一际戊戌景帝后元年 二际丙午武建元六年		甲午景帝中三年 壬寅武建元二年
三际甲寅武元朔二年 四际壬戌武元狩四年		庚戌武元光四年 戊午武元朔六年

续表

贞纬 前除坤乾 后余乾坤		贞纬本序	杂纬本序
五际庚午武元鼎六年 六际戊寅武太初二年		戊寅武元鼎二年 甲戌武元封四年	
七际丙戌武太始二年 八际甲午武后元二年		壬午武天汉二年 庚寅武征和二年	
剥十一轨		噬嗑十一轨	兑十一轨
一际壬寅昭元凤二年 二际庚戌宣本始三年		戊戌昭始元四年 丙午昭元凤六年	
三际戊午宣元康三年 四际丙寅宣五凤三年		甲寅宣地节三年 壬戌宣神爵三年	
五际甲戌元初元二年 六际壬午元永光五年		庚午宣甘露三年 戊寅元永光元年	
七际庚寅成建始二年 八际戊戌成阳朔二年		丙戌元建昭四年 甲午成河平二年	
无妄十二轨		剥十二轨	随十二轨
一际丙午成永始二年 二际甲寅成绥和二年		壬寅成鸿嘉二年 庚戌成元延二年	
三际壬戌平元始二年 四际庚午莽新室二年		戊午哀建平四年 丙寅平居摄元年	
五际戊寅莽新室十年 六际丙戌汉建元二年		甲戌莽新室六年 壬午新室十四年	
七际甲午汉建武十年 八际壬寅建武十八年		庚寅汉建元六年 戊戌建武十四年	

续表

贞纬 前除坤乾 后余乾坤		贞纬本序	杂纬本序
颐十三轨		无妄十三轨	剥十三轨
一际庚戌建武廿六年 二际戊午明永平元年		丙午建武廿二年 甲寅建武三十年	
三际丙寅明永平九年 四际甲戌永平十七年		壬戌明永平五年 庚午明永平十三年	
五际壬午章建初七年 六际庚寅和永元二年		戊寅章建初三年 丙戌章元和三年	
七际戊戌和永元十年 八际丙午殇延光元年		甲午和永元六年 壬寅永元十四年	
坎十四轨		颐十四轨	晋十四轨
一际甲寅安元初元年 二际壬戌安延光元年		庚戌安永初四年 戊午安元初五年	
三际庚午顺永建五年 四际戊寅顺永和三年		丙寅顺永建元年 甲戌顺阳嘉三年	
五际丙戌质本初元年 六际甲午桓永兴二年		壬午顺汉安元年 庚寅桓和平元年	
七际壬寅桓延熹五年 八际庚戌灵建宁三年		戊戌桓延熹元年 丙午桓延熹九年	
未济十五轨		坎十五轨	井十五轨
一际戊午灵光和元年 二际丙寅灵中平三年		甲寅灵熹平二年 壬戌灵光和五年	

续表

贞纬　前除坤乾 后余乾坤		贞纬本序	杂纬本序
三际甲戌献兴平元年 四际壬午献建安七年		庚午献初平元年 戊寅献建安三年	
五际庚寅献建安十五年 六际戊戌建安廿三年		丙戌献建安十一年 甲午建安十九年	
七际丙午蜀建兴四年 八际甲寅建兴十二年		壬寅蜀章武二年 庚戌蜀建兴八年	
小过十六轨		咸十六轨	咸十六轨
一际壬戌蜀延熙五年 二际庚午延熙十三年		戊午蜀延熙元年 丙寅蜀延熙九年	
三际戊寅蜀景耀元年 四际丙戌晋泰始二年		甲戌延熙十七年 壬午蜀景耀五年	
五际甲午晋泰始十年 六际壬寅武太康三年		庚寅晋泰始六年 戊戌晋咸宁四年	
七际庚戌武太熙元年 八际戊午惠永平八年		丙午武太康七年 甲寅惠永平四年	
中孚十七轨		遁十七轨	涣十七轨
一际丙寅惠光熙元年 二际甲戌愍建兴二年		壬戌惠太安元年 庚午怀永嘉四年	
三际壬午元永昌元年 四际庚寅成咸和五年		戊寅元大兴元年 丙戌成咸和元年	
五际戊戌成咸康四年 六际丙午穆永和二年		甲午成咸和九年 壬寅成咸康八年	

续表

贞纬 前除坤乾 后余乾坤		贞纬本序	杂纬本序
七际甲寅穆永和十年 八际壬戌哀隆和元年		庚戌穆永和六年 戊午穆升平二年	
节十八轨		晋十八轨	解十八轨
一际庚午晋太和五年 二际戊寅武太元三年		丙寅晋太和元年 甲戌武宁康二年	
三际丙戌武太元十一年 四际甲午太元十九年		壬午武太元七年 庚寅武太元十五年	
五际壬寅安元兴元年 六际庚戌安义熙六年		戊戌安隆安二年 丙午安义熙二年	
七际戊午安义熙十四年 八际丙寅宋永初六年		甲寅安义熙十年 壬戌宋永初三年	
兑十九轨		家人十九轨	睽十九轨
一际甲戌宋元嘉十一年 二际壬午元嘉十九年		庚午宋元嘉七年 戊寅元嘉十五年	
三际庚寅元嘉廿七年 四际戊戌宋大明二年		丙戌元嘉廿三年 甲午宋建元元年	
五际丙午宋太始二年 六际甲寅宋元徽二年		壬寅宋大明六年 庚戌宋太始六年	
七际壬戌齐建元四年 八际庚午齐末明七年		戊午宋升明二年 丙寅齐永明四年	
旅二十轨		蹇二十轨	否二十轨

续表

贞纬　前除坤乾 后余乾坤	贞纬本序	杂纬本序
一际戊寅齐隆昌五年 二际丙戌梁天监五年		甲戌齐隆昌元年 壬午梁天监元年
三际甲午梁天监十三年 四际壬寅梁普通三年		庚寅梁天监九年 戊戌梁天监十七年
五际庚戌梁大通二年 六际戊午梁大同四年		丙午梁普通七年 甲寅梁中元六年
七际丙寅大同十二年 八际甲戌梁主绎三年		壬戌中元十四年 庚午中元廿二年
归妹廿一轨		损廿一轨　　大壮廿一轨
一际壬午陈天嘉三年 二际庚寅陈太建二年		戊寅梁太平三年 丙戌陈天康元年
三际戊戌周宣政元年 四际丙午隋开皇六年		甲午陈太建六年 壬寅隋开皇二年
五际甲寅开皇十四年 六际壬戌隋仁寿二年		庚戌隋开皇十年 戊午开皇十八年
七际庚午隋大业六年 八际戊寅唐武德元年		丙寅隋大业二年 甲戌隋大业十年
艮廿二轨		夬廿二轨　　大有廿二轨
一际丙戌唐贞观初年 二际甲午唐贞观八年		壬午唐武德五年 庚寅唐贞观四年
三际壬寅贞观十六年 四际庚戌高永徽元年		戊戌贞观十二年 丙午贞观二十年

续表

贞纬 前除坤乾 后余乾坤		贞纬本序	杂纬本序
五际戊午高显庆三年 六际丙寅高乾丰元年		甲寅高永徽五年 壬戌高龙朔二年	
七际甲戌高上元元年 八际壬午高永淳元年		庚午高咸亨元年 戊寅高仪凤三年	
鼎廿三轨		萃廿三轨	革廿三轨
一际庚寅武天授元年 二际戊戌武圣历元年		丙戌武垂拱二年 甲午武延载元年	
三际丙午中神龙二年 四际甲寅玄开元二年		壬寅武长安二年 庚戌睿景云元年	
五际壬戌玄开元十年 六际庚午开元十八年		戊午玄开元六年 丙寅开元十四年	
七际戊寅开元廿六年 八际丙戌玄天宝五载		甲戌开元廿二年 壬午元天宝元年	
井廿四轨		困廿四轨	小过廿四轨
一际甲午天宝十三载 二际壬寅代宝应元年		庚寅玄天宝九年 戊戌肃乾元元年	
三际庚戌代大历五年 四际戊午大历十三年		丙午代大历元年 甲寅代大历九年	
五际丙寅德贞元二年 六际甲戌德贞元十年		壬戌德建中三年 庚午德贞元六年	
七际壬午贞元十八年 八际庚寅宪元和五年		戊寅德贞元十四年 丙戌宪元和元年	

续表

贞纬　前除坤乾 后余乾坤		贞纬本序	杂纬本序
升廿五轨		革廿五轨	丰廿五轨
一际戊戌元和十三年 二际丙午敬庆历二年		甲午宪元和九年 壬寅穆长庆二年	
三际甲寅文太和八年 四际壬戌武会昌二年		庚戌文大和四年 戊午文开成二年	
五际庚午宣大中四年 六际戊寅大中十二年		丙寅武会昌六年 甲戌宣大中八年	
七际丙戌懿咸通七年 八际甲午僖乾符元年		壬午懿咸通三年 庚寅咸通十一年	
姤廿六轨		艮廿六轨	离廿六轨
一际壬寅僖中和二年 二际庚戌昭天顺元年		戊戌僖乾符五年 丙午僖光启二年	
三际戊午昭光化元年 四际丙寅唐天祐三年		甲寅昭乾宁元年 壬戌昭天复二年	
五际甲戌梁乾化四年 六际壬午梁龙德二年		庚午梁乾化初年 戊寅梁贞明四年	
七际庚寅唐长兴元年 八际戊戌晋天福三年		丙戌唐天成元年 甲午唐清泰元年	
益廿七轨		渐廿七轨	小畜廿七轨
一际丙午汉天福十一年 二际甲寅周显德元年		壬寅晋天福七年 庚戌汉乾祐三年	

续表

贞纬　前除坤乾 后余乾坤		贞纬本序	杂纬本序
三际壬戌宋建隆三年 四际庚午宋开宝三年		戊午周显德五年 丙寅宋乾德四年	
五际戊寅太平兴国三年 六际丙戌宋雍熙三年		甲戌宋开宝七年 壬午太平兴国七年	
七际甲午宋淳化五年 八际壬寅真咸平五年		庚寅宋淳化元年 戊戌真咸平元年	
解廿八轨		丰廿八轨	需廿八轨
一际庚戌大中祥符三年 二际戊午真天禧二年		丙午真景德二年 甲寅大中祥符七年	
三际丙寅仁天圣四年 四际甲戌仁景祐元年		壬戌仁乾兴元年 庚午仁天圣八年	
五际壬午仁庆历二年 六际庚寅仁皇祐二年		戊寅仁宝元元年 丙戌仁庆历六年	
七际戊戌仁嘉祐三年 八际丙午英治平三年		甲午仁至和元年 壬寅仁嘉祐七年	
睽廿九轨		巽廿九轨	大过廿九轨
一际甲寅神熙宁七年 二际壬戌神元丰五年		庚戌神熙宁三年 戊午神元丰元年	
三际庚午哲元祐五年 四际戊寅哲元符五年		丙寅哲元祐元年 甲戌哲绍圣元年	
五际丙戌徽崇宁五年 六际甲午徽政和四年		壬午徽崇宁二年 庚寅徽大观四年	

续表

贞纬　前除坤乾 后余乾坤	贞纬本序　　杂纬本序
七际壬寅徽宣和四年 八际庚戌高建炎四年	戊戌徽重和元年 丙午钦靖康元年
明夷三十轨	涣三十轨　　渐三十轨
一际戊午高绍兴八年 二际丙寅绍兴十六年	甲寅高绍兴三年 壬戌高绍兴十二年
三际甲戌绍兴廿四年 四际壬午绍兴卅二年	庚午绍兴二十年 戊寅绍兴廿八年
五际庚寅孝乾道六年 六际戊戌孝淳熙五年	丙戌孝乾道二年 甲午孝淳熙元年
七际丙午淳熙十三年 八际甲寅光绍熙五年	壬寅孝淳熙九年 庚戌光绍熙元年
大壮卅一轨	中孚卅一轨　　既济卅一轨
一际壬戌宁嘉泰二年 二际庚午宁嘉定三年	戊午宁庆元四年 丙寅宁开禧二年
三际戊寅宁嘉定十一年 四际丙戌理宝庆二年	甲戌宁嘉定七年 壬午宁嘉定十五年
五际甲午理端平元年 六际壬寅理淳祐二年	庚寅理绍定三年 戊戌理嘉熙二年
七际庚戌理淳祐八年 八际戊午理宝祐六年	丙午理淳祐六年 甲寅理宝祐二年
恒卅二轨	既济卅二轨　　姤卅二轨
一际丙寅度咸淳二年 二际甲戌度咸淳十年	壬戌理景定三年 庚午度咸淳六年

续表

贞纬 前除坤乾 后余乾坤	贞纬本序	杂纬本序
三际壬午元至正十九年 四际庚寅元至正廿七年		戊寅度景炎三年 丙戌元至正廿三年
五际戊戌元大德二年 六际丙午元大德十年		甲午元至正卅一年 壬寅元大德六年
七际甲寅元延祐元年 八际壬戌元至治二年		庚戌元至大三年 戊午元延祐五年
乾卅三轨 庚年下距壬寅 乾四际中		坤卅三轨 丙寅下距戊戌 乾四际中

右纬义甚明，不假诠训，稽之贞杂，寻行可辨也。贞纬起屯，杂纬起乾坤，起屯者前后各余百二十八岁，起乾坤者前后各尽，与乾坤终始。贞杂两纬，乘为子母，贞有两义，而杂唯一体也。蜀建兴八年，至延熹元年，贞纬已尽。明年，贞杂俱在下经。丙辰岁春，太白昼见，冬十月，有星孛于大辰，又孛于东方，上距春秋鲁哀公十三年冬，星孛于东方，至于是冬七百一十八年矣。鲁昭公十八年冬，星孛于大辰，去哀公十三年四十四年，合之为七百六十一年，十乘蔀岁，更端复始也。建安十七年冬，星孛于五诸侯。光和五年秋，星孛于太微。建和三年秋，星孛于天市。永初三年冬，星孛于天苑。永平十八年夏，星孛于太微。建平三年春，星孛于河鼓。元延元年秋，星孛于东井。建始元年春，星孛于东方。黄龙元年春，星孛入紫宫。地节元年春，星孛于西方。始元三年春，孛于西北。征和六年秋，孛于东方。元狩四年，长星出西北。建元六年秋，孛于东方。四年，孛于东北。三年，孛于西北。景中元三年秋，孛于西北。二年夏，孛于西北。景帝二年冬，星孛于西南。凡一元之孛十六七见，自疏而数，数而复疏，约以十二乘六十有三，而孛周其度。

宣帝黄龙元年壬申三月，星孛入紫宫。至唐景龙三年秋八月，星孛于紫宫，壬申至己酉七百五十八年，上下迟疾，积久可测矣。

七精散耀，与日晨夕，蔽亏冲射，以为光景，形采虽殊，而轨道相准。极北至于紫宫，极南至于稷社，皆由观者仰首，远近以为南北。去人愈近，则分天易遥，非有星道历于紫宫之内也。故长星彗孛，伏见疏数无常，但约以日之南北，月之迟疾，孛迟气闰，举积其间，皆以月孛为主。日乘章蔀，则微盈；月乘卦轨，则已过也。黄龙元年，上至周宣；景龙三年，下迨昭统；咸和辛卯，酌居其间，上下七百六十年，为南北中交，与十六际相为表里。上数而下疏，上孛而下彗，仿于交际，疏数之间，入交最密，则景帝丙戌冬十二月，孛在危、虚之间，此其数会也。景、武之间，贞杂两纬皆在噬嗑，四际前后，星孛最多。古纬以三百四岁为德运，七百六十岁为代轨，千五百二十岁为天地出符，四千五百六十岁为七精反初，皆以二六乘章蔀之数。世儒疑其迂诞，非孔氏语。然世数亿千而彗孛无历，近立四余之历，以月乘七九，则孛期可推，是知前古变耀，皆有成书，七精恒奇，亿世可测。蔀法虽疏，要在孔氏以前，密法相授，咨于圣典，不可诬也。凡古法治历，疏密皆同。但赢缩不立，举其率则为疏，置之终则必合。仲尼曰“同归殊途，一致百虑”，往来相推，似为历发也。

今举贞纬各加四表，为六十八卦，则四千三百六十卦；不加四表，为六十四卦，则四千九十六卦。上推往古，下察来今，准于《春秋》，爻象俱合，则纬书之源导于孔氏，奚疑乎？孔氏法密，而精义难闻；游夏无辞，而俚言莫尚。故精确相殽，传讹愈远。今如贞卦同运，而体用致殊。始屯者，临之一际，入汉初年；始乾者，已在景帝中元之中。始屯者，剥之八际，在成中载；始乾者，即在新室建武之际。犹之立表，每表距差相去更望而晷分乃适也。杂卦始比，则剥复正在两汉之交；始乾，则剥复又包章、和而下。上经之有临观、剥复、坎离三表，实为日月之所考耀，而随蛊两际，在秦汉之交。下经之有艮震、鼎革、损益、晋明夷、孚涣五表，实为日月所考耀，而归妹、渐两际在五代唐宋之交，唯噬嗑之当兴炎，鼎革之当代李，不用两表，贞杂相望耳。周孔尔时，坟典俱在，羲轩而下，谱牒未亡，所考世数消长，必有稽验。如云复十八世，消以三六也；临十二世，消以二六也；泰三十世，消以二九二六也；大壮二十世，消以二九一五也；夬三十二世，消三九一四也；姤一世，消无所据也；遁一世，消据不正也；否十世，消以二五也；观二十世，消以二五四六也；剥十二世，消以三四也，是皆仲尼语，以考今不验，其验者，唯贞杂两纬耳。晋魏而前，所论卦气，皆本京氏。故以复、临、泰、壮、夬、乾、姤、遁、否、观、剥、坤为准。据其所推，乾坤而外，已百四十余世。夏商之间，不当泰壮。周祭之交，不当夬姤。汉室而下，不当否观。世数差池，遂成山垤矣。今一依《易》序，贞杂相较，千古犁然。要自以《易》序为主，不与气纬相丽，如气中元士、大夫、三公、诸侯、天子、宗庙，纬中纯帝杂王，六子超王，上不及帝，及一圣、二庸、三君、四庸、五圣、六庸、七小人、八君子等语皆肤阔，无复足存者矣。

三易洞玑卷十二

杂图经下

《易》,日也;《诗》,月也;《春秋》,舍也。其在《易》则不见《诗》、《春秋》,其在《诗》则《易》、《春秋》之道著矣。故月以简日,日以简星,彀率其中,以知其端。《易》以昼之,《诗》以夜之,《春秋》舍之。夫《易》则其成序也。《易》二百九十六岁而轨首改政,三百一十二岁而辰朔更会。合二与一,存九去六,而气朔盈虚,剂乎其间。故《诗》三百一十有二,步《易》之端,以交《春秋》;去其十五,一与二合,二百九十有六,步《春秋》端,以为元始。故《诗》与《春秋》,分轨之半,中于乾坤,天地之圭璋也。鲁隐公三年辛酉春二月己巳朔食,乾坤之中会。其上《易》轨三十有二岁,蒙师初交,为《诗》之上际;其下《易》轨三十有二岁,屯比初交,为《诗》之饫归。故《诗》有五际,三百八十岁,绌四以终于爻象,赢四以始于《春秋》。蒙师初交,在平王之己丑,秦败戎师,略有岐西,《小戎》、《铁驷》在是岁也。其上一轨六十四岁,在宣王之乙酉,鲁武公薨,立公子戏,齐弑厉公,立公子赤,风雅已变,《春秋》且作。屯比初交,在庄王之癸巳,齐、宋、陈、蔡与鲁伐卫,《击鼓》、《执殳》在是岁也。其下一轨六十四岁,在襄王之乙未,晋室再霸,天子复降,《木瓜》、《黄鸟》上下其间,王迹尽熸,风响绝矣。故《诗》有七始,裁为五际,文武以降,五百三十二年,去其两际一百五十有二。文王五年庚寅正月癸亥朔日南至,迨于成王丙午十有三年,礼乐乃备,雅颂之作则于是始。平王四十年庚戌正月癸酉朔日南至,迨于惠王丙寅二十有二年辛亥朔至,列国之令,束于霸政,《春秋》与《诗》乃更为命。故《诗》者周公之事,《春秋》者仲尼之志也。

仲尼治《诗》,断自春秋,其上三百二十四年,其下二百四十三年,七八之数,与九六参,两经之间,中于乾坤,四八相距,以为元际。故其道颓乎其易明,确乎其易知也。辛亥朔至,与贞卦会。杂卦之行,稽于其中。贞杂中终,于日相值,各七千二百九十六岁。盖自文王而前,至于丙寅辛亥朔至,百一十四轨[①],两济之中际也。溯其始交,孚、过之中,周轨余历三千二百,是则屯、需之间矣。故《诗》自成王而上,隐公而下,各六十八岁,七轨之历,裁为五际,径而绳之三百八十,文王之五年日至以始,春秋之五年杂纬以中。木德衰旺,火著其兆,生成始究,年世之义则于是取也。故亥者木之始根也,寅者火之见荣者也。庚寅之岁,日在癸亥,《文王》始作,《灵台》究之。后八载丁酉,在无妄之中际,是文王之十二年。文王享国凡五十载,丁酉而后三十二年,一以为"勿药",一以为"有眚",故终身以无妄自命也。无妄之贞卦,在于大有,大有则天佑,无妄则不佑,文王不自以为天佑而凛戒于物眚,故愠疾不殄,文王则自以为固有之也。无妄四中,值履初九,履虎咥人,在文王之三十四年,跛履眇视,四友之事,武人大君,廉来之致也。益之初九,利用大作,文王受之。益之六二,鹰扬弃龟,则文王不受之。圣人之或受不受,则亦皆命也,谓是我之固有,故取之而不辞,弃之而无怨,祥至而不疑,变猝而无患。益之六三,无妄之九四,文武、周公皆用之矣。武王之享帝,周公之告圭,两者

① $114 \times 64 = 7296$。

天下之疑事也，圣人为之而以为固然。故圣人之为《易》，其父子兄弟不相为命也。

圣人之为《诗》，使风雷鬼神读之，久乃信，无妄损益，《鸱鸮》、《东山》是矣。成王十三年丙午正月辛丑朔日南至，《下武》始作，《公刘》究之，是在益之六四，用依迁国，洛汭是卜，天下乃福。穆王六年壬戌正月己卯朔日南至，《泂酌》始作，《板荡》究之，是在艮之六五，祇宫既营，黄竹是巡，徐、越不宁。故《公刘》者，洛汭之事；《卷阿》者，驰骤之刺也。作丰之后，二百九十六年，营洛始东；徐、越之后，百六十年而败于姜戎。故自《民劳》而下，昭、穆之威则亦且殚矣。懿王十六年戊寅正月丁巳朔南至。又三年庚辰，迁于槐里，在蒙之上六，是谓棘欲，不得其匹，夷厉乃恤。宣王二十一年甲午正月乙未朔南至。明年，命王子多父。又明年，王师败于条，在师之六二，晋则多故，而郑始有国，自《板荡》而下，《召旻》而上，百五十二载，《抑戒》所治，备举之矣。故圣人之于世，有不兼举也，而作者皆备之。昭、穆之劳民，懿之夸毗，夷之疾威，则皆见之厉、幽之世也。乐则有厉有宣有嬴，《诗》则有江有汉有秦。夫圣人则亦何所不治者乎？

圣人之治，仰视天道，俯察列国，其著者在于江汉，大者在于南北。周室之日，在于婺女，南正轩辕，南北姤复，百八十三度，雅颂负阳，列国负阴。《鹿鸣》之治，自北而南；《关雎》之治，自南而北。三垣之间，去九与六，施于列国，百六十有一，纬道广狭，各百四十有八，而究南北。故三垣之治，数简而轨迟；列国之治，数繁而轨速。自轩辕以东，有天庙、天相、少微、长垣、明堂、灵台，暨于杓北，狱市、环卫之所从出，大仪、少威、壬礼、林乐于是乎在，名星一百三十六，可数者六百一十七，太微、天市为之统首，以命二雅，宋为嘉客，集于招摇之下。自轩辕以西，有樽钺、旗斿、陵屏、离宫，暨于苑囿，仓囷、林垒之所从出，秦豳鬼井，晋参魏毕，卫定齐虚，于是乎在，名星一百六十有一，可数者四百有八十，五车、螣蛇为之统首，以命十有五国，鲁为嘉主，集于附路之下。故鲁之与宋，周室之主客也。郑之从宋，卫之从鲁，两者河汉之牝牡也。郑卫之在风以为二伯，鲁宋之在颂以为两恪，在天子则值其二恪，在侯国则用其两伯。故名星二百九十有六，星数一千九十有六，宋、郑、鲁、卫相从于列国之内也。存鲁、宋之星，步九野之数，一千二十有四，四之以尽，周星之历，故观于朔始相会，命一以十，期以视支，闰以视干，而星日相差，不夜之积，举可知矣。故《诗》之五际，则各有三义焉，义各有五起焉。星之从日，日始于至；至有五蔀，蔀有四章。上下春秋，两周之际，各四章岁，紫宫、太微、螣蛇、天市、五车分起治之。日之从岁，岁本于易，易始五轨，五轨之积三百二十[①]，循于先天，杂纬所治，皆在北维两协之间，折威、牵牛、天根、神宫、人星分起治之。月之从朔，朔与闰叶。《诗》自为候，候五气舍，一舍之候，各五十九，余分小七，自酉而未而巽而寅而壬，复合于酉。五舍之积，二百九十五分，三五微赢，以为朔实，甲己、乙庚、丙辛、丁壬、戊癸分起治之，故《诗》、《易》、《春秋》，皆以五、十自相命也。五以命际，十以命月，六百四十月而《易》轨以终，万八千九百四十四岁而《诗》、《易》更始，乘以四七，则《诗》、《易》、《春秋》轨际之义皆尽矣。故诗自《鹿鸣》至于《何草》，《文王》至于《召旻》，百有五篇，河汉之中，天下治隆所为权始也。

万物之数，合两与参，以三除之，范于百五，莫复敢过，环百九十，以为边际。故月交卦会三乘之间，而天地之情著，万

---

① 64×5。

物之形得也。物生于数,存于德,播于音,数以立命,德以表性,音以著情,理性平情,以宅于命。故其水土不蝥,星日以正,五化之帝,不与天子争柄,《文王》、《公刘》、《鹿鸣》、《斯干》、《楚茨》之诗是也。五诗之治各七十六岁,《文王》治于内,则《二南》治于外;《公刘》治于内,则《邶》、《鄘》、《卫》治于外。《二南》者,周公之诲;三卫者,召康公之诫也。《鹿鸣》治于内,则《王》、《郑》治于外。《鹿鸣》角也,徵生于角,角生于羽 ,六八之数,半用其合。故其声引羽出太簇之阴,其音中于清角。《斯干》治于内,则《齐》、《魏》、《唐》、《秦》治于外;《楚茨》治于内,则《陈》、《郐》、《曹》、《豳》治于外。《斯干》羽也,羽以生角,角以生徵,六九之数,全用其合。故其声引徵出夹钟之阴,其音中于少羽。《楚茨》徵也,徵以生宫,宫以生商,九八之数,全用其合。故其声引商出南吕之阴,其音中于大徵。故声生于律,音生于声。律者母也,音者子也。太簇之阴为羽四十八,夹钟之阴绌徵五十三,南吕之阴为商七十二。《文王》之声出于蕤宾之阳,《公刘》之声出于太簇之阳。蕤宾之阳为徵,宫生于徵。太簇之阳为商,商止于商。故《文王》之宫五十有六,《公刘》之商七十有二,五诗之合,损益三百,列国从之,或半或合,圭尺所揆,隆替清浊,则于是归也。故《诗》者,呼鬼神之情,推物而应之也。鬼神之德,集于中垣,候于天门,或阳或阴,或高或深,动其情名,则响与之寻。故南者音之始熏也,《关雎》、《鹊巢》皆在轩辕之南,宫庙所治,帝后是处。日在于玄枵,则鹑火为主。圣人之治,风以为之客,南以为之主,夬以正其男,姤以正其女。江汉以北,十有三国,速灭者六,未有慎其宵德者也。君子之慎其宵德,以夜不息火,昼不举乐,而《关雎》用之,以舍其澹志,肆其钟鼓,是以治则始治,以乱则终乱,是圣人之所惧也。圣人为《诗》以别垣野,正中外,审正变,齐物轨，皆风以为之候，雅以为之会，无中声者为之闰，有中声者为之主。变风之不得全律，则《鸿雁》、《祈招》为之主。《黍离》在中吕之阴，《权舆》在黄钟之阴，中吕半之穷也，黄钟半之则未穷也，其得全律，则《板荡》、《崧高》、《蒸民》为之主。《东山》在南吕之阳，《黄鸟》在黄钟之阴，黄钟之阴则穷也，南吕之阳则未穷也，故豳之与南，王之与秦，四者正变之环始也。

天下之治，河汉所负，不在于中土，则系于首尾。故螣蛇、太微、五车、天市相次为会，列国之究，为十三次，三垣夹治，是则《诗》之疆理也。春秋而下，两汉迸季有二十六主，许洛云扰，以污妹土，典午嗣王，华夷方攘，大火寿星，回遹彼疆。南齐北魏，则曰陆梁，以授秦唐，乃有终南，至于渭阳。西德既卒，汴梁是宅，太皞之墟，实抚南服。何以终之？灭曹者宋。又三百八十岁，乃雅乃颂。故《文王》、《清庙》各三十有一，所以分晷天地，遂贞、杂之撰也。贞之视晷，以候分至。杂之视轨，以候于中际。律吕相吹，风生其间。故风者，贞、杂之所间生也。圣人之治，星以纪之，月以步之，日以视之，风以听之，四始举中，而神物之情名皆应矣。故《易》之与律，律之与历，三者不独为治也。宣王二十一年朔至之岁，鲁杀子戏。其先十二年乙酉，鲁武公敖薨，子戏立。立戏，则伯御必杀戏。杀戏，则又必杀伯御。竖其一否，杀其两臧，是在师之初际，樊仲山甫尝道之。故樊仲山甫之为律，不异于周太师之为律；周太师之为律，不异于周文公之为律也。宣王三十九年壬子，王师败绩于千亩。甲寅，王师败于申，是在师之六三，舆尸之凶，弟子受之。辛酉幽王二年，郑始灭郐。乙丑冬十月辛卯朔，日食于龙尾，王师败于陆浑，是在师之六四，于是则在中交矣。己巳，王师伐申。明年，申人、鄫人及犬戎入于宗周，王室乃东，秦人立侯，江汉自王，是在师之六五，舆尸之凶，长子受之，于是五际，则小既矣。镐京之入洛，秦人之合豳，益始师终，迁国舆尸，圣人则未尝不知也。知而图之，定命吁谟，勿用小人，不迁厥都。故圣人之恶虢石、荣夷，甚于其恶犬戎、褒姒也。犬戎、褒姒从之则以为小人，虢石、荣夷从之则以为君子。秦本牧圉，因乱乃忾，绩则未报，而祀上畤。夫以为小人则以死懟事，以为君子则非王之伯叔甥舅与其卿士，故天子之爵命与其土宇，不可以施下也。爵命土宇可以施下，则斧扆之侧，税之如舍。平王十八年戊子，秦败戎师，遂略岐西，《文王》、《鹿鸣》于是乃既。凡伯伤之，乃思召公，为《召旻》之诗。故《召旻》者，五际之终，而六轨之始也。师以上终，坤以六始，履霜坚冰，小人发机，仲尼之为《春秋》，裁于坤中，虔于坤始。盖于坤始，作而叹曰："臣弑其君，子弑其父，非一朝一夕之故，其所由来者渐矣！"于是先后盖四百八十六年，周始为秦，子父臣君，何尊何亲？冽风在山，虎兕则神。夫非仲尼，其谁以知之乎？文王知终，仲尼知始，夫仲尼则犹周公之志也。

右图皆以杂卦为序，中分乾坤，上下三十二卦。春秋元年，断自乾坤之中，上为《诗》之五际，下为《春秋》之三轨也。《春秋》僖公五年，即惠王二十二年丙寅岁正月辛亥朔日南至，上距平王四十年庚戌岁正月癸酉朔日南至七十六年，不尽九年为春秋之元年。二下各三十二年，为坤轨之初终，则上至平王十七年丁亥，下至庄王六年庚寅，共为一轨之年也。今自隐公三年日食，为坤轨之正中，则上下皆移二年。故贞、杂二交，中、终之会，各有差岁，要以僖公丙寅岁辛亥朔至以为际始，贞卦于是交终，杂卦于是交中，阳赢阴乏，差会之所不过也。一际日至七十六年，一轨卦交六十四岁，轨际相追，每七千二百九十六年而后合，贞杂相值，率始于卯酉，平于子午。

自文王而前，《易》轨大周，又行五十卦，则辛亥朔至，在屯需之际矣。《易》轨四千三百七十四年而退九岁，故日至在平王庚戌，历元在平王己未。今以七千二百九十六年为元者，除四千九十六年，余三千二百，始于孚、过，交于屯、需。去屯需之百二十八，为七千一百六十八，不及岁周，半交于乾中。以十约之，为七百二十九，余甲之六也。自辛亥朔至上一蔀首，为平王庚戌四十年正月癸酉朔至，又上一蔀首为宣王甲午二十一年正月乙未朔至，又上一蔀首为懿王戊寅十三年正月丁巳朔至，又上一蔀首为穆王壬戌六年正月己卯朔至，又上一蔀首为成王丙午十三年正月辛丑朔至，又上一蔀首为文王庚寅五年正月癸亥朔至，凡七际七始五百三十二年，去文王之庚寅、惠王之丙寅，前后两际，断自成王之丙午，至惠王之乙丑，三百八十年，《诗》、《易》循轨，合行其间。成王七年壬寅，当益之六四。其先二年庚子二月乙未，王自周至丰，三月戊申，太保至洛卜宅。庚戌，攻位于洛汭。乙卯，公至洛。戊午，郊社，冬十一月戊辰，册周公后。以春秋己未绳之，则是岁正益之六四也。

凡共和而上，谱历差池，难以绳准，直以克商岁在戊子正月癸卯朔，十二日甲寅冬至，揆诸前后，晦朔最真，与《史记》、左氏合，则他可勿问也。武王受命，修短之历，不复可稽。然以《戴记》、《梦龄》度之，可后文王十七八载。《竹书》及《逸周书》武王受命皆十七年，《尚书》克商在十三年，必无文王改元服殷、武王子袭父年之理。今合诸典纬通之，文王即位五十年，武王受命十七年，周公摄政七年，成王复辟三十二年，《顾命》之作在成王辛未春二月丙午朔，癸亥哉生魄，王不豫，甲子乃洮，乙丑王崩，上距文王元年一百有六岁。文王五年庚寅，为日至之始，犹在无妄之六三，至十年乙未，在无妄之九四；四十二年，五星聚于房，赤乌集于周社，在益之初九。成王四年己亥，益轨乃中，下距春秋元年坤中，为五际六轨三百八十四年。文王庚寅癸亥朔际，礼乐未作，成王而后，始备咏歌。《文王》、《大明》，音律相近，在成王丙午，为五际始，《公刘》次之，《鹿鸣》又次之，《斯干》、《楚茨》又次之，以领六轨。

凡《诗》雅、颂、十五国皆自为始际，而要以此五篇为端。《周颂》三十一篇上应紫宫,《清庙》、《我将》、《振鹭》、《有客》、《载芟》分为始际。《大雅》三十一篇上应太微,《文王》、《皇矣》、《既醉》、《民劳》、《崧高》分为始际。《小雅》七十四篇上应天市,《鹿鸣》、《彤弓》、《斯干》、《四月》、《宾筵》分为始际。以下诸风,互有先后。卫列三风,犹康之有三诰。项侯治邶,鳌侯治鄘①,武公治卫,皆在厉宣之朝。至《木瓜》而终于齐桓之世。郑在王后,犹卫之在王前,寄帑号郐,即在幽平之际,至《溱洧》而终于晋文之世。故卫之相宣与齐之迁卫,郑之相平与晋之伐郑,优劣修短,德运一也。卫文公毁之卒,尚后于齐桓九年。郑文公接之卒,与晋文公同岁。故桓文之泽,相去十六载,而王国益衰。《诗》有五际,止于齐桓而不及晋文。《春秋》所载,详于突忽而简于文缪,上下之际,略可识也。宣王二十一年甲午春正月庚寅南至,为列国之始,齐、魏、唐、秦自为一列,陈、桧、曹、豳自为一列,皆始于甲午。鲁杀懿公戏,立公子伯御,列国之变则自此始也。其先七年戊子,卫武公始立,后一年乙未,始锡郑桓公,是卫郑之始。凡百三十年,而齐桓始立,二雅之历尽,列国之风绝。故圣人以郑、卫为同姓之夹辅,齐、秦为异姓之纲纪。《载驱》、《猗嗟》在襄桓之时,《黄鸟》、《渭阳》在穆康之际,列国考验,不出百八十三年,天地之交著,升降之义备矣。

凡《诗》有垣野,皆别中外以为卦周。今言《国风》一百六十一篇,始姤而终坤;《雅》《颂》一百五十一篇,始复而终乾者,特据河汉言之。河汉以内谓之三垣,以外谓之列国。三垣之下有宋,郑从于宋,北不举吴越,南不举荆楚,以为内外之限。自吴越而上,危、虚在齐室,璧在卫,奎、娄在鲁,至于鲁与宋直,而艮坤始中,南北分际。自荆楚而上,鬼、井在秦,参、觜在唐,毕、昴在魏,至于鲁与周等,而星、张、奎、娄,艮巽是居,二南燕鲁,分星所属,伏见于《诗》,亦可知矣。故二南有风,始于星、张,而燕、鲁无风,不分于奎、尾。楚在江汉,而夺楚以与周。宋在三垣,而益郑以与宋。故鲁以宗国

① “鄘”,库本作“郑”。

反始于豳，燕以箕尾代兴于宋，《诗》之与夺，与《春秋》相为表里也。《春秋》所存，因文于史，其义已备，至于《诗》，而圣人与夺，权用大著。

凡《诗》中所存侯伯之国见夷灭者，无甚失德，皆列为风。陈、唐、邶、鄘皆楚所灭，《诗》不录楚，而录四国。又曹灭于宋，桧灭于郑，魏灭于晋，或远或近，小大相并，《诗》不尽录；其所录者，上下三际，别为一义，与《易》终始。故自郑卫而上，王室两迁；齐魏而下，战国雄始；陈桧之余，郡邑将墟。自两汉而降，列国废兴，犹可以义起也。凡《诗》三百一十二篇，亡辞者六，别系者九，《南陔》、《白华》、《华黍》、《由庚》、《崇丘》、《由仪》，传诵所不存，必初无其篇，存而复删，故韵讽遂绝。《商颂》五篇，《鲁颂》四篇，既为正考甫、史克之遗则，与周历列国污隆无涉，因类别系，重其宗国云耳。去九与六，为十五篇，则周诗所遗二百九十有七；《巧言》、《何人斯》合为一篇，则二百九十有六。

《易》积周甲之数，每岁退天十三辰八分四厘二毫二丝，凡二百九十六年而退《易》一部四千九十六①，故《诗》与《春秋》皆退《易》一部。贞之起屯，杂之起比，中于乾坤，上下半部，其义一也。以二百九十有六，当一月二十九日五千三百五分九十三秒之数，月周一部，则六百四十月而《易》轨大周，万八千九百四十四岁而《诗》、《易》更始也。凡《诗》二百九十六篇千九十六章，以四乘之，为一岁经辰之数②，依之为九野三垣经星之数。因其篇章，审其声未，以辨律吕，颂得中声，雅用全律，风多半律，及其子声，豳以风而当小雅，以颂而当大雅，时用全律，出以中声。故豳风鲁颂，为列国之会归、商周之间际也。季札、韩起皆当孔子删述之前，所观《诗》、《乐》、《易象》、《春秋》已俱条理，如仲尼之所次第，是知周室柱下别有藏编。《诗》、《乐》、《春秋》，皆于象纬。

① 13.84 × 296 = 4096。

② 1096 × 4 = 4384。

后世所传《诗推度灾》,以卯酉之际为革政,午亥之际为革命,《天保》在卯,《祈父》在酉,《采芑》在午,《大明》在亥。又《氾历枢》云"《大明》在亥,水始也;《四牡》在寅,木始也;《嘉鱼》在巳,火始也;《鸿雁》在申,金始也"。其说虽浅疏,然其大指在商周战国秦汉之际,不为耳食。盖纬书之于经,犹公穀之解义,有口授而无笔证,略闻绪论,沿积丛讹,其实圣言有线未绝。今考其法,二雅大小百十一篇,亡篇者六,为百有五,上自文武,至于幽平,三百八十年。《文王》至《思齐》六篇,在文王庚寅,火始之岁,日在癸亥,《鹿鸣》至《湛露》十四篇应之;癸亥,甲木之始,紫宫为至,天厩应之,是为一际。《皇矣》至《行苇》六篇,在成王丙午,火盛之岁,日在辛丑,《彤弓》至《行野》十四篇应之;辛丑,水德之宅,太微为治,天市应之,是为二际。《既醉》至《卷阿》六篇,在穆王壬戌,内火之岁,日在己卯,《斯干》至《蓼莪》十四篇应之;己卯,木德之荣,天厩为治,太微应之。《民劳》至《云汉》六篇,在懿王戊寅,火始之岁,日在丁巳,《大东》至《鸳鸯》十四篇应之;丁巳,木之再荣,紫宫为治,太微应之,是为四际。《崧高》至《召旻》七篇,在宣王甲午,火盛之岁,日在乙未,《頍弁》至《何草》十八篇应之;乙未,木德之宅,太微为治,五车应之,是为五际。五际不当其世,而意义可通,述事之作,或有因时,而道古之篇,要唯自昔也。《诗》二百九十六篇,断自成王甲午,追平王庚戌为二百九十六年,与《易》轨日至退历相值,《春秋》之所立始,以南北姤复,垣野河汉,周环推之,则大雅三十一篇联于二南,小雅七十四篇夹于齐郑,颂与商鲁携于娄角之间。两雅初分,天门之前,鬼神之所候听也。纬书粗得影响,又考历不正,不辨岁日,然其遗绪犹存,源流可沂,学者因是求之,仲尼之故说多有未亡者矣。

杂图纬下

杂纬　自初周至春秋	贞纬　自季汉至初唐
庚寅　文王五年癸亥朔至 辛卯	戊午　蜀延熙吴赤乌元年 己未
壬辰 癸巳	庚申　魏正始元年 辛酉
甲午 乙未无妄乾	壬戌小过乾 癸亥小过屯
丙申无妄夬 丁酉无妄未济	甲子小过需 乙丑小过师
戊戌无妄归妹 己亥无妄颐	丙寅小过小畜 丁卯小过泰
庚子无妄讼 辛丑无妄履	戊辰小过同人 己巳小过谦　魏嘉平元年
壬寅无妄坎 癸卯无妄旅	庚午小过随 辛未小过临
甲辰无妄中孚 乙巳无妄鼎	壬申小过噬嗑　吴主权卒 癸酉小过剥
丙午无妄同人 丁未无妄遁	甲戌小过无妄　魏废主芳 乙亥小过颐
戊申无妄泰 己酉无妄家人	丙子小过坎 丁丑小过既济
庚戌无妄蹇 辛亥无妄节	戊寅小过小过　吴废主亮 己卯小过节
壬子无妄恒 癸丑无妄困	庚辰小过兑　魏弑其主髦 辛巳小过旅

续表

杂纬　自初周至春秋	贞纬　自季汉至初唐
甲寅无妄明夷 乙卯无妄复	壬午小过归妹 癸未小过艮　蜀汉降魏
丙辰无妄蛊 丁巳无妄巽	甲申小过鼎　晋秦始元年 乙酉小过升
戊午无妄贲 己未无妄豫	丙戌小过升 丁亥小过姤
庚申无妄升 辛酉无妄无妄	戊子小过益 己丑小过解
壬戌无妄益 癸亥无妄艮	庚寅小过睽 辛卯小过明夷
甲子无妄蒙 乙丑无妄观	壬辰小过大壮 癸巳小过恒
丙寅无妄师 丁卯益之坤	甲午小过坤 乙未小过咸
戊辰益之比 己巳益之临	丙申小过遁 丁酉小过晋
庚午益之屯 辛未益之震	戊戌小过家人 己亥小过蹇
壬申益之损 癸酉益之大畜	庚子小过损　吴主皓降晋 辛丑小过夬
甲戌益之萃 乙亥益之谦　文王五十年	壬寅小过萃 癸卯小过困
丙子益之噬嗑　武王元年 丁丑益之兑	甲辰小过革 乙巳小过震
戊寅益之随 己卯益之剥	丙午小过渐 丁未小过丰

续表

杂纬　自初周至春秋	贞纬　自季汉至初唐
庚辰益之晋 辛巳益之井	戊申小过巽 己酉小过涣
壬午益之咸 癸未益之涣	庚戌小过中孚　晋主炎殂 辛亥小过未济　永平元年
甲申益之解 乙酉益之睽	壬子小过离　弑杨太后 癸丑小过大过
丙戌益之否 丁亥益之大壮	甲寅小过大畜 乙卯小过复
戊子益之大有　王十三年 己丑益之革　武王十四年	丙辰小过贲 丁巳小过观
庚寅益之小过 辛卯益之丰	戊午小过蛊 己未小过豫　废太子遹
壬辰益之离 癸巳益之小畜	庚申小过大有　杀贾后 辛酉小过否　废帝寻复立
甲午益之需　成王元年 乙未益之大过	壬戌小过履 癸亥小过比　张方陷京师
丙申益之渐 丁酉益之既济	甲子小过讼　颖入京师 乙丑小过蒙　帝自邺如长安
戊戌益之姤 己亥益之乾	丙寅中孚乾　惠帝还洛殂 丁卯中孚屯　永嘉元年
庚子益之夬　营洛元年 辛丑益之未济	戊辰中孚需　刘渊称汉 己巳中孚师
壬寅益之归妹 癸卯益之颐	庚午中孚小畜　刘聪自立 辛未中孚泰　石勒陷洛阳
甲辰益之讼 乙巳益之履	壬申中孚同人 癸酉中孚谦　怀帝殁于平阳

续表

杂纬　自初周至春秋	贞纬　自季汉至初唐
丙午益之坎　辛丑朔至 丁未益之旅	甲戌中孚随 乙亥中孚临
戊申益之中孚 己酉益之鼎	丙子中孚噬嗑　刘曜陷长安 丁丑中孚剥　愍帝没于平阳
庚戌益之同人 辛亥益之遁	戊寅中孚无妄　大兴元年 己卯中孚颐
壬子益之泰 癸丑益之家人	庚辰中孚坎 辛巳中孚既济
甲寅益之蹇 乙卯益之节	壬午中孚小过　元帝睿崩 癸未中孚节　大宁元年
丙辰益之恒 丁巳益之困	甲申中孚兑　王敦败没 乙酉中孚旅　明帝绍崩
戊午益之明夷 己未益之复	丙戌中孚归妹　咸和元年 丁亥中孚艮
庚申益之蛊 辛酉益之巽	戊子中孚鼎　苏峻陷京师 己丑中孚井　石勒掳刘曜
壬戌益之贲 癸亥益之豫	庚寅中孚升　石勒自立 辛卯中孚姤
甲子益之升 乙丑益之无妄	壬辰中孚益 癸巳中孚解　石勒殂弘立
丙寅益之益 丁卯益之艮	甲午中孚睽　蜀主李雄卒 乙未中孚明夷　石虎自立
戊辰益之蒙 己巳益之观	丙申中孚大壮 丁酉中孚恒
庚午益之师 辛未艮之乾　成王卅八年	戊戌中孚坤 己亥中孚咸

续表

杂纬　自初周至春秋	贞纬　自季汉至初唐
壬申艮之比　康王元年 癸酉艮之临	庚子中孚遁 辛丑中孚晋
甲戌艮之屯 乙亥艮之震	壬寅中孚家人　成帝衍崩 癸卯中孚蹇　建元元年
丙子艮之损 丁丑艮之大畜	甲辰中孚损　康帝岳崩 乙巳中孚夬　永和元年
戊寅艮之萃 己卯艮之谦	丙午中孚萃 丁未中孚困　蜀李势降
庚辰艮之噬嗑 辛巳艮之兑	戊申中孚革 己酉中孚震
壬午艮之随 癸未艮之剥	庚戌中孚渐　冉魏灭石氏 辛亥中孚丰　苻健称秦
甲申艮之晋 乙酉艮之井	壬子中孚巽　慕容儁灭冉 癸丑中孚涣
丙戌艮之咸 丁亥艮之涣	甲寅中孚中孚 乙卯中孚未济
戊子艮之解 己丑艮之睽	丙辰中孚离 丁巳中孚大过　苻坚自立
庚寅艮之否 辛卯艮之大壮	戊午中孚大畜 己未中孚复
壬辰艮之大有 癸巳艮之革	庚申中孚贲　燕慕容暐立 辛酉中孚观　穆帝聃崩
甲午艮之小过 乙未艮之丰	壬戌中孚蛊　隆和元年 癸亥中孚豫
丙申艮之离　康王二十五年 丁酉艮之小畜　昭王元年	甲子中孚大有 乙丑中孚否　哀帝丕崩

续表

杂纬　自初周至春秋	贞纬　自季汉至初唐
戊戌艮之需 己亥艮之大过	丙寅中孚履　太和元年 丁卯中孚比
庚子艮之渐 辛丑艮之既济	戊辰中孚讼 己巳中孚蒙　桓温还广陵
壬寅艮之姤 癸卯艮之乾	庚午节之乾　秦掳慕容時 辛未节之屯　咸安元年
甲辰艮之夬 乙巳艮之未济	壬申节之需　简文帝景崩 癸酉节之师　宁康元年
丙午艮之归妹 丁未艮之颐	甲戌节之小畜 乙亥节之泰
戊申艮之讼 己酉艮之履	丙子节之同人　秦陷凉州 丁丑节之谦
庚戌艮之坎 辛亥艮之旅	戊寅节之随 己卯节之临
壬子艮之中孚 癸丑艮之鼎	庚辰节之噬嗑 辛丑节之剥
甲寅艮之同人 乙卯艮之遁　昭王十九年	壬午节之无妄 癸未节之颐　秦师败于淮
丙辰艮之泰　穆王元年 丁巳艮之家人	甲申节之坎 乙酉节既济　姚苌杀秦坚
戊午艮之蹇 己未艮之节	丙戌节小过　燕垂杀秦丕 丁亥节之节
庚申艮之恒 辛酉艮之困	戊子节之兑 己丑节之旅
壬戌艮之明夷　己卯朔至 癸亥艮之复	庚寅节之归妹 辛卯节之艮

续表

杂纬　自初周至春秋	贞纬　自季汉至初唐
甲子艮之蛊 乙丑艮之巽	壬辰节之鼎 癸巳节之井
丙寅艮之贲 丁卯艮之豫	甲午节之升　姚兴杀秦登 乙未节之姤　拓拔魏败燕
戊辰艮之升 己巳艮之无妄	丙申节之益　武帝曜殂 丁酉节之解　隆安元年
庚午艮之益 辛未艮之艮	戊戌节之睽　魏始华服 己亥节明夷　桓玄孙恩叛
壬申艮之蒙 癸酉艮之观	庚子节之大壮 辛丑节之恒
甲戌艮之师 乙亥蒙之坤	壬寅节之坤 癸卯节之咸　桓玄称帝
丙子蒙之比 丁丑蒙之临	甲辰节之遁　刘裕诛桓玄 乙巳节之晋
戊寅蒙之屯 己卯蒙之震	丙午节之家人 丁未节之蹇
庚辰蒙之损 辛巳蒙之大畜	戊申节之损 己酉节之夬　魏弑其主圭
壬午蒙之萃 癸未蒙之谦	庚戌节之萃　刘裕克南燕 辛亥节之困
甲申蒙之噬嗑 乙酉蒙之兑	壬子节之革 癸丑节之震
丙戌蒙之随 丁亥蒙之剥	甲寅节之渐 乙卯节之丰
戊子蒙之晋 己丑蒙之井	丙辰节之巽　刘裕克洛阳 丁巳节之涣　刘裕克长安

续表

杂纬　自初周至春秋	贞纬　自季汉至初唐
庚寅蒙之咸 辛卯蒙之涣	戊午节之中孚　弑安帝德 己未节之未济　元熙元年
壬辰蒙之解 癸巳蒙之睽	庚申节之离　宋永初元年 辛酉节之大过
甲午蒙之否 乙未蒙之央	壬戌节之大畜　宋主裕殂 癸亥节之复　魏主嗣殂
丙申蒙之大有 丁酉蒙之革	甲子节之贲　宋元嘉元年 乙丑节之观　魏始光二年
戊戌蒙之小过 己亥蒙之丰	丙寅节之蛊 丁卯节之豫
庚子蒙之离 辛丑蒙之小畜	戊辰节之大有　魏灭夏 己巳节之否
壬寅蒙之需 癸卯蒙之大过	庚午节之履 辛未节之比
甲辰蒙之渐 乙巳蒙之既济	壬申节之讼　魏灭乞伏氏 癸酉节之蒙
丙午蒙之姤 丁未蒙之乾	甲戌兑之乾 乙亥兑之屯
戊申蒙之央 己酉蒙之未济	丙子兑之需 丁丑兑之师
庚戌蒙之归妹　五十五年 辛亥蒙之颐　共王元年	戊寅兑之小畜 己卯兑之泰　魏虏北凉犍
壬子蒙之讼 癸丑蒙之履	庚辰兑之同人 辛巳兑之谦
甲寅蒙之坎 乙卯蒙之旅	壬午兑之随 癸未兑之临

续表

杂纬　自初周至春秋	贞纬　自季汉至初唐
丙辰蒙之中孚 丁巳蒙之鼎	甲申兑之噬嗑 乙酉兑之剥
戊午蒙之同人 己未蒙之遁	丙戌兑之无妄 丁亥兑之颐
庚申蒙之泰 辛酉蒙之家人	戊子兑之坎 己丑兑之既济
壬戌蒙之蹇　共王十二年 癸亥蒙之节　懿王元年	庚寅兑之小过 辛卯兑之节　魏阉弑主森
甲子蒙之恒 乙丑蒙之困	壬辰兑之兑　魏兴安元年 癸巳兑之旅　劭弑主义隆
丙寅蒙之明夷 丁卯蒙之复	甲午兑之归妹　孝建元年 乙未兑之艮
戊辰蒙之蛊 己巳蒙之巽	丙申兑之鼎 丁酉兑之井
庚午蒙之贲 辛未蒙之豫	戊戌兑之升 己亥兑之姤
壬申蒙之升 癸酉蒙之无妄	庚子兑之益 辛丑兑之解
甲戌蒙之益 乙亥蒙之艮	壬寅兑之睽 癸卯兑之明夷
丙子蒙之蒙 丁丑蒙之观	甲辰兑之大壮　宋主骏殂 乙巳兑之恒　魏主叡殂
戊寅蒙之师　丁巳朔至 己卯观之坤	丙午兑之坤　宋大杀宗室 丁未兑之咸
庚辰观之比 辛巳观之临	戊申兑之遁 己酉兑之晋

续表

杂纬　自初周至春秋	贞纬　自季汉至初唐
壬午观之屯 癸未观之震	庚戌兑之家人 辛亥兑之蹇　魏授位子宏
甲申观之损 乙酉观之大畜	壬子兑之损　宋主彧殂 癸丑兑之夬　宋元徽元年
丙戌观之萃 丁亥观之谦　懿王廿五年	甲寅兑之萃 乙卯兑之困
戊子观之噬嗑　孝王元年 己丑观之兑	丙辰兑之革　魏后弑主弘 丁巳兑之震　道成弑主昱
庚寅观之随 辛卯观之剥	戊午兑之渐 己未兑之丰　齐建元元年
壬辰观之晋 癸巳观之井	庚申兑之巽 辛酉兑之涣
甲午观之咸 乙未观之涣	壬戌兑中孚　齐主道成殂 癸亥兑未济　齐永明元年
丙申观之解 丁酉观之睽　夷王元年	甲子兑之离 乙丑兑之大过
戊戌观之否 己亥观之大壮	丙寅兑之大畜 丁卯兑之复
庚子观之大有 辛丑观之革	戊辰兑之贲 己巳兑之观
壬寅观之小过 癸卯观之丰	庚午兑之蛊 辛未兑之豫
甲辰观之离　夷王八年 乙巳观之小畜　厉王元年	壬申兑之大有 癸酉兑之否　齐主颐殂
丙午观之需 丁未观之大过	甲戌兑之履　齐弑主昭业 乙亥兑之比　魏主伐齐

续表

杂纬　自初周至春秋	贞纬　自季汉至初唐
戊申观之渐 己酉观之既济	丙子兑之讼 丁丑兑之蒙　魏主伐齐
庚戌观之姤 辛亥观之乾	戊寅旅之乾　齐主鸾殂 己卯旅之屯　魏文帝宏殂
壬子观之夬 癸丑观之未济	庚辰旅之需　魏景明元年 辛巳旅之师　齐杀主宝卷
甲寅观之归妹 乙卯观之颐	壬午旅小畜　梁天监元年 癸未旅之泰
丙辰观之讼 丁巳观之履	甲申旅之同人 乙酉旅之谦
戊午观之坎 己未观之旅	丙戌旅之随 丁亥旅之临
庚申观之中孚　共和元年 辛酉观之鼎	戊子旅之噬嗑　魏弑主后 己丑旅之剥
壬戌观之同人 癸亥观之遁	庚寅旅之无妄 辛卯旅之颐
甲子观之泰 乙丑观之家人	壬辰旅之坎 癸巳旅之既济
丙寅观之蹇 丁卯观之节	甲午旅之小过 乙未旅之节　魏主恪殂
戊辰观之恒 己巳观之困	丙申旅之兑　魏熙平元年 丁酉旅之旅
庚午观之明夷 辛未观之复	戊戌旅之归妹 己亥旅之艮
壬申观之蛊 癸酉观之巽	庚子旅之鼎　魏幽胡太后 辛丑旅之井

续表

杂纬　自初周至春秋	贞纬　自季汉至初唐
甲戌观之贲　宣王元年 乙亥观之豫	壬寅旅之升 癸卯旅之姤
丙子观之升 丁丑观之无妄	甲辰旅之益 乙巳旅之解　魏后复称制
戊寅观之益 己卯观之艮	丙午旅之睽 丁未旅之明夷
庚辰观之蒙 辛巳观之观	戊申旅大壮　魏后杀主翊 己酉旅之恒　魏荣弑主攸
壬午观之师 癸未师之坤	庚戌旅之坤 辛亥旅之咸　魏废其主晔
甲申师之比 乙酉师之临	壬子旅之遁　高欢灭尔朱 癸丑旅之晋
丙戌师之屯 丁亥师之震	甲申旅家人　魏酖其主修 乙卯旅之蹇　魏分为东西
戊子师之损 己丑师之大畜	丙辰旅之损 丁巳旅之夬
庚寅师之萃 辛卯师之谦	戊午旅之萃 己未旅之困
壬辰师之噬嗑 癸巳师之兑	庚申旅之革 辛酉旅之震
甲午师之随　乙未朔至 乙未师之剥	壬戌旅之渐 癸亥旅之丰
丙申师之晋 丁酉师之井	甲子旅之巽 乙丑旅之涣
戊戌师之咸 己亥师之涣	丙寅旅之中孚 丁卯旅之未济　高澄入邺

续表

杂纬　自初周至春秋	贞纬　自季汉至初唐
庚子师之解 辛丑师之睽	戊辰旅之离　侯景围台城 己巳旅之大过　梁主衍殂
壬寅师之否 癸卯师之大壮	庚午旅之大畜　东魏禅齐 辛未旅之复　侯景废梁主纲
甲辰师之大有 乙巳师之革	壬申旅之贲　梁击诛侯景 癸酉旅之观
丙午师之小过 丁未师之丰	甲戌旅之蛊　魏执梁主绎 乙亥旅之豫
戊申师之离 己酉师之小畜	丙子旅之大有 丁丑旅之否　宇文周灭魏
庚戌师之需 辛亥师之大过	戊寅旅之履　陈永定二年 己卯旅之比　陈齐主殂
壬子师之渐 癸丑师之既济	庚辰旅之讼　周齐弑其主 辛巳旅之蒙　齐主演殂
甲寅师之姤 乙卯师之乾	壬午归妹乾 癸未归妹屯
丙辰师之夬 丁巳师之未济	甲申归妹需 乙酉归妹师
戊午师之归妹 己未师之颐　宣王四十六年	丙戌归妹小畜　陈主蒨殂 丁亥归妹泰
庚申师之讼　幽王元年 辛酉师之履	戊子归妹同人　齐主湛殂 己丑归妹谦
壬戌师之坎 癸亥师之旅	庚寅归妹随 辛卯归妹临
甲子师之中孚 乙丑师之鼎	壬辰归妹噬嗑　周杀宇文护 癸巳归妹剥

续表

杂纬　自初周至春秋	贞纬　自季汉至初唐
丙寅师之同人 丁卯师之遁	甲午归妹无妄 乙未归妹颐
戊辰师之泰 己巳师之家人	丙申归妹坎 丁酉归妹既济　周灭齐
庚午师之蹇　幽王十一年 辛未师之节　平王元年	戊戌归妹小过　周主邕殂 己亥归妹节　周大象元年
壬申师之恒 癸酉师之困	庚子归妹兑　周主赟殂 辛丑归妹旅　隋开皇元年
甲戌师之明夷 乙亥师之复	壬寅归妹归妹　陈主顼殂 癸卯归妹艮
丙子师之蛊 丁丑师之巽	甲辰归妹鼎 乙巳归妹井
戊寅师之贲 己卯师之豫	丙午归妹升 丁未归妹姤
庚辰师之升 辛巳师之无妄	戊申归妹益 己酉归妹解　灭陈
壬午师之益 癸未师之艮	庚戌归妹睽 辛亥归妹明夷
甲申师之蒙 乙酉师之观	壬子归妹大壮 癸丑归妹恒
丙戌师之师 丁亥坤之坤	甲寅归妹坤 乙卯归妹咸　收天下兵仗
戊子坤之比 己丑坤之临	丙辰归妹遁 丁巳归妹晋
庚寅坤之屯 辛卯坤之震	戊午归妹家人 己未归妹蹇

续表

杂纬　自初周至春秋	贞纬　自季汉至初唐
壬辰坤之损 癸巳坤之大畜	庚申归妹损　废太子勇 辛酉归妹夬　仁寿元年
甲午坤之萃 乙未坤之谦	壬戌归妹萃 癸亥归妹困
丙申坤之噬嗑 丁酉坤之兑	甲子归妹革子　广弑帝坚 乙丑归妹震　大业元年
戊戌坤之随 己亥坤之剥	丙寅归妹渐 丁卯归妹丰
庚子坤之晋 辛丑坤之井	戊辰归妹巽 己巳归妹涣
壬寅坤之咸 癸卯坤之涣	庚午归妹中孚 辛未归妹未济　大击高丽
甲辰坤之解 乙巳坤之睽	壬申归妹离陨　师于萨水 癸酉归妹大过　复击高丽
丙午坤之否 丁未坤之大壮	甲戌归妹大畜 乙亥归妹复
戊申坤之大有 己酉坤之革	丙子归妹贲 丁丑归妹观　唐师起太原
庚戌坤之小过　癸酉朔至 辛亥坤之丰	戊寅归妹蛊　唐武德元年 己卯归妹豫
壬子坤之离 癸丑坤之小畜	庚辰归妹大有 辛巳归妹否
甲寅坤之需 乙卯坤之大过	壬午归妹履 癸未归妹比
丙辰坤之渐 丁巳坤之既济	甲申归妹讼 乙酉归妹蒙
戊午坤之姤 己未春秋隐公元年	丙戌艮之乾 丁亥唐贞观元年

右图贞杂两纬，各举六卦，五蔀日历，以为古今之例。杂卦自周初至隐公元年，交于坤中。贞卦自桓王元年至惠王二十二年，交于需初。贞杂分行，所差不过四岁。至惠王丙寅而下，至蜀汉延熙元年八百九十二岁，为《易》十四轨。杂卦自比至咸之交中，贞卦自需至未济之交终，杂前贞后，各差四年。贞卦小过起于延熙五年辛酉，犹杂卦无妄起于文王十年乙未，但文王以日至为始，延熙以杂中为始耳。咸杂交中，为天地之中会，上下分际。春秋以前，历皆四分，虽七历殊方，而要归向贯。《乾象》而后，据分愈细，章蔀难求，验晷测分，随时革治，故不复以日至为始，唯贞杂相追，包其日分，归于卦候也。《授时》法推春秋朔食，皆合近人，推惠王丙寅年正月乃壬午日合朔，三十日辛亥日南至，二月壬子合朔，三月始闰。《春秋》误以正月为闰十二月，误以晦日为正月朔，故云“辛亥南至”，先闰一月、先天一日之过也。又推襄王八年丁丑岁正月戊申，陨石于宋五，有六鹢退飞过宋都，是日八十三刻，天正冬至，则是岁宜为蔀首。然春秋以前，斗分日轨皆在迟际。《传》称：“辛亥，公既视朔，遂登观台以望，而书，礼也。”凡台皆有圭尺晷影，仪象之所从步，不独为云物而设。公既登台，则是日测候，必得前后之中，遂书之以为藏法，不应违误闰朔。当时犹不稽知，又后一百三十三年，景王二十三年己卯正月己丑日南至，十三章之首，正月误书二月，亦非失闰。杜预误以为失闰，近人并疑是岁正月庚申朔，梓慎占气之误，是皆好为反古者。

凡朔至之月日，合不在夕后，则前月皆无中气。如丙寅岁辛亥朔至，则壬午自为前闰十二月之朔，己卯岁己丑朔至，则庚申自为前闰十二月之朔，何妨其无违误乎？今以甲子岁前十一月丁巳二十七刻冬至，上求两际，距僖公五年丙寅二千二百七十八年，积日八十三万二千二十六日九十八刻十分，朔实二万七千三百三十六，积日八十万七千二百四十八日三十四刻，闰实八百三十九，积日二万四千七百七十四日十二刻四十六分三十二秒。其余二日四十六刻四十六分，以岁分长法四日三十七刻七十三分益之，得余六日八十四刻一十九分，辛亥冬至。盖日行乘运，迟疾往还，各三十二轨，在两济、咸恒之会。日分以下，每百年而长一分，月分十二，每百二十年而长一分，消长之限，各八十一分而极，原始四分，《易》之初轨也。岁法自僖公丙寅，距今甲子二千二百七十八年。以蔀法绳之，三十蔀首已退两岁，故不复以章蔀为限。辛亥至丁巳六日八十四刻十九分，当在丁巳戊上冬至，今历先天五十余刻也。再求僖公十六年丁丑，距今甲子二千二百六十七年，朔实二万七千二百四，闰实八百三十五，积日八十二万八千四日八十八刻二十八分，以岁分四万三千七百七十二分益之，得九日二千六百分，丁丑岁戊申子初四刻，当今甲子岁丁巳寅正三刻，后天仅七八刻耳。以二千余年之历，寻时刻之差，或先或后，不出万分，皆为元始。如疑辛亥晦日先天一日，则正月壬子朔九月戊申已为二日，何以《春秋》又书朔食？如筭丙寅秋九月戊申朔，合食在未时，交泛二十六日八十九刻八十五分，上则正月，合朔在辰时三四刻，其日辛亥，又何疑乎？如推《授时》云当闰三月，则九月朔食得戊寅，不得戊申也。景王己卯去丙寅元才十三章，法与丙寅合。己丑南至，梓慎望氛曰“今兹宋有乱，国几亡，三年而后弭，蔡有大丧”，其言皆验。今人研极不及《春秋》之一，而誉影诟形，则亦越矣。

延熙之间，三国无历。景初元年丁巳，史称是岁十二月壬子冬至，是年已改建丑为正月，故称子月为十二月。何承天改《景初历》，亦以丁巳为元。其实壬子余十二日，不当为元。杨伟作《景初历》，以魏黄初十一月己卯为元，《宋书》记杨伟疏条称“黄初元年十一月小己卯蔀首己亥岁十一月己卯朔旦冬至，臣伟上”。黄初元年庚子云己亥者，实当黄初岁前己卯朔至，故云“己亥岁十一月”也。己亥距戊午一章，戊午岁十一月朔戊午冬至，是下元之蔀首，后月十二月丁亥朔，以十二月为正月，故《魏志》云“景初三年正月丁亥朔，帝疾甚，乃立皇太子”是也。是景初之二年，即延熙之元年戊午朔至。然以法推之，余三十九刻五十分，至不当朔，在闰前晦日丙辰亥初数刻。故元嘉以《景初》率后天三日，不得立元。其实后天一日三十余刻，不立岁分之故也。

祖冲之《大明历》，古今推密，大明五年辛丑岁十一月乙酉冬至，以法推之，余三十二日七十一刻四十六分，在甲申日辰初刻冬至，以诸历推之皆然。开皇十四年甲寅岁十一月辛酉朔日冬至，以法推之，余五十五日二十五刻五十七分，在辛酉朔日亥未刻冬至。《元史》以六历较之，乃皆在壬戌。今以春秋僖公丙寅岁辛亥推之，余九日十四刻六十四分，亦在辛酉，则是岁至朔无疑也。是岁上距僖公丙寅一千二百四十九，下距今甲子一千二十九，正当贞纬归妹之中，杂纬大壮之终，至朔同日，故履始、举中、归终，所以代章蔀纪元之义也。僖公丙寅，上距平王庚戌七十六岁，又上距宣王甲午七十六岁，其上辽邈，故皆括以四分，以法推之，尚有差日，然是时日盈四分，招差未远也。贞纬虽不立蔀分，而日分长法，率与《春秋》表里。

晋宋之间，多主《命历序》，以《命历序》为经，《左氏》为传。然《命历序》僖公五年天正壬子朔旦冬至，昭公二十年天正庚寅朔旦冬至，率后天一日，不数十年，气序俱易矣，安能施于数千年之远乎？近人依《授时》推算，以僖昭二章皆得命历序之日。然《授时》自依《左氏》，不依《命历序》也。隋时刘晖、王颇等皆执《命历序》以驳张胃玄，而卒无以绌胃玄者。今所执《授时》月闰长分，不得其法，故与经传抵牾，非仲尼与丘明自抵牾也。圣人为律历，皆本于《易》。《易》与天会，有赢有乏，方圆相剖，以为七纬之度，《诗》与《春秋》，由是而出。王通作《元经》，始于晋太熙元年，终于隋开皇九年庚戌，至己酉三百年，谓抗帝以尊中国则神器终授于朝，谓正实以明赏罚则其文俱见于史，要如世人之说春秋，谓寒暑可以成岁，刀笔可以乘权云尔。然自汉替以还，战争日始，平吴之后，九轨始中，虽无仲尼，不得不作《春秋》。必以《春秋》之旨，为《春秋》之义，则自《春秋》而后，无有知《春秋》者。今自延熙五年壬戌至武德八年乙酉，略次贞纬，与杂纬分际上下，率余六年，后之揽者，必有溯其渊流、祠其河海者矣。

三易洞玑卷十三

余图总经

极余乃为道，道余乃为术。经治之言熄，量物之智出。魂物相量，营魄乃伤。折魄摘魂，乃知其名。名情相胶，大道乃浇。道散于物所求，物散于道所雕。神灵孔殷，孰知其要？故燀者梦也，梦者燀也，契者响也，响者契也。精魂将离，外司其几，内司不知，是为反枢。反枢外扃，游物不归，气志形声，寤言如雷。故往藏之为滞，知前之不贵。故燀者气也，梦者志也，契者形也，响者声也。圣人舍知，寂然无为。天地之为体，云日之为色，动植之为墨，川泽之为坼。遗形与龟，阴阳自穌。舍知遗形，精灵乃来。故圣人之燀不一气，梦不一志，契无定形，响无定声。万物不求，则与虚游。万物啾啾，与道同忧。道灼圣人，一息五色，圣人灼天地，与万物同食。故地者龟也，日者焌也。日焌地龟，兆生百端。道灼圣人，不避其患，圣人灼天地，与道同贯。故燀梦契响，圣人有以占动也。圣人动知不为外明，静知不为内精，外内极中，与道偕行。不移而宅之为性，不违而遵之为命。忧虞吉凶，照而著之为景，著而定之为正，故圣人者天地之司正也。

燀气有八，梦志有八，形契有八，声响有八，其别二百五十有六[①]，其兆一千五百三十有六[②]，依《易》之序也。故《易》著于地，射于日月。日月所射，阴阳反交；地旋其中，阳景反阴。离以为之水，坎以为之火，巽以为之雷，震以为之风，艮以为之泽，兑以为之山。北极出地三十有六，南极入地三十有六。极高则皆天，天而为之地；极深则皆地，地而为之天。扬、兖皆水，水以为之离。邛、陇皆火，火以为之坎。燕、冀皆风，风以为之震。黔、滇皆雷，雷以为之巽。瓯、越、秦、雍，山泽与通。故阳景反阴，阴景反阳，昼夜之道也。昼占反阳，视听如常，而建厌异方。夜占反阴，体象不殊，而性情异吟。故天梦以昼，人燀以夜，立梦以占，卧燀以射。燀梦者，圣人所药瞑眩，发疑满之泻也。燀梦萝枯，与风竞华，献之若何，赠之若何，动睫易柯，不知其家。圣人不言燀梦，则世共为燀梦；世共为燀梦，则响契因贰不足以报行而明济。故危辞者，圣人之德；知惧者，平世之事也。被乐而忧，被忧而乐，行哭而歌，行歌而哭，寤伏而仰，寤仰而伏，寤逐而合，寤合而逐，四者明报之至笃也。君子知惧，以惧报豫；小人知豫，以豫报惧。豫惧每反而得失终乱，圣人慎动以为之断。故体静而慎动，圣人之所以断也。

圣人之道，贞胜则不负，不负则无咎，无咎乃吉，吉乃不失。故吉者贞也，贞者一也。贞一之道明于日月，施于万物，燀梦不能乱，契响不能赞，疑不能惑，坚不能战，行于天地，有胜而无患。故吉凶者，文也；爱恶者，情也。吉凶无定文，爱恶无定情。贞质者胜文，贞性者胜情。无胜而成之谓至德，有胜而成之为大业。故吉有其大业，凶有其大业。视者谓之燀，占者谓之梦，别者谓之契，察者谓之响。圣人无为，使象还极，极

---

① 8×32。

② 6×256。

复生象,故象生有四,极还一也。倍四为八,倍八十六,四卜之象,各复十六。坎劳于夜,在于正北,其昼为离。离见于昼,在于正南,其夜为坎。南北东西,共为昼夜,故离见于晨则坎劳于夕,离见于南则坎劳于北,日月之序,煇梦之纪也。艮成于东北,则巽齐于西南;巽齐于东南,则艮成于西北。乾战于西北,则坤役于东南;坤役于西南,则乾战于东北。震兑出说,相为位也。故四者物之纪也,八者物之更始也。晦明寒暑,各为昼夜,昼夜之分,倍四以八,二至还生,两极互根。故分至四中,阴阳递交。乾坤四维,晷影之分,各二千八百八十,以四乘之,为万一千五百二十①,冬夏之序也。故北际子中交于离,分晷影之短五千七百六十,南际午中交于坎,分晷影之长五千七百六十,日月以之平,云雷以之兴,男女以之成,五谷以之登。阴阳得朋,立于土中,以为物正。故二分之交,日月蔽亏,圣人所不忌也。圣人之正天下,使阳在于上,阴在于下,阳判于昼,阴判于夜。

万物之慝皆息于昼而作于夜,故日月之行,从夜所届,以正南北。北陆之轨,其夜在南;南陆之轨,其夜在北。昼者,魂也;夜者,魄也。圣人载魄而澹其魂,众人遗魂而挠其魄。遗魂则汨于昼夜,挠魄则迷于南北。圣人之正天下,使鬼神日月各正其魂魄也。故乾之精气在于西北,其魂游于东南,游极而归,在于东北。坤之精气在于西南,其魂游于东北,游极而归,在于东南。艮之精气在于东北,其魂游于西南,游极而归,在于西北。巽之精气在于东南,其魂游于西北,游极而归,在于西南。震兑相交,游归于中。故精者,表也;魂者,景也;游者,对也;归者,退也。日中则昃,日昃则退,五物迟留,皆于其对,

① 2880×4。

速合皆于其退。对乃退，退乃合，游乃归，归乃反于其初。坎离游归，不违其初。故日月水火，天地之正位也。南北往反九十六度，十六卦之谓也。熚梦契响，以四相经，其数十六，十六经四，而反于卦次。故物之精气有四，游魂有四，归魂有四，爻位之别，二十有四，因而三之，七十有二，以八因之，五百七十有六，表景之中际也。物正以景，景对以化，故气有贞化，亦有对化。卦象之应百十二物，或化或贞，或游或归，义类所开，各以其方。

本魂者著其情，本魄者著其状。魂应以气，魄应以象。故乾在西北，大赤之气，以为天驷，根氐所著，为坚与冰，其游魂之归，直于牛女，为金与玉，至于木果。坤在西南，大黑之气，以为舆鬼，游魂乘乾，袭于婺女，为子母牛，归于东南，至于大陵，为布为釜，为众为柄。震在东上，苍筤之气，发于腾蛇，万物始甹，游魂乘兑，下于轩辕，归于三门，万物反生，龙蛇以番。巽在东南，少白之气，以为天节，为长与高，游魂乘艮，上于市肆，近利三倍，归于两河，至于天狗，进退不果。坎在正北，少赤之气，以为箕弓，糠粃为眚，游魂四乘，出于舆轸，至于藩厕，司怪所直，归于云雨，至于铁锧，是为病亟。离在正南，大赤之气，以为参伐，甲胄戈兵，游魂四乘，出于霹雳，至于龟鱼，女床所直，归于两辖，至于鸟嗉，反为乾槁。艮在东北，少黑之气，以为狗国、渐台，游魂乘巽，下于阙丘、两河、弧狼，其归在市门宦寺之傍。兑在西下，大白之气，发于东瓯，以为歌舞巫祝，游魂乘震，上于虚梁，归于附路、两更之傍，以为媵妾。故万物之象，则各有取之也，熚梦契响，维所自举也。举精者，物所随；举游者，物所推。精气不游，物将安归，故天地之道有物，圣人之道无物。有物者物所游，无物者物所变，六化九变，乃反其贯，天地不变，是以善变，圣人善变，是以复贯。变者，游也；贯者,反也。魂交于外,谓之游;魄交于内,谓之归。外内俱交,形神乃疑。故道有知与不知,神有疑与不疑。魂交者外知,魄交者内疑。不游则不知,不归则不疑。

乾游于东南,其魂外知,列国之气,交于宗庙,为社稷城郭,其燀梦契响皆依于享祀、饮食、社稷、城郭,不知其有命赏爵禄;归于东北,乃知有命赏爵禄,不知其有骑从、邑国。坤游于东北,其魂外知,囷廪之气,交于骑阵,为众畜轮蹄,其燀梦契响皆依于杂聚、刍秣、众畜、轮蹄,不知其有坟墓、庐舍;归于东南,乃知有坟墓、庐舍,不知其有积居、饮食。艮游于南西,其魂外知,葆旅之气,交于苑囿,为艺植、刍牧,其燀梦契响依于丘园、溪径、艺植、刍牧,不知其有舟车、市狱;归于北西,乃知其舟车、市狱,不知其有卫舍、宫室。巽游于北西,其魂外知,射猎之气,交于畜产,为走狗、斗鸡,其燀梦契响依于桴鼓、旌旗、水草、腾逐,不知其有关梁、符令;归于南西,乃知其有关梁、符令,不知其有鸣吠、腾逐。震游于西下,其魂乃疑,衡柱之气,交于仓溷,外内皆动,一以为鼎杓,一以为沟渎,鼎杓知荣,沟渎知辱,其燀梦契响皆依于鬼神、上下、荣辱;归于西上,外乃不知,其内乃知,内神所司,一雄一雌。兑游于东上,其魂咸陟,三门甚乐,两更乃说,一以为得臣,一以为得妾,其燀梦契响皆依于王廷、后阁,以为臣妾;归于东下,外乃不知,其内乃知,礼乐以成,有文有仪。故体魄知气在于上下,以半为明昧也;昧生于合,明生于离,一乃合,二乃离,一为合体,二为疑始,圣人体一,不为知始,亦无疑始。故大卜之事,圣人有所不事也。卜始于方,方以为位;次于功,功以为事;次于义,义以为故;次于弓,弓以为步。

君子体正不逐于位,谋道不利其事,因质不索其故,委运不推其步,故常无事去祥与疑,是为吉知。吉知之道,无为与思，良于总龟，故龟者退藏之圣，思虑所不致也。龟数以逆，始九而终一。九方之兆，各八十有一，复者谓之原，通者谓之玉，折者谓之瓦，首尾足腹，与道相假。故道无而合，道有而假，神复于所无，知通于所假，原要始终，道与物假。夫有知魄之为物，知魂之为道，知屈知伸，知游知归，致虚而体仁，则其于道也至矣。道归之为德，道游之为业；与天下同归，则圣人之德；与天下共游，则圣人之业。

右图以煇梦契响别鬼神之情状，其法略见于《周官》，后世因之，为风角、乌鸣诸书，宋人推之为辨音析字，愈益细碎，大要依于卦位，八方逆顺，以为终始。《周官》十煇：曰祲、曰象、曰鑴、曰监、曰暗、曰瞢、曰弥、曰叙、曰隮、曰想，每煇九变，其别九十，即十煇九变，各自相经，察义知意，不烦占书也。大卜掌三梦，以隶三易，曰致、曰觭、曰咸陟。占人掌六梦，以视十煇，曰正、曰噩、曰思、曰寤、曰喜、曰惧。用于王者，以梦属日旁之气。如赵孟梦童子倮转以歌，旦而日食，问诸史墨，史墨以吴入郢为对。盖春秋而降，楚皆占王，赤乌夹日，射楚中目，是其祥也。晋卿主盟，虽有感梦，不应其占，故自王而下，皆不以梦视煇，煇自有占，与梦别兆。如《天官》所载，“两军相当，晕等力钧，重抱大破，无抱为和，背为分离去”，“直自立”，“负戴有喜”，“青外赤中，以和相去，赤外青中，以恶相去”，皆为兵占。又云“钩云句曲”，“五泽抟宓”，“阵云如立垣，杼云类杼柚”，“北夷之气如穹闾，南夷之气如舟船”，“大水处，败军场。破国之虚，下有积钱”，皆为杂占。以至晋隋，杂占尤多，通于三五，以察国恶，故水旱兵灾，皆视于煇，煇与氛等，氛与梦等，故天之祥在氛，人之祥在梦也。

《素问·内经》言十二盛者：阴气盛则梦涉大水，阳气盛则梦大火燔焫，阴阳俱盛则梦杀；上盛梦飞，下盛梦坠；饥甚梦取，饱甚梦与；肝盛梦怒，肺盛梦惧、哭泣、飞扬，心盛梦笑，肾盛解脊，脾盛则梦歌乐、体重不举。十五不足者：厥气客于心，则梦丘山烟火；客于肺，则梦金铁奇物；客于肝，则梦山林树木；客于脾，则梦丘陵、大泽、坏屋、风雨；客于肾，则梦临渊没水；客于膀胱，则梦游行；客于胃，则梦饮食；客大肠，则梦田野；客小肠，则梦聚邑街衢；客于胆，则梦斗讼自刳；客于阴器，则梦接内；客于项，则梦斩首；客于胫，则梦行走不前，居深地窌苑；客于股肱，则梦礼节拜起；客于胞脏，则梦便泄。凡二十七事皆谓病在主客，补写立已，是所谓致梦也。致所不至谓之觭，觭致皆得谓之咸陟。或正或思，谓之致。或噩或寤，谓之觭。或喜或惧，谓之咸陟。致者役坤而主因，觭者战乾而主应，咸陟者成艮而主平。故将阴则梦大水，将阳则梦大火。利根不刬，亦梦水。名根不净，亦梦火。将荣则梦飞，将枯则梦坠。志虑不定，亦梦飞。居寝不宁，亦梦坠。将哀则梦歌，将豫则梦哭。朋从还杂，亦梦歌。忧乐伤中，亦梦哭。将贵，则梦山陵台阁；将废，则梦风雨坏屋。将远行，亦梦山陵台阁。将有土功，亦梦风雨坏屋。故梦不一致，或正或反，犹之龟卜，体色为正，墨坼为反，贵者为正，杂者为反。天地、日月、风雷、山泽皆正，情感、动作、爱恶、攻取皆反。故情伪攻取，梦吉者或凶；日月水火，体贞者必吉。虽八方各有游魂，而极中可以定魄也。契响二端，尽于形声，形者尚象，著于书契。

《诗》包庶类，《易》稽群疑。《诗》、《易》所称鸟兽、草木、器皿、服物、山川、岳渎，训诂所通，备在《尔雅》。《尔雅》之释宫室八十有五，释服器百有六，释乐三十有六，章武二十，释地丘陵薮泽二百二十，草木三百五十有四，虫八十七，龟鱼五十五，鸟七十，兽七十，畜九十二，凡千二百八十五；通以天时、人事，训诂之数称是万一千五百二十，以为大率，施于六书，各有其义，播于八音，五方声气，清浊轻重，水土各异，要以象形为首，指事次之，会意次之，假借又次之。近世所学标射翻切，只为谐声，转注通诸重译，若无其音则声不可谐，已失其义则注不可转，空为声注，了无义音。惟有葛卢公治之，能差通鸟兽铃角之语，故三十六母同为一声，二十一声别无二义,候之于《易》,亦以八方为准,难以五音为据也。芥在江淮之间谓之苏,在湘沅之南谓之蓍,苏不为生,蓍不为死。茭在北燕江东谓之葰,青徐淮泗谓之茭,葰不为好,茭不为丑。帬在陈魏之间谓之帔,关之东西谓之裮,帔不为喜,裮不为悔。锼在洌水之间谓之锳,吴扬之间谓之鬲,锳不为新,鬲不为故。扇自关而东谓之箑,自关而西谓之扇,箑不为得,扇不为失。箪在宋魏之间谓之笙,关西之间谓之蕀,笙不为欢,蕀不为戚。布谷在梁楚之间谓之结诰,自江而东谓之䕺谷,结诰不为怨,䕺谷不为德。蚰蜒在燕蓟之间谓之蚟蛇,自关而东谓之入耳,蚟蛇不为诅,入耳不为语。故物无定声,各随其方;方无定音,各依其义。燕蓟之音,移入而就平,移平而就上。青齐之间,移入而就上,移去而就平。或一物而数声,或一声而数物。景纯之学,志于辨物;公明之慧,存于审声。物以契著,声与响答,不悟卦例,不知其方。

旧时卦例,不出图书,一六、七二、九四、三八以为致用,五十、四九、一六、三八、二七以为立体。仲尼既无一坎、六乾、七兑、二坤之说,后人妄依九"见"、四"齐"、三"出"、八"成"之文,串以洪范,综于律吕,卤莽自神,其有中者,幸耳。考之图象,上下相加,圆者规天,方者矩地,进退循环,与九道相准,日图月书,上下灿然。仲尼因日月以悟魂魄,因明魄以置方位,因表景以辨归游,因归游以著精物。自卯酉而上,皆为上弦,上弦北陆,皆为阳卦,坎艮乾震主之,坎近北极,乾与艮震,左右为辅,为上七卦。自酉卯而下,皆为下弦,下弦南陆,皆为阴卦,离巽坤兑主之,离近南极,坤与巽兑,左右为辅,为下七卦。故魂魄之复,皆以七日。冬至之晷为丈六尺,夏至之晷为尺六寸。二八十六,始用倍法,为十六卦,以四隶之,为六十四,故精卦有八,游卦有八,十六卦位,鬼神之所出入也。乾在正西北,对化为坤,正东南,贞卦不变而悔卦皆变,坎艮乾震贞于内,乾坤变于外。艮在北之东,对化为巽,在南之西,贞卦不变,悔卦五上皆变,坎艮乾震贞于内,艮巽变于外。震兑四卦相为精魂,东行青道,震在东之北,游魂为兑,在西之南,贞悔皆变,唯上爻不变;西行白道,兑在西之南,游魂为震,在东之北,贞悔皆变,亦唯上爻不变。子午卯酉,自以坎离为中,日月因之,为东西南北。故自春分以前,秋分以后,晷皆在兑;春分以后,秋分以前,晷皆在震;冬至以前,冬至以后,晷皆在巽;夏至以前,夏至以后,晷皆在艮。乾坤坎离,为分至四立之候;四分晷影为二千八百八十,在乾坤四维之中;八分晷影为一千四百四十,在艮震兑巽之候。一十六限,每限进退,各一千四百四十,以二十四气分之,每气各三十二爻,进退各九尺六寸,虽平衺异差,远近别候,而嬴缩之义一也。

八卦精魂,各以对化者为游,其配之所对者为归。故乾之化坤者为游,坤之化乾者为乾之归;坤之化乾者为游,乾之化坤者为坤之归。艮巽犹是乾,与巽左行,而艮与坤右转也。震兑游归,与诸卦小异,盖南北不易,东西互易,春缠白虎,秋缠苍龙,震兑上下,交代为政。故震在东上,兑在西下者,得为正位;兑在东下,震在西上者,独为归魂。移西上之震为兑,移东下之兑为震,两震皆御八卦于东,两兑皆御八卦于西,则八卦精魂,四方皆均矣。今不用两震于东、两兑于西者,兑在西上则间北陆之阳,震在东下则间南陆之阴。乾坤代坎离之位,则南北之晷移于东西,另自为图,义可兼通也。故分坎离四正者,以倍法而定后天;分乾坤四正者,以倍法而定中天。后天之主日月,乾与山雷间于上,坤与风泽间于下;中天之主乾坤,坎与山雷分于上,离与风泽分于下,图义灿然,化象之著明者也。自古迄今,皆言《易》有八卦,不言卦有十六位,故圣人之论举存两端,而天地之隅蔽于三反。大卜兆有四开,一曰方,二曰功,三曰义,四曰弓。万物皆依于方,日月、九曜、煇梦、契响皆依方位以为兆数,有方位故有功作,有功作故有义类,有义类故有弓步。

《易》每方四卦,各有所治,各一万六千三百八十四类,八千一百余里,二百九十五万六千余步,一千三百八十余岁。图书相加,黄赤之中七百二十有九,以三开之,各二百四十三,体兆相加,各十七万七千一百四十七,以三因之,为五十三万一千四百四十一,以两开之,为二十六万五千七百二十半。自史迁、淮南以来,皆知律历生成之数有十七万七千一百四十七,不知其仅当参天之一。李、邵、王、廖以来,知干支八会之数有二十五万九千二百,不知其未该两地之全。凡易大象之数二十六万二千一百四十四,皆依先天以为方位,是为四卜"方"、"功"、"义"、"弓"之始。易大数之象五十三万一千四百四十一,皆依十六卦以为方位,是为三兆"玉"、"原"、"瓦"之始。两易精魄,各依星象,迟疾留伏,等于游归,每卦精魄,各有游归,三方之数,得一十二,以八因之,为九十六,以四归之,三百八十四,是爻象之统,煇梦、契响所为占候、原要之纪也。

余图总纬

十六方位			日运杂占		旧候		世卜		原次	
坎	初	尾	十六壬子小逆德会		蹇	初六	蛊	辛丑	剥	五阴
	二		十七癸丑小逆刑会			六二		辛亥		
	三		十八甲寅顺化阴刑			九三		辛酉		
	四		十九乙卯天符淳合			六四		丙戌		
	五	箕	一度丙辰天符地厌			九五		丙子		
	上		二度丁巳阴德阳刑			上六		丙寅		
蹇	初		三度戊午悔刑贞顺		颐	初九	坤	乙未	坤	六阴
	二		四度己未悔破贞符			六二		乙巳		
	三		五度庚申阳刑阴德			六三		乙卯		
	四		六度辛酉顺化德会			六四		癸丑		
	五		七度壬戌顺化地符			六五		癸亥		
	上		八度癸亥阳符阴破			上九		癸酉		
需	初		○○冬至子分			冬至坎	复	庚子	复	一阳
	二		九度甲子阳德阴刑		中孚	初九		庚寅		
	三		十度乙丑顺化淳合			九二		庚辰		
	四		十一丙寅地厌天刑			六三		癸丑		
	五	斗	一度丁卯天刑天厌			六四		癸亥		

续表

十六方位			日运杂占		旧候		世卜		原次	
	上		二度戊辰天刑地合			九五		癸酉		
屯	初		三度己巳地破天刑			上九	临	丁巳	师	一阳
	二		四度庚午天刑阴合		复	初九		丁卯		
	三		五度辛未天刑杂破			六二		丁丑		
	四		六度壬申悔会贞破			六三		癸丑		
	五		七度癸酉天厌地刑			六四		癸亥		
	上		八度甲戌阴刑杂破			六五		癸酉		
损	初		九度乙亥阳逆阴德			上六	泰	甲子	谦	一阳
	二		十度丙子干德阴合		屯	初九		甲寅		
	三		十一丁丑天刑杂破			六二		甲辰		
	四		十二戊寅天符地厌			六三		癸丑		
	五		○○小寒壬分			小寒坎		癸亥		
	上		十三己卯化逆阴符			六四		癸酉		
剥	初		十四庚辰小逆杂破			九五	大壮	甲子	临	二阳
	二		十五辛巳小逆阳破			上六		甲寅		
	三		十六壬午小逆天厌		谦	初六		甲辰		
	四		十七癸未小逆阳德			六二		庚午		
	五		十八甲申顺化天德			九三		庚申		

续表

十六方位			日运杂占		旧候		世卜		原次	
	上		十九乙酉天符太乙			六四		庚戌		
蛊	初		二十丙戌天符阴德			六五	夬	甲子	明夷	二阳
	二		二一丁亥天符阴合			上六		甲寅		
	三		二二戊子天符德合		睽	初九		甲辰		
	四		二三己丑天符太乙			九二		丁亥		
	五		二四庚寅天刑地德			六三		丁酉		
	上	牛	一度辛卯顺化阴合			九四		丁未		
贲	初		二度壬辰顺化阳厌			六五	需	甲子	升	二阳
	二		三度癸巳顺化阴德			上九		甲寅		
	三		○○大寒亥分			大寒坎		甲辰		
	四		四度甲午顺化淳合		升	初六		戊申		
	五		五度乙未顺化阴合			九二		戊戌		
	上		六度丙申阴合杂破			九三		戊子		
讼	初		七度丁酉悔刑侦顺			六四	比	乙未	震	二阳
	二	女	一度戊戌悔破贞符			六五		乙巳		
	三		二度己亥天刑阴合			上六		乙卯		
	四		三度庚子阴刑阳符		临	初九		戊申		
	五		四度辛丑阳刑阴符			九二		戊戌		

续表

十六方位			日运杂占	旧候			世卜		原次	
	上		五度壬寅干德阴刑			六三		戊子		
遁	初		六度癸卯阳厌杂破			六四	艮	丙辰	解	二阳
	二		七度甲辰干德阴合			六五		丙午		
	三		八度乙巳小逆阴刑			上六		丙申		
	四		九度丙午阳厌阴合		小过	初六		丙戌		
	五		十度丁未杂破地德			六二		丙子		
	上		十一戊申阴化杂厌			九三		丙寅		
乾	初		○○立春乾分			立春坎	贲	己卯	小过	二阳
	二	虚	一度己酉天德化逆			九四		己丑		
	三		二度庚戌天德化逆			六五		己亥		
	四		三度辛亥小逆地厌			上六		丙戌		
	五		四度壬子天德符会		蒙	初六		丙子		
	上		五度癸丑天厌地符			九二		丙寅		
无妄	初		六度甲寅支德顺化			六三	大畜	甲子	屯	二阳
	二		七度乙卯天符顺会			六四		甲寅		
	三		八度丙辰天符阴德			六五		甲辰		
	四		九度丁巳杂破天符			上九		丙戌		
	五	危	一度戊午太乙阳厌		益	初九		丙子		

续表

十六方位			日运杂占		旧候		世卜		原次	
	上		二度己未太乙阴厌			六二		丙寅		
归妹	初		三度庚申天刑地厌			六三	损	丁巳	艮	二阳
	二		四度辛酉顺化阳合			六四		丁卯		
	三		五度壬戌顺化阴合			九五		丁丑		
	四		六度癸亥顺化淳合			上九		丙戌		
	五		○○雨水戊分			坎五		丙子		
	上		七度甲子阴刑杂化		渐	初六		丙寅		
豫	初		八度乙丑顺化地德			六二	睽	丁巳	泰	三阳
	二		九度丙寅逆化阴合			九三		丁卯		
	三		十度丁卯阳刑阴化			六四		丁丑		
	四		十一戊辰阴刑阳化			九五		己酉		
	五		十二己巳地厌天刑			上九		己未		
	上		十三庚午阳刑阴合		泰	初九		己巳		
恒	初		十四辛未天刑地厌			九二	履	丁巳	归妹	三阳
	二		十五壬申阳刑阴合			九三		丁卯		
	三		十六癸酉阴刑杂破			六四		丁丑		
	四	室	一度甲戌阴刑阳合			六五		壬午		
	五		二度乙亥阳刑杂破			上六		壬申		

续表

十六方位			日运杂占		旧候		世卜		原次	
	上		三度丙子阴合阳刑		需	初九		壬戌		
丰	初		四度丁丑阴合阳刑			九二	中孚	丁巳	丰	三阳
	二		五度戊寅天符阴会			九三		丁卯		
	三		○○惊蛰辛分			坎六		丁丑		
	四		六度己卯阴逆阳破			六四		辛未		
	五		七度庚辰阳逆阴破			九五		辛巳		
	上		八度辛巳杂破阴合			上六		辛卯		
未济	初		九度壬午阴刑杂破		随	初九	渐	丙辰	恒	三阳
	二		十度癸未小逆阴合			六二		丙午		
	三		十一甲申杂厌顺化			六三		丙申		
	四		十二乙酉太乙化厌			九四		辛未		
	五		十三丙戌天符化破			九五		辛巳		
	上		十四丁亥天符德会			上六		辛卯		
旅	初		十五戊子天符德会		晋	初六	坎	戊寅	节	三阳
	二		十六己丑天符德会			六二		戊辰		
	三		十七庚寅阴刑杂厌			六三		戊午		
	四	壁	一度辛卯顺化阴刑			九四		戊申		
	五		二度壬辰顺化阴合			六五		戊戌		

续表

十六方位			日运杂占		旧候		世卜		原次	
	上		三度癸巳顺化杂厌			上九		戊子		
大有	初		○○春分酉分			震一	节	丁巳	既济	三阳
	二		四度甲午顺化阴破		解	初六		丁卯		
	三		五度乙未顺化阳破			九二		丁丑		
	四		六度丙申阳逆阴德			六三		戊申		
	五		七度丁酉阳刑阴会			九四		戊戌		
	上		八度戊戌阳刑阴德			六五		戊子		
噬嗑	初		九度己亥阴刑阳合			上六	屯	庚子	井	三阳
	二	奎	一度庚子天刑杂厌		大壮	初九		庚寅		
	三		二度辛丑地厌天刑			九二		庚辰		
	四		三度壬寅地德化逆			九三		戊申		
	五		四度癸卯阳厌阴合			九四		戊戌		
	上		五度甲辰杂合地厌			六五		戊子		
兑	初		六度乙巳杂破地厌			上六	既济	己卯	损	三阳
	二		七度丙午杂破地厌		豫	初六		己丑		
	三		八度丁未阳刑阴合			六二		己亥		
	四		九度戊申天符阳破			六三		戊申		
	五		○○清明庚分			震二		戊戌		

续表

十六方位			日运杂占	旧候		世卜		原次	
	上		十度己酉阴合阳逆		九四		戊子		
萃	初		十一庚戌阳德化逆		六五	革	己卯	贲	三阳
	二		十二辛亥阳合杂破		上六		己丑		
	三		十三壬子阳逆杂厌	讼	初六		己亥		
	四		十四癸丑悔逆贞合		九二		丁亥		
	五		十五甲寅顺化地德		六三		丁酉		
	上		十六乙卯天符阴破		九四		丁未		
大过	初	娄	一度丙辰天符杂合		九五	丰	己卯	蛊	三阳
	二		二度丁巳天符日德		上九		己丑		
	三		三度戊午杂破地德	蛊	初六		己亥		
	四		四度己未地德杂厌		九二		庚午		
	五		五度庚申天刑地合		九三		庚申		
	上		六度辛酉悔德贞刑		六四		庚戌		
革	初		七度壬戌阳顺阴刑		六五	明夷	己卯	大壮	四阳
	二		八度癸亥杂破地德		上六		己丑		
	三		○○谷雨申分		震三		己亥		
	四		九度甲子顺化德合	革	初九		癸丑		
	五		十度乙丑顺化德合		六二		癸亥		

续表

十六方位			日运杂占		旧候		世卜		原次	
	上		十一丙寅阴顺阳逆			九三		癸酉		
临	初		十二丁卯杂破阴厌			九四	师	戊寅	需	四阳
	二	胄	一度戊辰杂合阳刑			九五		戊辰		
	三		二度己巳杂合支德			上六		戊午		
	四		三度庚午阳德化刑		夬	初九		癸丑		
	五		四度辛未阴德化刑			九二		癸亥		
	上		五度壬申天刑地会			九三		癸酉		
坤	初		六度癸酉阴德化逆			九四	震	庚子	大畜	四阳
	二		七度甲戌阳逆阴合			九五		庚寅		
	三		八度乙亥干德阳合			上六		庚辰		
	四		九度丙子阳逆杂厌		旅	初六		庚午		
	五		十度丁丑贞德悔刑			六二		庚申		
	上		十一戊寅天符地德			九三		庚戌		
升	初		○○立夏坤分			震四	豫	乙未	革	四阳
	二		十二己卯阳合阴逆			九四		乙巳		
	三		十三庚辰阴合化逆			六五		乙卯		
	四		十四辛巳地德地符			上九		庚午		
	五		十五壬午阳逆阴合		师	初六		庚申		

续表

十六方位			日运杂占		旧候		世卜		原次	
	上	昴	一度癸未阳德阴厌			九二		庚戌		
明夷	初		二度甲申阴顺阳厌			六三	解	戊寅	大过	四阳
	二		三度乙酉天符地厌			六四		戊辰		
	三		四度丙戌天符地厌			六五		戊午		
	四		五度丁亥阳破阴合			上六		庚午		
	五		六度戊子地德天符		比	初六		庚申		
	上		七度己丑天符地德			六二		庚戌		
涣	初		八度庚寅地厌天刑			六三		辛丑	离	四阳
	二		九度辛卯顺化德合			六四		辛亥		
	三		十度壬辰顺化德合			九五		辛酉		
	四		十一癸巳顺化地符			上六		庚午		
	五		○○小满未分			震五		庚申		
	上	毕	一度甲午杂破顺化		小畜	初九		庚戌		
渐	初		二度乙未杂破地德			九二	升	辛丑	睽	四阳
	二		三度丙申阳厌阴合			九三		辛亥		
	三		四度丁酉阴刑阳德			六四		辛酉		
	四		五度戊戌阳刑阴德			九五		癸丑		
	五		六度己亥杂破阴合			上九		癸亥		

续表

十六方位			日运杂占		旧候		世卜		原次	
	上		七度庚子阳刑阴德		乾	初九		癸酉		
小畜	初		八度辛丑阴刑杂合			九二		辛丑		
	二		九度壬寅贞破悔合			九三	井	辛亥	小畜	五阳
	三		十度癸卯阴合杂破			九四		辛酉		
	四		十一甲辰阳破阴合			九五		戊申		
	五		十二乙巳阴刑地符			上九		戊戌		
	上		十三丙午阴刑杂破		大有	初九		戊子		
益	初		十四丁未阳德地会			九二	大过	辛丑	大有	五阳
	二		十五戊申天符地德			九三		辛亥		
	三		○○芒种丁分			震六		辛酉		
	四		十六己酉小逆地厌			九四		丁亥		
	五		十七庚戌小逆阴合			六五		丁酉		
	上	觜	一度辛亥干德阴合			上九		丁未		
睽	初	参	一度壬子干合阴厌		家人	初九	随	庚子	夬	五阳
	二		二度癸丑阳逆阴合			六二		庚寅		
	三		三度甲寅顺化阴合			九三		庚辰		
	四		四度乙卯天符刑厌			六四		丁亥		
	五		五度丙辰刑厌阴符			九五		丁酉		

续表

十六方位			日运杂占		旧候		世卜		原次	
	上		六度丁巳干德地符			上九		丁未		
晋	初		七度戊午天符地会		井	初六	乾	甲子	乾	六阳
	二		八度己未天符德合			九二		甲寅		
	三		九度庚申阳刑阴合			九三		甲辰		
	四		十度辛酉阳合阴刑			六四		壬午		
	五	井	一度壬戌顺化干符			九五		壬申		
	上		二度癸亥顺化阴德			上六		壬戌		
鼎	初		○○夏至午分			离一	姤	辛丑	姤	一阴
	二		三度甲子阴德顺化		咸	初六		辛亥		
	三		四度乙丑阳厌阴合			六二		辛酉		
	四		五度丙寅阴厌阳破			九三		壬午		
	五		六度丁卯阳刑阴合			九四		壬申		
	上		七度戊辰阳刑阴合			九五		壬戌		
离	初		八度己巳阳刑阴破			上六	遁	丙辰	同人	一阴
	二		九度庚午杂破地会		姤	初六		丙午		
	三		十度辛未杂破阴合			九二		丙申		
	四		十一壬申阴合杂厌			九三		壬午		
	五		十二癸酉阳符化厌			九四		壬申		

续表

十六方位			日运杂占		旧候		世卜		原次	
	上		十三甲戌阴合化逆			九五		壬戌		
中孚	初		十四乙亥小逆杂破			上九	否	乙未	履	一阴
	二		十五丙子杂厌阴合		鼎	初六		乙巳		
	三		十六丁丑杂厌阴合			九二		乙卯		
	四		十七戊寅天符德会			九三		壬午		
	五		○○小暑丙分			离二		壬申		
	上		十八己卯小逆杂厌			九四		壬戌		
观	初		十九庚辰小逆阴合			九五	观	乙未	遁	二阴
	二		二十辛巳干德阴合			上九		乙巳		
	三		廿一壬午阳合化逆		丰	初九		乙卯		
	四		廿二癸未阳德阴破			六二		辛未		
	五		廿三甲申顺化阳德			九三		辛巳		
	上		廿四乙酉天符阴合			九四		辛卯		
巽	初		廿五丙戌天符德会			六五	剥	乙未	讼	二阴
	二		廿六丁亥天符杂厌			上六		乙巳		
	三		廿七戊子天符德合		涣	初六		乙卯		
	四		廿八己丑杂厌地符			九二		丙戌		
	五		廿九庚寅天刑杂厌			六三		丙子		

续表

十六方位			日运杂占		旧候		世卜		原次	
	上		三十辛卯顺化杂合			六四		丙寅		
家人	初		卅一壬辰顺化淳合			九五	晋	乙未	无妄	二阴
	二		卅二癸巳顺化杂合			上九		乙巳		
	三		○○大暑巳分			离三		乙卯		
	四	鬼	一度甲午阳化阴厌		履	初九		己酉		
	五		二度乙未顺化阴合			九二		己未		
	上	柳	一度丙申天刑杂厌			六三		己丑		
师	初		二度丁酉天刑地会			九四	大有	甲子	巽	二阴
	二		三度戊戌阳刑阴合			九五		甲寅		
	三		四度己亥阴刑阳合			上九		甲辰		
	四		五度庚子阴合杂厌		遁	初六		壬午		
	五		六度辛丑阴刑地会			六二		壬申		
	上		七度壬寅阳刑阴破			九三		壬戌		
谦	初		八度癸卯小逆阴合			九四	兑	丁巳	家人	二阴
	二		九度甲辰地德化厌			九五		丁卯		
	三		十度乙巳地会小逆			上九		丁丑		
	四		十一丙午杂厌阳合		恒	初六		丁亥		
	五		十二丁未阳破阴厌			九二		丁酉		

续表

十六方位			日运杂占	旧候		世卜			原次	
	上		十三戊申阳符阴破			九三		丁未		
泰	初		〇〇立秋巽分			离四	困	戊寅	中孚	二阴
	二		十四己酉地德化逆			九四		戊辰		
	三	星	一度庚戌阳合阴破			六五		戊午		
	四		二度辛亥地厌干符			上六		丁亥		
	五		三度壬子阳合阴厌		节	初九		丁酉		
	上		四度癸丑地德阴合			九二		丁未		
	初		五度甲寅顺化地刑			六三	萃	乙未	鼎	二阴
	二		六度乙卯天符地德			六四		乙巳		
	三	张	一度丙辰天符地德			九五		乙卯		
	四		二度丁巳杂厌阴合			上六		丁亥		
	五		三度戊午阳合阴厌		同人	初九		丁酉		
	上		四度己未阴厌德符			六二		丁未		
困	初		五度庚申阴合支符			九三	咸	丙辰	兑	二阴
	二		六度辛酉干符地德			九四		丙午		
	三		七度壬戌阳顺阴厌			九五		丙申		
	四		八度癸亥阳破阴德			上九		丁亥		
	五		〇〇处暑辰分			离五		丁酉		

续表

十六方位			日运杂占		旧候		世卜		原次	
	上		九度甲子阳合化会		损	初九		丁未		
咸	初		十度乙丑阳厌阴合			九二	蹇	丙辰	否	三阴
	二		十一丙寅阴厌杂破			六三		丙午		
	三		十二丁卯干符地破			六四		丙申		
	四		十三戊辰阳厌地符			六五		戊申		
	五		十四己巳阳合阴破			上九		戊戌		
	上		十五庚午阳合阴刑		否	初六		戊子		
夬	初		十六辛未悔破贞合			六二	谦	丙辰	渐	三阴
	二		十七壬申阳合阴会			六三		丙午		
	三	翼	一度癸酉阳刑阴合			九四		丙申		
	四		二度甲戌杂合地破			九五		癸丑		
	五		三度乙亥杂破阴厌			上九		癸亥		
	上		四度丙子杂合地会		巽	初六		癸酉		
随	初		五度丁丑干符杂厌			九二	小过	丙辰	涣	三阴
	二		六度戊寅刑厌阴符			九三		丙午		
	三		○○白露乙分			离六		丙申		
	四		七度己卯阳德杂合			六四		庚午		
	五		八度庚辰干符地德			九五		庚申		

续表

十六方位			日运杂占	旧候			世卜		原次	
	上		九度辛巳阴德杂合			上九		庚戌		
节	初		十度壬午阳合阴刑		萃	初六	归妹	丁巳	益	三阴
	二		十一癸未阳合杂厌			六二		丁卯		
	三		十二甲申阳合杂厌			六三		丁丑		
	四		十三乙酉天符杂破			九四		庚午		
	五		十四丙戌地符杂厌			九五		庚申		
	上		十五丁亥天符德合			上六		庚戌		
比	初		十六戊子杂破德符		大畜	初九	离	己卯	旅	三阴
	二		十七己丑杂破地厌			九二		己丑		
	三		十八庚寅天刑阴合			九三		己亥		
	四		十九辛卯阴合地德			六四		己酉		
	五	轸	一度壬辰顺化德符			六五		己未		
	上		二度癸巳地合顺化			上九		己巳		
井	初		○○秋分卯分			兑一	旅	丙辰	未济	三阴
	二		三度甲午杂破地厌		贲	初九		丙午		
	三		四度乙未地会杂合			六二		丙申		
	四		五度丙申阴逆阳合			九三		己酉		
	五		六度丁酉阳刑阴合			六四		己未		

续表

十六方位			日运杂占		旧候		世卜		原次	
	上		七度戊戌阴刑阳合			六五		己巳		
既济	初		八度己亥地会杂合			上九	鼎	辛丑	噬嗑	三阴
	二		九度庚子阴合杂厌		观	初六		辛亥		
	三		十度辛丑阴合化刑			六二		辛酉		
	四		十一壬寅阳德阴刑			六三		己酉		
	五		十二癸卯杂合地符			六四		己未		
	上		十三甲辰杂破地厌			九五		己巳		
解	初		十四乙巳干符杂合			上九	未济	戊寅	咸	三阴
	二		十五丙午阴合杂厌		归妹	初九		戊辰		
	三		十六丁未地符杂厌			九二		戊午		
	四		十七戊申天符阴破			六三		己酉		
	五		〇〇寒露甲分			兑二		己未		
	上	角	一度己酉阴破小逆			九四		己巳		
小过	初		二度庚戌阳德干符			六五	蒙	戊寅	困	三阴
	二		三度辛亥阴合小逆			上六		戊辰		
	三		四度壬子阳德地符		无妄	初九		戊午		
	四		五度癸丑阴合地符			六二		丙戌		
	五		六度甲寅日德杂破			六三		丙子		

续表

十六方位			日运杂占		旧候		世卜		原次	
	上		七度乙卯日合地德			九四		丙寅		
大壮	初		八度丙辰天符地厌			九五	涣	戊寅	随	三阴
	二		九度丁巳天符地厌			上九		戊辰		
	三		十度戊午天符德合		明夷	初九		戊午		
	四		十一己未天符杂破			六二		辛未		
	五		十二庚申日德杂刑			九三		辛巳		
	上	亢	一度辛酉化刑杂破			六四		辛卯		
震	初		二度壬戌杂合顺破			六五	讼	戊寅	观	四阴
	二		三度癸亥杂合顺化			上六		戊辰		
	三		〇〇霜降寅分			兑三		戊午		
	四		四度甲子阳德阴厌		困	初六		壬午		
	五		五度乙丑阴厌杂破			九二		壬申		
	上		六度丙寅日德地符			六三		壬戌		
履	初		七度丁卯天刑杂破			九四	同人	己卯	晋	四阴
	二		八度戊辰天刑杂破			九五		己丑		
	三		九度己巳天刑阴合			上六		己亥		
	四	氐	一度庚午阳合阴会		剥	初六		壬午		
	五		二度辛未阴合地厌			六二		壬申		

续表

十六方位			日运杂占		旧候		世卜		原次	
	上		三度壬申阳合阴逆			六三		壬戌		
否	初		四度癸酉阳逆阴破			六四	巽	辛丑	萃	四阴
	二		五度甲戌阴合地符			六五		辛亥		
	三		六度乙亥阳合阴逆			上九		辛酉		
	四		七度丙子阴合阳逆		艮	初六		辛未		
	五		八度丁丑杂破地厌			六二		辛巳		
	上		九度戊寅杂破地会			九三		辛卯		
姤	初		〇〇立冬艮分			兑四	小畜	甲子	蒙	四阴
	二		十度己卯阳合化逆			六四		甲寅		
	三		十一庚辰阴逆阳合			六五		甲辰		
	四		十二辛巳阳合化逆			上九		辛未		
	五		十三壬午阳德阴合		既济	初九		辛巳		
	上		十四癸未阳破阴合			六二		辛卯		
同人	初		十五甲申顺化杂合			九三	家人	己卯	颐	四阴
	二	房	一度乙酉天符太乙			六四		己丑		
	三		二度丙戌天符德会			九五		己亥		
	四		三度丁亥天符杂厌			上六		辛未		
	五		四度戊子天符杂厌		噬嗑	初九		辛巳		

续表

十六方位			日运杂占	旧候			世卜		原次	
	上		五度己丑太乙天符			六二		辛卯		
蒙	初		六度庚寅天刑杂合			六三	益	庚子	坎	四阴
	二	心	一度辛卯阳合阴德			九四		庚寅		
	三		二度壬辰杂厌杂合			六五		庚辰		
	四		三度癸巳杂厌地刑			上九		辛未		
	五		〇〇小雪丑分			兑五		辛巳		
	上		四度甲午阳合顺化		大过	初六		辛卯		
艮	初		五度乙未顺化德会			九二	无妄	庚子	蹇	五阴
	二		六度丙申杂破阳合			九三		庚寅		
	三	尾	一度丁酉杂厌阴合			九四		庚辰		
	四		二度戊戌杂厌阴刑			九五		壬午		
	五		三度己亥阳德化刑			上六		壬申		
	上		四度庚子天刑阴合		坤	初六		壬戌		
大畜	初		五度辛丑干合地符			六二	噬嗑	庚子	豫	五阴
	二		六度壬寅杂破阴厌			六三		庚寅		
	三		七度癸卯支符地会			六四		庚辰		
	四		八度甲辰阳厌杂合			六五		己酉		
	五		九度乙巳杂厌地刑			上六		己未		
	上		十度丙午干符地厌		未济	初六		己巳		

续表

十六方位			日运杂占			旧候	世卜		原次	
颐	初		十一丁未杂厌阴破			九二	颐	庚子	比	五阴
	二		十二戊申天符地厌			六三		庚寅		
	三		○○大雪癸分			兑六		庚辰		
	四		十三己酉阴合化逆			九四		丙戌		
	五		十四庚戌阳合化逆			六五		丙子		
	上		十五辛亥杂厌阴合			上九		丙寅		

右纬以孔图八位离为十六,以十六位别二十四气,除二十四位为周甲之历。凡周甲为运,纳音为气,运气各有主客,天符岁会,德符顺化,刑逆不和,皆与化气同推。但视卦气纳音直爻,阴阳别为主客耳。精气游魂,即为对化。甲己化土,乙庚化金,丙辛化水,丁壬化木,戊癸化火,以运递推。子午化火,丑未化土,卯酉化金,辰戌化水,巳亥化木,寅申化火,以气相间。运本于地,气开于天。子午年,少阴君火司天,则阳明燥金司泉。丑未年,太阴湿土司天,则太阳寒水司泉。寅申年,少阳相火司天,则厥阴风木司泉。卯酉年,阳明燥金司天,则少阴君火司泉。辰戌年,大阳寒水司天,则太阴湿土司泉。巳亥年,厥阴风木司天,则少阳相火司泉。风、热、暑、湿、燥、寒,递为天泉之两间。此说在天官医人,岁有考成,测验多年,不为臆说。文图虽有更定,而运气之候,实未尝变。故其周甲运气,化气所合,悉依《内经》,与纳甲相为表里。纳甲始于焦氏,乾纳甲壬,坤纳乙癸,坎戊离己,震庚巽辛,艮丙兑丁。阳支以顺,阴支以逆,京房用之以立卦候。冬至中孚,夏至始咸,略依大象,以为卦次,于例无取,而历代相沿,与《夏小正》相隶。

《乾凿度》所云升者十二月之卦也，益者正月之卦也，随者二月之卦，夬者三月之卦，剥者九月之卦，皆与京氏相合。意京氏先出，东汉傅会其文，故诸纬书多言六日七分、八十分日之七者。焦、京同学，皆以坎、离、震、兑为方伯监司之官，以风、雨、寒、温为直日之候。但焦以爻直一日，自四监而外，无改上下之次。京以卦直六日七分，自四监而外别诠大象之序也。卦余七分则甲宜分纳，爻直一日则岁可六周。故焦之依次周甲，与京之纳甲加分，道若悬殊，术还相济耳。然自西汉谈易，皆无谈化气、归魂者。京氏一公二辟，贞内侯、悔外侯，五大夫、六卿，为一月之卦；又古法一元士、二大夫、三三公、四诸侯、五王位、六宗庙为六日之爻，所论日辰，皆以干支为主，不及对化。如翼奉所称，“北方之情好也，好行贪狠，申子主之；东方之情怒也，怒行阴贼，亥卯主之；南方之情恶也，恶行廉贞，寅午主之；西方之情喜也，喜行宽大，巳酉主之；上方之情乐也，乐行奸邪，辰未主之；下方之情哀也，哀行公正，戌丑主之”，皆即六方以辨情性，五行之性不违其方。又晋灼曰：“翼氏五性：肝性静，静行仁，甲己主之；心性燥，燥行礼，丙辛主之；脾性力，力行信，戊癸主之；肺性坚，坚行义，乙庚主之；肾性智，智行敬，丁壬主之。”以甲木顺生，贞化为主，与运气参用，唯戊癸对化，别于月令耳。

京氏之学初亦不主纳甲，其法以中气辟卦在七日四十九分上下为一消息，故复、临、泰、壮、夬、乾、姤、遁、否、观、剥、坤，皆以辟卦于中气七日称为消息。方入中气七日，视太阳所在，察其煇气，别其监直，少阳少阴之所争，并为人主之占候，与《洪范》七卜同符。故五卦内外，别为贞悔，风雨寒温，与“雨”、“霁”、“蒙”、“驿”、“克”同用。自汉魏后，无复明京学者。京房以建昭二年二月朔上封事，言“辛酉以来，蒙气衰去，太阳精明。臣欣然以陛下为有所定。然少阴倍力而乘消息，疑此道不得如意。己卯，臣拜为太守，恐臣出之后，必为用事所蔽，故愿岁尽乘传奏事。乃辛巳，蒙气复乘，太阳侵色，此上大夫覆阳而上疑也。己卯、庚辰之间，必有欲隔绝臣不得乘传奏事者”。以历推之,是岁建昭二年甲申,闰在六月,正月二十七日辛酉,气交雨水,渐中二月朔甲子为泰卦消息,十六日己卯历需至随,候在大夫。庚辰、辛巳,蒙气复乘,所为上大夫覆阳而上疑也。故每月两气,中气消息七日四十九分为辟,节气七日四十九分为大夫,故至陕上封事。又云“丙戌,小雨。丁亥,蒙气去。然少阴并力而乘消息,戊子益甚,到五十分蒙气复起。此陛下欲正消息,杂气并争,消息之气不胜也。己丑,夜有还风尽。辛卯,太阳复侵色。至癸巳,日月相薄。此阴邪同力,太阳为之疑也”。以历推之,是四月癸亥朔,乙亥立夏,己卯起大夫师,乙酉起卿比,阴邪比力,坎卦在戊,至戊子午时满五十分,蒙气复起,廿七日己丑夜有还风,五月癸巳朔日月相薄也。孟康以房法消息卦为辟,息为太阴,消为太阳,余为少阴少阳,非是房法,只以七日来复,七日四十八分半为消息。凡杂卦气干消息者,至五十分为甚耳。其占候太阳自以日月为主,当坎而寒,当震而雨,当离而温,当兑而风,异常为变,杂气为蒙也。

翼氏风角与京学敻异。初元二年,平昌侯王临称诏从奉受学,奉绝不与,乃疏言“正月癸未,日加申,有暴风从西南来,未主奸邪,申主贪狠,风以太阴下抵建前,是人主左右邪臣之气。平昌侯三见,臣皆以邪辰加邪时”,又云“师法用辰不用日,辰为客,时为主人。见于明主,侍者为主人。辰正时邪,见者正,侍者邪。辰邪时正,见者邪,侍者正。忠正之见,侍者虽邪,辰时俱正。大邪之见,侍者虽正,辰时俱邪”。张晏曰:“初元二年岁在甲戌,正月廿二日癸未。”孟康曰:“太阴在未,月建在寅,风从未下至寅南。建为主气,太阴臣气也。”以法推之,初元二年岁在甲戌,正月二十日癸未六十七分惊蛰至申时方交中气,风自未来,抵建前,是人主左右邪臣之气。张、孟皆以太阴与太岁相推,非是太阴为辰,辰为客,太阳为时,时为主,人辰从支,支为月之所历,时从日,时为日之所临也。故曰“辰为常事,时为一行,月为常事,日为一行”也。七月上《直言疏》云:“今年太阴建于甲戌,律以庚寅初用事,历以甲午从春。历中甲庚,律得参阳,性中仁义,情得公正贞廉。”以历推之,是岁太岁在甲戌先十一月丙寅,冬至正月朔日甲子,律不得庚寅,历不得甲午,唯立春初律得用庚戌,以太岁甲午元日甲子立春庚戌,故曰“历中甲庚,律中参阳,性中仁义,情得公正贞廉”。其实立春在辛亥,不在庚戌,诸术家所用各不等,或先后天耳。其庚寅、甲午二日则决误也。凡误在气朔,则干支动移不得主客,不得主客则刻应不效。然率差一二日,进退非远,唯卦例不定,则风位互易。

后汉诸儒唯郎顗最明星纬,所算六日七分,有阴阳乘起,四卦用事,与京氏合,其干支所治,亦有对化。如阳嘉二年正月十七日戊午,日加申,风从寅来,丑时而止。郎顗云“戊午征也,丑寅申皆征也,不有火灾,必当为旱”,亦与翼氏相参。然天道甚征,日家近俗,星纬变逆,汉儒有所未推,干支加乘,圣贤之所不说,要当别其支源,开其痼会。如焦、京之除四卦,杨、云之赘跂羸,截鹄续凫,古今同痛,本领已误,綦缕奚观?今已引诸羲、轩畅其精变,在旧候世卜二纬,似不足存,然恶池未湮,沧澜可问,因其二义,别为推占。如汉元帝初元二年甲戌正月二十日癸未,日加申,有风从西南来,除前十一月丙寅日巳时,冬至距癸未日申时凡七十七日,小余三,得九百二十七时,以八十一爻除之,小余三,在丰之九三,岁日俱在甲戌,正西方兑辛为主,精气不变,癸与庚不破甲,未与申不破戊,虽有奸邪贪狼,不得为贼。于是卦次三阳再上,亦在丰之九三,丰沛折肱,其道无咎,翼奉用之。建昭二年甲申二月十八日辛巳蒙气乘阳,四月廿七日己丑夜有旋风,五月朔日癸巳日月相薄,除前十一月戊午日寅初,冬至至四月廿六日戊子蒙风,凡百五十日,小余五,得一千八百,以一百五十八爻除之,无余,在涣之九二,岁在甲申,日在甲午,正南方参钺为主,斩乂之卦也。艮土游魂,往而不归,前二月己卯,房拜为太守,得八十五爻,未济之穷终。坎水游魂,又房本姓李,吹律自定为京氏,李为少徵,京为少宫,生于甲辰,死于甲申。水土游魂,不得精变,以四月廿七己丑夜占,以百五十九爻除之,在离之九三,其夜在离之九四,“日昃突如”,京房用之。以二月己卯,房拜魏郡,以八十五爻除之,在恒之初六,“浚恒之凶”,京房用之。故京房之祸,始于浚深,知进不知退,知存不知亡,以卦次之离恒,参卦位之涣济,得失存亡,举可知也。

自汉以来,不论卦次,只依大象为序。宋人始论卦次,只以一阳复生五卦,二阳临生十四卦,三阳泰成九卦,左行为阳;一阴姤生五卦,二阴临生十四卦,三阴否成九卦,右行为阴。不知原次,左行得一阳者三,得二阳者八,得三阳者十,得四阳者七,得五阳者三,右行得阴亦然。京房二月己卯恒初六,与节初九相通,夜分得节九二,凶在门庭,涌水将出,道人去也。凡吉凶,哲人所不道。然言易者则以吉凶为准,无吉凶则无以验于人。翼奉曰:“臣闻之师,曰:‘天地设位,悬日月,布星辰,分阴阳,定四时,列五行,以视圣人,名之曰道。圣人见道,然后知王治之象。画州土建,君臣立律,历陈成败,以视贤者,名之曰经。贤者见经,然后知人道之务。’”自东汉以前,皆知道为圣人,经属贤者,故诸名家所论卦气,皆以别邪正、定君臣为准。翼奉与京房同时,所占候讥谪同旨。然翼奉知天子左右之有邪臣,不质言史高、弘、石,而发端于平昌侯王临。其冬,杀萧望之。明年四月乙未日卯时,茂陵白鹤馆灾,翼氏遂不斥言天子左右,唯议诸宫庙陵寝郊祀,欲以丙子孟夏,顺太阴东行迁都,稍阔迂不益,切切谈后党近侍。其后数年,杀周堪、张猛、贾捐之。京氏益发愤于邪正,至引赵高、正先以刺石、鹿、韦侯,倚淮阳王,欲以郑弘代韦侯,徐立代石显,其道足以杀身,非其立志不忠,谈《易》无效也。

自汉以后,谈《易》无有逾京、翼二家者,管、郭而外益猥俗,溺于阴阳,不得圣贤之意。世卜京氏亦论游魂、归魂,以晋、大有、大过、随、明夷、师、中孚、渐、需、比、颐、蛊、讼、同人、小过、归妹十六变,自上反下为复世居中,与消息相近,非俗学所及。然八卦精游,别十六位,乾左则坤右,艮右则巽左,坎左则离右,皆以对化为游,傍化为归,唯震兑傍化,游近而归远,非八卦互宫飞伏归游皆可相取也。京氏消息大夫谦、蒙、随、讼、师、家人、丰、节、萃、无妄、既济、蹇皆取大象，以时相丽，与小阴阳相杂，在爻辞之表。其四监所治，各十五岁，约以清浊、寒温、乘蒙为候，六甲复始，如建昭二年甲申革卦司天，京氏以为少阴之岁；阳嘉二年癸酉益卦司天，郎颢以为少阳之岁是也。然皆缝绽，不合天道。自后汉诸儒杂解纬书，圣言虽存，他书益出，泰素相殽，近藉之仲尼，远托于轩辕，渎乱五辰，可谓遁矣。欲资以闻道，敬治天人，何由焉？所幸者《易》、《春秋》、《诗》、《书》俱存，可执符契以证圣道。故复再举《春秋》，推其终始，条为略例，以应首篇，使后之知道者有系不坠，以与于斯文。

《春秋》易历

阳法九　九因八十一，七百二十九。

阴法六　六因八十一，四百八十六。

阴法六　六因七百二十九，四千三百七十四。

阳法九　九因四百八十六，四千三百七十四。

岁余九　八十一，余七百二十九。

岁法六　四千三百七十四，余九。

春秋法三　三因八十一，二百四十三。

元统法两　两因二百四十三，四百八十六。

减法一　二百四十三减一，四百八十五无余。

加法一　四百八十六加一，四百八十七无余。

太阳四百八十七　十因四千八百七十加十。

太阴四百八十五　十因四千八百五十减十。

周法六　六因四千八百七十，二万九千一百二十。

大周九　九因二万九千二百二十，二十六万二千九百八十。

小周退六　六退六十，二万九千一百六十。

大周退九　九退五百四十，二十六万二千四百四十。

象余四十五　小余六分七厘五毫。

象周百二十　减周二十四，实周九十六。

周余五千四百八十一　减周一千九十七余一。

半余二千七百四十半　半减五百四十九余半。

合差三百八十四小余十五，

分差一百九十二小余七半。

大周一万一千六百三十五　小余十〇一分一厘五毫。

小余十　十为无余。

象余十三　小余九分三厘三毫三丝三忽。

象周三百十四　五周六十余十四四千三百七十五　。

周余七　大余七，小余九分三厘三毫。

大周六十　六十因三百十四，一万八千八百四十。

周余四百七十六　减一分四百七十五九分强，加十分四千三百七十四。

阴终六　六因四万三千七百五十，周余三百六十无余。

阳终九　九因一万八千八百四十，周余一百无余。

大终三百一十四周　除三百六十，余二十六万二千一百四十四。

己未岁阳数历距上元五千三百三十五　十一周四百八十五。

甲子元　己巳元　甲戌元　己卯元　甲申元

己丑元　甲午元　己亥元　甲辰元　己酉元

甲寅元　己未元　岁阳己未，岁阴戊午。

己未岁阴数历距上元四千三百七十四　九周四百八十六。

甲子元　庚午元　丙子元　壬午元　戊子元

甲午元　庚子元　丙午元　壬子元　戊午元

己未岁交象历距上元六千五百九十四　　二十一周三百一

十四。

甲子元　戊寅元　壬辰元　丙午元　庚申元

甲戌元　戊子元　壬寅元　丙辰元　庚午元

甲申元　戊戌元　壬子元　丙寅元　庚辰元

甲午元　戊申元　壬戌元　丙子元　庚寅元

甲辰元　戊午元　余九元二千八百二十六通九千四百二十。

象历六十四，象岁六十　不推积元者以周甲为限。

数历　七百二十九。数岁百二十　必推积元以满度为限。

象缩五十九　小余六分七厘五毫退天十三〇九分三厘三毫三秒。

数赢五十九　小余六分七厘五毫进天四十五六分七厘五毫。

象数进退以是为差

三易洞玑卷十四

贞图经上

圣人之道,其在明两乎?明两故不息,不息故一。易有阴阳,阳节多阴,阴节多阳,何也?上下之等也。阳一君而二民,阴一民而二君;二民则主君,二君则主民。君唱之道治于上,民唱之道治于下。夫为此道者,其主治乎?一君之唱三十有六,其应七十有二,其民从之九十有六①。一君之唱二十有八,其应五十有六,其民从之百二十有八②。一民之唱二十有四,其应四十有八,其君从之百四十有四③。一民之唱三十有二,其应六十有四,其君从之百一十有二④。四应同准,与天地比,以别上下,以命左右。亲上者与乾,亲下者与坤,上下规衡,以为物伦。九六七八,四者天地之律度也。天地升降而律度合作,九六施化则七八无事。君相以阳政,妃嫔以阴事,祖祢所托,各以其子,男女分德而治乱异致。故乾之始屯,坤之始需,则必有取之也。南政之多民,北政之多主,天地之始序也。天限数五,地限数五,五限六际,与律度比,而帝王相命,以年以世。夬、姤、升、萃,四者分治,以界上下,以络天地。剥之在东北,无妄之在东南,大畜之在西南,复之在西北,夬姤升萃之所

---

① $4\times9=36;36\times2=72;4\times6\times4=96$。

② $4\times7=28;28\times2=56;4\times8\times4=128$。

③ $4\times6=24;24\times2=48;4\times9\times4=144$。

④ $4\times8=32;32\times2=64;4\times7\times4=112$。

为辅也。圣人之智足以齐天地，而不敢以天地齐其绳辔，故易十八变而左右殊贯，要其不变则天地为岸。故道有天地则有男女，有男女则有夫妇，有夫妇则有父子，有父子则有君臣，有君臣则有上下，有上下则律度有所错。律别上下，度辨前后。柔者体强，强施以柔。上尚左也，下尚右也，两者万物之守也。万物之守在于律度，天地之守在于日月。智者不以过，力者不以夺。

震在于上右，则巽在于下左；艮在于上左，则兑在于下右，宗庙之序，子妇之道也。王适天下，升自阼阶，侯见庶子，则各以宾礼。故兑立于西阶，三揖而后上；震立于东阶，三让而降位。卿大夫士，介傧之义也。故为《易》者正其邦国，是立宫庙，使其母弟、官子、大夫、中妇咸有卑志，修习告戒，不出其位。剥复距乾三十五度，威气始定，耀光乃见，是天子之治也。剥与晋交而治东南，天子之上公总绥而治天子之位。复与明夷交而治西南，诸侯之元士总绥而治诸侯之位。治有殊等，权不两寄，诸侯受其慝，天子受其美，美以受终，慝以治始。同人大有距坤十五度，威气已定，光曜毕见，是妃诸侯之治也。无妄与遁交而治西北，天子之大夫总绥而治诸侯之位。大畜与大壮交而治东北，诸侯之元士总绥而治大夫之位。崇效卑法，晷大于表。故沫以远而贲，晷以近而小，坎行以宣，离行以幽，北燠南沧，以情相求。故天子事天则于南郊，明水以出；事地则于北郊，明火以纳。朝日于既，夕月于未，所以正志，践阴阳之义也。二济既交，寒暑以中，下易上严，冰炎以从，故火伏于下，则水结于上。壮者春之始，遁者秋之终；咸者春之终，恒者秋之始也。春秋始终，冬夏以交，盈缩距差，坎离之端。故易者六以为次，九以为体，体以时举，次以月设，祠禴尝烝，各循其经，此神鬼所以居享，礼乐由之无弊也。

小过者二分之衷也。春分之衷，不及济交，先疾之端，会于小过。秋分之衷，逾于济交，后迟之端，会于小过。小过距济四日有八，一象之间，倍日以差。过于先者谓之既，过于后者谓之未，故过者君子之大戒也。君子进退，仿于日月，揆义而动，率礼而发，动于不得已，违人不怨，援天不矢，如此则于有过亦鲜矣。故过有大小，运有隆替，大终则小始，小终则大置，大为祸之终，小为祸之始。君子居大以避祸之终，小人居小以乘小之始。故易道反复，有变与不变。不变而乱，与中国同事。变而乱之，与夷狄争理。两济、渐、归妹、随、蛊、泰、否八者是也。泰否之变不及夷狄，王国将乱而霸主谢事。渐归妹之变不及夺主，而夷狄有君，上下失据。故[①]否泰者乾坤之衰，两济者坎离之衰也。体积有隆薄，祸败不同致，戾德而轻变，则败不可救，乱不可治。故有圣人席世而坐，非有大坏，不变礼乐。礼乐变于上，赋令变于下，天下多过而过乃为祸。夫有不变而亦为祸者，物穷则更制，器穷则更适。君臣、父子、夫妇、昆弟，爪发不易，而玉步轨物则亦更尽矣。故坎陷也，离乱也。坎不一君，离不一相，天地受终，万物鈥鈥，而上下顶足未之有动者。水火哲于内，华夷辨于外，故妇寺者，天下之大慝也，而圣人眚之，薄于夷狄[②]，咸、家人两者是也。咸有女祸，戒于乱终。家人有祸，戒于乱始。牝牡代驾，而绥屦无事。故为夬以决咸而有余，为遁以报家而已笃。故困者所为咸砭，妄者所为家毒也。酒绂之授而徽缧之设，菑畬之置而药饵之服。然至于体变百八十年，不见女眚，而厉臣强狄[③]，亦萃且乱者，天

---

① 自“不变而乱，与中国同事”至“上下失据，故”，此一段文字库本全部脱漏，盖因有“夷狄”字眼而被删去。

② 自“而上下顶足未之有动者”至“而圣人眚之，薄于夷狄”，库本无。

③ “狄”，库本作“国”。

地之威已断，而圣贤之智更患也。故屯者刚柔之交始，需者刚柔之交终也。刚柔难生，乾坤易居，君子以致其敬，小人以致其惧，敬而见以致其业，惧而隐以致其法。故勿往者，重往之也；利涉者，待涉之也。君子德修于身，众附于下，不趣利，不犯难，天地将奠，突然兴焉，天地将乱，突然出焉，与众共治，不与众共乱，若此则必有处之矣。故礼者君子所以观政，乐者君子所以观德也。礼由地出，乐由天作，天作以律，地作以度，律度不失，上下乃得。故道有上下燥湿，器有损益前后，能者受之以救，不能者救之以受。古之圣人所拔屯出蒙，涉需去讼，则必由此也。故君者由律也，民者由度也。君治视以德，民治视以政，政德不序而上下无艺。有百年之历，无百年之治，有数十年之运，无数十年之纪，三代末造，则坐此废矣。故古者之为律度，九以规之，六以矩之，参两定之，五以御之，以知祸败，以修救事，以率鬼神，以从君民，使天下共敬焉，非乐为是幽治也。

夏道阳轨三十有四，阴轨一十有六，参而伍之，四百有八，上下精游，二十有四。阳节之前，合于夹钟之上宫；阴节之后，交于坎离之分道。三十六载而衰，四百一十二载而绝，夏龠之龠，夏时之时，其或可知也。殷道阳轨四十有一，阴轨三十有四，参而伍之，四百九十二，上下精游，或十或四。阳节之前，合于黄钟之下宫；阴节之后，交于随蛊之分道。三十六载而衰，四百九十六载而绝，坤乾之谊，大濩之泽，其或可知也。故古之圣人，以其可知者，举而由之与君；以其不可知者，举而由之与民。众人之去天下，若行者去其户宇；圣人之去天下，若鬼神之去其声色。自帝庖牺而下，《扶来》、《云门》、《六茎》、《大渊》、《章》、《韶》之间，则必有取之矣。故损者因也，益者因也，因益者无损，因损者无益，损益之道定于前，而损益之法因于后。自乾始以来至于虞夏之交，三千一百十二年，损益之道则亦已备矣。文王、周公、仲尼，此三圣人者，善为损益，而至于弗损益之道者也。故损益者，非人之所能为也。古之圣人知道所在，与之上下，与之前后，让者以让，序者以序，取者以取，去者以去，使自遇之。故胶有不争角，镞有不争竹，玄黄易状，民守其卤。故民者可与以不知，不可与以疑；君子可与以疑，不可与以不知。至知不疑，投金无私。夏之轨无韦顾、昆吾，周之轨无楚、齐、秦，日月序功，闰轨不争，然且群雄相顾以倾，以戈以兵，十君一民，自称寡人。故以道祛乱则莫若义，以道开治则莫若智，智者所以正辨，义者所以就贯，正辨所以不争，就贯所以止乱也。故夏之历四百一十有二，殷之历四百九十六，周之历八百五十二，枭民桀主之所不与也。周之命秦二百九十六年而合，合二百十年而分，分二百四十年而合，合而后别，两灾岁而霸主出焉。故周主也，秦仆也。秦有历则周不以秦为治，周以秦为治则秦不别周而帝。周道六十有九，后际之嬴一十有二，两其后嬴，而赤帝与合。分周东西，两参其际，共八百五十有四，而秦不与。故秦者嬴也，嬴者灾也，灾岁之积，至于两极。南北之端，八际加一，而秦合用之。虽自为朔，而中气不直。故以序阙其德，以探失其策，是秋气之将厉也。知道者，必知天地之序、伏留嬴缩之纪，以御小人，以御君子。故君子进于道，小人进于法。道者，帝王之龟筴；帝王者，天地之蓍草也。天地端几，布人其中，揲之扐之，总之挂之，或前或后，或左或右，负贵与灵，而谁与为手，故揽图者体道之别式也。图象不设，天地无式，得其式而后总其义，得其策而后总其意，不得其策而起其义，不得其式而起其意。譬诸小人，其暴客之昼过市乎？圣人之为治，使众不冀其利。故市天下于天下而行者不跂，夫苟知其远已，则蹢者望阙而止矣。两极之分二千一百八十有七，中交之中一千八十，八际合分，五百四十[①]，而鬼神所治六岁十分强七。故参两之会，或缩或赢，差率六岁，七分五十，天地变化，鬼神所行其治也。故五者，参两之前轨；十者，参两之后际也。前后相并，先两而后参，参两错综，伍居其央，九列分行，以兴以亡。智者不得延，力者不得攘。夫有道之所延，则亦其命；不以其命，道何以定？故夏与周同道，而周不与夏同命。周者日北之极，夏者阳满之令也。满阳泻阴，或两或参，极长之晷八尺一寸，泛影所射，五寸而强有四分；极短之晷尺四寸有八分，泛影所没，五寸而弱有四分。帝子用之，以量天下。天下将勤，圣人不盈；天下将嫁，圣人不射。圣人者，谨其律度，审视上下，敛德用极而已矣。故益者极盛之始，损者极衰之始，在于中古，上之千四百余载，下之七百余载矣，而后世应之，犹为蹇以患朝，为解以偷夕。故升、鼎、萃、革、姤、井、夬、困，圣贤之大戒也。鼎以养贤升于天，革以养戎萃于人。鼎以兄而让其弟，革以弟而僇兄。革以父而戕于子，鼎以子而让臣。升以帝而访于宾，萃以国而载于妇人。姤放若君，又因以放其君。夬杀其子，又因以杀孺子。姤放其君不敢别立君，夬放其妇又因以别立妇。彼皆所谓膺命者也，而因之殊性，则革者不顺。故升与姤交，权以变其经；姤与乾交，乱以变其成；乾与夬交，强臣变寇贼；夬与萃交，男子变妇人；萃与坤交，夷主变贞命；坤与升交，中主变圣人。故天地之道，九六相命，参伍以听，因革损益，圣人所正命也。正命则知变，知变则制义。中人不观变，不改过；圣人不观变，不创

① 1080 ÷ 2。

义。六际之变，以为八会，乾与坎会，霸攘王；咸与过会，夷[①]攘夏[②]；济与遁会，奴[③]攘主；离与坤会，世无主；坤与离会，世反正；壮与济会，帝授令；过与恒会，王相并；坎与乾会，王不竞。故天地之命，非圣人则莫之举正也。圣人之正天地，如天地之自正，因其上下，以为损益。益之不敢损，损之不敢益，特为命辞焉，以播其命。或乱或治，或庸或圣，在于际会，使知勉焉，则亦有定也。故曰：天人者，贞胜者也。

天地一周四千八百六十年，凡过六际而得一会，八周而复益一而与始会，六环而终，余九百九十九，而天地大究。故九者万物之饰归也；六之与八，天地所静制也。六以制义，八以立矩，九以规之，九六相取，而一百有八，天地得其仁，鬼神得其智。圣人取九以定其位，神物取七以定其器，四五合置则九为之纪。故圣人之为九德，不蹈灾会，以免于难。四正四间，八交之象，则莫之有取也，是其选德近于圣人意，亦其会上下百世则有秉德者出者乎？巽不如兑，而圣人取巽者，巽者夏禹之道也。夫文王则犹行禹之道也，故易有其德，有其鉴，有其戒。以德则履为最上，以鉴则恒为最下，而圣人兼取之，离位去时，以道独行。故人定世有其道，道定世有其符；道定符不传，符定道不言。夫道而可以言传，则刑政而已乎？政盛于养贤而刑极于去佞，政盛于金玉而刑极于虎豹。刑政相佐，以治天下。故井以汲渫解其恻，困以劓刖解其毒，鼎以金玉致其饰，革以虎豹致其服。神人备致，乃致礼乐。享祀者，神致之大义。婚戚者，人致之终始也。萃用大牲，升不用大牲。萃用

① “夷”，库本作“邪”。

② “夏”，库本作“正”。

③ “奴”，库本作“仆”。

大牲,或以谓之禴。升不用大牲,或以受其福。姤有“杞瓜”“无鱼”而不忧,夬有“苋陆”“牵羊”而若留,天下之道至于四者而止矣。夫有知道者以四者分别天地,则亦至矣。故度者仁之实也,律者智之决也。律度不失,仁智乃决。有夬姤而辨剥复,有升萃而辨无妄大畜。八者既辨,乃解众族。为仁必依其族,为义必依其族。辨祥察灾,上下乃谐。天地者,上下之表;男女君臣者,天地之表也。宜于男女,则宜于君臣,宜于天地。故为男子帅于父,为女子帅于母,帅于母者食于父,帅于父者食于母。兄弟从前,夫妇从年,宗庙别序,庭著垂县,率此道也。具有祸患,则命真定之也。夫不知道之远近盛衰消息之故,则观之礼乐,因革治乱,灿然具矣。道有变化,器无变化,夫有知变化而不变化之道,其知神之所为者乎?

右图与杂图相准,有衡,有倚,有环。衡者平之,阳在于上,则阴在于下。倚者交之,阳交于左,则阴交于右。圜者旋之,左右上下,序还其端。是先衡图者,阴阳之序,上下之等也。仲尼称“天一地二、天九地十”,易喻极奥,以为古今卜年卜世之准,三极八表,六际四会,因之而生,近准一岁,远准一元,岁辰相追,消息六日四分之一。乾上则坤下,乾南则坤北。南湿则北燥,湿上则燥下。云龙从南,风虎从北。山雷从上,风泽从下。故大过在上,中孚在下;屯蒙在上,履小畜在下,水火、风云、燥湿、龙虎之义也。《易》自上元至周平王辛未元年四千三百二十七年,下余四十七年,上损七年,为《春秋》元年,与《大雅①·十月》交会之始,千古仿之,以为消息、盈虚、进退、存亡之准。数运则坤而讼而履,本阴于下,有治有乱;数世则乾而屯而师,本阳于上,有赢有乏。两者分行,以察百世,世有治乱,主有赢乏。智者观其象序,思过半矣。

① “雅”,诸本误作“牙”。

图言四正、四间、八交之义已详，其大要本于轨候八十有一。自上元以来，推其入轨，交数多寡，以为治限，每王者受命，则居消息之中。数其前后，八十限内，或一交再交，值九值六，以灾岁去之，轨八十有一，候七十有二，灾五十有四，三者相差，当息者命始，当消者命终，命始者数前，命终者数后，数前者景长，数后者节促。如秦始皇十年甲子，前限四百八十六岁，除四百三十二，余岁五十四，益以二九，为七十二，在秦皇二十七年，分天下为三十六郡，命河为德水，铸金于咸阳之岁也。是岁始入九八，为元阴之会。其先一年庚辰，秦自命为皇帝，除谥法以主数世，是在终候，舒前而促后，以参两除之，参一为三，两三为六，参六十八，是秦二世一十八年，强主暴废之候也。汉高帝元年己亥，前限五百二十二，除四百八十六外，余岁三十六，再除四百三十二外，余岁九十，以八九除之，余岁十八，各以参两除之，阳节之尽四百三十有二，阴节之尽二百十六，古今之中会也。推而上之，武王甲申，前限四千四十，除三千九百六十九外，余岁七十一，再除四百三十二外，余岁八，阳前阴后，前八则后二十有八，各以参两除之，阳节之尽八百五十有二，阴节之尽三百三十有六。故周室之衰，在鲁隐公元年己未，距武王甲申三百三十六年，王使宰咺归惠公仲子之赗，《春秋》始作，治阴节也。周历之尽，在秦王政二十年甲戌，燕劫秦王不克，秦遂大伐燕，距武王甲申八百四十年。燕亡而后周尽，周衰而后鲁兴，周召俱废而后姬嬴分命。又十二年秦腊嘉平，大索二十日，乙酉之岁，为八百五十二年。后十二年而汉兴，闰位十三载，犹在周历阳节之界。故《春秋》之道，贵君而役臣，其所命国，虽有天下，不在正历，本天宪也。

汉历中断，在新室一年己巳。又后六年甲戌，为天凤元年，距汉高己亥二百一十六。汉历终废在季汉建兴九年，丞相亮出军祁山，败司马于卤城，杀张郃于青封，在是岁也。又三十三年汉始为晋。魏之不得为汉，犹秦之不得为周也。秦余十四，汉余三十三，合四十七，凡命历前后皆四十七，或合或分，为天人眷顾之候。晋距前限九百八十七，除九百七十二外，余十五，再除九百三十六，余五十一。前余五十一，则后余廿一。然五十一已入灾限，犹秦皇庚辰在七十一，退其二九，以足上元，当五十有三，阴节后促，其数仅得二。晋室乙酉，在五十一，退其二九，以足上元，当三十有三，其数仅得三。盖上元阴轨原余五十四，虽在消限，其实自存，阴轨六节，原加六十三，虽在长限，其实自去。故以后追前，足成七十有三，小分余五，中分三十六岁六月有奇。故余一者成二，余三者成四。以参两除之，阳节之尽百七十有八，阴节之尽四十有七。故晋室之败，在永嘉五年辛未，其先始败，在惠帝永平元年辛亥。辛亥入交二十有七，辛未入限四十有七，皆在阴节四九之末。晋历之尽，在元熙元年己未，至魏延和元年壬申，而中原之统垂尽，至魏太平三年壬午，而南北分历。故南北分历，各百七十有七，而太原兵起，天下乃一。

刘宋之篡，在义熙十四年戊午，前轨余六，再除三十六外，又余六，阴阳两节，其余各六。以参两除之，各得七十二岁，而刘宋仅得六十二者，犹典午之历距于中元，去戊午而数己未，故十五者，仅得十四，得六者仅得五也。周、隋之交，蜂蚁俱辟，尽为北国。周建德二年癸巳，距春秋中元一千二百九十六，阴阳两轨，各齐其历。然上元阴节尚余五千四，去其两节，为四九中交，余二十有六，为隋开皇元年。其先二年，周大象元年己亥，周主赟传位于太子阐，周德已衰，隋禅将作，阳节先尽，阴节次之。故两轨齐者参两其六，阴节短者参两其两。隋、唐之间三十有六，是其候也。唐兴，两节皆当交中。武德元年戊寅距中元余四十有五，贞观元年距中元余五十有四，以五十四合上元所余，为百有八，而灾限两尽，除七十二，余三十六，前限皆盈，合举下节。故轨后二十有七，以参两除之，三百二十有四，起唐贞观元年丁亥，至刘汉乾佑三年庚戌。冬十一月，汉主杀史弘肇、杨邠、王章，郭威遂反，弑汉主承佑，十二月，郭威出击辽，即位于檀州，在是岁也。是时南唐犹自为统，上举武德之九年，下举显德之六载，前后所余，合十八年，为三百四十有二，而赵宋乃作。建隆元年庚申，前轨余六十有三，后轨余十八，阴节交中，合行后段。已交则行后，未交则行前，阴后则阳前，阳前则阴后。秦晋未及四九，故行后；汉唐已及四九，故行前。赢缩相视，灾德两准，以为长短。故宋阳轨行后得十八，阴轨行前得九。以参两除之，阳节之尽二百一十六，阴节之衰一百有八。宋孝宗乾道七年春三月，金葬钦宗于巩洛之原。又六年丙申，阳节垂尽。又六年，天下始禁伪学，距宋兴二百二十年。神宗熙宁八年夏五月，荆杨两土，八月庚寅朔日蚀，秋七月太白昼见，彗星出，割河东界契丹，在是岁也，距宋兴一百十六年。其先八年始召王安石越次入对，冬，以王韶经略秦凤，而阴节始衰。参两之法，或正或互，视其阴节，交奇则举参，交耦则举两，参两之反，率余三分之一。刘宋、杨隋皆在九限，而先时未交，九六方杂，故依其阳节以为短晷。阴节之视阳节为长短，犹阳节之视阴节为前后，交法之视九六为浅深，犹除法之视奇耦为正反也。宋行阳轨后节十八，先参后两，又乃参之，其数三百二十四，阳节乃尽，在元至正甲申，故宋太后谢氏殂于燕之岁也。行阴轨前节一九，先参后两，又乃参之，其数一百六十二，在宣和四年春三月，金袭辽，辽主出走，耶律淳称帝。夏，童贯败于白沟，冬，败于燕山，在是岁也。又四年而天子遂如青城。凡视两轨，相其前后，前法参两，则后法用伍，阴阳相准，当轨之余，以命闰国。如晋前十五，后六十五，先两后参，以命闰国，得三百九十，以四九去之，为三百五十四，总得诸胡①相嬗之历。如宋后十八，前六十三，先两后参，以命闰国，得三百七十二，以四九加之，为四百有八，总得洪蒙复辟之历。如汉前三十五，后四十五，先两后参，以命闰国，得二百七十，以四九去之，为二百三十四，总得新魏再余之历。如唐后十八，前五十三，先两后参，以命闰国，为三百五十四，总得五代递主之历。阴阳损益，概可知也。

周汉而下，闻礼知政，闻乐知德，莫复能违。唯自周而前，夏、

① “诸胡”，库本作“乘除”。

殷、唐、虞，不复可考，贞图亦备言之者，贞图以甲申为武王元年而立筭，起自壬午。凡汉儒去古未远，所称十一年观兵，十三年克商，虽无信征，必有传据。克商在甲申，则观兵在壬午，犹汉高之历始己亥而受命常称乙未也。诸纬书年无实纪，周前七历亦无定稽，唯以法推甲申岁阳轨前余七十有一，则壬午岁阳轨六十有九，两轨积历，相去不殊，而夏殷损益，因之遂远。殷距上元四千四十岁而与周交，除殷历五百一十六，得三千五百二十四。以阳轨除之，三千四百八十三外，余四十一①。前轨四十一，则后轨四十。以阴轨除之，三千四百五十六外，余七十。阴节从后，阳节从前，参两之数，四百九十二，《竹书》所云殷历四百九十六是也。夏距上元三千五百二十四而与殷交，除夏历四百一十二，余三千一百一十二。以阳轨除之，三千七十八外，余三十四，前轨三十四，则后轨四十七。以阴轨除之，三千九十六外，余十六，阴节从后，阳节从前，参两之数，四百有八，《竹书》所云四百三十二是也。古书四五、一九、二三之文，最为易淆，以法揆之，前后转差不过二三十岁，断无背驰百年之理。唯阴节交中，乃用下段。其余阳节皆从前轨，所云从前从后，自举阴节四九内言之，不为支说也。

① 3524－3483＝41。

贞图纬上

	历年消长，限进廿七，限余廿三				阳节中 前限 后限		阴节中前限 后限
坤	初	辛未	周东徙洛邑		前余二十		后余一十八
	二	辛巳	曹蔡有丧		后余二十七		后余三十六
	三	辛卯	晋兵蔡有丧				
	四	辛丑	楚立君晋兵				
	五	辛亥			戊午前限		
	上	辛酉	周有大丧				
需	初	辛未	宋乱				乙亥楚侵随
	二	辛巳	陈卫有丧		甲申有大丧		
	三	壬辰	楚立君				
	四	壬寅	晋		辛亥刻桓宫		戎侵曹
	五	壬子	卫有丧				
	上	壬戌	鲁卫秦立君				
小畜	初	壬申	周兵		戊寅齐有丧		
	二	壬午					丁亥楚伐宋
	三	壬辰	卫迁				
	四	壬寅	周有大丧		乙巳败长狄		
	五	癸丑	鲁立君				
	上	癸亥			壬申献齐捷		癸亥楚入陈
同人	初	癸酉					
	二	癸未	曹乱				
	三	癸巳			己亥作三军		宋郑兵
	四	癸卯					
	五	癸丑	齐乱				
	上	癸亥			丙寅卫燕丧		
随	初	甲戌					乙亥晋有丧
	二	甲申	鲁乱		癸巳吴败楚		
	三	甲午	楚兵				
	四	甲辰	晋乱				辛亥齐有丧
	五	甲寅			庚申鲁获麟		
	上	甲子	卫乱				

续表

	历年消长，限进廿七，限余廿三				阳节中 前限 后限		阴节中 前限 后限
噬嗑	初	甲戌	秦取魏城				
	二	甲申	赵灭代		丁亥三晋乱		
	三	乙未					
	四	乙巳			甲寅聘于晋		
	五	乙卯	周有丧卫乱				癸亥秦魏兵
	上	乙丑					
无妄	初	乙亥			辛巳韩赵丧		
	二	乙酉					
	三	乙未	齐三晋立君				己亥赵兵
	四	乙巳	周有丧晋亡		戊申鲁伐齐		
	五	丙辰	越乱				
	上	丙寅			乙亥赵朝周		
大过	初	丙子					
	二	丙戌	韩楚兵				
	三	丙申	秦魏韩称王		壬寅秦攻韩		
	四	丙午	韩兵				辛亥秦立君
	五	丙辰					
	上	丙寅	赵有丧		己巳秦取垣		
离	初	丁丑	齐大兵丧				
	二	丁亥	魏兵		丙申秦破赵		燕攻赵
	三	丁酉					
	四	丁未	韩魏朝秦		乙卯秦政立		
	五	丁巳	燕兵		癸亥彗见		废太后
	上	丁卯	赵兵				
遁	初	丁丑	楚兵		庚辰始皇帝		前限十六
	二	丁亥	秦筑长城		庚寅石书下		
	三	戊戌	汉兴初年		己亥汉受命		前限三十六
	四	戊申			前限三十五		
	五	戊午	南越称帝		丁巳废少帝		
	上	戊辰					乙亥逐匈奴
家人	初	戊寅			甲申有大丧		
	二	戊子	汉讨七国				
	三	戊戌	地震				

续表

	历年消长，限进廿七，限余廿三				阳节中 前限 后限		阴节中前限 后限
	四	戊申			辛亥废皇后		谕巴蜀
	五	己未	淮南反诛				
	上	己巳	讨南越		戊寅幸河东		
损	初	己卯	匈奴大寇边				丁亥登之罘
	二	己丑	大搜上林				
	三	己亥			乙巳屯辽东		
	四	己酉	汉军救乌孙				
	五	己未					癸亥赐民爵
	上	己巳	呼韩邪款塞		壬申有大丧		
萃	初	庚辰					
	二	庚寅	京师旱		己亥冶徒乱		有陨石
	三	庚子					
	四	庚戌					
	五	庚申	乌孙来朝		丙寅始居摄		己巳后限六
	上	庚午	新篡二年		己巳前限二		乙亥新室中
革	初	庚辰			乙酉汉中兴		后限廿七
	二	庚寅	中兴六年		前限十八		
	三	辛丑	废皇后		癸巳陇右平		
	四	辛亥	却匈奴和亲		庚申立子		辛亥
	五	辛酉					
	上	辛未					
渐	初	辛巳			丁亥减笞系		
	二	辛卯					
	三	辛丑					
	四	辛亥			甲寅日南圻		
	五	壬戌	地震太原兵				癸亥丹阳崩
	上	壬申	扬州会稽兵		辛巳陇西兵		
巽	初	壬午					
	二	壬辰	地震				己亥树五侯
	三	壬寅	长沙武威兵		戊申内侍乱		
	四	壬子	捕系太学生				
	五	壬戌	大疫有孛				
	上	壬申	幽州兵		乙亥次曹阳		

续表

	历年消长，限进廿七，限余廿三			阳节中 前限 后限	阴节中 前限 后限
中孚	初	癸未			
	二	癸巳	曹魏始封	庚子魏丕立	
	三	癸卯	汉后主立	壬寅还永安	辛亥出祁山
	四	癸丑			
	五	癸亥		己巳锡司马	
	上	癸酉			
未济	初	癸未	后汉主降魏	乙酉晋始立	丁亥晋立子
	二	癸巳	晋兴九年	前限十五	晋后限二
	三	甲辰		丙申临湖开	
	四	甲寅	淮南大震陷	癸亥京师陷	
	五	甲子	晋室乱		
	上	甲戌	石胡陷诸州	戊寅东晋兴	
小过	初	甲申	晋师破越城	庚寅石赵立	
	二	甲午	石赵		己亥晋伐赵
	三	甲辰	晋丧		王导薨
	四	甲寅		丁巳符秦立	
	五	乙丑	晋丧洛阳陷		
	上	乙亥		甲申北伐	乙亥王猛卒
节	初	乙酉	秦亡姚秦立		
	二	乙未	魏败慕容燕		
	三	乙巳	南燕丧	辛亥诸寇平	
	四	乙卯	姚秦丧	庚申刘宋立	癸亥魏立君
	五	乙丑	刘宋六年	前限八	前限十二
	上	乙亥		戊寅	
旅	初	丙戌	魏诛诸沙门		丁亥
	二	丙申		乙巳宋人乱	
	三	丙午	江州兵		
	四	丙辰	魏乱	己未萧齐立	癸亥
	五	丙寅	萧齐八年	壬申齐聘魏	
	上	丙子	魏定氏为元	壬午萧梁立	前限十八
艮	初	丙戌	萧梁五年		
	二	丙申	梁淮堰坏	己亥魏停年	
	三	丁未	广陵信都兵		

续表

	历年消长，限进廿七，限余廿三				阳节中 前限 后限		阴节中 前限 后限
	四	丁巳	东魏败魏师		丙寅作浮屠		
	五	丁卯	梁纳魏降		庚午魏禅齐		乙亥梁立君
	上	丁丑	梁亡陈元年		己卯北周立		
井	初	丁亥			癸巳陈伐齐		
	二	丁酉	周灭高齐		辛丑周禅隋		后限十
	三	丁未	后梁主入隋				辛亥
	四	丁巳	隋兴十七年		庚申废子勇		
	五	戊辰	隋筑长城				
	上	戊寅	唐兴元年		丁亥太宗立		前限三十六
姤	初	戊子	出宫人				
	二	戊戌	纳武才人				
	三	戊申			甲寅立昭仪		
	四	戊午					癸亥拔百齐
	五	戊辰	彗见于五车				
	上	戊寅	武后临朝		辛巳大水		
解	初	己丑	大杀诸宗室				
	二	己亥			戊申筑三城		己亥
	三	己酉	唐复辟五年				
	四	己未					
	五	己巳			乙亥册杨妃		
	上	己卯					
明夷	初	己丑	停折冲鱼书		丙申京师陷		
	二	己亥	师溃相州		壬寅有大丧		
	三	庚戌			甲寅京师陷		辛亥蓝田陷
	四	庚申	建中元年		己巳郯侯薨		
	五	庚午					
	上	庚辰	蔡州兵				丁亥
恒	初	庚寅			丙申渭水溢		
	二	庚子	有大丧				
	三	庚戌	兴元兵				
	四	庚申	有大丧		癸亥云朔兵		安南乱
	五	辛未					
	上	辛巳			庚寅		

续表

		历年消长，限进廿七，限余廿三			阳节中 前限 后限		阴节中 前限 后限
坎	初	辛卯			庚子京师陷		己亥京师震
	二	辛丑	唐室乱				
	三	辛亥			丁巳歼宗室		
	四	辛酉	天复元年		丁卯朱梁立		
	五	辛未					乙亥晋定魏
	上	辛巳			甲申唐二年		
颐	初	壬辰	晋唐十年		丙申石晋立		
	二	壬寅	石晋七年		丁未刘汉立		辛亥
	三	壬子	郭周二年		辛亥郭周立		
	四	壬戌	宋兴三年		庚申宋室兴		前限八
	五	壬申	河决		后限十八		
	上	壬午	辽立君		戊寅		丁亥
复	初	壬辰	雨土				
	二	壬寅	灵州兵		乙巳和戎		
	三	癸丑					
	四	癸亥			壬申夏立君		癸亥寇准卒
	五	癸酉	彗见废皇后				
	上	癸未					
观	初	癸巳			己亥立周后		
	二	癸卯	有大丧立君				
	三	癸丑	行方田				
	四	癸亥	兰州兵		丙寅温公薨		
	五	甲戌	有灾				乙亥复保
	上	甲申			癸巳作宝殿		
豫	初	甲午	辽败兵师				
	二	甲辰	辽亡金立君		丙午上北狩		辛亥立祖后
	三	甲寅	南宋八年		庚申陷中原		
	四	甲子					
	五	甲戌					
	上	甲申	金复渡淮		丁亥罢兵		吴璘卒
否	初	乙未					
	二	乙巳			甲寅有丧		
	三	乙卯					癸亥

续表

	历年消长，限进廿七，限余廿三				阳节中 前限 后限		阴节中 前限 后限
	四	乙丑			丙寅元称帝		
	五	乙亥	元败金入燕		辛巳立子		
	上	乙酉	宝庆元年		甲午献金俘		
比	初	乙未	金亡泗州兵				己亥成都破
	二	乙巳			戊申元有丧		
	三	丙辰					
	四	丙寅			乙亥陷江南		
	五	丙子	宋降元				
	上	丙戌					
蒙	初	丙申			壬寅		
	二	丙午	秋震坏王宫				辛亥元有丧
	三	丙辰					
	四	丙寅			己巳有丧		
	五	丁丑	秋大震				
	上	丁亥	春大震		丙申江南定		丁亥
乾	初	丁酉					
	二	丁未					
	三	丁巳			癸亥		癸亥
	四	丁卯					
	五	丁丑					
	上	丁亥			庚寅		
乾	初	戊戌					己亥
	二	戊申			丁巳		
	三	戊午					
	四	戊辰					
	五	戊寅			甲申		乙亥
	上	戊子					
屯	初	戊戌					
	二	戊申			辛亥		辛亥
	三	己未					
	四	己巳			戊寅		
	五	己卯					丁亥
	上	己丑					

续表

	历年消长，限进廿七，限余廿三			阳节中 前限 后限	阴节中 前限 后限
师	初	己亥		乙巳	
	二	己酉			
	三	己未			癸亥
	四	己巳		壬申	
	五	庚辰			
	上	庚寅		己亥	己亥
泰	初	庚子			
	二	庚戌			
	三	庚申		丙寅	
	四	庚午			乙亥
	五	庚辰			
	上	庚寅		癸巳	
谦	初	辛丑			
	二	辛亥		庚申	辛亥
	三	辛酉			
	四	辛未			
	五	辛巳		丁亥	丁亥
	上	辛卯			
临	初	辛丑			
	二	辛亥		甲寅	
	三	壬戌			癸亥
	四	壬申		辛巳	
	五	壬午			
	上	壬辰			己亥
剥	初	壬寅		戊申	
	二	壬子			
	三	壬戌			
	四	壬申		乙亥	乙亥
	五	癸未			
	上	癸巳		壬寅	
颐	初	癸卯			
	二	癸丑			辛亥
	三	癸亥		己巳	

续表

	历年消长，限进廿七，限余廿三				阳节中 前限 后限		阴节中 前限 后限
	四	癸酉					
	五	癸未					丁亥
	上	癸巳			丙申		
坎	初	甲辰					
	二	甲寅			癸亥		癸亥
	三	甲子					
	四	甲戌					
	五	甲申			庚寅		
	上	甲午	以上三皇系				己亥
咸	初	甲辰	以下五帝系				
	二	甲寅			丁巳		
	三	乙丑					
	四	乙亥			甲申		乙亥
	五	乙酉					
	上	乙未					
晋	初	乙巳			辛亥		辛亥
	二	乙卯					
	三	乙丑					
	四	乙亥			戊寅		
	五	丙戌					丁亥
	上	丙申			乙巳		
蹇	初	丙午					
	二	丙辰					癸亥
	三	丙寅			壬申		
	四	丙子					
	五	丙戌					
	上	丙申			己亥		己亥
夬	初	丁未					
	二	丁巳			丙寅		
	三	丁卯					乙亥
	四	丁丑					
	五	丁亥			癸巳		
	上	丁酉					

续表

	历年消长，限进廿七，限余廿三				阳节中 前限 后限		阴节中 前限 后限
困	初	丁未					辛亥
	二	丁巳			庚申		
	三	戊辰	帝尧即位				
	四	戊寅			丁亥		丁亥
	五	戊子					
	上	戊戌					
震	初	戊申			甲寅		
	二	戊午					癸亥
	三	戊辰					
	四	戊寅			辛巳		
	五	己丑					
	上	己亥			戊申		己亥
丰	初	己酉	虞帝即位				
	二	己未					
	三	己巳			乙亥		乙亥
	四	己卯					
	五	己丑					
	上	己亥			壬寅		
涣	初	庚戌	夏禹陟				辛亥
	二	庚申			己巳		
	三	庚午	帝启二十年				
	四	庚辰					丁亥
	五	庚寅	帝仲康二年		丙申		
	上	庚子	帝相二年				
小过	初	庚戌					
	二	庚申			癸亥		癸亥
	三	辛未	寒浞篡夏				
	四	辛巳			庚寅		
	五	辛卯					己亥
	上	辛丑					
既济	初	辛亥	帝少康六年		丁巳		
	二	辛酉					
	三	辛未	帝杼三年				乙亥

续表

	历年消长，限进廿七，限余廿三				阳节中 前限 后限		阴节中前限 后限
	四	辛巳			甲申		
	五	壬辰	帝芬五年				
	上	壬寅			辛亥		辛亥
中孚	初	壬子					
	二	壬戌					
	三	壬申	帝芒元帝		戊寅		
	四	壬午					丁亥
	五	壬辰					
	上	壬寅			乙巳		
兑	初	癸丑					
	二	癸亥			壬申		癸亥
	三	癸酉	帝泄三年				
	四	癸未					
	五	癸巳			己亥		己亥
	上	癸卯	帝不降五年				
归妹	初	癸丑					
	二	癸亥			丙寅		
	三	甲戌					乙亥
	四	甲申			癸巳		
	五	甲午					
	上	甲辰	帝扃七年				辛亥
鼎	初	甲寅			庚申		
	二	甲子	帝廑六年				
	三	甲戌	帝孔甲六年				
	四	甲申	帝发二年		丁亥		丁亥
	五	乙未	帝桀三年				
	上	乙巳	商师取顾		甲寅		
升	初	乙卯	成汤十四年				癸亥
	二	乙丑	大旱桀乃殂				
	三	乙亥	仲壬四年		辛巳		
	四	乙酉	太甲十年				
	五	乙未	沃丁十八年				己亥
	上	乙巳	小庚六年		戊申		

续表

	历年消长，限进廿七，限余廿三				阳节中 前限 后限		阴节中 前限 后限
益	初	丙辰					
	二	丙寅	小甲十五年		乙亥		乙亥
	三	丙子	雍巳八年				
	四	丙戌	太戊五年				
	五	丙申			壬寅		
	上	丙午					辛亥
睽	初	丙辰	作寅车				
	二	丙寅			己巳		
	三	丁丑					
	四	丁亥			丙申		丁亥
	五	丁酉	太戊陟				
	上	丁未	外壬元年				
大壮	初	丁巳	河亶甲六年		癸亥		癸亥
	二	丁卯					
	三	丁丑	祖乙十七年				
	四	丁亥	祖辛七年		庚寅		
	五	戊戌	开甲四年				己亥
	上	戊申	祖丁九年		丁巳		
离	初	戊午	阳甲三年				
	二	戊辰	盘庚九年				乙亥
	三	戊寅	命邠侯亚圉		甲申		
	四	戊子	小辛元年				
	五	戊戌	小乙五年				
	上	戊申	命傅说		辛亥		辛亥
大过	初	己未					
	二	己巳			戊寅		
	三	己卯					丁亥
	四	己丑					
	五	己亥	武丁五十六年		乙巳		
	上	己酉	祖庚七年				
大畜	初	己未	祖甲六年				癸亥
	二	己巳			壬甲		
	三	庚辰	祖甲廿六年				

续表

	历年消长，限进廿七，限余廿三				阳节中 前限 后限		阴节中前限 后限
	四	庚寅	庚丁四年		己亥		己亥
	五	庚子	赐周亶父岐				
	上	庚戌					
贲	初	庚申	武乙廿七年		丙寅		
	二	庚午	文丁二年				乙亥
	三	庚辰	周伯昌元年				
	四	庚寅	帝辛元年		癸巳		
	五	辛丑					
	上	辛亥	诸侯朝周		庚申		辛亥

右纬自周室东迁，距春秋四十七年，为乾坤中分之本，与前贞杂图异者，贞杂图皆始屯，与己未俱起，则前余四十八年，益以幽王十一年为五十九岁，先一年己未，宣王崩，距后六十岁，是仲尼所叹东周也。南政除乾六十年，凡二千一百二十七年，而尽于坤，除三十六年为阴阳节候之本，则入坤六二，至上六而龙战开天，辟于重坤，为天地左旋之终始。北政除坤，始需则亢悔战疑，皆得二千一百二十七，内三十六为阳节之用，叶于阴律，内二十七为月轨之用，叶于阳节，故以六六节阴，三九节阳，阴阳之端二千九十，而圣神受命，帝王以出也。

《春秋》以南政数君，北政数运，先除六十，后除三十六，凡九十六，四分易体之一，为天方割一之始，循环四际，各交十三有五，余分不及十一，合而为两，中于乾坤，当月一交，岁十三交月，凡两食与日相直，乾坤为朔，两济为望，积余所推，而朔望互居。故世之有治乱，犹日月之有薄蚀也。日月薄蚀，不及二十有七，率差五十四分，以分起岁，以岁起日，为灾岁九六之终。故南政自乾而咸五百四十岁①系于三皇，北政自坤而遁五百四十岁系于五霸；南政自

① 60×9。

咸而过五百四十岁系于五帝，北政自遁而济五百四十岁系于七制也。西南东北各千八十岁①，皇帝之朋在于西南，霸制之朋在于东北，西北东南亦各千八十岁。王者之朋在于西北，世主之朋在于东南。西南之朋，主坎与颐，咸、剥、晋、临为辅。东北之朋，主离、大过，遁、无妄、家人、噬嗑为辅。西北之朋，主大过、离，大畜、大壮、贲、睽为辅。东南之朋，颐坎为主，复、恒、观、明夷为辅。主辅贞专，则世运以清；主辅重多，则世运以争。大争者大，小争者小。西北争大，东北争小。东北八代有十六主，西北七代有十四主，东南有两代四主，朋多则丧辅，辅多则丧主，三人则或迷，一人则得朋。西南自屯至涣十六卦，皆一君两民，专命为治，圣贤所会，帝王相继。西南东北，系于卦次，不关地也。卦次周余四分五十有四，每十三半，或合或分，当一食会。离其类者，异姓争构；未离其类者，一姓更替。以代准运，南北辉射，而得主数。故南政以乾射坤，以蒙射讼，以比射履，以否射大有，上下相较，凡二百四十三年，十有三主。北政以坤射乾，以需射屯，以小畜射师，以同人射泰，上下相较，凡二百四十三年，十有三主。东西孚济过节涣各十二主，以是推之，运世主代，略可知也。

南政左旋，北政右旋，皆自周宣王己未为始。明年庚申为幽王元年，仲尼舍幽王之庚申，用隐公之己未，明为周衰以政与鲁，去乾坤而就屯需也。算法除之，则整卦就纪实去得五十四年，于宣王己未限下六岁，为幽王乙丑，再入乾坤，是在十月之交，朔食辛卯之岁也。故《诗》际十月，即《春秋》之初限；《春秋》初限，即《尚书》之氾历。以《尚书》之氾历起《诗经》之末际，以《春秋》之初际因《尚书》之氾历，而帝王经纬，日月交食，昭然可陈也。幽王五年甲子，距上元四千三百二十年，不用为上元，所以明灾限九六之本，间用为中元，所以致干支九八之会，两者相差，即宣王己未不得正始，故仲尼两舍以用隐元。今用平王辛未元年者，特以东迁之始，整除得

① 18×60。

四十七,中揆两过,下揆重乾,革除之际,皆得本数,在赤道二至,蓍数两挂之中耳。阳节中分四十有五分,阴节中分三十六,与卦次相参,以别世代,命律召吕,而损益之事备矣。

三易洞玑卷十五

贞图经中

明两以静别两际，明两以动别两驾。驾别前后，际别上下，日月之行，年世以差，命历司中，以定厥家。日轨之驾三百一十四，四别其际，七十有八，余分五十①。月轨之驾二百九十四，四别其际，七十有三，余分五十②。各复半之，以为主策，帝王所授，世数以出。日月之行则有赢缩，寒暑之序则有前后，由二而四，由四而八，与驾相辅，以数天下，交中而后据以前，交中而前据以后。寒缩以前，暑缩以后，八表之驾，各以其数。日者一也，月者二也。一者止也，二者起也。日一之驾三十余九，其质三十有六，初中之交，进退余三。月二之驾三十余六，其质七十余三，初中之交，朓朒不乖。星辰从之，以合以开，岁执其柄而弥古不败。辰白相稽，察祥与灾。古之王者，审驾于日月而司德于金水，故载王则以宪，载国则以命。王者知命，则其德不疑；霸者知命，则其道不违。日月参两，帝王所稽命于天地也。故仲尼者，敷命之素帝也。《易》命以律，律命以《诗》，《春秋》制器，《诗》以吹之。故《诗》三百有五篇，升降以九，赢缩以二。日轨之驾三百一十四，日壮而赢，赢分以一，退与度合，为三百一十二。月轨之驾二百九十四，月虚而绌，绌

---

① $78.5\times4=314$。

② $73.5\times4=294$。

分以一，进与象合，为二百九十六。日月进退，始分与一，而终岁必倍。故道有升降，德在于至细，仁礼义智，四矩之设，以量天地，与《诗》相准，而四部分起。鬼神所执，日月下听，天地从之，而圣贤有所不治，故道至于《诗》而至矣。

咸坎之间，有帝而无其主，阴者寄也。涣过之间，有主而无其统，阳者谢也。阳谢以九，阴寄以六，六阴九阳，类血争强，八节不存，中原乃亡。故十易之半，三百有二十，周复其象，一千二百有八十①，女主阉寺二十有四②，厉族强臣三十有六③，左衽被发三十有二④。名亦有为，实不存；实亦有为，名不尊。名实外移，鸟兽乃群。圣人之治，为礼以直其内，为义以直其外。直内者知惧，知惧故不怠。直外者知戒，知戒故无悔。故法者道之辅也，度者命之矩也。法不与道争化，度不与命争遇，进退存亡，各安其居。藏之则知用，慎之则不害，安居而迁，道命乃偕。夫古之帝王未有不知命而戒者也。夏室十有七主，命历之序四百有十一，两驾初缩，去二以度，日轨交终，与缩历会，余一乃起，以月交数，与日交差，两驾之合，余三十四，据一以倍，月代日令，为十七主，四百十一。殷室三十一主，序历四百七十有六，月轨之盈余六十四，日驾从之，据倍以一，日制月令，为三十一主，四百七十有六。故天地之道，远近相取，日辉所射，不过四十，五物从之，以著以伏。赢缩之度，视于交数，交中必赢，初末必缩，南短北长，与日道衡。四揆之量，各千九十，与《诗》分章，圣人持之，而万物同方。道有不必齐，权有不必常，进退营之，不失毫芒。故周者道之至中也。

---

① 320×4＝1280。

② 4×6。

③ 4×9。

④ 4×8。

周在南中，体数永极，而两缩其端。上元甲子四千三百二十岁，置其七九，阴阳龙战，而《春秋》乃作。故《诗》者七九之候也。七九去一，是行变化，四表所纳，各如象所，退天之数，消息之端，六日七分，去其五细，以听消息。故为八十，挂一而揲之，以定轨际，为五十五；挂一而揲之，以定灾眚，为十三有九。挂一而进退之，以定世序，象始所限，退一而媾象则二百九十有六，进一而媾度则三百一十有二。圣人用之，以进退天地。故圣人之于天地，若礼之于宾主也。非独宾主，又号召之，以为祔主，以为姓氏。周在上元，日驾十三，中交之后，三十有四；月驾十四，中交之后，六十有九。日行以一，月行以倍，以为历命，三十四主，八百二十八岁，三代上下，命历之序，未有若周之明著者也。

夏殷之历，若存若灭，进日则退月，进月则退日。仲尼伤之，以为是历也，虽知无征，不足以损益，故历废于百世之上，道存于百世之下。中交既定，损益乃驾。日轨之损，极于二；月轨之益，极于三。损益参两，动五而质四。五四亦九，故易有六九七九，乘于八际，与岁消息。六日七分而损其一，五细之损，又复得九，故六九而灾，七九而灭，各半其数，与世相积。圣人用之以救，细人用之以拨，物生于所救，死于所拨，至人不杀，有道者持其末，善人守之，苞蒂不脱，故道至于易，而惠人者备矣。人生于精，死于霸。日生以精，月死以霸。生精或损，死霸或长，视魂与气，以为物总。故国有国朔，国有国望，知之如昼，不知之如梦。日月交中，万物平分，无赢与缩，视其前历，以得其服。故日轨交中，其下二十有七，月轨交中，其下五十有四，是其国主二十七世，日月相比，两协一律。日轨交初，其下二十有四，月轨交初，其下六十有九，在其后际，日轨之赢一十强五，月轨之赢强四，是其国主一十五世，三世而没，四世而灭，五世续复。日轨交初，其下六十有二，月轨交中，其上十九，是其国主一十有九，益一则二十，损二则十七，日初以损，月初以益，月终以损，日终以益，阳德则从日，阴德则从月。日轨次交，其下十三，月轨中交，其下三十，是其国主一十有三，月倍命日，一十有五，为十五主，以正月德，日月相正，以二损益，南北两纪，月行必倍，主乏岁羸，下有闰行，主羸岁乏，导其国族。故君子之于道，非信之已也。信之为性，尽以性；信之为命，至以命。不言默成，百世与程。故建之天地而正，质之鬼神而定。知道者与道偕息，不敢衡其几席，而况弛其辞色？君子之语道则不一指耳，或联或离，或衡或倚。衡者自右而左，倚者自左而右，衡者自地而天，倚者自天而地，要其名义，与历相序，居可知矣。

震衡于内，长子将作，归妹自上，道与天合，有虞受之，下距周中一千二百六十岁。丰衡于内，兑倚于外，继世始命，得于丽泽，犹有忧色，夏室受之，下距周中一千二百三十。革衡于内，困倚于外，渐震所治，其势大革，臣伐其君，以诲惭德，殷室受之，下距周中八百有三十。噬嗑衡于内，知临倚于外，刑法始具，以济教泽，雷电日月，神武不夺，周人受之，甲子明载，十月辛卯朔日食之，距于上古四千三百二十岁。故《易》之作，不于中古也，羲轩而上，犹有忧患。乾坤之交，弑夺以生。子曰："臣弑其君，子弑其父，由来者渐，非朝夕之故矣。"坤乾者，周德之衰也。周德始衰，孔丑兴嗟，日月受命，以正夷夏，二百四十年而侯王胥化，交中所慝，半于灾岁，以为大罅。故蛊者物之始礪也，随者物之始归也，物终乃蛊，物古［蛊］①乃归。天下将动，安所怀？哲人将颓，安所依？道在则不颓，法在则不

① "古"，诸本同，应作"蛊"。

萎。故天下之争限有四,让限有四,交限有四,得其道者正以济,不得其道败以厉。争限有四,颐孚两过,颐为近道,孚为近祸,小过为最小,大过为最大。自随而下,千六百四十年,天地命之,大以争大,小以争小,祸以争祸,至于颐而衰矣。让限有四,震兑巽艮,巽为让终,兑为让始,震为让起,艮为让止。自唐虞而下,二千六百四十年,天地命之,诚以为诚,色以为色,以代斧钺,以代矛戟,至于艮而衰矣。交限有四,随渐济否,随交以代,渐交以害,济交以殆,否交以败。自坤而下,二千四十年,天地命之,始半以与臣,末半以与狄,寝近寝佚,寝下寝失,至于否而衰矣。

天地之道,役右而奉左,强上而弱下,男德循左而以右,女德循右而以左,君德从左而趣右,臣德从右而趣左,数生以右,数谢以左,数治以右,数乱以左,六者天地之纪也。君子既知其序,又参纪之,衡以与衡,倚以与倚,左以与左,右以与右。故审其象序,而神物所负皆著矣。四正者,立限之准也。乾坤之立,立以内;坎离之立,立以外。乾坤一姓,坎离五主,治各存其始,乱各存其末。坎离始战,其末乃夺。夺王之雄,朝庶暮王。一树数拔,根芽不长。故观其消息,考其魂霸,以世以君,消霸长魂,而辟位之历,可得而知也。坎离之末,一象而六姓,五后十二主,窃辟虮国,又复六数,圣贤不出,不治其度,水火相抟,以灭以涸。夫其托于南首,则或以易主,或不易主。王霸交治,虽乱必武,何也?南首上也,北首下也。故争莫取下,让莫取下,立莫取下,交莫取下。踝间一寸谓之交信,交信谓之下交,下交否也,倚右大有,否则以凶,有或以吉,衡右则泰,泰又或吉,故治乱左右,或相反也。脐间一寸谓之阴交,腕交两傍谓之阴都,阴都上也,阴交下也。阴都为渐,阴交为济,渐有凶半,而济无一吉。故君子为治,倚地而本天,居阳而治阴。天一则地二,天三则地四,天五则地六,天七则地八,天九则地十,倚衡相救,其道一也。三代之治,从坤左旋,中交未济,三千二百四十年,羲轩所暨,逮于升鼎;从乾右旋,中交既济,三千二百四十年,姤井之分,通于萃革。升姤皆遇也,井鼎皆养也,而三代承之,交立争让,进退各别,君子以理其节,小人以干其列。故顺逆两数,圣人皆用之。顺以观其阳,为国为主,为年为历。逆以观其阴,为媾为敌,为寇为贼。四让四交,皆以候媾;四争四立,皆以候贼。知媾则知政,知贼则知德,知政知德,乃不惑。故圣人者,天地之所代断也。圣人不断,天地乃断之。夏十七主四百十五岁,殷三十一主四百七十六岁,文献所不断,天地日月交断之。日月有赢缩,帝王有损益,夏轨有益,殷轨有损。益轨以二,过于十七;损轨有二,不及三十有一。仲尼皆命之,然且以为无征,无征不信。甚哉!仲尼之慎也。故圣人之知,皆足以知天地,而为慎以持之。慎言不谋,慎行不图,阙之若疑,守之若愚。故剥者羁库之事,困者下台之祸也,临困下际,非正间之驾也。丰、巽、震、渐、剥、无妄、颐、大过,殷周之道,皆足以王,而犹持之。持之不发,困革乃作,或五六十年,或百二十年,乃动发之,发若雷霆,畜泽乃延,盖自相土古公而然矣。禹者,王者之至者也。禹从帝喾,传子以穆,益与周合,其后不祀。益可王则稷不可王,益可继则稷不可继。故禹为天断,以历与子,兑旅之中,二十余载,是在争限。禹传子后三十年必乱,禹不传子后三十年亦必乱。禹传子则以乱与禹,禹传益则以乱与益。大过者益之后也,嬴之为吕,非益之后也。大过之历,仅三十年,月轨始交,在其初分,日轨从之,十有五年,故其历无命主,兼号而降,十有五年,周历包之,历有正间,岁有中闰,下地上天,敝古不迁。然且萃以之上,姤以之下,邪阳破阴,集于外家,消息九分,号笑咨嗟。

故圣人之为夬姤升萃，上下失次，不得其位，非苟而已也。天地有命圣人，圣人有命天地。姤之为女后，明夷之为出主，此两者盖三千七百余年而仅遘也。知道者持之，谨其嬖御，慎其凶器，则牝鸡不喔，犬豕不肆。然且宾之，宾而又尸之，故知道者之难也。持其大，又知其细之难也。

中元以来，一千三百八十岁，而女主且出，消息之分，益十七岁为一千三百九十七岁，而女主受号，秉家之索。又八十一岁而天子播迁，负乘莫咎。又二十七岁而天子再出，于飞不食。故知道之难也。道仁以显，道用以藏，乾坤显仁，用藏其间，九六归余，三九分乘。知而藏之，谓之圣；知而用之，谓之仁。两用之间二十七岁，分象之余，以候圣人。顺而取之为正，逆而取之为定，玄黄冰霜，不违其乡。故君父虽亢，则犹之龙也；干戚虽玉，则犹之血也。日月食交，义则绝也。日月盈中，其道乃参，命历之长，该北以南。故道至于乾坤，而受命大备矣。南首之历，其道七十，日月所命，三十四主，八百四十岁。北首之历，其道六十五，日月所命，二十七主，七百八十岁。南益以一，北益以二。故南北前后，皆过八百。乾坤南首，左短而右长，左吉而右凶，左者柔也，右者强也。乾坤北首，左短而右长，左凶而右吉，左者阴也，右者阳也。阴阳左右，倚数而环，九循其周，十年之端，辰以当岁，九环则再，上之则极于草昧，下之乃究于明界。故天地之治，可以枚取也。其不可以枚取，则涵景相命，方圆参割，上下左右，并就损益，损益三极，以视两节，消息轨中，而帝王之序居然见矣。圣人无百世之治，有百世之视；无百世之政，有百世之听。自上元而降六千五百六十岁，三百二十四主，可数者二百十六，颐德以长，颐欲以亡，或促或延，四交复常，虽有乘除，不及彼民。阴民阳君，惟天之亲，阳君之龄，与德相寅。得其道，去其势，保其祚，永其位；不得其道，不去其势，不保其祚，不永其位。故阴民之穷可富，而阳君之穷可寿也。君子正位凝命于天，敬以与祈，仁以与延。夫有其道在，则不以年。尧舜于今三千八百余岁，祈之万年不？祈之万年。

右图所谓倚图也。衡、倚二图皆视日月二轨，阴阳两节，以为年世之候。此独举二轨言者，前后上下可相准也。日月二轨，生于大象，余差每岁得十三辰九分三厘三毫三丝，六十岁周积余八百三十六。以五因之，为三百岁，积余四千一百八十，在易象外余辰八十四，以六除之，为二百九十四岁，而与象会。以十四进之，为三百十四岁，而与数会。与数会者主日，为日驾三百一十四。与象会者主月，为月驾二百九十四。消长各二，本差一分。凡于十三辰九分三厘三毫三丝内减一分，则二百九十六年而与象会，益一分，则三百一十四年而与数会。凡损益一分，而消长二年也。镇星五十九年二周，合日者五十七，以五乘之，为二百九十五，而会于月轨，消长一数。荧惑七十九年四十二周，合日者七十四，以四乘之，为三百一十六，而会于日轨，消长二数。故以三百一十五为日轨之中，一拆之为一百五十七半，在一百五十八年夏至，而分日轨之际；再拆之为七十八年秋分，为上下际之中；又拆之为三十九年谷雨，为上下初末际之中。初末际间，凡十八年，不在中限，月轨二百九十五，四拆中际，则亦犹是也。两驾相栝，以月除日，犹之象限，飞伏互命，多寡权除，以为数中，帝王世历，皆于此出。

日驾数一，月驾数二，参两日月，与两节比。上元前除四千三百七十四，逆数三代，周得三百三十四，殷得五百一十六，夏得四百有一。除夏入交后一千二百五十一，交前三千一百二十三，以日轨除之，末限十七，得十有七主，以月驾除之，在末限无余。故《竹书》、世史称夏十七世，并词无异也。除殷入交后八百五十，交前三千五百二十四，以日轨除之，末限三十一，得三十一主，以月驾除之，在末限二十八，故简三十一主，中存二十八，外丙、仲壬、小庚、沃甲、阳甲、廪辛之间，或有进退也。除周入交后三百三十四，交前四千四十，以日轨除之，在中末限三十六，得三十六主，以月驾除之，在中末限四十二，半余三十一，半正拆得三十六主。自周烈王至显王戊子岁，遂致文武之胙于秦。故慎靓王、赧及东西君，皆在胙外，只当周成三十一主也。汉高帝己亥，距上元四千八百九十六。入关岁在乙未，距上元四千八百九十二，中前赢二十五，合蜀汉得二十五主。以月驾除之，余二十七，半与己亥会，合少帝、昌邑、后主皆未成君，拆除乙未，则为二十一主，简康陵、怀陵、静陵亦未成主也。世祖建元乙酉，距上元五千一百二十二，以月驾除之，亦二十四，通于前会。晋武帝乙酉，距上元五千三百六十二，除初前限，余十五主，二十五分，与月驾齐轨。刘宋距上元五千五百一十七，在月驾中际，余五，不当日德，为月闰五主，自萧齐而下无称焉。魏大武癸亥，视刘宋庚申差三岁，得五千五百二十，在月驾中际，余八，凡八主而为高齐所裂。魏自联晋系，不后江南也。隋开皇辛丑，五千六百七十八上下，不得命历，惟先四年丁酉，周灭齐，距魏始光元年甲子一百五十四岁，实承魏统。凡北统三十岁，有历无主，龙门《元经》，所终于陈亡也。陈亡距上元五千六百八十六，尚余五主，合帝侑帝侗以入于唐。唐武德戊寅，距上元五千七百一十五，在月驾中，前十八主，七十五分，至昭宗而尽。贞观丁亥，再如一九，定年而不定世。故两节定年，两驾定世。定年者有阴阳殊合，以别前后；定世者有日月交除，以命多寡。从天者主阳而从日，从地者主阴而从月，亦各从其类也。阳多则从阴，阴多则从阳，阳少以一，阴多以倍，亦各寡以为贵也。阳止则从阴，阴止则从阳，外止以内，内止以外，各八以为界也。

宋建隆距上元六千五十七，日驾外余二十六，内余十三，二十五月驾，内余三十二，外余四，阳一而阴倍，去外而从内，约自宝祐、开庆之间，至元命统、景定而下，亦不足称也。元自斡难河称命，距上元六千三百有三，末限且尽，日驾二十三，余十六，月驾二十二，余十四，致和、天历之间，不成主者二，实自太祖至顺宗得十四主，以太宗阔台己丑之元实之，距上元六千三百二十六，日驾内七，月驾内九，亦自泰定之年，上下约之，全盛者只得八主也。日月差除，进退之间，存亡以生，阳饶阴乏，日赢月绌，象成数交，六者相除，而帝王屈伸，举可知矣。凡历屈伸，详观八限，上中下中，中前中后，初前初后，终前终后，二至二分，四立之所顾命。然后合爻，彼此相取，得其分数，以得兄弟父子代谢、修短、舒骤之故。自上元乾始再周，至子会坤乾之中，得六千五百六十一岁，灾岁满八十一，积余及十三岁半而子午重直，凡六千五百六十岁，三百二十四主，三分损益，可数者二百十六主。唐虞而上，羲轩而下，约得十五主，一主之策，约视月策，月策两气，岁积余闰。既探月策，以闰策去之，乃得主策，俱见前篇。

贞图纬中

	历年		太限五十四 少限四十八	日驾　八限	月驾　八限
乾	上	己未	宣王崩，幽王立	辛酉中后	
	五	己巳	庚午，幽王弑平王兴		
	四	己卯			庚辰中后
	三	己丑			
	二	己亥		庚子末前	
	初	己酉	壬子少消，戊午太消，鲁惠公薨		丁已末前
蒙	上	己未	辛酉，平王崩，恒王立		
	五	己巳			
	四	己卯	甲申，桓王崩，庄王立	己卯末限	
	三	己丑			癸巳末限
	二	己亥	辛丑少消，庚子，釐王立		
	初	己酉	癸丑太消，乙巳，惠王立		
比	上	己未		己未初限	
	五	己巳	惠王崩，襄王立		庚午初限
	四	己卯	庚寅少消		
	三	己丑		戊戌初前	
	二	己亥	戊申太消，壬寅，顷王立		丁未初前
	初	己酉	匡王立，乙卯，定王立		
否	上	己未			
	五	己巳	乙亥，定王崩，简王立	丁丑中限	
	四	己卯	少消		甲申中限

续表

	历年		太限五十四 少限四十八		日驾　八限	月驾　八限
	三	己丑	简王崩，灵王立			
	二	己亥	癸卯太消			
	初	己酉	丙辰，灵王崩，景王立		丙申中前	
豫	上	己未	戊辰少消			庚酉中前
	五	己巳				
	四	己卯	辛巳，景王崩，敬王立			
	三	己丑	戊戌太消		丙申中限	丁酉中限
	二	己亥				
	初	己酉	丁巳少消			
观	上	己未	乙丑，敬王崩，元王立			
	五	己巳	壬申，元王崩，定王立		乙亥中后	甲戌中后
	四	己卯				
	三	己丑	癸巳太消			
	二	己亥	丙午少消，庚子，考王立			
	初	己酉	乙卯，考王崩，威烈王立		甲寅末前	辛亥末前
复	上	己未				
	五	己巳				
	四	己卯	戊子太消，庚辰，安王立			丁亥末限
	三	己丑	乙未少消		癸巳末限	
	二	己亥	乙巳，安王崩，烈王立			
	初	己酉	壬子，烈王崩，显王立			
颐	上	己未				甲子初限

续表

卦	历年		太限五十四 / 少限四十八	日驾　八限	月驾　八限
	五	己巳		癸酉初限	
	四	己卯	癸未太消,甲申少消		
	三	己丑			
坎	二	己亥	庚子,显王崩,慎靓王立		辛丑初前
	初	己酉	丁亥,赧王立	壬子初前	
	上	己未			
	五	己巳	癸酉少消,戊寅太消		戊寅中限
	四	己卯			
	三	己丑		辛卯中限	
恒	二	己亥	乙巳,赧王薨		
	初	己酉	壬子,秦弑东周君		甲寅中前
	上	己未	壬戌少消		
	五	己巳	癸酉太消	庚午中前	
	四	己卯	庚辰,秦始为皇帝		
	三	己丑	辛卯,始皇帝崩		辛卯中限
明夷	二	己亥	汉高祖兴,丙午崩		
	初	己酉	辛亥少消,癸丑,惠帝崩	庚戌中限	
	上	己未	戊辰太消,壬戌,文帝立		戊辰中后
	五	己巳			
	四	己卯	甲申,文帝崩,景帝立		
	三	己丑		己丑中后	
解	二	己亥	庚子少消,辛丑,武帝立		乙巳末前
	初	己酉			
	上	己未	癸亥太消	戊辰末前	
	五	己巳			
	四	己卯			辛巳末限
	三	己丑	少消,甲午,武帝崩		
	二	己亥	丁未,昭帝崩,宣帝立	丁未末限	

续表

	历年		太限五十四 少限四十八		日驾　八限	月驾　八限
	初	己酉	戊午太消			戊午初限
姤	上	己未				
	五	己巳	戊寅少消，癸酉，元帝立			
	四	己卯	戊子，元帝崩，成帝立		丁亥初限	
	三	己丑				乙未初前
	二	己亥				
	初	己酉	癸酉太消，甲寅，成帝崩			
井	上	己未	丁卯少消，庚申，哀帝崩		丙寅初前	
	五	己巳	乙丑，弑平帝			壬申中限
	四	己卯	癸未，莽诛。乙酉，世祖兴			
	三	己丑				
	二	己亥	戊申太消		乙巳中限	
	初	己酉	丙辰少消，丁巳，世祖崩			己酉中前
艮	上	己未				
	五	己巳	乙亥，明帝崩，章帝立			
	四	己卯	戊子，章帝崩，和帝立		甲申中前	丙戌中限
	三	己丑				
	二	己亥	癸卯太消，乙巳少消，和帝崩			
	初	己酉	丙午，殇帝崩			
旅	上	己未	乙丑，安帝崩，顺帝立		甲子中限	癸亥中后
	五	己巳				
	四	己卯	甲申乙酉丙戌，顺冲质帝崩			

续表

	历年		太限五十四		日驾　八限	月驾　八限
			少限四十八			
	三	己丑	甲午少消,戊戌太消			
	二	己亥	丁未,桓帝崩,灵帝立		癸卯中后	庚子后前
	初	己酉				
节	上	己未				
	五	己巳	灵帝崩,献帝立			丙子末限
	四	己卯	癸未少消		壬午末前	
	三	己丑	癸巳太消			
	二	己亥	庚子,帝逊位于曹丕			
	初	己酉	癸卯,昭烈崩			癸丑初限
小过	上	己未	丙午,魏主丕薨 己未,魏主叡薨		辛酉末限	
	五	己巳	壬申少消,甲戌,废主芳			
	四	己卯	戊子太消,庚辰,弑主髦			
	三	己丑	乙酉,晋兴			庚寅初前
	二	己亥			辛丑初限	
	初	己酉	庚戌,武帝崩,惠帝立			
既济	上	己未	辛酉少消,丙寅,惠帝殂			丁卯中限
	五	己巳	辛未,丙子,怀愍北狩晋东			
	四	己卯	癸未太消,戊寅,明帝立		庚辰初前	
	三	己丑	乙酉,成帝立			
	二	己亥	壬寅,康帝立。甲辰,穆帝立			癸卯中前
	初	己酉	庚戌少消			

续表

	历年		太限五十四 少限四十八		日驾 八限	月驾 八限
中孚	上	己未	辛酉，哀帝立。乙丑，帝奕立		己未中限	
	五	己巳	戊寅太消，庚午，简文立			
	四	己卯	辛未，武帝立			庚辰中后
	三	己丑	丙申，武帝崩，安帝立		戊戌中前	
	二	己亥	少消			
	初	己酉	戊午，弑安帝			丁巳中后
巽	上	己未	庚申，废恭帝，宋武帝立 魏太武立			
	五	己巳	癸酉太消，甲子，宋文帝立		戊寅中限	
	四	己卯				
	三	己丑	戊戌少消，辛卯癸巳，魏弑宋君			甲午后前
	二	己亥	魏文成立 宋孝武立			
	初	己酉	丁巳，魏文帝立		丁巳中后	
渐	上	己未	戊辰太消，己未，萧齐立			
	五	己巳	壬戌，齐武帝立			庚午末限
	四	己卯	丁亥少消，甲戌，齐明立帝			
	三	己丑	己卯，魏宣武立		丙申末前	
	二	己亥	壬午，萧梁立			丁未初限
	初	己酉	乙未，魏孝明立			
革	上	己未	癸亥太消			
	五	己巳	丙子少消，己巳，梁武帝殂		乙亥末限	

续表

	历年		太限五十四 少限四十八	日驾　八限	月驾　八限
	四	己卯	陈主霸先殂,周主毓立		甲申初前
	三	己丑			
	二	己亥	辛丑,周主阐禅于隋		
	初	己酉	戊午太消,隋灭陈	乙卯初限	
萃	上	己未	乙丑少消,炀帝立		辛酉中限
	五	己巳	戊寅,唐兴		
	四	己卯	丁亥,太宗立		
	三	己丑		甲午初前	丁酉中前
	二	己亥	己酉,太宗崩		
	初	己酉	癸丑太消,甲寅少消,庚戌,高宗立		
损	上	己未			
	五	己巳		癸酉中限	甲戌中限
	四	己卯	癸未,高宗崩,中宗立		
	三	己丑	庚寅,武氏改命		
	二	己亥	癸卯少消,戊申太消,乙巳,复辟		
	初	己酉	庚戌,中宗弑睿宗立。癸丑,玄宗立	壬子中前	辛亥中后
家人	上	己未			
	五	己巳			
	四	己卯			戊子末前
	三	己丑	壬辰少消,丁酉,肃宗立	壬辰中限	
	二	己亥	癸卯太消,壬寅,代宗立		
	初	己酉			

续表

	历年		太限五十四 少限四十八		日驾　八限	月驾　八限
遁	上	己未	代宗崩，德宗立			甲子末限
	五	己巳			辛未中后	
	四	己卯	辛巳少消，乙酉，德顺崩，宪宗立			
	三	己丑	戊戌太消			
	二	己亥	庚子，宪宗暴崩，穆宗立			辛丑初限
	初	己酉	甲辰，敬宗立		庚戌末前	
离	上	己未	丙午，文宗立			
	五	己巳	庚午少消，庚申，武宗立			戊寅初前
	四	己卯	丙寅，宣宗立			
	三	己丑	癸巳太消，己卯，懿宗立		己丑末限	
	二	己亥	癸巳，僖宗立			
	初	己酉	昭宗立			乙卯中限
大过	上	己未	少消，乙丑，昭宣帝立			
	五	己巳	丁卯，朱梁立		己巳初限	
	四	己卯	戊子太消，癸未，晋主立			
	三	己丑	梁亡			辛卯中前
	二	己亥	戊申少消，丙申，石晋立		戊申初前	
	初	己酉	丁未，刘汉立			
无妄	上	己未	辛亥，郭周立			戊辰中限
	五	己巳	庚申，赵宋立			
	四	己卯	癸未太消，丙子，太宗立		丁亥中限	
	三	己丑	丁酉少消，真宗立			

续表

	历年		太限五十四 少限四十八		日驾　八限	月驾　八限
	二	己亥				乙巳中后
	初	己酉				
噬嗑	上	己未	壬戌，仁宗立		丙寅中前	
	五	己巳	戊寅太消			
	四	己卯	丙戌少消			壬午末前
	三	己丑				
	二	己亥	癸卯，英宗立。戊申，神宗立		丙午中限	
	初	己酉				戊午末限
随	上	己未	乙丑，哲宗立			
	五	己巳	癸酉太消，乙亥少消			
	四	己卯	庚辰，徽宗立		乙酉中后	
	三	己丑				乙未初限
	二	己亥	丙午，徽钦北狩。丁未，高宗立			
	初	己酉				
同人	上	己未	甲子少消，戊辰太消		甲子末前	
	五	己巳				壬申初前
	四	己卯	壬午，高宗禅孝宗立			
	三	己丑				
	二	己亥			癸卯末限	己酉中限
	初	己酉	癸丑少消，乙酉，孝宗禅光宗立			
小畜	上	己未	癸亥太消，甲寅，宁宗立			
	五	己巳	丙寅，元主立			

续表

	历年		太限五十四 少限四十八		日驾　八限	月驾　八限
	四	己卯	乙酉,理宗立		癸未初限	乙酉中前
	三	己丑	元太宗立			
	二	己亥	壬寅少消,戊申太消 丙午,元主贵由立			
	初	己酉	辛亥,元主蒙哥立			
需	上	己未	元世祖立。甲子,度宗立		壬戌初前	壬戌中限
	五	己巳				
	四	己卯	宋亡			
	三	己丑	辛卯少消,甲午,元世祖崩			
	二	己亥	癸卯太消,丁未,元成宗崩		辛丑中限	己亥中后
	初	己酉	辛亥,元武宗崩			
坤	上	己未	庚申,仁宗崩。癸亥,元英宗弑			
	五	己巳	戊辰,泰定帝崩。癸酉,宁宗崩			丙子末前
	四	己卯	庚辰少消		庚辰中前	
	三	己丑	戊戌太消			
	二	己亥				
	初	己酉				壬子末限
乾	上	己未			庚申中限	
	五	己巳	少消			
	四	己卯				
	三	己丑	癸巳太消			己丑初限
	二	己亥			己亥中后	

续表

	历年		太限五十四		日驾　八限	月驾　八限
			少限四十八			
	初	己酉	戊午少消			
屯	上	己未				丙寅初前
	五	己巳			戊寅末前	
	四	己卯	戊子太消			
	三	己丑				
	二	己亥	丁未少消			癸卯中限
	初	己酉			丁巳末限	
师	上	己未				
	五	己巳				
	四	己卯	癸未太消			己卯中前
	三	己丑	丙申少消		丁酉初限	
	二	己亥				
	初	己酉				
泰	上	己未				丙寅中限
	五	己巳	戊寅太消		丙子初前	
	四	己卯	乙酉少消			
	三	己丑				
	二	己亥				癸卯中后
	初	己酉			乙卯中限	
谦	上	己未				
	五	己巳	癸酉太消，甲戌少消			
	四	己卯				庚辰末前

续表

	历年		太限五十四 少限四十八		日驾 八限	月驾 八限
	三	己丑			甲午中前	
	二	己亥				
	初	己酉				丙辰末限
临	上	己未	癸亥少消,戊辰太消			
	五	己巳			甲戌中限	
	四	己卯				
	三	己丑				癸巳初限
	二	己亥				
	初	己酉	壬子少消		癸丑中后	
剥	上	己未	癸亥太消			
	五	己巳				庚午初前
	四	己卯				
	三	己丑			壬辰末前	
	二	己亥	辛丑少消			丁未中限
	初	己酉	戊午太消			
颐	上	己未				
	五	己巳			辛未末限	
	四	己卯				癸未中前
	三	己丑	庚寅少消			
	二	己亥				
	初	己酉	癸丑太消		辛亥初限	

续表

	历年		太限五十四 少限四十八		日驾　八限	月驾　八限
坎	上	己未				庚申中限
	五	己巳				
	四	己卯	少消			
	三	己丑			庚寅初前	丁酉中后
	二	己亥	戊申太消			
	初	己酉				
咸	上	己未	戊辰少消			
	五	己巳			己巳中限	甲戌末前
	四	己卯				
	三	己丑				
	二	己亥	癸卯太消		戊申中前	
	初	己酉	丁巳少消			庚戌末限
晋	上	己未				
	五	己巳				
	四	己卯			戊子中限	丁亥初限
	三	己丑	戊戌太消			
	二	己亥	丙午少消			
	初	己酉				
蹇	上	己未			丁卯中后	甲子初前
	五	己巳				
	四	己卯				
	三	己丑	乙未少消,癸巳太消			

续表

	历年		太限五十四 少限四十八		日驾　八限	月驾　八限
	二	己亥			丙午末前	辛丑中限
	初	己酉				
夬	上	己未				
	五	己巳				丁丑中前
	四	己卯	甲申少消，戊子太消		乙酉末限	
	三	己丑				
	二	己亥				
	初	己酉				甲寅中限
困	上	己未	戊辰，有唐立		乙丑初限	
	五	己巳	癸酉少消			
	四	己卯	癸未太消			
	三	己丑				辛卯中后
	二	己亥			甲辰初前	
	初	己酉				
震	上	己未	壬戌少消			戊辰末前
	五	己巳	戊寅太消			
	四	己卯			癸未中限	
	三	己丑				
	二	己亥				甲辰末限
	初	己酉	辛亥少消，己酉，有虞立			
丰	上	己未			壬戌中前	
	五	己巳	癸酉太消			

续表

	历年		太限五十四 少限四十八		日驾　八限	月驾　八限
	四	己卯				辛巳初限
	三	己丑				
	二	己亥	庚子少消，壬寅，夏禹立		壬寅中限	
	初	己酉	壬子，帝启立			戊午初前
涣	上	己未	戊辰太消			
	五	己巳				
	四	己卯	癸未，帝太康立		辛巳中后	
	三	己丑	少消，仲康立。戊戌，帝相立			乙未中限
	二	己亥				
	初	己酉				
小过	上	己未	癸亥太消，乙丑，寒浞篡		庚申末前	
	五	己巳	戊寅少消			辛未中前
	四	己卯				
	三	己丑				
	二	己亥	丙午，帝少康立		己亥末限	戊申中限
	初	己酉	戊午太消			
未济	上	己未	丁卯少消			
	五	己巳	帝杼立			
	四	己卯	戊子，帝芬立		己卯初限	乙酉中后
	三	己丑				
	二	己亥				
	初	己酉	癸丑太消，丙辰少消		戊午初前	

续表

	历年		太限五十四 少限四十八		日驾　八限	月驾　八限
中孚	上	己未				壬戌末前
	五	己巳	壬申，帝芒立			
	四	己卯				
	三	己丑			丁酉中限	戊戌末限
	二	己亥	乙巳少消，戊申太消			
	初	己酉				
兑	上	己未				
	五	己巳	辛未，帝泄立		丙子中前	乙亥初限
	四	己卯				
	三	己丑	甲午少消			
	二	己亥	癸卯太消，帝不降立			
	初	己酉			丙辰中限	壬子初前
归妹	上	己未				
	五	己巳				
	四	己卯	癸未少消			
	三	己丑	戊戌太消，戊戌，帝扃立		乙未中后	己丑中限
	二	己亥				
	初	己酉				
鼎	上	己未	帝廑立			乙丑中前
	五	己巳	壬申少消，帝孔甲立		甲戌末前	
	四	己卯	癸未，帝发立			
	三	己丑	癸巳太消，帝桀立			

续表

	历年		太限五十四 少限四十八		日驾　八限	月驾　八限
	二	己亥	壬寅,殷汤立			壬寅中限
	初	己酉			癸丑末限	
升	上	己未	辛酉少消,壬申,仲壬立			
	五	己巳	戊寅太消,丙子,太甲立			
	四	己卯	戊子,沃丁立			己卯中后
	三	己丑			癸巳初限	
	二	己亥	丁未,小庚立			
	初	己酉	庚戌少消,壬子,小甲立			丙辰末前
益	上	己未				
	五	己巳	癸酉太消,己巳,雍己立		壬申初前	
	四	己卯	壬子,太戊立			
	三	己丑				壬辰末限
	二	己亥	少消			
	初	己酉			辛亥中限	
睽	上	己未	戊辰太消			
	五	己巳				己巳初限
	四	己卯	戊子少消			
	三	己丑	戊戌,仲丁立		庚寅中前	
	二	己亥	丁未,外壬立			丙午初前
	初	己酉	壬子,河亶甲立			
大壮	上	己未	癸亥太消,辛酉,祖乙立			
	五	己巳	丁丑少消		庚午中限	

续表

	历年		太限五十四 少限四十八		日驾　八限	月驾　八限
	四	己卯	辛巳,祖辛立。乙未,开甲立			癸未中限
	三	己丑	庚子,祖丁立			
	二	己亥	庚戌,南庚立			
	初	己酉	戊午太消,丙辰,阳甲立		乙酉中后	
离	上	己未	丙寅少消,庚申,盘庚立			己未中前
	五	己巳				
	四	己卯	戊子,小辛立		戊子未前	
	三	己丑	甲午,小乙立			丙申中限
	二	己亥	甲辰,武丁立			
	初	己酉	癸丑太消,乙卯少消			
大过	上	己未			丁卯未限	
	五	己巳				癸酉中后
	四	己卯				
	三	己丑				
	二	己亥	甲辰少消,戊申太消,癸卯,祖庚立		丁未初限	
	初	己酉	甲寅,祖甲立			庚戌未前
大畜	上	己未				
	五	己巳				
	四	己卯	壬午,冯辛立。丙戌,庚丁立		丙戌初前	丙戌末限
	三	己丑	癸巳少消,甲午,武乙立			
	二	己亥	癸卯太消			
	初	己酉				

续表

	历年		太限五十四 少限四十八		日驾　八限	月驾　八限
贲	上	己未			乙丑中限	癸亥初限
	五	己巳	己巳，文丁立			
	四	己卯	壬午少消，辛巳，帝乙立			
	三	己丑	戊戌太消，庚寅，帝乙崩，帝辛立			
	二	己亥			甲辰中前	庚子初前
	初	己酉				
蛊	上	己未				
	五	己巳	辛未少消，壬申，周武王立			丁丑中限
	四	己卯	甲申，克商		甲申中限	
	三	己丑	癸巳太消，辛卯，成王立			
	二	己亥				
	初	己酉				癸丑中前
大有	上	己未	庚申少消		癸亥中后	
	五	己巳	辛未，成王崩，康王立			
	四	己卯	戊子太消			
	三	己丑	丁酉，康王崩，昭王立			庚寅中限
	二	己亥			壬寅末前	
	初	己酉	少消，乙卯，昭王崩，穆王立			
履	上	己未				丁卯中后
	五	己巳				
	四	己卯	癸未太消		辛巳末限	
	三	己丑	戊戌少消			

续表

	历年		太限五十四 少限四十八		日驾　八限	月驾　八限
	二	己亥				申辰末前
	初	己酉			庚戌,穆王崩,共王立	
讼	上	己未	丙寅,懿王立		辛酉初限	
	五	己巳	戊寅太消			
	四	己卯	丁亥少消			庚辰末限
	三	己丑	庚寅,懿王崩,孝王立			
	二	己亥	孝王崩,夷王立		庚子初前	
	初	己酉	丁未,厉王立			丁巳初限
坤	上	己未				
	五	己巳	癸酉太消,丙子少消,癸酉,厉王崩			
	四	己卯			己卯中限	
	三	己丑				甲午初前
	二	己亥				
	初	己酉			戊午中前	

右纬始于宣王四十六年己未,除一周甲,下行北政,为春秋元年,自蒙而比也。其实,《春秋》始于乾元,自己未而前,宜空①五十有四;《诗经》始于甲子,自十月辛卯而前,宜空一六也。今加一周,以上溯宣王,下通明始,适在乾坤之交,退一六而命之,则《诗》与《春秋》咸得两际。故六十之退一六,为《诗》之始消;五十四之

① “空”,诸本作“灾”,殊难解,疑作“空”,和下文《诗经》“宜空一六”相对。

加一九,为《春秋》之始长。消长九六,乾坤之始务也。乾坤两家,彼此互取。幽平而前,亦得用坤;泰定而下,亦得命乾,犹先天图两仪之端,阴阳再互也。戊午之始乾未,五十有五,辛未之际春王四十有九,去一虑始,以为图蓍之体,置十虑终,以为象数之会。以八九乘,去一者为太少限际,以六七乘,不去一者为交食限际,日月两驾,出入其间,损益一分,消长二年,纳其消长,终于乾坤,而灾余生焉。参《诗》、《春秋》,始于戊午,而卦位定焉。

今以戊午始乾与坤,互宅而命卦序,则汉高己亥,始于坎之九二;吕氏癸申,中于坎之初六;未央乙丑,在于姤之"有鱼";新室癸未,在于"包"之"起凶"①;永安陨丧,存于"琐琐"②之灾;金墉播迁,传于"如何"之"鸟"③;晋宋始并,有登天之"翰音"④;太原遂兴,应"大人"之"虎变"⑤;房州帝子,逢"萃如"以兴嗟⑥;长庆阉官,值"家人"之不嗃⑦;"突如"灾死⑧,梁晋所以坐亡;"灭鼻""噬肤"⑨,徽钦所以北狩。积于坤始,长廿七年,惕龙辟天,乾德始交,又三十四年而玄黄□⑩伤,与屯同血,溯于上古。帝出乎震,而唐虞已兴;王涣厥居,而夏启以立。寒浞托于"飞鸟"之翼,杼芬衰于"济狐"之尾。鼎耳上下,见山车之垂钩;益缶中间,遇桑谷之夕萎。离有武丁之兴,蛊当牧野之会。差积灾会,又五十四年,上虚一周,以入元际,上赢则下绌,上绌则下赢。故宣之己未、平之辛未、隐之己未、惠之戊午、幽之乙丑,五者入元之所参取也。九乘蓍

---

① 参见姤九四爻"包无鱼,起凶"。

② 见旅初六"旅琐琐,斯其所取灾"。

③ 见小过初六"飞鸟以凶",象辞曰:"飞鸟以凶,不可如何也。"

④ 见中孚上九"翰音登于天,贞凶"。

⑤ 见革九五"大人虎变,未占有孚"。

⑥ 见萃六三"萃如嗟如,无攸利,往无咎,小吝。"

⑦ 见家人九三"家人嗃嗃,悔厉吉;妇子嘻嘻,终吝"。

⑧ 见离九四"突如,其来如,焚如,死如,弃如"。

⑨ 见噬嗑六二"噬肤灭鼻,无咎"。

⑩ 诸本俱缺此字。

数，仍以蓍数，益之而得《易》之大归；八乘图数，仍以图数，益之而得咸之总象。两者初数皆去一以命体，九乘蓍数，即以蓍数除之，余七者为易象之交分；八乘图数，即以图数除之，余二十九者为月法之泛象。两者初数皆合一以命用，去合之间，两消造端，前后应度，而世数以出。炎汉始兴，己亥之岁，蓍消第十二，距辛亥十三，以为主策。乙未入关之岁，图消第十一，距戊辰三十四，以十三乘之，四百四十二，以为岁策。前距癸酉二十有五，皆在周卦之内，以统主策，是在上下经际，与两驾会，参于限中，以得祚历。灾岁在前，则祚历行后；灾岁在后，则祚历行前。世祖乙酉，后历二十有四，不复加乘，则包卯金之统，在东井之会也。典午即真，在乙酉冬十二月，下距戊子仅实三数，以四名之，上距壬申一十有四，以三乘之不足，四乘之有余。晋元大兴，下距图者六，上距蓍十八，上下相乘，别为岁历，而其主策，统于前晋，虽世系云疑，而国姓无改也。晋在腰膂之中，历通上下。唐居革萃之际，历乃先行。戊寅唐兴，上距蓍消一十有四，距图消二十，图蓍相乘，而太者得世，日月两驾，俱在上限，故舍癸丑之消图，包隋炀之前历也。天水之兴，两驾可中，跨于前后，庚申正月，上距蓍消一十二年，下距图消二十四年，图蓍相乘，二百八十八年，元始称号，两驾亦在上限，四岁而承癸亥，十四岁而承癸丑，五十六岁再余百六，天下无君，而乾坤更始，日月并出，灾岁已尽，更行后限，千岁而反于唐虞之会，以阴阳两节，日月二轨，参两裁之，而世历较然也。两驾之限，率十五周而合，七周有余而两至反交，轨南者自北，轨北者反南，日行常顺，而月行有复，故月驾过二千六十岁，而阴阳反复。大率日驾自一百五十七以上皆行后，一百五十七以下皆行前；月驾自一百四十七以上皆行后，一百四十七以下亦皆行前也。周武王甲申克商，在中交后三十九，宜行前；月驾在中交前三十，宜行后。以蛊贲之七八乘之，日驾二百七十二，在幽王之六年，乙丑十月朔日辛卯辰，不辑于大火之岁也。明年，虢人灭焦，除上十年丙辰，宣王四十三年王杀大夫杜伯之岁也。月驾二百四十，在宣王十岁癸未，合除两驾五百一十三年。丙辰，周灵王崩，楚康王昭卒。明年丁巳，周景王元年卫侯衎卒，阍弑吴子余祭，是岁季札聘鲁，仲尼之生七年矣。于是天下战争，又三百十六年而秦人始帝。自武王壬申元年，月驾逆行，至辛丑三十二年，以八乘之，二百五十六，皆在《春秋》上下。故日轨之行，前顺而后逆；月轨之行，左逆而右顺。前顺而后逆者，以本驾之，行三百十四为准；左逆而右顺者，以七周之，历二千二百有五为准。七周而去三十六，则与易历会于天地之中。左逆者行前，右顺者行后，主妇之道，世配之纪也。殷汤壬寅元年，在日驾后限，逆行至乙亥二十有八。以归妹之八乘之，二百二十有四，月驾正逆行三十七。以鼎之八乘之，二百九十六，得祚五百二十，夏禹壬子元年，在日驾后限，逆行至癸卯，得十。以震之七乘之，得七十，而丧鄩灌。又三年，而寒浞遂篡。又四十年，而少康始复，月驾逆行至壬午三十一。以丰之八乘之，得二百四十八，通得一旬之岁，不及夏历。疑壬子为夏启之元，壬寅为禹王之首，帝舜宜在己酉，唐历不及百年也。

俗书称唐历甲辰，杂书称辛丑，自辛丑至戊戌五十八载，六月禹生于僰道之石纽，皆缪漏无稽，但世史俱称唐历百年，凡七十三载而舜受事，二十七载而舜受终。如《竹书》唐历戊寅，则虞历己未、夏历壬子，损益三代，多所未合矣。三代而上，若存若亡，不可臆断，远近之间，取其稍亲者耳。平王辛未而后，月皆右行，顺后日驾在中，后限逆行至壬戌十年。以坤六乘之，为鲁隐公十一年，王取邬刘蒍邘之田于郑，鲁公子翚弑逆之岁也。以乾九乘之，为周釐王元年庚子，齐侯会宋、陈、蔡、邾于北杏；冬，齐、鲁盟于柯之岁也。釐王乂五年，至于惠王，周室遂衰，齐、晋继执矣。月驾顺行亦十年，坤六倍行至己巳，惠王二十五年，齐、宋、鲁、卫、许男、曹伯、陈世子会王人于洮之岁也，是岁王崩。明年，襄王元年，乾九倍行至庚午，定王十六年秋，邾人戕鄫子于鄫；七月，楚子旅卒；冬，鲁宣公倭卒。明年，王师伐茅戎，败于徐吾，晋不能讨，而王霸之业俱衰矣。又三百七十年而终秦为周余，不在两驾。汉兴，日驾在后限，逆行至辛未，二十九年，以坎之七乘之，二百有三年，岁在辛酉，孝平元始元年，春正月，越裳献白黑雉，颂莽安汉公之岁也。月驾顺行，至戊辰，三十，以恒之八乘之，二百四十岁，先除二十四，后余二百一十六，至蜀汉延熙三年，张嶷定越嶲郡之岁，是即魏主芳正始元年也。汉献帝之薨，于是六年矣，世祖只依前历，不自为度。日驾乙酉顺行至乙巳，廿一年，以姤之九乘之，百八十九。月驾顺行至己酉，廿五，以井之八乘之，二百，通得三百八十九，盖除舂陵之始，会于景帝之前也。晋室乙酉，日在初限，顺行十七，以至辛丑，以节之七乘之，百一十九月，亦顺行六年以至庚寅，以小过之七乘之，四十有二，合百六十一，除六得百五十六，先行小过，加六得四十八。辛未，石勒陷洛阳。其先五年丙寅，惠帝还洛阳，杀成都王颖。十一月，帝殂。明年，怀帝立，永嘉元年也。再行一倍，加三十七，而华胡耆定。唐兴戊寅，日在前限，顺行十七，至甲午，以革之八乘之，得百三十六月，亦顺行二十，至丁酉，以萃之八乘之，得百六十，合二百九十六，减八得丙寅，李克用、刘仁恭共讨全忠攻潞州之岁也。又一灾岁而赵宋氏兴，庚申日驾在前限，顺行廿八，至丁亥，以大过之八乘之，二百二十四，月驾顺行至戊辰，得九，以无妄之九乘之，八十一，合得三百有五。景定五年，理宗崩，是即元至元元年，以伯颜①为中书左相之岁也。明年为度宗咸淳元年，宋祚亦且尽矣。庚申，元世祖立。两驾三营，尽于壬戌，以需之七、小畜之九乘之，得四十八，再加灾岁，而乾坤重辟，太阴之历，反于北行。虞夏商周，前后之轨，举可知也。

① “伯颜”，库本作“巴延”。

三易洞玑卷十六

贞图经下

夫道至于象数而备矣，考耀甄异，则必于其余始乎？余始生曜霸，曜霸生祲积。祲积治末，以司过恶；神物考绩，则终其服。故大象余始，是生荧惑；大数余始，是生岁德；象数相交，伸绌其端，是生镇星。大象余始二百七十强七，乘以八十而去五积，故四十二周而缩五历。二岁之绌五百五十强四，两去象余为五百二十，荧惑乘之，以正周度，赢缩举五，七十九岁而余始更毕。大数余始五十有四，其倍一百有八，乘以八十而置两积，再反其一，以得七历，一历之余六百四十有八，两去象余为六百二十，岁德乘之，以正周度，赢缩举七，八十三岁而余始更毕。象数相距不及六十，再举象余为七十强三，乘以六十而缩其一，故两周而举一历，一历之积四千四百余十，两去象余为周数中会，镇德乘之，以正周度，赢缩举一，五十九岁而余始更毕。故两驾相次，以系辰、白，辰、白相次，以系荧、镇，岁准其中，为日月命。故岁者，数也；辰、白、荧、镇，象也。五曜之生，皆于象余，象余数始，相为标本，标本四交而日月以分，四曜交差则镇为之君。故古之天子举正于岁，考德于镇，而稽祥于惑。两驾上下，以命辰、白，礼乐饰之，而百世上下可指而示也。故仁者政之质也，信者政之核也，礼者政之色也。仁有强弱，信有近远，礼有疾速，精气相系，或著或伏，以正天下，惠而报之，违者报以祸，惠者报以福，殷周之堠，可积而望也。

周德之兴，阏逢涒滩，受其长律，岁德在于天庙，镇星在于鹑尾，荧惑之行在于河北，其辉射于河内。娄、胃、昴、毕为河涯涘，火德焚之，灾近而小，七年而起，三年而弭，不过一纪。柳、星、翼、轸为汉涯涘，首尾岁镇，礼乐所系，视其日次，以正四服，岁行七舍，至于婺女，镇行五舍，在列国之下，天津是建，以为周辅。故七岁而礼乐作，十五岁而刑戮几措，是周室之盛也。木德又兴，在于角亢，镇星长于实沈，水土之脉食于中央，火伯帅师，以匡东方，参角夹之，晋郑焉依，去其初盛，二百八十七岁，天数相追，六八之合，两而参之，为文德之始会，五其两合，而姬①步始退。故周者，木火之嬗兴也。火嬗鹑首，入井乃退，退于弧狼，秦实受之，土德所都，在于实沈。秦去其舍，而娵訾是号，于时岁德亦在鹑尾，淫于轸角，厥舍不主，乃绝其理，弃仁与信，而桀德是事。一木一火，盖十五年而闰德再世。故镇者正也，岁者遂也，正德不正，遂德不遂，火远于日，以失其界，暴道之尚，则骤奋而败。

古之圣人，观于玉衡，三统之端，五德与稽，履顺思信，贤德以为艺，专以致其道，顺以率其次，尊主而贵客，主不贸客，客不贸贼。岁阴主也，岁阳客也，镇者主也，火者客也，旅客不逆，乃敬寅日。故天子之威敬，则天下致其命；天子之威殚，则天下殚病。故星曜之道无逆，其有不竞，则为逆命，近主者以退，远主者以进，近主者晨进而夕退，远主者远退而近进。近主而不退，则近臣无尊；远主而不进，则远臣无亲。无亲则不足以亡，无尊则不足以存。君子有为近臣遗荣而存其光，为远臣遗家而亡其身，为卿相诸侯之义也。天子之进退存亡视于诸侯，诸侯之进退存亡视于天子，五曜垂鹄，以为之正。故三

① “姬”，库本作“星”。

正之始，日德不在，而诸侯于命，有道之所忌也。

汉始受命，岁在鹑尾，火在娵訾，镇在寿星，退与岁值。二月甲午，日在降娄，五纬相直，在乾巽际。其先四岁，会于实沈，秦婴衔玺，岁在参觜，不及于井，火木已强，土德已柔，柔积趣右，强积趣左，率于本数升降以为道。君子虑始，以别分至，五纬之复端而善败以几。故汉土德也，土德之复，六十更始，戊戌阳月，轸角始交，平道之间，两乙所要，汉人用之，以富其消，凡七岁有四月而东政以竟。神宫司柄，仰首于尾，树其婺女，以衡天子，又十五岁而井德始汲，王得大横，以命石起。盖四十八岁，又在降娄，土与日抟，镇星晨疾，射于轸角，而东南有反，七国俱起。故镇者主国之所治也；三七之界，土德之终始也。天子之命制于天，诸侯之命制于天子。肤敏者谦轻，豫怠者留处。谦轻之赏，赏以地；豫怠之讨，讨以地。故镇德九百六十日，一次而迁，天子三年而班瑞于群后。故镇者岳牧之表，岁者象魏之宪也。日步而右，地步而左，伸绌之中，东西易居，井鬼执柄，授于星柳，斗牛司中，以承女虚。故镇以命主，视日以移，主岁以命世，视日以移世。三辰之差，七千一百三十八岁，而岁与镇会。故镇三十周而赢一岁，岁二十一周而绌二岁，荧惑分中，以监其间，帝钺之所划界也。

君子为礼以正诸侯，为信以正天地，为仁以俟来世，永德永年，则易自治之，君子有所不事也。四七之会，有始有乱，顺者应以全，拂者应以半。土德之又兴，镇在昴毕，乙酉季夏，六月己未，日与荧惑会于鹑火，岁星发于寿星，十二岁而火又退于轸角，凡三十四岁而土退于参井，是皆所谓顺轨也。天子以礼治天下，则必以礼治其家。礼越其家，则有惑志，虽在顺轨，不顺于治。汉德既废，为易下际，二百四十一年，岁星在于星纪，日在玄枵，土还于鬼，荧惑在于娵訾，七星四司，以为鬼中。

故世穷于井，主穷于星，危非再中，五十七岁而天下大膻。故易四际每千八十，参而两之，益以三九，二至四立，岁镇所策，以据其进退也。典午而后，又百四十六载，岁星在于奎娄，日在鹑火，土还于觜。觜、鬼，日德之已薄也，其君用之，六世五十九岁，再复于觜，而天下大匽。又后二百九年，岁还于寿星，土循于东井，火在鹑火，日在鹑首，各率其行，南讹是平，日月两驾，并于轨道，皆在南服。故文事之盛极于南，武事之殷极于北。又后三百四十二岁，镇在于女中，岁在于星中，荧惑在于东井，日界箕斗，四七末倚，而揆中以为道，东南游墟，西北不交，故乱终于东南而祸始于西北。故圣人之于天道，若土之含气；天道之于圣人，若水之别味也。乾巽交行，天道积强；坤艮交行，天道积柔。日德不居，不都其乡，拂德委柔，其末必亡。亡末之数，不在于三七，则在于二九。

圣人体道以总群后，以日月为道，不以星为好恶。五德积差，孰仇孰亲，或好之以亡，或恶之以存，召好去恶，因仇与亲，夫非圣人，则寇媾争邻。故圣人者易轨以为御，日月以为驾，土以为轸，岁以为轼，疾速迟久，以服群后，以齐天下。夫欲观于四方之善败终始疑征，则五纬焉间取之矣。圣人之道，体神而藏形，遗象而取精，通定薄射，以知其经。夫既知于中积之数、位卦之序、灾祲消息之纪，而后五纬伏逆可步而取也。典午乙酉，两经将分，上下乾离，各四十有七。离咸之交，一千八十，去其六八，黄离之吉，长其二七，突如以凶，火战之堠也。火战于奎壁，始战乃退，辰星宿于氐房，昏见于西方，东西始兵，交于洛中，前后十三年，天下为戎。乙酉而后，百四十五岁，卯酉交终，八十有七，去其六十而得一交，疾惫之厉，以畜大事，土战之堠也。土战于觜参，顺轨而节短，辰星宿于鬼柳，与觜分直，不远小人，臣妾乃贼，率三十余岁而阉寺逆子纵于南北。庚申而后，百七十二岁，蹇解初交，三十有一，始正中色，天下乃息。水土相合，皆在于奎壁。木在轸角，以茂其敌，二十四载而孽子复逆，又十四载而胡煇始尽，天下之盛衰钀于损益。故天下之盛衰，祸乱所兴，使天言之则阏，使易言之则备矣。易之为言，有不言而言者七焉：以貌日月、系象纬，中交之别以生治乱，存乎四际；以道王霸、正夷夏，征嬗之故以别正变，存乎八表；以正继世、论统系，兴衰之间以理绝续，存乎六界；以明灾祲、著祸难，征近御远，使帝王知备之，存乎灾限；以定危疑、证屈伸，或贞或喜，使臣子知惧之，存乎交数；以阐年腊、勒世代、一成命，使权力不敢觊，明智有所归，存乎一轨；以揲皇人、纪王后，消息修短，配于日月，存乎两驾。易以是七者，服于天地。天地绣绘焉，衣被圣人，故圣人莫之能违也。

庚申而降，七精反始，四百有八，合于洛食，二千一百三十有八，乾坤再交，未济之终，三九所归，益四有半而乾龙始见，去其三九，及四有半，跃飞相次，草木亦蕃，万物亦变，故圣人之于天地，则无异体也。天地困于灾限，以授圣人；圣人去其沴数，以复天地。以道相藴，而万物不敝。戊申正月四日丁亥，岁在南斗，三月逆行次于牛首，镇在析木，四月逆行，以趣天王，此二者天道之至著也。荧惑之在娵訾，叶于辰星，以济以辅，此二者圣人之所不惧也。圣人之继其道，不恃道之足以取新，恃道之足以去故。壬午六月，望后己巳，岁在大火，十月乃至于析木，镇在星纪，皆顺其轨。荧惑之行，在于鹑火，金水从之，或进或复，不失其数，天下之礼度也。圣人之行，不得礼度，虽有智义，不服天下。天下之太室有二，一在娵訾，一在鹑火，而有道者皆祀之，天下之所以敬命也。故乾坤者，天地之环首也。乾距中交二千一百三十有八，益以七九之半，间而退之，跃渊而还潜；坤距中交二千一百七十有三，益以七九之半，间而退之，利地而飞大，两者天地之极中也。两者上下，余数各五，去其五分，九圭之璋，上治二千百九十一年，下治二千百九十一年，乾坤反交，则亢战异效。又四十七岁，尽坤之上六，逆而治之，坤下履霜，屯前泣血，是二者圣人之所惧也。故易逆数也，上逆而下顺，昼逆而夜顺。春秋晷半，一往一反，竖者立首，而偃者反本。自是以往，又七百岁，而夬姤剥复，各相为命。

自上元而降，二十七代帝苗裔之盛，未有盛于黄帝者也。黄帝之子，著姓者十六人，身服仁义，负五德，俎豆天下者八姓八十有七君；疏属上下，膺五位，应图箓者十六姓一百有五君；远近内外，名号自擅，尊其远裔，合于疏属者凡五百七十六君，是天地之谱牒，帝上帝之所自系也。故天子命子，以为天子，肤发爪甲，受之于天，顶踵完具，庶姓而上，则莫之敢慢也。天子而为君子，则必明于五德之务，共其天宪，施于象阙，敬授人事，晨夕无懈。天子为大人，则必明于七政之本，榄枢于心，以别人伦，以驭诸侯，礼乐政刑，行若星辰，动若风雷。天子而为圣人，则必明于治乱之故、兴衰之纪，知丧无丧，知败无败，范围曲成，时雨时霜，不用淫威，以除祸殃。故古之天子，自黄帝而上，炎宓以前，莫之或陈也，要其本于坤乾，迨于夬姤，七百二十九岁而上，帝王之数、位德之次则亦犹是矣。故象者，道之霸也；数者，道之魂也。霸死而魂生，象穷而数出，精极而神通，性尽而命合，君子修此四者，故行之百世而帝王不怪，言之百世而鬼神无害，持之一身，不逢其灾。古之圣人，有弃卜筮而知吉凶，释占玩而知祸败，行之若尸，言之若机，告之坛壝，鬼神无谋，则必由此也夫？

右图以五纬行度生于象数之余始，非象余数始能生五纬，乃象数自然，纬度迟速，与之相会也。镇星三百七十八日九分十六秒，行星十二度八十四分九十一秒，约一日平行三分三秒，计五十九年五十七合而二周天，原本象数相距之差五十有九余六分〇八毫三丝四忽，以六十乘之，为距差三千五百七十六，半加象余，积差八百三十六，为四千四百一十二。故历六十年而退一年，余二十九，每合积差七十有七微弱，每周积差二千二百有六，此即镇星五十九岁二周五十七合之数，迟留逆伏，在六十岁之内者也。荧惑七百七十九日九十二分，行星四百一十四度六十七分六十五秒，约一日平行五十三分一十八秒，计七十九年三十七合而四十二周天，原本象余，自四千九十六外，余二百七十八，与数会，以七十九乘之，为二万一千九百六十二，积差五岁，小余四十七。故进四十二周而得三十七合，合七十四会而得七十九年，赢绌虚实，各得五年。凡荧惑两岁之内绌四十四日微弱，三十七合之差，每得五百九十四微弱，损象余以倍日合，退日度以积象余，此即荧惑七十九岁四十二周七十四合之数，迟留逆伏，在八十岁之内者也。岁星三百九十八日，余八十八分，行星三十三度六十三分七十五秒，约一日平行八分四十五秒，至八十三年七十六合而七周天，原本数始，自四千三百二十外，余五十四，与数会，以八十四乘之，得四千五百三十六，退一百有八，为四千四百二十八，再退五十四，为四千三百七十四。两进一反，共得三岁，则七周八十四年之内，得退差一岁。凡十二年所余六百四十八，内退二十八，为五十二日微弱，为岁历象余之差。每周之差六百二十五，每合之差五十七余三，此即岁星八十三岁七周七十六合之数，迟留逆伏，在八十四岁之内者也。五纬迟速，积度相追，各以本数求其自合。然其赢缩，在四千九十六之外、三百三十二之内，晨夕差池，其归一也。数无差移而象有消息，故每数就皆加象余以为进退：镇星自五十九六分，外加十三余九分三厘三毫三丝；荧惑自五百五十四，内减二十七八分六厘六毫六丝；岁星自六百四十八，内减二十七余八分六厘六毫六丝，皆就象余，倍为赢缩，即月交日食始差之数。时日岁月，可相仿也。镇以二十九外赢为周而仿月，岁以十二内缩为周而仿日，荧惑以两数外赢而仿星，三者为象数相御之本。太白五百八十四日而顺逆二合，八年之中，合日者五，近顺极于三九，远逆极于五九。辰星一百一十六日而退合于日，四十六年之中，合日者一百四十五，近迟极于三六，远迟极于四六，咸先后导日，与两轨上下。故为太白以察日轨，为辰星以察两驾，观其先后，进退顺逆，以别治乱，修短之纪，五纬一也。岁镇、荧惑系于象数之余，太白、辰星系于轨驾之内，故《贞图中经》皆言轨驾，不及辰白，以辰白附日而行，轨驾难步而辰白易察也。

自《春秋》以来，灾祥之候皆言岁星，不及荧、镇。汉后稍以福与镇，以灾与荧。然荧惑之行，两岁一周，勾巳守逆，皆其常度，不应正纬，与彗孛同。观北齐、隋、唐始言喜忌，观其好恶以为恩仇，流僻之差，甚于日者。以理揆之，金水导日，疾舒非远，荧惑之行，不过两月已逾一宫，皆与轨驾前后，不足定其好恶。唯岁镇行迟，与象数相守，顺逆差池，配于德运，故《贞图》详言岁镇，略于荧惑也。古历五纬不复可稽，略存载籍，隋唐而下乃备，约其大者，五星聚三，汉高乙未五月，宋建隆丁卯三月，淳熙丙午八月。宋二百十九年间，乃有两聚，不应周汉，各尔差池。其四星之聚，有晋太元甲午十月，金、土、火、水合于氐；义熙丁未二月，火、土、金、水合于奎娄；义熙癸丑三月，木、火、土、金合于东井。三星之聚，有汉文帝后元己卯四月，水、木、火在东井；景帝元年七月，金、水、火在于张；成帝河平癸巳，土、木、火在舆鬼；晋永康元年，土、木、金聚于昴毕；永嘉六年，火、木、金聚于牛女；太元十七年，木、火上聚于亢氐，近不过二三十年，远不过二百年，求其差数，可以汇次也。古人有五纬积差相御之法，然皆以为灾沴之候，故不立长历。今考日差，率六十岁而差一分，镇星九十一岁而退半度，凡二千一百九十余年而退一十二度，复反其常；岁星三百六十五年而进十度，凡二千二百九十余年而进六十度，复反其常。积差进退，各分六限，镇星之退二度，岁星之进十度，与地周之移六度，虽有差池，而与日分同积，在四千三百八十三之内。但镇以差迟而退，岁以差疾而进，进退六限，各有加分耳。今考周武王壬午戊子克商之岁，远近难齐，唯甲申岁距惠王丙寅及今戊辰，上下较之，得十一月甲申朔初九日壬辰旁死魄，上弦后夕月在车骑、骑官、氐房之间，是日癸巳，日在牛三四度，列国之上，天津之下，至十九日壬寅丑四刻，冬至日在女五六度，辰星伏于尾、箕之间，岁星在于天庙，镇星在于鹑尾，火宿在于天毕，故曰日在斗柄，星在天鼋，月在天驷，日月星辰，皆在北维，五位三所之所由直也。

凡星辰行差，近自一年，远自一周，及一元上下，皆有疾、平、迟三差。一元之端，如距日之始；一元之末，如远日之终。距日近者，进而常疾，每三限已尽六限之度，渐迟而平，平留而退，退而常迟，至三限复尽六限之度，渐疾而合，与一元俱始。极疾极迟，皆在两元之端，上下乾坤，距其岁合，常差一倍。故武王甲申至汉祖入关之岁八百五十二年，分为二十三度之差，疾行以倍，得四十六度。以岁星常行八十三年推之，余二十二年，平行宜在胃中，疾历过四十六度，遂在参井之会也。镇星常行五十九年，凡二十四周余二十六年，平行宜在柳中，以九限退之，合退四五度，逆行在井廿余度间也。自是复三百余年，进退之行，各归平历。故河平二年甲午十月距武王甲申一千三十一年，其年十月下旬，镇星在东井，镮①辕南端，岁星在其西北尺许，荧惑在其西北二尺许，镇星贯舆鬼，岁星次之，荧惑又次之；十一月上旬，岁次荧惑，西去镇星，亦去西北遂行。以法推之，岁星当进二十八度有余，疾行以倍，得差五十七度，自十二大周外余三十五年，疾行就平，在井鬼之间；岁星当退十一度有余，疾行以倍，得差二十二度有余，自十七大周外余二十八年，退行加疾，应在柳鬼之间。盖镇星自合伏而后，疾行八十日四十分，可得八度六十五分有奇，余一百八日余，只行三分之一，故距元之前常疾，疾则不待，三限已尽六限之度矣。故因岁镇之行，以为岁镇

① “镮”，诸本同，疑作“轩”。

之限，改六立七，每限三百十三，岁星步之，至四限而疾历皆尽，余三限，自迟而逆，倍差六十七度二十七分，为岁星之差数；改六立五，每限四百三十八，镇星步之，至二限有半，而疾历皆尽，余二限有半，自迟而逆，实差一十二度八十四分，为镇星之差数。唯荧惑不与积元分差，河平二年十月在东井，十一月在鬼柳之间，是其候也。凡分中元上下，在牛、女、鬼、柳之冲，帝王命历，以为进退，周旋四七，每值限交，顺逆迟疾，祸败所兴，智者察之，不可不审也。汉时占候多差，由史书阔略，然亦后人推步，不得其法。如汉文帝后元二年己卯四月乙巳，木星初在胃中，不得遽在东井，以三限疾历稽之，后元己卯距武王甲申八百九十六年，正疾甚限，在胃昴之端，亦不得在东井。景帝元年，木星应在鹑尾，亦不在东井，浅儒俚书，以水木相溷，非汉纪之文也。自汉而后，晋太元甲午，义熙丁未、癸丑，皆得其度，无复足疑者。两德之行既定，然后可测日月之轨相，荧惑辰白，前后高下，迟疾顺逆，远近之数。篇中言七服之察治乱，不及两德三辅，有七限、五限分交之差，其道皆在交数，再见十七卷中①。

① 明刻本、郑本、库本仅十六卷，无十七卷。

贞图纬下

岁限			岁星 迟疾差二		镇星 迟疾差一		荧惑			消息限	
坤	一十		角	○ ○	参	○	箕	斗		辛未	元年
	二十		张	初疾限	亢	初疾限	娄	胃		辛巳	
	三十		井		虚		轸			辛卯	
	四十		昴		井		尾	箕		辛丑	
	五十		危		氐		壁	奎		辛亥	
	六十		箕		虚		翼	轸		辛酉	辰星限
蒙	七十		氐		井		心	尾		辛未	
	八十		翼		氐		危	室		辛巳	消辛卯
	一十		井	初疾限	危		张	翼		壬辰	
	二十		胃		井		氐	尾		壬寅	
	三十		室		氐		虚	室		壬子	
	四十		斗		危		星	张		壬戌	
讼	五十		房		井		氐	房		壬申	
	六十		轸		氐		牛	虚		壬午	岁星限
	七十		星		室		鬼	柳		壬辰	
	八十		毕		柳		角	氐		壬寅	消壬子
	一十		奎	又疾限	心		斗	女		癸丑	
	二十		女		室		井			癸亥	
比	三十		尾		柳		角	亢		癸酉	
	四十		亢		心		斗			癸未	
	五十		翼		室	又疾限	昴			癸巳	
	六十		井		星		轸	角		癸卯	荧惑限

续表

岁限			岁星 迟疾差二		镇星 迟疾差一		荧惑			消息限	
	七十		娄		尾		尾	斗		癸丑	
	八十		危		壁		奎	娄		癸亥	消癸酉
履	一十		斗	又疾限	张		翼	轸		甲戌	
	二十		氐		尾		尾	箕		甲申	
	三十		轸		壁		危	室		甲午	
	四十		柳		张		翼			甲辰	镇星限
	五十		井		尾		房	尾		甲寅	
	六十		室		奎		危	室		甲子	
否	七十		牛		张		张			甲戌	
	八十		尾		箕		氐	尾		甲申	消甲午
	一十		角	又疾限	奎		女	危		乙未	
	二十		张		翼		柳			乙巳	荧惑限
	三十		参		箕		亢	房		乙卯	
	四十		奎		娄		牛	虚		乙丑	
大有	五十		虚		翼		井			乙亥	
	六十		箕		斗		角	氐		乙酉	
	七十		亢		娄		斗	女		乙未	
	八十		翼		翼	又疾限	毕	昴		乙巳	消乙卯
	一十		井	又疾限	斗		角	亢		丙辰	
	二十		胃		胃		箕	斗		丙寅	岁星限
豫	三十		室		轸		奎	娄		丙子	
	四十		斗		斗		轸			丙戌	
	五十		房		胃		尾	斗		丙申	

续表

岁限		岁星 迟疾差二		镇星 迟疾差一		荧惑		消息限	
	六十	轸		轸		室		丙午	
	七十	星		斗		翼	轸	丙辰	
	八十	毕		昴		心	箕	丙寅	消丙子
蛊	一十	壁	又疾限	轸		虚	危	丁丑	消丁丑息戊寅
	二十	女		斗		张	翼	丁亥	辰星限
	三十	尾		昴		房	尾	丁酉	
	四十	亢		角		牛	虚	丁未	
	五十	翼		牛		星		丁巳	
	六十	奎		毕		亢	氐	丁卯	
观	七十	娄		角		斗	女	丁丑	太白限
	八十	危		女		井		丁亥	消丁酉
	一十	斗	又疾限	毕		亢	氐	戊戌	
	二十	氐		角		箕	斗	戊申	
	三十	翼		女		毕	昴	戊午	
	四十	柳		参	又疾限	角	亢	戊辰	
贲	五十	昴		亢		尾	斗	戊寅	辰星限
	六十	室		虚		娄		戊子	
	七十	斗		井		轸	角	戊戌	
	八十	尾		氐		心	箕	戊申	消戊午
	一十	角	又疾限	虚		室	壁	己未	
	二十	张		井		翼	轸	己巳	
复	三十	参		氐		氐	尾	己卯	
	四十	奎		危		危	室	己丑	

续表

岁限			岁星 迟疾差二		镇星 迟疾差一		荧惑			消息限	
	五十		女		井		翼			己亥	岁星限
	六十		尾		氐		氐	心		己酉	
	七十		亢		危		女	危		己未	
	八十		翼		井		张			己巳	消己卯
大畜	一十		井	疾在限	氐		亢	氐		庚辰	
	二十		胃		室		斗	虚		庚寅	
	三十		室		柳		井			庚子	
	四十		斗		心		角	氐		庚戌	
	五十		房		室		斗	牛		庚申	荧惑限
	六十		轸		柳		参	毕		庚午	
颐	七十		星		心		轸	角		庚辰	
	八十		毕		室	初迟限	箕	斗		庚寅	消庚子
	一十		室	疾在限	星		娄	胃		辛丑	
	二十		牛		尾		轸			辛亥	
	三十		尾		壁		尾	箕		辛酉	镇星限
	四十		角		张		壁	奎		辛未	
大过	五十		张		尾		翼	轸		辛巳	
	六十		井		壁		心	尾		辛卯	
	七十		昴		张		危	室		辛丑	
	八十		危		尾		张	翼		辛亥	消辛酉
	一十		箕	疾在限	奎		氐	尾		壬戌	荧惑限
	二十		氐		张		虚	室		壬申	
坎	三十		翼		箕		星	张		壬午	

续表

岁限			岁星 迟疾差二		镇星 迟疾差一		荧惑			消息限	
	四十		井		奎		氐	房		壬辰	
	五十		胃		翼		牛	虚		壬寅	
	六十		室		箕		鬼	柳		壬子	
	七十		斗		娄		角	氐		壬戌	
	八十		房	疾既限	翼	迟中限	斗	女		壬申	消壬午
离	一十		轸		斗		井			癸未	消甲申息乙酉
	二十		星		娄		角	亢		癸巳	
	三十		毕		翼		斗			癸卯	
	四十		奎	迟初限	斗		昴			癸丑	
	五十		女		胃		轸	角		癸亥	
	六十		尾		轸		尾	斗		癸酉	
恒	七十		亢		斗		奎	娄		癸未	
	八十		翼		胃		翼	轸		癸巳	消癸卯
	一十		井		轸		尾	箕		甲辰	辰星限
	二十		娄		斗		危	室		甲寅	
	三十		危		昴		翼			甲子	
	四十		斗	迟中限	轸		房	尾		甲戌	
大壮	五十		氐		斗		危	室		甲申	
	六十		轸		昴		张			甲午	太白限
	七十		柳		角		氐	尾		甲辰	太白限
	八十		井		牛	迟末限	女	危		甲寅	消甲子
	一十		室		毕		柳			乙丑	
	二十		牛		角		亢	房		乙亥	

续表

岁限			岁星 迟疾差二		镇星 迟疾差一		荧惑			消息限	
明夷	三十		尾		女		牛	虚		乙酉	
	四十		角	迟中限	毕		井			乙未	辰星限
	五十		张		角	留限	角	氐		乙巳	
	六十		参		女		斗	女		乙卯	
	七十		奎		参		毕	昴		乙丑	
	八十		虚		亢		角	亢		乙亥	消乙酉
睽	一十		箕		虚		箕	斗		丙戌	
	二十		亢		井		奎	娄		丙申	
	三十		翼		氐		轸			丙午	
	四十		井	迟极限	虚		尾	斗		丙辰	岁星限
	五十		胃		井		室			丙寅	
	六十		室		氐		翼	轸		丙子	
解	七十		斗		危		心	箕		丙戌	
	八十		房		井		虚	危		丙申	消丙午
	一十		轸		氐		张	翼		丁未	
	二十		星		危		房	尾		丁巳	
	三十		毕		井		牛	虚		丁卯	
	四十		壁	迟极限	氐	留限	星			丁丑	荧惑限
益	五十		女		室		亢	氐		丁亥	
	六十		尾		柳		斗	女		丁酉	
	七十		亢		心		井			丁未	
	八十		翼		室		亢	氐		丁巳	消丁卯
	一十		奎		柳		箕	斗		戊辰	

续表

岁限			岁星 迟疾差二		镇星 迟疾差一		荧惑			消息限	
	二十		娄		心		毕	昴		戊寅	镇星限
姤	三十		危		室		角	亢		戊子	
	四十		斗	留限	星		尾	斗		戊戌	
	五十		氐		尾		娄			戊申	
	六十		翼		壁		轸	角		戊午	
	七十		柳		张		心	箕		戊辰	
	八十		昴		尾		室	壁		戊寅	消戊子
升	一十		室		壁		翼	轸		己丑	消辛卯息壬辰
	二十		斗		张		氐	尾		己亥	
	三十		尾		尾	留限	危	室		己酉	
	四十		角	留限	奎		翼			己未	
	五十		张		张		氐	心		己巳	
	六十		参		箕		女	危		己卯	
井	七十		奎		奎		张			己丑	
	八十		女		翼	退限	亢	氐		己亥	消己酉
	一十		尾		箕		斗	虚		庚戌	
	二十		亢		娄		井			庚申	
	三十		翼		翼		角	氐		庚午	
	四十		井	留限	斗		斗	牛		庚辰	
鼎	五十		胃		娄		参	毕		庚寅	
	六十		室		翼		轸	角		庚子	
	七十		斗		斗		箕	斗		庚戌	
	八十		房		胃		娄	胃		庚申	消庚午

续表

岁限			岁星 迟疾差二		镇星 迟疾差一		荧惑			消息限	
	一十		轸		轸		轸			辛未	
	二十		星		斗		尾	箕		辛巳	
艮	三十		毕		胃		璧	奎		辛卯	
	四十		室	留限	轸		翼	轸		辛丑	
	五十		牛		斗		心	尾		辛亥	太白限
	六十		尾		昴	退限	危	室		辛酉	
	七十		角		轸		张	翼		辛未	
	八十		张		斗		氐	尾		辛巳	消辛卯
归妹	一十		井		昴		虚	室		壬辰	
	二十		昴		角		星	张		壬寅	辰星限
	三十		危		牛		氐	房		壬子	
	四十		箕	退限	毕		牛	虚		壬戌	
	五十		氐		角		鬼	柳		壬申	
	六十		翼		女		角	氐		壬午	
旅	七十		井		毕		斗	女		壬辰	
	八十		胃		角		井			壬寅	消壬子
	一十		室		女		角	亢		癸丑	
	二十		斗		参		斗			癸亥	岁星限
	三十		房		亢		昴			癸酉	
	四十		轸	退限	虚		轸	角		癸未	
兑	五十		星		井	退限	尾	斗		癸巳	
	六十		毕		氐		奎	娄		癸卯	
	七十		奎		虚		翼	轸		癸丑	

续表

岁限		岁星 迟疾差二		镇星 迟疾差一		荧惑		消息限	
	八十	女		井		尾	箕	癸亥	消癸酉
	一十	尾		氐		危	室	甲戌	
	二十	亢		危		翼		甲申	荧惑限
节	三十	翼		井		房	尾	甲午	
节	四十	井	退限	氐		危	室	甲辰	
节	五十	娄		危		张		甲寅	
节	六十	危		井		氐	尾	甲子	
节	七十	斗		氐		女	危	甲戌	
节	八十	氐		室		柳		甲申	消甲午
中孚	一十	轸		柳		亢	房	乙未	消戊戌息己亥
中孚	二十	柳		心		牛	虚	乙巳	
中孚	三十	井		室	退限	井		乙卯	
中孚	四十	室	退限	柳		角	氐	乙丑	
中孚	五十	牛		心		斗	女	乙亥	
中孚	六十	尾		室		毕	昴	乙酉	
小过	七十	角		星		角	亢	乙未	荧惑限
小过	八十	张		尾		箕	斗	乙巳	消乙卯
小过	一十	参		壁		奎	娄	丙辰	
小过	二十	奎		张		轸		丙寅	
小过	三十	虚		尾		尾	斗	丙子	
小过	四十	箕	退限	壁		室		丙戌	
未济	五十	亢		张		翼	轸	丙申	
未济	六十	翼		尾		心	箕	丙午	

续表

岁限			岁星 迟疾差二		镇星 迟疾差一		荧惑			消息限	
	七十		井		奎		虚	危		丙辰	岁星限
	八十		胃		张		张	翼		丙寅	消丙子
	一十		室		箕		房	尾		丁丑	
	二十		斗		奎	退限	牛	虚		丁亥	
乾	三十		房		翼		星			丁酉	
	四十		轸	退限	箕		亢	氐		丁未	
	五十		星		娄		斗	女		丁巳	
	六十		毕		翼		井			丁卯	
	七十		璧		斗		亢	氐		丁丑	辰星限
	八十		女	退中限	娄	退中限	箕	斗		丁亥	消丁酉
坤	一十		尾	退中限	翼	退中限	毕	昴		戊戌	
	二十		亢		斗		角	亢		戊申	
	三十		翼		胃		尾	斗		戊午	
	四十		奎	退限	轸		娄			戊辰	太白限
	五十		娄		斗		轸	角		戊寅	
	六十		危		胃		心	箕		戊子	
屯	七十		斗		轸	退限	室	璧		戊戌	
	八十		氐		斗		翼	轸		戊申	消戊午
	一十		翼		昴		氐	尾		己未	辰星限
	二十		柳		轸		危	室		己巳	
	三十		昴		斗		翼			己卯	
	四十		室	退限	昴		氐	心		己丑	
需	五十		斗		角		女	危		己亥	

续表

岁限		岁星 迟疾差二		镇星 迟疾差一		荧惑		消息限	
	六十	尾		牛		张		己酉	
	七十	角		毕		亢	氐	己未	
	八十	张		角		斗	虚	己巳	消己卯
	一十	参		女		井		庚辰	岁星限
	二十	奎		毕		角	氐	庚寅	
师	三十	女		角		斗	牛	庚子	
	四十	尾	退限	女		参	毕	庚戌	
	五十	亢		参		轸	角	庚申	
	六十	翼		亢	退限	箕	斗	庚午	
	七十	井		虚		娄	胃	庚辰	
	八十	胃		井		轸		庚寅	消庚子
小畜	一十	室		氐		尾	箕	辛丑	消乙巳息丙午
	二十	斗		虚		壁	奎	辛亥	
	三十	房		井		翼	轸	辛酉	
	四十	轸	退限	氐		心	尾	辛未	
	五十	星		危		危	室	辛巳	
	六十	毕		井		张	翼	辛卯	
泰	七十	室		氐		氐	尾	辛丑	镇星限
	八十	牛		危		虚	室	辛亥	消辛酉
	一十	尾		井		星	张	壬戌	
	二十	角		氐		氐	房	壬申	
	三十	张		室		牛	虚	壬午	
	四十	井	退限	柳	退限	鬼	柳	壬辰	

续表

岁限			岁星 迟疾差二		镇星 迟疾差一		荧惑			消息限	
同人	五十		昴		心		角	氐		壬寅	荧惑限
	六十		危		室		斗	女		壬子	
	七十		箕		柳		井			壬戌	
	八十		氐		心		角	亢		壬申	消壬午
	一十		翼		室		斗			癸未	
	二十		井		星		昴			癸巳	
谦	三十		胃		尾		轸	角		癸卯	
	四十		室	退限	壁		尾	斗		癸丑	
	五十		斗		张		奎	娄		癸亥	岁星限
	六十		房		尾		翼	轸		癸酉	
	七十		轸		壁		尾	箕		癸未	
	八十		星		张		危	室		癸巳	消癸卯
随	一十		毕		尾		翼			甲辰	
	二十		奎		奎		房	尾		甲寅	
	三十		女		张	退限	危	室		甲子	
	四十		尾	留限	箕		张			甲戌	
	五十		亢		奎		氐	尾		甲申	辰星限
	六十		翼		翼		女	危		甲午	
临	七十		井		箕		柳			甲辰	
	八十		娄		娄		亢	房		甲寅	消甲子
	一十		危		翼		牛	虚		乙丑	
	二十		斗		斗		井			乙亥	太白限
	三十		氐		娄		角	氐		乙酉	

续表

岁限		岁星 迟疾差二		镇星 迟疾差一		荧惑		消息限	
	四十	轸	留限	翼		斗	女	乙未	
噬嗑	五十	柳		斗		毕	昴	乙巳	
	六十	井		胃		角	亢	乙卯	
	七十	室		轸		箕	斗	乙丑	辰星限
	八十	牛		斗		奎	娄	乙亥	消乙酉
	一十	尾		胃	退限	轸		丙戌	
	二十	角		轸		尾	斗	丙申	
剥	三十	张		斗		室		丙午	
	四十	参	留限	昴		翼	轸	丙辰	
	五十	奎		轸		心	箕	丙寅	
	六十	虚		斗	留限	虚	危	丙子	
	七十	箕		昴		张	翼	丙戌	岁星限
	八十	亢		角		房	尾	丙申	消丙午
无妄	一十	翼		牛		牛	虚	丁未	消壬子息癸丑
	二十	井		毕		星		丁巳	
	三十	胃		角		亢	氐	丁卯	
	四十	室	留限	女		斗	女	丁丑	
	五十	斗		毕		井		丁亥	
	六十	房		角		亢	氐	丁酉	
颐	七十	轸		女		箕	斗	丁未	荧惑限
	八十	星		参		毕	昴	丁巳	消丁卯
	一十	毕		亢		角	亢	戊辰	
	二十	壁		虚		尾	斗	戊寅	

续表

岁限			岁星 迟疾差二		镇星 迟疾差一		荧惑			消息限	
	三十		女		井		娄			戊子	
	四十		尾	迟极限	氐		轸	角		戊戌	
大过	五十		亢		虚	留限	心	箕		戊申	镇星限
	六十		翼		井		室	壁		戊午	
	七十		奎		氐		翼	轸		戊辰	
	八十		娄		危		氐	尾		戊寅	消戊子
	一十		危		井		危	室		己丑	
	二十		斗		氐		翼			己亥	
坎	三十		氐		危		氐	心		己酉	荧惑限
	四十		翼	迟极限	井		女	危		己未	
	五十		柳		氐		张			己巳	
	六十		昴		室		亢	氐		己卯	
	七十		室		柳		斗	虚		己丑	
	八十		斗		心		井			己亥	消己酉
离	一十		尾		室		角	氐		庚戌	
	二十		角		柳		斗	牛		庚申	
	三十		张		心		参	毕		庚午	岁星限
	四十		参	迟中限	室	留末限	轸	角		庚辰	
	五十		奎		星		箕	斗		庚寅	
	六十		女		尾		娄	胃		庚子	
咸	七十		尾		壁		轸			庚戌	
	八十		亢		张		尾	箕		庚申	消庚午
	一十		翼		尾	迟初限	壁	奎		辛未	

续表

岁限			岁星 迟疾差二		镇星 迟疾差一		荧惑			消息限	
	二十		井		壁		翼	轸		辛巳	
	三十		胃		张		心	尾		辛卯	辰星限
	四十		室	迟中限	尾		危	室		辛丑	
遁	五十		斗		奎		张	翼		辛亥	
	六十		房		张		氐	尾		辛酉	
	七十		轸		箕		虚	室		辛未	
	八十		星		奎		星	张		辛巳	消辛卯
	一十		毕		翼		氐	房		壬辰	
	二十		室		箕		牛	虚		壬寅	
晋	三十		牛		娄		鬼	柳		壬子	
	四十		尾	迟初限	翼		角	氐		壬戌	
	五十		角		斗		斗	女		壬申	辰星限
	六十		张		娄		井			壬午	
	七十		井		翼		角	亢		壬辰	
	八十		昴	疾既限	斗		斗			壬寅	消壬子
家人	一十		危		胃	迟中限	昴			癸丑	
	二十		箕		轸		轸	角		癸亥	
	三十		氐		斗		尾	斗		癸酉	
	四十		翼		胃		奎	娄		癸未	消己丑息庚寅
	五十		井		轸		翼	轸		癸巳	岁星限
	六十		胃		斗		尾	箕		癸卯	
蹇	七十		室		昴		危	室		癸丑	
	八十		斗	疾在限	轸		翼			癸亥	消癸酉

续表

岁限			岁星 迟疾差二		镇星 迟疾差一		荧惑			消息限	
	一十		房		斗		房	尾		甲戌	
	二十		轸		昴		危	室		甲申	
	三十		星		角		张			甲午	
	四十		毕		牛		氐	尾		甲辰	
损	五十		奎		毕		女	危		甲寅	荧惑限
	六十		女		角		柳			甲子	
	七十		尾		女		亢	房		甲戌	
	八十		亢	疾在限	毕		牛	虚		甲申	消甲午
	一十		翼		角	迟末限	井			乙未	
	二十		井		女		角	氐		乙巳	
夬	三十		娄		参		斗	女		乙卯	镇星限
	四十		危		亢		毕	昴		乙丑	镇星限
	五十		斗		虚		角	亢		乙亥	
	六十		氐		井		箕	斗		乙酉	
	七十		轸		氐		奎	娄		乙未	
	八十		柳	疾在限	虚		轸			乙巳	消乙卯
萃	一十		井		井		尾	斗		丙辰	
	二十		室		氐		室			丙寅	荧惑限
	三十		牛		危		翼	轸		丙子	
	四十		尾		井		心	箕		丙戌	
	五十		角		氐		虚	危		丙申	
	六十		张		危		张	翼		丙午	
困	七十		参		井		房	尾		丙辰	

续表

岁限			岁星 迟疾差二		镇星 迟疾差一		荧惑			消息限	
	八十		奎	又疾限	氐		牛	虚		丙寅	消丙子
	一十		虚		室		星			丁丑	
	二十		箕		柳		亢	氐		丁亥	岁星限
	三十		亢		心		斗	女		丁酉	
	四十		翼		室		井			丁未	
革	五十		井		柳	初疾限	亢	氐		丁巳	
	六十		胃		心		箕	斗		丁卯	
	七十		室		室		毕	昴		丁丑	
	八十		斗	又疾限	星		角	亢		丁亥	消丁酉
	一十		房		尾		尾	斗		戊戌	
	二十		轸		壁		娄			戊申	辰星限
震	三十		星		张		轸	角		戊午	
	四十		毕		尾		心	箕		戊辰	
	五十		璧		壁		室	璧		戊寅	
	六十		女		张		翼	轸		戊子	
	七十		尾		尾		氐	尾		戊戌	太白限
	八十		亢	又疾限	奎		危	室		戊申	消戊午
渐	一十		翼		张		翼			己未	
	二十		奎		箕		氐	心		己巳	
	三十		娄		奎		女	危		己卯	
	四十		危		翼		张			己丑	消丙申息丁酉
	五十		斗		箕		亢	氐		己亥	
	六十		氐		娄		斗	虚		己酉	

续表

岁限			岁星 迟疾差二		镇星 迟疾差一		荧惑			消息限	
丰	七十		翼		翼		井			己未	
	八十		柳	又疾限	斗	又疾限	角	氐		己巳	消己卯
	一十		昴		娄		斗	牛		庚辰	
	二十		室		翼		参	毕		庚寅	
	三十		斗		斗			角		庚子	
	四十		尾		胃		箕	斗		庚戌	岁星限
巽	五十		角		轸		娄	胃		庚申	
	六十		张		斗		轸			庚午	
	七十		参		胃		尾	箕		庚辰	
	八十		奎	又疾限	轸		壁	奎		庚寅	消庚子
	一十		女		斗		翼	轸		辛丑	
	二十		尾		昴		心	尾		辛亥	
涣	三十		亢		轸		危	室		辛酉	
	四十		翼		斗		张	翼		辛未	荧惑限
	五十		井		昴		氐	尾		辛巳	
	六十		胃		角		虚	室		辛卯	
	七十		室		牛		星	张		辛丑	
	八十		斗	又疾限	毕		氐	房		辛亥	消辛酉
中孚	一十		房		角		牛	虚		壬戌	
	二十		轸		女		鬼	柳		壬申	镇星限
	三十		星		参	又疾限	角	氐		壬午	
	四十		毕		亢		斗	女		壬辰	
	五十		室		虚		井			壬寅	

续表

岁限			岁星 迟疾差二		镇星 迟疾差一		荧惑			消息限	
	六十		牛		井		角	亢		壬子	
小过	七十		尾		氐		斗			壬戌	
	八十		角	又疾限	虚		昴			壬申	消壬午
	一十		张		井		轸	角		癸未	
	二十		井		氐		尾	斗		癸巳	
	三十		昴		危		奎	娄		癸卯	
	四十		危		井		翼	轸		癸丑	
既济	五十		箕		氐		尾	箕		癸亥	
	六十		氐		危		危	室		癸酉	
	七十		翼		井		翼			癸未	
	八十		井	初疾限	氐		房	尾		癸巳	消癸卯
	一十		胃		室		危	室		甲辰	
	二十		室		柳		张			甲寅	
乾	三十		斗		心		氐	尾		甲子	
	四十		房		室		女	危		甲戌	
	五十		轸		柳		柳			甲申	辰星限
	六十		星		心		亢	房		甲午	
	七十		毕	初疾限	室	疾极限	牛	虚		甲辰	
	八十		奎	○ ○	星	○	井			甲寅	消甲子

右纬只举卦运之年冬至三缠之始与消长起候，未尽七精还元之数也。七精还元，以镇星为本，与火木参会，自千岁、九百四十岁、七百九岁相积而上，至五十三万一千七百四十一而还数皆尽，

赢缩始均。要其托始，皆有应舍，八方灿系，非必珠联乃为数端也。《贞图》言岁镇之差七千一百三十八，即以象差之合，去其十五，得岁星之周八十有六，镇星之周一百二十一，相距一岁，为赢缩之差，又倍为一万四千二百七十六，与象差相会，而岁、镇、荧惑，赢缩各均。唯消息之限，以理气潜行，截然在四千三百二十之内，象限六九，岁限七九，不与五纬相逐耳。故五纬循岁，有赢缩而无消长，一元循象，有消长而无赢缩，唯在岁节之限，镇星四周而绌其四，荧惑三周而绌其三，岁星三周而进其九，辰星五周而退其十，太白三十，与象偕行，大消以三，小消以五，大息以三，小息以五，上下十九。自十而上，象消以三，则太岁余六。自九以下，镇绌以四，则太岁之余十三。自十而上，象消三五，则太岁之余五五。自九而下，荧绌以三，则太岁之余十二。六七相涵，三五之中。故仲尼所定，以为物宪；五纬七元，表里之道也。

今定周平王元年辛未十一月冬至，岁星在角，镇星在参，无足复疑。唯以汉乙未较之，岁星退二宫，引以疾历，则符节炳然耳。左氏唯伶州鸠所陈，证据不谬，其余皆不尽核，而理有可稽。鲁僖公五年，岁在太梁，逾于实沈，晋重耳奔翟之岁也。后十九年，秦纳重耳，岁阳在甲申，参为申分。故董因因以辰出，以参入。辰，大辰也。大辰为卯，卯为大火，董因之言，皆指岁阳，不指岁星。重耳自蒲奔翟，岁阳在丁卯，不在丙寅，岁在实沈而适东井，出避晋乱，秦卒立之。今昔错言，而意义可辨，想董史遗言，而左氏殊录也。鲁襄公二十八年，岁在鹑尾，裨灶曰："岁弃其次，而旅于明年之次，以害鸟帑，周楚恶之。"言害鸟帑则不宜云淫玄枵，言淫玄枵则不宜云恶周楚。今双言之，似为对化，合占则皆谬也，而鸟帑不谬。他如越得岁而吴伐之，吴越同在星纪，吴辰而越巳，龙蛇之国，不问斗牛，亦指岁阳，非指岁星。盖柱下既衰，天官不治，左氏杂采诸家，疑克殷岁在戊子，以戊子历推春秋岁合，而上下四百余岁，亘然悬殊。故上参壬午，日不在斗杓，下参戊子，月不在天驷，揆以甲申，疾历从岁，而上下五纬，可按而辨也。古历简质，而岁名独艰，所以守次而难动。今干支易序而书画遂讹，虽有岁名，不复可诘。《周书》以朔朓为哉生明，上弦为旁死魄，而后人犹误指死魄即为生明。镮辕以阏逢为甲，强圉为丁，摄提格为寅，赤奋若为丑，而汉人犹欲改丁丑以为甲寅，又何怪于乙未七月无五星入井之文、丁亥《春秋》有三豕渡河之异乎？

辛未四十七年为《春秋》限，《春秋》三十四年为消息限。辛卯庄王七年夏，纪侯大去其国，岁交于参井，镇中于虚危，在蒙之六三，《易》以为取女不顺。戊寅中限，齐桓公小白卒。壬子，春，鲁文公兴卒，秦康公罃卒；夏，齐弑其君商人；冬，莒弑其君庶其，鲁襄仲杀子恶子视，岁交于壁奎，镇中于房心，在讼之九四，《春秋》之所不治，《易》亦无讥。己亥中限，鲁作三军。癸酉，春，吴公子僚弑吴子夷昧，五月丁巳朔，日食，岁交于箕斗，镇中于星张，在比之上六，《易》以为无首之凶，其凶在外国。庚申中限，西狩获麟。甲午，楚灭蔡，岁交于轸角，镇交于壁奎，在否之六三，《易》以为包羞，包羞无凶，其耻在内国。辛巳中限，三晋伐楚，韩景侯虔卒，赵烈侯藉卒。乙卯，秦败韩魏之师于洛阴，岁交于参井，镇交于箕斗，在大有之九四，《春秋》所不及治，《易》亦无讥。壬寅中限，秦取鄢，楚城广陵。丙子，秦伐齐，拔九城，韩魏会秦王于西周，岁交于壁奎，镇交于轸角，在豫之上六，《易》以为冥豫不长。癸亥，秦迁太后于雍，楚杀春申君。丁酉，楚围汉于荥阳，冬，攻睢阳、外黄，岁德、镇星皆进而交于鹑火，在观之六三，进退未失，五纬之行则于是可度也。故《易》五十四交，上下中交四八，六八而消其一。置四十七，以先八十一，为百二十八，三分易象，四分置之，为天方之始。五周其数，内外规圆，去其窕分，自天方三变而后，径数绌二，以为终始。大率天方五百一十二，极增七十六，为五百八十八，极减四十九，为四百六十三，折衷其数，为五百四十五。以五纬本数五百五十，进退求之，为帝王命历终始之运。五纬之年既不可减，八索之象又不可增，度其赢缩，在五百五十之端，余分绌二，以八乘之，与岁相逐，积分乃著，不可以岁月测耳。

今推易规，余四十七年为九道之街会，自首尾前后皆然。坤乾两交，各交四十七；咸恒两交，各交五十二。由四十七而交于五十二者，九十有九，为坎离之末限。如汉建安十八年春，复《禹贡》九州；夏五月，曹操自为魏公，加九锡，是岁秋，岁星、荧惑、太白俱入太微。又五十二岁，为晋泰始元年，晋取魏之天下，不取于汉，得为正统，故与汉为始乱。又五十二岁，为东晋建武元年，上距辛未一千八十六岁，自坎离而咸恒，入于下经，由四十七而交于五十四者一百有一，为艮震之中限。如唐大中十三年，内侍立郓王漼，中尉杀王归长。又四十七岁，为天祐三年。明年，为梁开平元年。又五十四岁，为宋建隆元年，上距辛未一千六百七十四。梁起群盗，得祚甚促，赵分其中，与诸寇攘共为始乱。四际上下二千一百三十七岁，五纬递终，酌益六十三年，酌损十七年，再举上下四十七年，而乾坤两元，为大始乱。以五纬承之，而帝王日德，常在辰白之间。唯有镇德，以日配地，为黄离之统，诸称五运生胜，有金水火木者，咸属诬谬矣。《贞图》虽亦言五运，而义取日轨，以岁辅镇，推演之法，散著诸篇。

附录:《三易洞玑》郑开极序

易以天地为师,象以万殊而备。古之人仰观俯察,见流行于上下者,无非此理,于是法阴阳而成象,法天度而成数,法五行、四象而成图,而万殊统于易矣。盖天地之理,其显者在象数,其微者在声气。言乎象,则五纬经天、八维亘地、飞潜动植、燥湿刚柔是也。言乎数,则远近高卑、九章八表、干支奇偶、规矩权度是也。言乎声,则雷动风行、水流山应、八音六律、风角鸟占是也。言乎气,则四时晦朔、五纪六节、祲煇梦寐、鬼神情状是也。所以古之人立天地之象,成天地之文,凡制器造象以利其用,推步占察以验其合,叶律候气以考其和,不言易而无非易也。盖其学在天地,故殊途而同归。后人求学古人,故执此而昧彼,不知天地与我同根,万物与我一体。善乎!邵子之言曰:“以天地视万物,则万物一物也;以道视天地,则天地亦一物也。”天地不足以尽道,故有立乎天地之先者。象数不足以尽物,故有超乎万物之表者。从其统而求之,物虽众,可执一御也;因其本而观之,义虽赜,可一举而名也。是非学穷三古,道际高深,酬酢神明,弥纶宇宙,其孰能与于此乎?石斋黄先生学穷天地,道探圣贤,知成象成形者,羲皇不易之易也,所谓先天也;错综变化者,姬孔变易之易也,所谓后天也。于是定辰枢而齐七政,抚五辰而列干支,准星象而作爻辞,法躔度而成策数,而易行乎天象矣;辨迟速而推朔望,察八表以知寒暑,审运气以验乖和,详岁差以原终始,而易著乎流行矣。天有九野,本于中星;地有分枢,本乎星度。天汉别江河之道，江河汇八际之山，而易行乎地利矣。经脉十二，纬之以八，奇俞穴三百六十，运之以营卫，九道以明，星躔以合，而易备乎我身矣。由日晷而生度量，由长短而生律吕，声经而律纬，气达而音随，而易宣乎乐律矣。因表景以辨归游，因日月而悟营魄，气著于升沉，幽征于情物，而易通乎鬼神寤寐矣。天道之灾祥因乎《易》序，古今之治乱备乎《春秋》，而易行乎经史矣。大矣哉，其范围而不过，曲成而不遗，会其赜而备其象者乎？自儒者高言性命，卑言象数，求一岁而难通，问盈虚而莫据，占象者或流为谶纬，玩辞者义归于浅近，由是互体不足，及于卦变，爻象不差，推致五行，魏晋则入于清谈，宋人则流于训诂，而圣法天之学不可问矣。诚知天道为易之本，万物为易之用，而处璿玑以观大运，则大象犹掌中也；据要会以观方物，则六合犹户庭也；推筮策以穷往古，则万年犹旦暮也。学者得是编而求之，则由孔子参赞之易而求文王流行之易，由文王流行之易而求伏羲定位之易，可以得天地万物之要归，可以会天地万物为一己，则左右逢源，用之不胜用矣，岂特景纯之才期于辨物、公明之智在乎审声也哉？余欲天下后世知易学之全，而吾儒之理有可以位天地、育万物者，毋曰天官家言，推而远之也，是有望于学古之君子。

康熙三十二年岁次癸酉十月朔，侯官郑开极撰。